Die Unversehrtheit des Körpers

AF799316

Sibylle van der Walt, zuvor Juniorprofessorin am Max-Weber-Kolleg in Erfurt, ist Research Fellow an der Adam Smith Foundation der Universität Glasgow. *Christoph Menke* ist Professor für Philosophie an der Universität Potsdam und Kodirektor des dortigen MenschenRechts-Zentrums.

Sibylle van der Walt, Christoph Menke (Hg.)

Die Unversehrtheit des Körpers

Geschichte und Theorie eines elementaren Menschenrechts

Campus Verlag
Frankfurt/New York

Gedruckt mit Unterstützung der Fritz Thyssen Stiftung.
Übersetzungen mit freundlicher Unterstützung des Zentrums Moderner Orient, Berlin.

Bibliografische Information der Deutschen Nationalbibliothek
Die Deutsche Nationalbibliothek verzeichnet diese Publikation in der Deutschen Nationalbibliografie; detaillierte bibliografische Daten sind im Internet über http://dnb.d-nb.de abrufbar.
ISBN 978-3-593-38341-5

Das Werk einschließlich aller seiner Teile ist urheberrechtlich geschützt. Jede Verwertung ist ohne Zustimmung des Verlags unzulässig. Das gilt insbesondere für Vervielfältigungen, Übersetzungen, Mikroverfilmungen und die Einspeicherung und Verarbeitung in elektronischen Systemen.
Copyright © 2007 Campus Verlag GmbH, Frankfurt/Main
Umschlaggestaltung: Campus Verlag
Umschlagmotiv: Judith Mason, The Blue Dress (1995), Constitutional Court of South Africa Collection
Satz: Campus Verlag
Druck und Bindung: KM-Druck, Groß-Umstadt
Gedruckt auf säurefreiem und chlorfrei gebleichtem Papier.
Printed in Germany

Besuchen Sie uns im Internet: www.campus.de

Inhalt

Einleitung: Der neue Begründungsbedarf des Menschenrechts auf körperliche Unversehrtheit

Sibylle van der Walt

Anliegen dieses Bandes ist es, Geschichten und Theorien über das Menschenrecht auf körperliche Unversehrtheit zur Darstellung zu bringen. Seit einigen Jahren mehren sich Stimmen von Vertretern der Exekutive, von Politikern und Rechtsgelehrten, die in Richtung einer Enttabuisierung der Folter plädieren; die selbst für das politikferne Medienpublikum kaum übersehbaren Bilder der Folterszenen und Menschenrechtsverletzungen in Abu Ghraib und Guantánamo Bay haben unser Wissen über das Spektrum des Möglichen in erschütterndem Maße erweitert. Diese Entwicklungen legen den Gedanken nahe, dass wir es mit einem neuen Kapitel nicht nur in der Geschichte der internationalen Politik und des internationalen Rechts, sondern auch in der Geschichte (welt-)bürgerlicher Freiheiten zu tun haben.

Etwas länger als ein halbes Jahrhundert – seit dem Gründungsakt der Vereinten Nationen und der gleichzeitig verabschiedeten *Allgemeinen Erklärung der Menschenrechte* von 1948 – schien es Konsens, dass ein institutionalisiertes Völkerrecht und in Absichtserklärungen sowie in bindenden Verträgen niedergelegte Verhaltensnormen in der Lage sein würden, moderne Gesellschaften gegen das in den Ausbrüchen der nationalsozialistischen Herrschaft unübersehbar gewordene Gewaltpotenzial zu immunisieren. Die zugrunde liegende Hoffnung, dass es möglich sei, moderne Staaten durch rechtsstaatliche Verfahren und das Völkerrecht zu pazifizieren, geht freilich auf eine Zeit zurück, die lange vor der politischen Verarbeitung der humanitären Katastrophen des Zweiten Weltkrieges liegt. Sie ist eng mit dem Weltbild des Liberalismus in der Tradition von Adam Smith und Immanuel Kant verknüpft, demzufolge moderne, durch Kapitalismus und parlamentarische Regierungsformen gekennzeichnete Staaten die Tendenz haben, ihre Macht unter weitgehendem Verzicht auf physische Gewalteinwirkung zu entfalten. Während Adam Smith und die ihm nachfolgende politische Ökonomie an die pazifizierende Kraft des freien Handels glaubten, der Kriege und Gewaltauswüchse im Interesse der eigenen Gewinnmaximierung überflüssig mache, verknüpfte Kant die Friedensfähigkeit von Staaten mit ihrer politischen Verfassung und schrieb republikanischen Verfassungselementen eine friedensbringende Wirkung zu. Im liberalen Denken galten Kriege zwischen Staaten und unkontrollierte gewalttätige Konfliktlösungen in ihrem Inneren daher als Ausdruck vormoderner Rückständigkeit, eines »Rückfalls in die Barbarei«, dessen Ursachen keinesfalls in der Natur moderner Staatlichkeit selbst zu suchen seien. Die Modernisierungstheorie der fünfziger Jahre verstärkte den liberalen »Traum von der gewaltfreien Moderne« (Joas 2000: 49ff.), indem sie das Prinzip gewaltfreier Konfliktlösung zum konstitutiven Merkmal moderner Gesellschaften erklärte. Das Paradigma zunehmender physischer Gewaltfreiheit in der Herrschaftsausübung findet sich noch in einigen Ansätzen der Kultursoziologie, die seit den siebziger Jahren an Bedeutung gewannen. Norbert Elias' 1939 erstmals veröffentlichte, aber erst nach der Neuauflage im Jahre 1969 breit rezipierte Theorie über den *Prozeß der Zivilisation* etwa setzt die liberale Geschichtsdeutung ungebrochen fort.[1] Ähnliches kann über Michel Foucaults seit dem Erscheinen von *Überwachen und Strafen* im Jahre 1975 überaus einflussreiche *Theorie der Disziplinierung* gesagt werden (Foucault 1991). Zwar ist es das Hauptanliegen dieses Buches, das liberale Geschichtsbild humanerer, auf körperliche Grausamkeit verzichtender Strafmethoden und damit die liberale Fortschrittsidee zu hinterfragen; indem Foucault aber den Wandel der Strafmethoden als einen Übergang von der gewaltexzessiven Macht des Souveräns zu der körperlosen diffusen Machttechnik des modernen Gefängnisses beschreibt, reproduziert er unversehens das Bild einer auf physische Gewalt verzichtenden Moderne. Auch in den Diskursen des Rechts finden sich Spuren dieser Geschichtsdeutung. So schreibt etwa der Verfassungsrechtler Horst Dreier noch im Jahre 1996 in seinem Kommentar des deutschen Grundgesetzes, mit der Herausbildung zum modernen Verfassungsstaat laufe »eine wachsende Anerkennung der körperlichen Integrität des Menschen parallel, wie sie in der Abschaffung von Folter und Leibesstrafen, im Schutz der körperlichen Integrität in Strafverfahren, oder in der Zurückdrängung der Todesstrafe zum Ausdruck kommt« (Dreier 1996: 209).

Das Entsetzen, das der Anblick der Szenen von Abu Ghraib und Guantánamo Bay, aber auch die Diskussion um die so genannte »Rettungsfolter«

1 Elias (1988). Dies stimmt für die Grundthese, seit dem Mittalter habe die engere Verflechtung und Verlängerung von Handlungsketten zwischen sich wechselseitig unbekannten Akteuren zu einer verstärkten Affektkontrolle geführt ebenso, wie für Elias' Deutung des Nationalsozialismus als eines kurzfristigen »Zusammenbruchs der Zivilisation«, in dem die Menschen ihren destruktiven und gewalttätigen Trieben wieder freien Lauf ließen.

in Deutschland auslösten, sowie die Überraschung darüber, dass die Vereinigten Staaten als Mutterland der westlichen Demokratie und – mit der *Virginia Bill of Rights* von 1776 – der ersten verbrieften Menschenrechtserklärung sich nicht davor scheuten, gegen die eigene Tradition zu verstoßen, ist nicht so sehr dem sattsam bekannten Umstand geschuldet, dass die Existenz von Rechtsnormen noch nicht deren Einhaltung garantiert. Vielmehr unterhöhlen die jüngeren Debatten und Praktiken um die Folter wie kaum ein Geschehen seit 1948 den liberalen Traum von der Gewaltabstinenz moderner Staatlichkeit. Sie sind ein nicht von der Hand zu weisender empirischer Hinweis darauf, dass rechtsstaatliche Verfahren und das Völkerrecht allein noch nicht vor Gewaltexzessen in der Moderne schützen.

Nachdem der Traum von der gewaltabstinenten Moderne erschüttert, wenn nicht gar zerbrochen ist, stellt sich unausweichlich die Frage nach einer neuen, treffenderen Beschreibung des Stellenwerts physischer Gewalt in der Moderne. Ein wesentlicher Grund für die jüngste Entwicklung einer Enttabuisierung physischer Gewalt in der Beziehung zwischen Staat und Bürger, auch bei Verteidigern der Idee der Menschenrechte, ist die Unsicherheit darüber, wie das Recht auf körperliche Unversehrtheit in Konfliktsituationen genau begründet ist. Die Frage nach dem »Grund« dieses Rechts steht daher im Zentrum des vorliegenden Bandes. Klassischerweise fällt die Aufgabe, eine Begründung handlungsorientierender Normen in moralischen und rechtlichen Grenzsituationen zu liefern, Theologen und Philosophen zu. Diese sind auch in diesem Band vertreten, werden jedoch durch Beiträge von Historikern, Religions- und Kulturwissenschaftlern ergänzt; denn so verdienstvoll die philosophische oder theologische Arbeit einer begrifflichen und argumentativen Klärung der Geltungsbedingungen von Menschenrechten ist, so hat sich doch in den vergangenen Jahrzehnten der Eindruck verstärkt, dass ein tieferes Verständnis der Wirkungsbedingungen von Menschenrechten die sozialen Kräfte, die hinter ihrer Verwirklichung stehen, mit einbeziehen muss. Diese Einsicht ist wissenschaftshistorisch zwar nicht gänzlich neu, insofern schon Max Weber mit seiner Rechtssoziologie nach den »Chancen« des »empirischen ›Geltens‹ von Rechtsnormen, im Gegensatz zu ihrem ›normativen Sinn‹« fragte (Weber 1988, zitiert nach König 2002: 88); sie wurde jedoch in der Menschenrechtsforschung erst in jüngerer Zeit wieder stark gemacht (Joas 2003). An kaum einem anderen Punkt ist diese Einsicht so bedeutsam geworden, wie in der seit den neunziger Jahren verstärkt geführten Debatte um die interkulturelle Universalität der Menschenrechte (Renteln 1990; An-Na'im 1992; van der Walt 2006). Aber auch aus den Reihen der Philosophie selbst kam der Anstoß zu einer pragmatistischen Perspektive auf die Menschenrechte (Walzer 1996; Rorty 1996). Vor dem Hintergrund der Ereignisse des 11. September und ihrer Konsequenzen für die internationale Staatengemeinschaft haben die Fragen des interkulturellen, insbesondere des interreligiösen Vergleichs zusätzlich an Relevanz gewonnen. In diesem doppelten Sinne suchen die Autoren in diesem Band nach dem »Grund« des Menschenrechts auf körperliche Unversehrtheit: seinem *empirischen Grund* in sozialen Geltungsbedingungen ebenso wie seiner *normativen Begründung* in philosophisch-theologischen Diskursen.

Den neueren Entwicklungen in der politischen und akademischen Debatte um die Menschenrechte versucht der Band gerecht zu werden, in dem er sich in den ersten beiden Teilen einer historisch-kulturwissenschaftlichen Perspektive auf das Menschenrecht körperlicher Unversehrtheit widmet, bevor er sich im dritten Teil den philosophischen Begründungsansätzen zuwendet. Diese interdisziplinäre Herangehensweise beabsichtigt dabei nicht, die Beiträge der einzelnen Disziplinen als Konkurrenzunternehmung oder gar im Sinne einer antagonistischen Beziehung zu begreifen. Denn gerade dann, wenn man die sozialen Kräfte, die hinter der sozialen und politischen Realisierung von Menschenrechten stehen, untersuchen will, kommt man nicht darum herum, die normative Überzeugungskraft, die sie den sozialen Akteuren zur Handlungsorientierung bietet, mit einzubeziehen. Andersherum droht eine Erörterung der normativen Geltungsansprüche der Menschenrechte allzuleicht wirkungslos zu bleiben, wenn sie die soziale Motivlage ihrer Anerkennung ignoriert. Die damit gestellte Aufgabe einer Synthese, in der das Ineinandergreifen von normativen Argumentationen und sozialen Institutionalisierungsschüben hinsichtlich des Menschenrechts auf körperliche Unversehrtheit gezeigt werden könnte, übersteigt allerdings die Kapazität dieses Bandes.

1. Historische Erklärungen menschenrechtlicher Sensibilisierungsprozesse

Schon die Bestimmung des Zeitpunktes, von dem an man von der Existenz eines Menschenrechts auf körperliche Unversehrtheit in der Geschichte sprechen kann, ist eine strittige Frage. Sind alle Normen, die in der Geschichte des Rechts jemals den Schutz leiblicher Integrität vorsahen und die zweifelsohne zu den ältesten – schon im Römischen Recht vorhandenen – Funktionen des Rechts gehören, bereits als Ausdruck eines universellen Menschenrechts zu verstehen? Oder sollte man sinnvollerweise erst seit der *Virginia Bill of Rights* von 1776 überhaupt von Menschenrechten sprechen, wie das Georg Jellinek in seiner klassischen Studie von 1895 vorschlug? Oder greift auch diese historische Kategorisierung zu kurz, insofern der eigentliche Universalisierungsprozess der Idee der Menschenrechte erst in der Mitte des 19. Jahrhunderts einsetzte, als die verschiedenen gesellschaftlichen Randgruppen der Frauen, der Besitzlosen und der Fremden, die in den klassischen Erklärungen von 1776 und 1789 bekanntlich noch nicht als Träger subjektiver Rechte vorgesehen waren, allmählich ihre Berücksichtigung erkämpften? Die Irritationen, die in der Geschichtsschreibung der Menschenrechte gegenwärtig vorherrschen (Schnur 1964; Oestreich 1978; Schmale 1997; Ishay 2004), hängen mit begrifflichen Unschärfen in der Rede von Menschenrechten zusammen, aber auch mit einer fehlenden Unterscheidung zwischen Ideen- und Institutionengeschichte und schließlich mit einer insbesondere in der deutschsprachigen Tradition der Rechtsgeschichte tief verankerten dogmengeschichtlichen Herangehensweise, die kaum in der Lage ist, zwischen der Entwicklung normativer Diskurse und deren tatsächlichem Stellenwert in der Praxis des Rechts zu unterscheiden (Willoweit 1999: 10). Die in diesem Band gewählte Vorgehensweise zu einer Geschichte des Menschenrechts auf körperliche Unversehrtheit versucht den genannten Irritationen zu entgehen, indem sie 1. mit Jellinek von einem engen Begriff von Menschenrechten im Sinne *subjektiver Rechte* ausgeht, 2. in einer historisch-soziologischen Perspektive über die Beobachtung juristischer Institutionalisierungsprozesse hinausgehend die Entwicklung der *Adressatengruppen* menschenrechtlicher Normen in den Blick nimmt und 3. die Entwicklung der durch das Recht geschützten *Güter* mitbetrachtet. Die Frage, wann und unter welchen Umständen menschenrechtliche Normen auch auf die Mitglieder der gesellschaftlichen Randgruppen bezogen wurden und welche Aspekte der Lebenswirklichkeit dabei zu einem Rechtsgut erhoben wurden, wird damit zu einer Grundfrage der Geschichtsschreibung der Menschenrechte, die man auch als *Geschichte menschenrechtlicher Sensibilisierungsprozesse* bezeichnen kann.

Ein Blick auf die Theorien, die sich gegenwärtig in historisch-soziologischer Perspektive mit der Geschichte (elementarer) Menschenrechte befassen, zeigt, dass hier eine Reihe von Ansätzen vorhanden ist, ohne dass man jedoch von einer bereits etablierten Forschungsrichtung sprechen könnte. Entsprechend groß ist auch die Vielfalt der Erklärungen. Das Spektrum reicht von einer kontingenztheoretischen Perspektive (Rorty 1996; Evans 2001), die äußere Entwicklungen wie die Verbreitung wirtschaftlichen Wohlstands in der Bevölkerung oder politische Systemwechsel für den Verlauf menschenrechtlicher Sensibilisierungsprozesse verantwortlich macht, über Positionen, die diese als Reaktion auf kollektive und als traumatisch erlebte Gewalt- und Unrechtserfahrungen beschreiben (Patterson 1991; Joas 2000, 2003; Bielfeldt 1998, 2007; Walzer 1996), bis hin zu Ansätzen, die sie in eine Linie mit den sozialen Bewegungen um staatsbürgerliche Gleichheit im 19. Jahrhundert stellen (Habermas 1996; Marshall 1992; Gerhard 1997). Auch die Frage, welche Aspekte des sozialen Lebens in den Sog menschenrechtlicher Sensibilisierungsprozesse gerieten, wird unterschiedlich beantwortet. Die Beschreibung eines einfachen Inklusionsprozesses, in dem lediglich neue Träger aus marginalisierten Gruppen in den Adressatenkreis immer gleich bleibender Rechte kommen, greift zu kurz. Phänomene wie die Zurückdrängung der Prügelstrafe und des Züchtigungsrechts oder die Ausweitung von sexuellen Missbrauchstatbeständen weisen daraufhin, dass auch die Vorstellung menschenrechtlich relevanter Tatbestände – hier: die Grenzziehung zwischen legitimen und nicht (mehr) legitimierten Gewalthandlungen – einem ständigen Wandel unterliegt. Und schließlich kann es im Rahmen menschenrechtlicher Sensibilisierungsprozesse auch zur Entstehung vollkommen neuer Rechtsansprüche kommen, welche die Definition von Rechten und Pflichten im Verhältnis zwischen Staat und Bürger neu bestimmen. Ein prominentes Beispiel hierfür ist etwa das seit der *Allgemeinen Erklärung* von 1948 vorgesehene Menschenrecht auf Gesundheit (Artikel 25), mit dem das Recht auf körperliche Unversehrtheit nicht nur als negatives Abwehrrecht des Einzelnen gegenüber dem Staat formuliert wird, sondern als soziales Anspruchsrecht, das den Staat gegenüber dem Einzelnen – etwa durch die Etablierung eines staatlichen Gesundheitswesens – in die Pflicht nimmt.

Neue *Adressatengruppen*, neue *Tatbestände* und neue *Rechte*, dies sind die Dimensionen, anhand derer man den Verlauf menschenrechtlicher Sensibilisierungsprozesse erkennen kann. Damit ist die Frage, welche Erfahrungen, Ereignisse und Strukturen hinter einzelnen Sensibilisierungsschüben stehen, das Grundproblem einer historisch-soziologischen Menschenrechtsforschung. So lässt sich fragen, ob die im 18. Jahrhundert zunehmende Forderung einer Vermeidung unnötigen Leidens mit dem Niedergang religiöser Begründungen in Zusammenhang steht, welche ebenjene Erfahrungen körperlichen Leids als verdienstvoll und berechtigt angesehen hatten? Oder können umgekehrt neue kulturelle, eventuell auch neue religiöse Deutungsmuster ausgemacht werden, die konstitutiv für die Idee der Schutzwürdigkeit des menschlichen Körpers sind?[2]

2. Kulturelle Symboliken körperlicher Unversehrtheit

Ist es möglich, bei der Formulierung internationaler Menschenrechtsstandards von einem anthropologisch gegebenen Körperbegriff auszugehen? Wo verlaufen die Grenzen zwischen legitimer und illegitimer Gewalteinwirkung auf die physische Existenz von Rechtsträgern in kulturell unterschiedlichen Rechtstraditionen? Gibt es überhaupt einen absoluten Begriff körperlicher Unversehrtheit, auf den ein universales Menschenrecht abstellen könnte? Obwohl das Menschenrecht auf körperliche Unversehrtheit als elementares Menschenrecht im Vergleich etwa zu sozialen oder kulturellen Menschenrechten wenig umstritten ist, zeigen sich im interkulturellen Vergleich insbesondere von Strafrechtstraditionen etliche Konfliktpunkte. Zu fragen ist hier, wie trotz bestehender kultureller Differenzen der Vorstellungen und ihrer Begründungen dennoch ein universales Menschenrecht auf körperliche Unversehrtheit formuliert werden kann. Forschungen in »cross cultural perspective« oder auf der Grundlage eines »Dialogs der Kulturen« versuchen, einen übergreifenden Konsens herzustellen, der im Ergebnis zu einer Anerkennung rechtlicher Kernbestände führt, ohne dabei den Weg der Begründung der jeweiligen kulturellen Tradition, die dahinter steht, in Anspruch zu nehmen. Zwar habe der Relativismus Recht, so der Grundtenor dieses Ansatzes, wenn er die Unterschiedlichkeit der Kulturen betone. Diese Differenz müsse aber keineswegs bedeuten, dass es zwischen den Kulturen nicht doch – bisher verdeckte – gemeinsame moralische Grundeinstellungen gebe, die als Ausgangspunkt der Suche nach einem interkulturellen Konsens zu den Menschenrechten dienen könnten. Die Differenz der Kulturen besteht demnach insbesondere auf der Ebene des Wissens, der Repräsentation und der historischen Erzählungen über Moralvorstellungen. Sieht man von dieser Oberfläche ab und sucht nach empirischen Ähnlichkeiten und vergleich-

2 In diese Richtung weißt Charles Taylors These von der »Bejahung des ›gewöhnlichen Lebens‹« als zentralem Wert der Moderne (Taylor 1996: 373ff.); Reinhard (2004: 43 ff.); vgl. auch den Beitrag von Elisabeth B. Clark in diesem Band.

baren gesellschaftlichen Praktiken »darunter«, so stößt man auf eine Schnittmenge von »cross cultural universals«. Gelingt es, diesen bereits existierenden, impliziten Konsens über die Menschenrechte auszumachen, so ist es ein Leichtes, von ihm ausgehend neue und weitergehende Menschenrechtsstandards im interkulturellen Dialog zu entwickeln. Die Universalität der Menschenrechte geht in dieser Perspektive aus einem längerfristigen interkulturellen Lernprozess hervor, in dem alle Beteiligten dazu aufgerufen sind, tradierte Einstellungen zu hinterfragen und im Kontakt mit anderen Kulturen weiterzuentwickeln (Renteln 1990; An-Na'im in diesem Band; Abou 1994; Walzer 1996).

Doch auch wenn man dem Relativismus einen solchen nichtsubstantialistischen Kulturbegriff entgegenhält und die prinzipielle Offenheit, Lernfähigkeit und Wandelbarkeit von Kulturen im Rahmen einer »entangled history« (Conrad/Randeria 2002) betont, bleiben viele Fragen ungeklärt. Da es sich in internationalen Menschenrechtsdebatten stets um die normative Bewertung gesellschaftlicher und rechtlich-politischer Praktiken handelt, stellt sich die Frage, wie die Grenze zwischen legitimer und illegitimer Ausübung physischer Gewalt im Konfliktfall bestimmt werden kann? Wie etwa argumentieren, wenn eine Praktik nicht als staatliche Gewaltausübung, sondern als kulturell tradierter oder gar medizinisch sinnvoller Eingriff legitimiert wird, wie dies etwa bei der so genannten weiblichen Genitalbeschneidung der Fall ist? Inwiefern läßt sich das in westlichen Demokratien weit verbreitete Selbstbild vom hohen Wert körperlicher Unversehrtheit halten, wenn sich dort andererseits Praktiken wie Piercing, Tätowieren, Ritzen und die Inanspruchnahme der plastischen Chirurgie rasant ausbreiten? Nur eine reflektierte und »gegen den Strich« gelesene Interpretation der eigenen Tradition ist in der Lage, die Symboliken körperlicher Unversehrtheit in einer kulturvergleichenden Perspektive jenseits eurozentrischer Vorurteile offen zu legen.

3. Neuzeitliche Subjektkonzepte: Recht, Politik, Körper

Im dritten Teil des Bandes wird nach den Begründungsmodellen gefragt, die erklären, warum wir heute der Auffassung sind, dass der Respekt der körperlichen Integrität jedes Einzelnen ein zentrales Gebot jeder rechtlichen Ordnung darstellen müsse. Welches neue Personverständnis oder »Menschenbild« kommt in der rechtlich-politischen Anerkennung des Wertes körperlicher Unversehrtheit zum Ausdruck? Wie verstehen sich Personen, für die körperliche Unversehrtheit ein zentrales Gut ist? Welches Bild des Körpers und der Person, deren Körper es ist, drückt sich darin aus?

Dass körperliche Unversehrtheit ein zentrales normatives Motiv neuzeitlicher Rechtsordnungen geworden ist, steht im Zusammenhang mit der Entwicklung des modernen Verständnisses des »Subjekts« als Träger von (»subjektiven«) Rechten. Indem Subjektivität als wesentlich verkörperte verstanden wird, unterscheidet sie sich von traditionell theologischen Konzeptionen der Person ebenso wie von rationalistisch-philosophischen Geistkonzeptionen. Doch wie genau lässt sich aus einer subjekttheoretischen Perspektive das Recht auf körperliche Unversehrtheit eines Einzelnen im Konfliktfall beanspruchen, wenn im gleichen Augenblick das Recht auf Leben einer Vielzahl anderer auf dem Spiel steht? In der gegenwärtigen philosophischen Debatte kann man eine Reihe von Ansätzen ausmachen, die einen menschenrechtlichen, d.h. universellen, gleichen und unbedingten Anspruch auf körperliche Unversehrtheit des Einzelnen zu begründen suchen. Sie reichen von anerkennungstheoretischen Begründungen (Axel Honneth) über das Recht auf Rechte (Hannah Arendt) und das Recht auf allgemeine und gleiche äußere Freiheit (Immanuel Kant) bis hin zu interessenzentrierten Ansätzen, die auf ein Recht auf Schmerzfreiheit für *alle* Lebewesen mit Schmerzbegabung abstellen (vgl. den Beitrag von Bernd Ladwig in diesem Band). Demokratietheoretische Ansätze wiederum begründen die Bedeutung eines subjektiven Rechts auf körperliche Unversehrtheit mit der Notwendigkeit institutionalisierter Freiheitsrechte, unter denen allein demokratische Selbstbestimmung ausgeübt werden kann (Jürgen Habermas). Diese rechtspolitische Begründung wurde auch in der deutschen Debatte der vergangenen Jahre um die so genannte Rettungsfolter immer wieder angeführt (vgl. den Beitrag von Hauke Brunkhorst in diesem Band). Die Liste der Fragen und Probleme ließe sich zweifellos noch verlängern, doch dürfte auch so schon deutlich geworden sein, dass die hier aufgeworfenen Problembestände komplexer Natur sind und im Rahmen dieses Bandes vor allem in exemplarischer Weise und unter Konzentration auf ausgewählte Schwerpunkte geklärt werden können.

4. Die Beiträge

Historische Erklärungen menschenrechtlicher Sensibilisierungsprozesse

Die Beiträge von *Thomas L. Haskell* und *Elizabeth B. Clark* entstammen einer Debatte, in der die Frage der sozialen Kräfte hinter der Universalisierung elementarer Menschenrechte in einer für die Menschenrechtstheorie exemplarischen Weise diskutiert wird: die Diskussion um die Hintergründe des *Abolitionismus*, der Abschaffung der Sklaverei in den Vereinigten Staaten und Großbritannien. Der Umstand, dass die Vereinigten Staaten die Institution der Sklaverei bis 1865, also noch ein knappes Jahrhundert nach der Unabhängigkeitserklärung mit ihren ersten verbrieften Menschenrechtsdeklarationen in hohem Maße praktizierten, wird von vielen als ein klarer Beleg für den keineswegs geraden Weg, auf dem die Menschenrechte Einzug in die Moderne hielten, gesehen. Die Frage, welche sozialen Dynamiken und politischen Kräfteverhältnisse schließlich dafür verantwortlich waren, dass die Idee der Menschenrechte jenseits von Rassenschranken universalisiert wurde, ist daher von zentralem Interesse für eine Geschichte der Menschenrechte, die über das liberale Fortschrittsparadigma hinausgehen will. In den Vereinigten Staaten wird diese Frage seit Mitte der siebziger Jahre in der so genannten *Antislavery Debate* sehr intensiv von Autoren unterschiedlichster Provenienz geführt. Einen Kulminationspunkt fand die Diskussion in David Brion Davis' Buch *The Problem of Slavery in the Age of Revolution 1770–1823*, in dem Brion eine enge Verbindung der Abolitionismusbewegung zum Kapitalismus und zu bürgerlichen Klasseninteressen behauptete und mithin den Kapitalismus zur Hauptursache für die Abschaffung der Sklaverei erklärte (Davis 1975). Der hier abgedruckte Beitrag von Thomas L. Haskell »Kapitalismus und die Ursprünge humanitären Empfindens« ist eine Erwiderung auf das Buch von Davis.

Thomas L. Haskell knüpft an der Kapitalismusthese Brions an, entwickelt dabei jedoch eine Lesart, die weithin als elaboriertere Version der Kapitalismusthese angesehen wird. In ihrem Mittelpunkt steht nicht das Klasseninteresse des Bürgertums an gesteigerter wirtschaftlicher Effizienz der Arbeitskraft, sondern die mentalitätsverändernden Kräfte des Marktes (Bender 1992; Walters 1994). Zwei Lehren des Marktes – die Notwendigkeit, Versprechen zu halten und die entfernten Folgen der eigenen Handlungen mitzubedenken – hätten erst jene moralische Einstellung geformt, in der das Leiden fremder Menschen in den eigenen Zuständigkeits- und Gewissensbereich fällt.

Elizabeth B. Clarks Beitrag gehört zu jener anderen Argumentationsrichtung der *Antislavery Debate*, die den Zusammenhang von Kapitalismus und Abolitionismus bestreitet. Anhand unterschiedlicher literatur- und religionshistorischer Funde macht Clark deutlich, dass dem Erstarken der Abolitionismusbewegung ein kultureller und religiöser Wandel in den Auffassungen vom Wesen des Schmerzes und vom Wert physischen Leidens vorrausgeht, besonders ersichtlich etwa im liberalen Protestantismus eines William Ellery Channing. Dieser Wandel habe zu einer Delegitimierung der religiösen Wertschätzung von Körperstrafen geführt und ließ so die Situation der Sklaven, die der privaten Gewalt ihrer Eigentümer schutzlos ausgeliefert waren, als nicht länger hinzunehmenden gesellschaftlichen Missstand erscheinen. Clark zufolge war es somit die veränderte Wahrnehmung physischer Gewalt, die der Abolitionismusbewegung ihren eigentlichen Anstoß gab.

Kulturelle Symboliken körperlicher Unversehrtheit

Abdullahi A. An-Na'im fragt anhand des im internationalen Recht vorgesehenen Rechts, keiner grausamen, unmenschlichen oder erniedrigenden Strafe ausgesetzt zu sein, nach dem Stellenwert kultureller Legitimationsfiguren bei der Interpretation von Rechtsnormen. In Auseinandersetzung mit dem islamischen Strafrecht, der Scharia, zeigt er, wie Handlungen aus der kulturellen Binnenperspektive als gerechtfertigte und kulturell selbstverständliche Maßnahmen, aus der kulturellen Außenperspektive jedoch als Verstöße erscheinen können. Diese Kluft kann im interkulturellen Dialog produktiv durch innovative Interpretationsansätze geltenden Rechts überwunden werden, nicht jedoch durch eine radikale Hinterfragung spezifischer kultureller Traditionen.

Birgit Krawietz vertieft diese Fragestellung weiter, indem sie nach konstruktiven Anknüpfungspunkten des Schutzes körperlicher Unversehrtheit im islamischen Recht fragt. Sie zeigt, dass die unterschiedlichen theologischen Rechtsquellen des Islam in vielen Fällen einen ausgedehnten Schutz des Körpers (Hurma-Schutz) vorsehen. Indem sie die unterschiedlichen Anwendungsfälle des Hurma-Schutzes – Schutz ungeborenen Lebens, Geschlechterverständnis, Organtransplantationen – beschreibt, verweist Krawietz auf die Stärken der islamischen Tradition in Bezug auf das Menschenrecht auf körperliche Unversehrtheit, ein Einblick, der einer ausschließlichen Fokussierung auf die Körperstrafen der Scharia entgeht.

Wolfgang Vögeles Beitrag beleuchtet demgegenüber den Stellenwert des Körpers und des Werts körperlicher Unversehrtheit in der christlichen Ideengeschichte und Theologie. Anhand neuerer Entwicklungen in der protestantischen Theologie zeigt er, wie hier die klassisch christliche Leib-Seele-Unterscheidung, die lange Zeit zu einer reduktionistischen Sicht des Körpers und zu einer weit verbreiteten theologischen Legitimation körperlichen Leidens geführt hatte, zugunsten einer neuen Phänomenologie des Leibes überwunden wird. Dies hat Auswirkungen auch auf den aktuellen Diskurs um Menschenwürde und auf die Theologie der Geschlechterverhältnisse.

Sabine Sielke analysiert in ihrem Beitrag anhand der Fotografien und Abbildungen der Folterszenen aus Abu-Ghraib die kulturelle Symbolik in der Inszenierung von Folter und Gewalt. Dabei wird deutlich, dass die Folter auf einem kulturellen Wissen über Schamgrenzen und Tabus auf Seiten der Opfer beruht; der Körper ist folglich selbst im Kontext der Folter keine rein physiologische Größe.

Gesa Ziemer analysiert in ihrem Beitrag die ästhetischen Hintergrundsbilder, auf denen die Norm körperlicher Unversehrtheit basiert, und fragt nach dem Stellenwert körperlich behinderter Menschen bei deren Formulierung. Anhand visueller Selbstthematisierungen körperlicher Behinderung in der modernen Kunst zeigt sie, wie die Künstlerinnen in ihren Arbeiten den Blick der Anderen auf ihre physiologische Besonderheit in die Forderung, als autonome Person anerkannt zu werden, münden lassen.

Neuzeitliche Subjektkonzepte: Recht, Politik, Körper

Bernd Ladwig vertritt in seinem Beitrag die These, dass der elementare Charakter des Schutzguts körperlicher Unversehrtheit im Kanon der Menschenrechte weniger im Rahmen der klassisch-liberalen Begründung von Menschenrechten als Freiheits- und Abwehrrechten verständlich ist, als vielmehr in deren Funktion des Schutzes fundamentaler Interessen handelnder Subjekte. Demnach untersteht der Körper dem Schutz der Menschenrechte, weil die Subjekte ein gleiches Interesse an körperlicher Ganzheit, der Unberührtheit ihrer Intimsphäre und an der Freiheit von Schmerz haben.

Arnd Pollmann vermisst den Bedeutungsradius des Begriffs der Integrität und weist auf Familienähnlichkeiten zwischen dem Begriff körperlicher Unversehrtheit und moralischer Integrität (Rechtschaffenheit) hin. Aufgrund dieses Befundes plädiert er dafür, die normativen Gehalte des Rechts auf körperliche Unversehrtheit in ein umfassenderes Konzept »personaler Unversehrtheit« zu integrieren.

Winfried Brugger unternimmt es in seinem Beitrag, das Verhältnis des Schutzgutes körperlicher Unversehrtheit zu anderen Schutzgütern der Menschenrechte zu bestimmen. Dabei vertritt er die These, dass das Menschenbild der Menschenrechte das einer eigenständigen sinnhaften und verantwortlichen Lebensführung ist, für deren Realisierung körperliche Unversehrtheit eine wichtige, jedoch nicht die einzige Grundbedingung ist. Im Kollisionsfall sei es daher durchaus möglich, dass der Schutz der körperlichen Unversehrtheit eines Einzelnen, wie er im Grundgesetz vorgesehen ist, vor höheren Schutzgütern zurücktreten muss.

Hauke Brunkhorst legt in seinem Beitrag die elementare Bedeutung des Respekts von Menschenrechten für das Selbstverständnis moderner Demokratien dar. Anhand eines viel diskutierten Falls von Folter in Ausübung der Amtsgewalt klärt Brunkhorst den negativen Zusammenhang von Menschenrechtsverletzungen und demokratischer Selbstbestimmung auf. Die von politischen, juristischen oder polizeilichen Organgewalten veranlasste Folter, so seine These, verletzt oder vernichtet als systematischer Staatsterror nicht nur die Menschenrechte einzelner Individuen, sondern mit ihnen die Bedingungen der Möglichkeit demokratischer Selbstbestimmung.

5. Danksagungen

Die Idee zu diesem Band geht auf eine Tagung zurück, die im Dezember 2005 unter gleichnamigem Titel am Max-Weber-Kolleg für kultur- und sozialwissenschaftliche Studien der Universität Erfurt organisiert wurde. Sieben der in dem Band abgedruckten Beiträge wurden während der Tagung als Vorträge gehalten. Die Artikel von Abdullahi A. An-Na'im, Elizabeth B. Clark, Thomas L. Haskell und Wolfgang Vögele wurden in der Nachbearbeitung der Tagung hinzugezogen, um Thematiken und Problemstellungen, die sich in der Diskssuion zwischen den Tagungsteilnehmern als zentral herausstellten, weiterverfolgen und inhaltlich vertiefen zu können. Die Herausgeber danken allen Autoren des Bandes herzlich für ihre Mitarbeit. Bei der American Historical Association, der Organization of American Historians und der University of Pennsylvania Press bedanken die Herausgeber sich für die Übersetzungsrechte an den Artikeln von Thomas L. Haskell, Elizabeth B.

Clark und Abdullahi A. An-Na'im, die auf diese Weise erstmals in deutscher Sprache vorgelegt werden konnten. Die Tagung wurde mit Mitteln der Fritz Thyssen Stiftung und des Max-Weber-Kollegs der Universität Erfurt finanziert. Die Übersetzungen wurden durch Mittel des Zentrums Moderner Orient in Berlin ermöglicht. An der Veröffentlichung der Beiträge arbeiteten Hella Dietz, Hannelore Jochmann und Judith Wilke-Primavesi vom Campus Verlag mit. Die Abbildung auf dem Buchcover geht auf das Werk *The Blue Dress* (1995) der südafrikanischen Künstlerin Judith Mason zurück (Constitutional Court of South Africa Collection, Constitution Hill, Johannesburg), das die Künstlerin und der Constitutional Court Trust den Herausgebern freundlicherweise zum Abdruck zu Verfügung stellten. Das Bild versinnbildlicht einen Bericht aus den Verhandlungen der Truth and Reconciliation Commission, demzufolge sich eine von der Apartheidspolizei entblößte und gefolterte Gefängnisinsassin ein Kleid aus blauen Plastiktüten fertigte. Den genannten Institutionen und Personen sei an dieser Stelle für die hervorragende Zusammenarbeit herzlich gedankt.

Literatur

Abou, Selim (1994), *Menschenrechte und Kulturen*, Bochum.

An-Na'im, Abdullahi A. (1992) (Hg.), *Human Rights in Cross-Cultural Perspectives. Quest for Consensus*, Philadelphia.

Bender, Thomas (Hg.) (1992), *The Antislavery Debate. Capitalism and Abolitionism as a Problem in Historical Interpretation*, Berkeley/ Los Angeles.

Bielefeldt, Heiner (1998), *Philosophie der Menschenrechte. Grundlagen eines weltweiten Freiheitsethos*, Darmstadt.

Bielefeldt, Heiner (2007), »Menschenrechte als Antwort auf historische Unrechtserfahrungen«, in: *Jahrbuch Menschenrechte*, Frankfurt am Main, S. 135–142.

Conrad, Sebastian/Shalini Randeria (2002), »Einleitung«, in: dies. (Hg.), *Jenseits des Eurozentrismus. Postkoloniale Perspektiven in den Geschichts- und Kulturwissenschaften*, Frankfurt/New York, S. 9–49.

Davis, David Brion (1975), *The Problem of Slavery in the Age of Revolution 1770–1823*, Ithaca/New York/London.

Dreier, Horst (Hg.) (1996), *Grundgesetz: Kommentar*. Artikel 1–19, Tübingen.

Elias, Norbert (1988), *Über den Prozess der Zivilisation*, 2 Bde., Frankfurt am Main.

Evans, Richard (2001), *Rituale der Vergeltung. Die Todesstrafe in der deutschen Geschichte 1532–1987*, Hamburg.

Foucault, Michel (1991), *Überwachen und Strafen. Die Geburt des Gefängnisses*, Frankfurt am Main.

Gerhard, Ute (1997) (Hg.), *Frauen in der Geschichte des Rechts. Von der frühen Neuzeit bis zur Gegenwart*, München.

Habermas, Jürgen (1996), *Faktizität und Geltung*, Frankfurt am Main.

Hilpert, Konrad (1991), *Die Menschenrechte: Geschichte – Theologie – Aktualität*, Düsseldorf.

Ishay, Micheline R. (2004), *The History of Human Rights. From Ancient Times to the Globalization Era*, Berkeley/Los Angeles/London.

Jellinek, Georg (1895), *Die Erklärung der Menschen- und Bürgerrechte* (Wiederabdruck der 4. Auflage), in: Schnur (1964), S. 1–77.

Joas, Hans (2000), *Kriege und Werte: Studien zur Gewaltgeschichte des 20. Jahrhunderts*, Weilerswist.

Joas, Hans (2003), »Max Weber und die Entstehung der Menschenrechte. Eine Studie über kulturelle Innovation«, in: Albert, Gert u.a. (Hg.), *Das Weber-Paradigma. Studien zur Weiterentwicklung von Max Webers Forschungsprogramm,* Tübingen, S. 252–270.

König, Matthias (2002), *Menschenrechte bei Durkheim und Weber. Normative Dimensionen des soziologischen Diskurses der Moderne*, Frankfurt/New York.

Marshall, Thomas H. (1992), *Bürgerrechte und soziale Klassen: Zur Soziologie des Wohlfahrtsstaates*, Frankfurt/New York.

Oestreich, Gerhard (1978), *Geschichte der Menschenrechte und Grundfreiheiten im Umriß*, Berlin.

Patterson, Orlando (1991), *Freedom in the Making of Western Culture*, New York.

Renteln, Alison Dundes (1990), *International Human Rights. Universalism Versus Relativism*, Newbury Park/London/New Delhi.

Reinhard, Wolfgang (2004), *Lebensformen Europas: Eine historische Kulturanthropologie*, München.

Rorty, Richard (1992), *Kontingenz, Ironie und Solidarität*, Frankfurt am Main.

Rorty, Richard (1996), »Menschenrechte, Rationalität, Gefühl«, in: Stephen Shute/Susan Hurley, *Die Idee der Menschenrechte*, Frankfurt am Main, S. 144–170.

Schmale, Wolfgang (1997), *Archäologie der Grund- und Menschrechte in der Frühen Neuzeit. Ein deutsch-französisches Paradigma*, München.

Schnur, Roman (Hg.) (1964), *Zur Geschichte der Erklärung der Menschenrechte*, Darmstadt.

Taylor, Charles (1996), *Quellen des Selbst. Zur Entstehung der neuzeitlichen Identität*, Frankfurt am Main.

Van der Walt, Sibylle (2006), »Die Last der Vergangenheit und die kulturrelativistische Kritik an den Menschenrechten. Zu den Hintergründen westlicher Alteritätsfixierung«, *Saeculum. Jahrbuch für Universalgeschichte* 2/2006, S. 231–254.

Walters, Ronald G. (1994), »Rezension zu: The Antislavery Debate: Capitalism and Abolitionism as a Problem in Historical Interpretation«, *The American Historical Review,* vol. 99, no. 2, April, S. 655f.

Walzer, Michael (1996), *Lokale Kritik – globale Standards. Zwei Formen moralischer Auseinandersetzung*, Hamburg.
Willoweit, Dietmar (1999) (Hg.), *Die Entstehung des öffentlichen Strafrechts. Bestandsaufnahme eines europäischen Forschungsproblems*, Köln/Weimar/Wien.

Historische Erklärungen menschenrechtlicher Sensibilisierungsprozesse

Kapitalismus und die Ursprünge humanitären Empfindens[1]

Thomas L. Haskell

Während ich an meinem Schreibtisch sitze und diesen Essay schreibe und Sie, die Leserin oder der Leser, sich nun hinsetzen, um ihn zu lesen, sind wir uns beide bewusst, dass es in Phnom Penh, Bombay, Rangun, im Sahel und anderswo Menschen gibt, die nächste Woche verhungern werden. Sie sind Fremde. Wir wissen von ihnen nur, dass sie sterben werden. Wir wissen auch, dass es für jeden von uns möglich wäre, ein Auto oder ein Haus zu veräußern, ein Flugticket zu kaufen, nach Bombay oder wohin auch immer zu fliegen, einen dieser verhungernden Fremden auszusuchen und sein Leben zu retten oder es wenigstens zu verlängern. Wir könnten morgen da sein und sein Leben wirklich retten. Mit unserem Eingeständnis, dass es in unserer Macht liegt, den Hungertod dieser Person zu verhindern, geben wir zu, dass unser Nichthandeln – unsere Präferenz, hier zu sitzen und über moralische Verantwortung zu lesen und zu schreiben, in unserer alltäglichen Routine zu verharren – die notwendige Bedingung für den Tod des Fremden ist. Verweigerten wir ihm nicht die Hilfe, würde er weiterleben.

Das bedeutet, dass wir kausal an seinem Tod beteiligt sind. Unsere Weigerung, Hilfe zu leisten, ist eine der vielen Bedingungen, die zusammengenommen das ausmachen, was John Stuart Mill »philosophisch gesprochen« die Ursache für dieses unglückliche Ereignis nennt. Die Aussage, dass wir kausal beteiligt sind, bedeutet natürlich nicht, dass unser Nichthandeln »die Ursache« für seinen Tod ist: Sie ist nur eine unter vielen Bedingungen, und nicht jede Bedingung ist zu Recht als »die Ursache« zu betrachten. Aber es

---

1 Gekürzte und überarbeitete Fassung eines längeren Essays, der erstmals 1985 in *The American Historical Review*, vol. 90, 3, S. 547–566 erschien. Erweiterte Versionen des Textes liegen auch vor in: Bender (1992: 107–160) und Haskell (1988). Die Herausgeber danken Thomas Haskell für die konstruktive Zusammenarbeit bei der Überarbeitung des Textes und der *American Historical Association* für die Abdruckgenehmigung.

bleibt die beunruhigende Tatsache, dass *ohne* unser Nichthandeln sich dieses schlimme Ereignis nicht ereignen würde.[2]

Warum helfen wir dem Menschen nicht? Es liegt nicht am Mangel an ethischen Maximen, die uns lehren, dass es gut ist, Fremden zu helfen. Vermutlich halten wir alle die Goldene Regel für richtig, und gewiss haben wir die Hoffnung, dass im Fall unseres Verhungerns es irgendeinem Fremden wichtig wäre, seine Alltagsroutine zu stoppen und uns zu Hilfe zu eilen. Doch wir sitzen hier. Wir tun nicht das für ihn, was er hoffentlich für uns täte. Sind wir Heuchler? Täuschen wir uns selbst? *Wollen* wir in irgendeinem Sinne seinen Tod?

Vermutlich nicht – es sei denn, wir fassen die Bedeutung von Absicht viel weiter als gewöhnlich und werfen ununterschieden vorsätzlichen Mord und die von uns nicht genutzte Gelegenheit, Gutes zu tun, in einen Topf. Weit mehr kann darüber gesagt werden, wie wir zu Urteilen über Kausalität und Intention gelangen, aber für meine Zwecke reicht die Feststellung, dass die Grenzen moralischer Verantwortung irgendwo gezogen werden müssen und dass dieses »irgendwo« vielem Schmerz und Leid niemals gerecht wird, zu dessen Linderung wir beitragen könnten. Entscheidend ist die Erkenntnis, dass wir nie all jene Ereignisse in unseren Verantwortungsbereich einbeziehen, an denen wir kausal beteiligt sind. Wir ziehen immer Grenzen, die unserer Interventionsmacht nicht gerecht werden. Welche Grenzen wir auch ziehen, sie können immer hinterfragt werden und erscheinen bei beharrlicher Befragung willkürlich und »selektiv« – denn sie sind letztlich nichts anderes als Konventionen. Man kann gute Gründe dafür finden, einige Konventionen anderen vorzuziehen, aber man kann der Konvention an sich nicht entgehen und auch nicht einer gewissen Willkür bei der Wahl der von uns anerkannten Konventionen. Die Notwendigkeit selektiv zu sein, hängt mit der Natur des Problems zusammen. Sogar der Mensch, der seine Grenzen auszuweiten und all das Geschehen einzuschließen versucht, an dem er kausal beteiligt ist, muss bei seiner vergeblichen Anstrengung, alle verhungernden Fremden auf der Erde zu retten, entscheiden, ob er sich zuerst auf den Weg nach Bombay oder Kalkutta macht und ob er mit Person X oder

2 Mill zitiert nach Hart/Honoré (1959: 16). Harts Analyse ist die Grundlage von vielem, was ich hier vortrage, aber ich halte Joel Feinbergs Korrekturen an Harts übertrieben voluntaristischer Perspektive für richtig; vgl. Feinberg (1970). Es ist beachtenswert, dass vieles in Harts respektablem Band eine Untersuchung in »the principles governing the selection we apparently make of one of a complex set of conditions as the cause« ist und dass, als er diese Untersuchung begann, sie »a problem scarcely mentioned before in the history of philosophy« war (Hart/Honoré 1959: 16).

Person Y beginnen will. Diese Wahl erscheint genauso willkürlich und verwerflich (vor allem aus Sicht des nicht ausgewählten Fremden) wie die Konvention, die Ihnen und mir gestattet, vorhersehbare Konsequenzen unseres Nichthandelns aus der Kategorie der Intention auszuschließen und mit ein wenig Schuldgefühl hier zu sitzen und über unsere Beteiligung am Tod des Fremden nachzusinnen.[3]

Sonderbarerweise ist unser Verantwortungsgefühl für das Elend des Fremden, auch wenn es nirgendwo auch nur stark genug ist, um uns zum Handeln zu bewegen, heute wahrscheinlich stärker, als es zur Zeit vor der Erfindung des Flugzeugs gewesen ist. Wäre William Wilberforce im Jahre 1800 mit dieser Frage konfrontiert gewesen, hätte er sich wenigstens mit der Begründung aus der Affäre ziehen können, dass eine Seereise nach Indien lang und kostspielig ist und er unterwegs sterben könnte. Das legt nahe, dass neue Technologie – das Wort wird hier in sehr weitem Sinne verwendet, um alle Mittel zum Erreichen unserer Ziele einzubeziehen, eingeschlossen neue Institutionen und politische Organisationen, die uns das Erreichen sonst außerhalb unserer Reichweite liegender Ziele ermöglichen – unseren moralischen Kosmos verändern kann. Technische Innovation kann diese erstaunliche Leistung vollbringen, weil sie uns neue Wege an die Hand gibt, von Ferne zu handeln und zukünftige Ereignisse zu beeinflussen, und uns damit neue Zuschreibungsmöglichkeiten von Verantwortung und Schuld auferlegt. Kurz gesagt, neue Techniken oder Wege in den Lauf des Geschehens einzugreifen, können die konventionellen Grenzen verändern, innerhalb derer wir uns zu handeln verpflichtet fühlen. Stellen Sie sich vor, wir hätten eine bisher noch nicht erfundene Technik zur Verfügung, viel weiter entwickelt als das Flugzeug, die uns in die Lage versetzt, das Leben des verhungernden Fremden mit einem Minimum an Zeit und Energie, ohne Unterbrechung unserer Alltagsroutine zu retten. Wenn wir ihn nur dadurch retten könnten, dass wir den Arm ausstrecken und auf einen Knopf drücken, dann

3 Zu den uns schützenden Konventionen gehören diejenigen, die uns das Gefühl geben, dass wir durch Spenden an Wohlfahrtsorganisationen unseren Teil beigetragen haben oder durch den Anschluss an eine politische Bewegung, die, darauf vertrauen wir, wenn sie erfolgreich sein sollte, das betreffende Leiden lindern wird. Der letztere Weg zu einem guten Gewissen ist leicht als Selbsttäuschung zu werten und jeder dieser Wege erscheint vom Standpunkt des Fremden, der nächste Woche verhungern wird, willkürlich und »selektiv«. Dennoch sind das unsere besten Wahlmöglichkeiten. Sicherlich ist es besser, jedes Jahr einen Scheck an CARE zu schicken oder mit politischer Rhetorik die ungerechte Verteilung von Reichtum zu verurteilen, als gar nichts zu tun. Wie viel besser, ist allerdings fraglicher, als wir denken.

wäre ein Nichthandeln unentschuldbar. Das Verhalten, das uns die Konvention vorher als eine zufällige Begleiterscheinung unserer Tatenlosigkeit zu sehen ermöglichte, würde nun zu verabscheuenswürdiger Vernachlässigung oder sogar – so könnte man argumentieren – zu einer Schädigungsabsicht. Keine Konvention könnte uns dann von unserer Verantwortung freisprechen. Zu beachten ist, dass diese dramatische Veränderung unseres geltenden Verantwortungsgefühls ohne jedwede Veränderung unserer ethischen Überzeugungen herbeigeführt werden könnte. All unsere Ideen, jede abstrakte Formulierung moralischer Verpflichtung könnten dieselben bleiben. Die einzig notwendige Veränderung, um uns über unsere Handlungsschwelle zu heben, ist eine erweiterte Palette an Möglichkeiten zur Gestaltung unserer Zukunft und zum Eingriff in das Leben anderer. Der letzte Punkt stellt eine besonders beredte Erwiderung an jene dar, die glauben, dass die Entstehung einer humanitären Gesinnung nur damit zu erklären ist, dass man auf die starke Zunahme von Predigten und anderer Texte über die Wichtigkeit von Liebe und Güte hinweist.

Diese »Wege, in den Lauf des Geschehens einzugreifen« und »Gelegenheiten, die Zukunft zu gestalten« spielen eine so wichtige Rolle in der Geschichte moralischer Verantwortung und werden einen so prominenten Rang in meiner Analyse einnehmen, dass sie ein unverwechselbares Etikett verdienen. Das Wort »Technik« trägt irreführende Konnotationen mit sich – Oberflächlichkeiten des Stils auf der einen und hoch organisierte Körper wissenschaftlichen Wissens auf der anderen Seite. Wir benötigen einen Begriff, der auf die volle Bandbreite praktischen Know-hows bei den Zusammenhängen von Ursache und Wirkung verweist, vom Know-how, das erforderlich ist, einen Mann zum Mond zu bringen, am oberen Ende der Skala, bis zu dem, was notwendig ist, eine Ernte zur rechten Zeit einzubringen, oder was an Arbeitskraft und Material für eine Schmiede notwendig ist, am unteren und viel wichtigerem Ende der Skala.

Der Philosoph Douglas Gasking hat in seinem Essay *Causation and Recipes* nicht nur einen treffend einfachen Namen vorgeschlagen, sondern auch erklärt, warum seine Kategorie praktischer Formeln über das Erledigen von Dingen so wichtig ist. Die Idee der Kausalität ist nach Gasking in ihrem grundlegendsten und einfachsten Sinne »wesentlich mit unseren Techniken zur Erzeugung von Ergebnissen verbunden«. Nicht Wissenschaft, sondern schlichtes *Rezept*wissen, oder Technik im umfassendsten Sinne, ist die Quelle kausalen Denkens. »Eine Aussage über die Ursache von etwas«, schrieb Gasking, »ist eng mit einem Rezept zu ihrer Herbeiführung oder Verhinderung verbunden.« (Gasking 1955: 483; vgl. Hart/Honoreé 1959: 26, 29, 69) Man kann sich Wissenschaft zwar als eine Verfeinerung von Rezeptwissen vorstellen, bei der Erlaubnisse zur Einmischung mit offenem Ende durch Rezepte ersetzt werden, nach Gasking liegt aber der »Zusammenhang, bei dem etwas mit Hilfe von etwas erzeugt wird«, kausalem Denken zugrunde, und dieser Zusammenhang entsteht aus den elementarsten menschlichen Anstrengungen zur Erhaltung des Lebens.

»Die Menschen haben entdeckt, dass, wann immer sie mit bestimmten Dingen unter gewissen Bedingungen auf bestimmte Art und Weise umgegangen sind, sich ganz bestimmte Dinge ereigneten. Wenn man einen Stein in der Hand hält und bestimmte komplexe Bewegungen mit Arm und Fingern ausführt, segelt der Stein parabelförmig durch die Luft. Wenn man zwei Holzstücke und etwas trockenes Gras für lange Zeit in einer gewissen Art und Weise bearbeitet, fängt das Gras Feuer. Wenn man ein Ei drückt, zerbricht es. Wenn man einen Stein ins Feuer legt, wird er heiß. So haben die Menschen herausgefunden, durch einen bestimmten Umgang mit Dingen eine bestimmte Wirkung zu erzeugen: Wie ein Ei zerbricht, wie man einen Stein heiß werden lässt, wie man trockenes Gras Feuer fangen lässt, und so weiter.« (Gasking 1955: 482, 486)

Rezeptwissen ist für den Historiker beim Versuch, das Anwachsen humanitärer Gesinnung zu verstehen, wichtig, da weder kausale Wahrnehmung, noch das Empfinden moralischer Verantwortung ohne angemessene Rezepte existieren können. Man kann einfach keine menschliche Handlung (oder ihre Unterlassung) »H« als die Ursache eines Ereignisses »E« ansehen, wenn man nicht ein Rezept besitzt, wie man Ereignisse *wie* »E« mit Hilfe von Handlungen (oder ihren Unterlassungen) *wie* »H« erzeugen kann. Und wo die Möglichkeit kausaler Wahrnehmung fehlt, da kann es kein Empfinden moralischer Verantwortung geben. Ebenso kann unter gleich bleibenden Umständen eine Erhöhung kausaler Wahrnehmung durch Einführung neuer oder weiter reichender Rezepte die moralische Verantwortung über ihre früheren Grenzen hinaus ausdehnen.

Ausgerüstet mit diesem Verständnis der Abhängigkeit moralischer Konventionen von Rezeptwissen und kausaler Wahrnehmung lassen sich für den Historiker, der die Ursprünge humanitärer Sensibilität erklären will, im Fall des verhungernden Fremden viele Spuren und Forschungsanregungen finden. Obwohl die Spuren sehr in Richtung Kapitalismus deuten, weisen sie nicht in Richtung Klasseninteresse. Um sie herauszukristallisieren, ist es hilfreich, den Fall des verhungernden Fremden zu formalisieren und ihn in eine

Reihe von Voraussetzungen umzuformen, die vorhanden sein müssen, bevor Menschen Fremden zur Hilfe kommen.

Es gibt vier Voraussetzungen für das Auftreten einer humanitären Gesinnung als historisches Phänomen. Zuerst und am offenkundigsten müssen wir ethischen Maximen anhängen, nach denen Fremden zu helfen eine richtige Sache ist, bevor wir uns verpflichtet fühlen ihnen zu helfen. Wenn es uns unsere ethischen Überzeugungen gestatten, das Leiden von Menschen außerhalb unserer Familie oder unseres Clans zu ignorieren, gibt es keine wie auch immer geartete Grundlage für das Entstehen jener Aktivitäten und Haltungen, die wir humanitär nennen. Auch wenn das Befolgen angemessener Maxime unerlässlich ist, zeigt der Fall des verhungernden Fremden, dass dies zur Erzeugung von humanem Verhalten nicht ausreicht. Schon die Goldene Regel bietet eine ausreichende ethische Grundlage für unsere Entscheidung, sofort aufzustehen und uns auf den Weg nach Äthiopien zu machen, dennoch bleiben wir sitzen. Eine zweite Voraussetzung ist, ebenfalls im Fall des verhungernden Fremden veranschaulicht, dass wir uns als kausal am unglücklichen Ereignis beteiligt betrachten. Noch einmal, kausal beteiligt zu sein, bedeutet nicht, dass wir uns als »Ursache« betrachten, sondern nur, dass wir unsere Weigerung zu handeln als eine notwendige Bedingung ansehen, ohne die das unglückliche Geschehen nicht stattfinden würde. Mit dieser Vorbedingung geht die dritte einher. Wir können uns nicht als kausal am Leiden eines anderen beteiligt betrachten, außer wir sehen einen Weg, es zu beenden. Wir müssen eine kausale Verbindung, eine Kette aus Verbindungen von Ursache und Wirkung wahrnehmen, die mit irgendeiner unserer Handlungen als Ursache beginnt und als Wirkung mit der Linderung des Leidens des Fremden endet. Wir müssen, kurz gesagt, eine Technik oder ein *Rezept* zur Intervention haben – eine spezifische Abfolge von Schritten, die wir unseres Wissens nach zur Änderung des gewöhnlichen Ereignisverlaufs durchlaufen können. So lange wir ein Übel wirklich als unerreichbar für Manipulation – als ein unvermeidbares oder »notwendiges« Übel – wahrnehmen, wird unsere Sympathie, egal wie groß sie ist, kein Gefühl wirksamer Verantwortung erzeugen, das zu einer auf die Vermeidung oder Linderung des fraglichen Übels gerichteten Handlung führt. Obwohl der Besitz solcher Rezepte die beste Voraussetzung ist, um dem Fremden zu Hilfe zu eilen, ist dies nicht einmal ausreichend. Heutzutage haben Sie und ich ein Rezept, um nach Äthiopien zu gelangen und das Verhungern zu verhindern. Wir gestehen ein, dass unser Nichtreisen eine notwendige Bedingung für den Tod des Fremden ist, und wir alle stimmen der Goldenen Regel zu. Dennoch bleiben wir hier sitzen. Die vierte Voraussetzung, bei der wir schließlich in eine psychische Gemütsverfassung versetzt werden, so dass sich *einige* von uns zu handeln verpflichtet fühlen, ist folgende: Die uns für ein Eingreifen zur Verfügung stehenden Rezepte müssen Rezepte von ausreichender Alltäglichkeit, Vertrautheit, Wirkungsgewissheit und Handhabungsfreundlichkeit sein, so dass ihre Nicht-Anwendung eine Aufhebung der Routine bedeuten würde, ein aus dem Rahmen fallendes Ereignis, möglicherweise sogar eine beabsichtigte Handlung.[4] Nur dann werden wir das Gefühl haben, dass unser Nichthandeln nicht nur eine notwendige Bedingung unter vielen für das Auftreten oder Weiterbestehen des furchtbaren Geschehens ist, sondern eine signifikante *Ursache.*

Mit unserer Aussage, unsere Weigerung, dem Fremden zu helfen, nehme nur einen kausalen Status ein, wenn sie als außergewöhnlich vor einem Hintergrund eines normalen Rezeptgebrauchs erscheint, positionieren wir uns sicher auf dem Boden der vorhandenen Literatur zur Philosophie und Psychologie kausaler Attribution. Denn diese Literatur bekräftigt immer wieder, dass uns Anormalität als das wesentliche Kriterium dient, bestimmte Ereignisse, Handlungen oder Bedingungen als kausal hervorzuheben.[5] Der Hauptgrund, warum wir unserer Alltagsroutine folgen und nicht von Schuld über das Leiden des Fremden überwältigt werden, ist, dass unser einziges Rezept, ihm zu Hilfe zu eilen, exotischer und schwieriger umzusetzen ist als die Rezepte, die wir für gewöhnlich im Alltagsleben anwenden. Es erfordert eine kausale Beziehung zwischen seinem und unserem Leben, die viel indirekter, geringer und schwächer ist als die von uns für gewöhnlich angewen-

4 Die vierte Vorbedingung ist nicht, dass wir ein speziell für die spezifische Situation geschneidertes normales, vertrautes und sicheres Rezept zur Hand haben müssen, sondern unser normales, vertrautes und sicheres Rezept muss so aussehen, dass man darauf vertrauen kann, dass die Aufgabe nur mit moderaten Anpassungen der vorhandenen und bewährten Mittel erfüllt werden kann.

5 »The notion, that a cause is essentially something which interferes with or intervenes in the course of events which would ordinarily take place, is central to the common-sense concept of cause, and at least as essential as the notions of invariable or constant sequence so much stressed by Mill and Hume.« (Hart/Honoré 1959: 27) Hart sieht auch einen speziellen Platz für vorsätzliche Handlungen vor, aber Feinberg argumentierte, dass sie nur wegen ihrer »abnormality« so oft als ursächlich wahrgenommen werden. »The more expectable human behavior is, whether voluntary or not, the less likely it is to ›negative causal connection‹ [that is, to be seen as a cause rather than as the effect of some more remote cause]« (Feinberg 1970: 165). Vgl. auch Hanson: »We tend to be very selective about the sorts of things of which we ask, ›What is its cause?‹ This question is usually asked only when we are confronted with a breach of routine.« (Hanson 1955: 309)

deten, also betrachten wir unser Versäumnis nach dem Rezept zu handeln nicht als anormal. Niemand von uns löst für gewöhnlich ein größeres Vermögen auf und macht sich von heute auf morgen auf den Weg in die entlegensten Gegenden des Globus, nicht einmal um egoistische Ziele zu verfolgen. Kämen in unserer Alltagsroutine normalerweise solch exotische Rezepte zur Anwendung, dann sähe ein Nichtanwenden außergewöhnlich aus und nähme einen kausalen Status an. Und wenn wir unser Nichthandeln als eine Ursache für das Leiden des Fremden wahrzunehmen beginnen, dann wächst der psychische Druck, etwas seinetwegen zu tun, unwiderstehlich.[6]

Diese aus dem Fall des verhungernden Fremden erarbeiteten Vorbedingungen helfen zur Klärung, wie man sich Revolutionen des moralischen Empfindens vorstellen sollte und wie sie zu erklären sind. Zunächst sollten wir größere Veränderungen der Sensibilität, wie das Aufkommen der Bewegung zur Sklavenbefreiung, als das Ergebnis von Verschiebungen konventioneller Grenzen moralischer Verantwortung begreifen. Daher war das, was im Jahrhundert nach 1750 aufkam, wenigstens zunächst einmal, weder eine neuartige Ausgestaltung von Klasseninteressen, noch ein neuer Wertekanon gebunden an die Hegemonie einer aufstrebenden Klasse. Stattdessen war eine Ausweitung der konventionellen Grenzen der moralischen Verantwortung das grundsätzlich Neue, das die Menschen, deren Werte so traditionell (und ohne Bezug zur Klasse) wie die Goldene Regel geblieben sein dürften, zu einem bisher noch nicht da gewesenem Verhalten veranlasste, das sich auch nicht besonders gut mit ihren materiellen Interessen deckte. Die konventionellen Grenzen moralischer Verantwortung, wie sie von einer einflussreichen

6 Rezeptwissen hat viele Quellen. Weil mein Ziel in dieser Abhandlung ist, die Entstehung humanitärer Gesinnung mit dem Markt zu verbinden, ist Rezeptwissen, das bei Markttransaktionen entstanden ist, von unmittelbarem Interesse. Aber kein Rezeptwissen war zu Beginn der Entstehung humanitärer Gesinnung und der Bewegung zur Sklavenbefreiung so entscheidend wie das in der besonderen religiösen und politischen Erfahrungswelt der Quäker entstandene Rezeptwissen. Howard Temperley hat festgestellt, dass die Quäker im Laufe ihres Kampfes gegen Gesetze zur Abgabe des Zehnten und anderer verletzender Gesetzgebung schon in den Dreißigerjahren des 17. Jahrhunderts vierteljährliche, monatliche und lokale Treffen zu »a political machine of remarkable strength and sophistication [... combining] central direction with constituency action« gemacht hatten. »Long before anyone else, Quakers had become adept at using a broad range of techniques designed to exert extraparliamentary pressure, including mass petitioning, lobbying, drawing up voting lists, and obtaining pledges« (Temperley 1974: 31). Quäker waren nicht nur in der Manipulation der öffentlichen Meinung und des Parlaments erfahren, sondern wussten auch mehr als jeder andere, wie man individuelle Charakterzüge formen konnte, eine Art Rezeptwissen, das in der Strafanstalt für Geisteskranke und ihrer »moralischen Behandlung« vorausgesetzt wurde. Vgl. Vann (1969: Kap. I, 167–179, 204–208).

Minorität in der Gesellschaft befolgt wurden, wurden so ausgeweitet, dass sie vorher außerhalb jedermanns Verantwortungssphäre liegende Missstände einbezogen. Das Übel, um das es geht, ist das durchaus immer wahrgenommene Sklavenelend, das aber vor dem 18. Jahrhundert den gleichen kognitiven und moralischen Status besessen hat, wie ihn das Elend des verhungernden Fremden in Äthiopien heute für uns hat.[7]

Historiker müssen die Frage beantworten, warum sich Ereignisse wie der Tod eines verhungernden Fremden manchmal aus der moralisch indifferenten Kategorie »nicht beabsichtigter Folgen«, für die niemand ein geltendes Verantwortungsgefühl empfindet, herausbewegen und zu einer Angelegenheit werden, für die sich bestimmte Menschen äußerst verantwortlich fühlen. Hier liegt die zweite Lehre, die wir aus der Reihe unserer Voraussetzungen ziehen können: Wenn man Umwälzungen des moralischen Empfindens als ein Ergebnis resultierend aus Verschiebungen konventioneller Grenzlinien moralischer Verantwortung versteht, kann die Erklärungsaufgabe darin bestehen, die geschichtlichen Entwicklungen herauszufinden, die einen äußeren und expansionistischen Druck auf jene konventionellen Grenzen ausgeübt haben. Unsere Reihe von Vorbedingungen deutet auch an, wie erfolgreiche Erklärungen aussehen könnten, und richtet dabei unser Augenmerk auf die enge Beziehung zwischen Verantwortungsgefühlen und der Wahrnehmung kausaler Beteiligung. Sie legt nahe, dass die einschränkenden Konventionen, unter denen Menschen leben, eine Funktion der Reihe der Ereignisse sind, an denen sie sich durch Tun oder Unterlassen als kausal beteiligt wahrnehmen, und dass ferner diese Reihe der Ereignisse durch die Anzahl, die »Macht« und die »Reichweite« der Interventionsrezepte bestimmt wird, die sie und die Menschen in ihrem Umfeld gewöhnlich anwenden. Der Horizont kausaler Beteilung einer Person und möglicherweise auch seine oder ihre Grenzen moralischer Verantwortung werden durch die routinemäßige Anwendung von Rezepten großer Komplexität und zeitlicher Ausdehnung erweitert. Daher muss der Historiker nach geschichtlichen Faktoren suchen, die das Vertrauen der Menschen in schon vorhandene Rezepte stärken und die sie ermutigen, neue, komplexere oder weiter in die Zukunft reichende Rezepte zu entwickeln. Jedes neue Rezept oder die Steigerung der

7 Ein Abschnitt aus *Las Siete Partidas*, Rechtsrichtlinien des 13. Jahrhunderts, die später die Gesetzgebung in Spanien und den spanischen Teil Amerikas beeinflusste (beide akzeptierten die Institution der Sklaverei), legte dar: »slavery is the most evil and the most despicable thing which can be found among men, because man, who is the most noble and free creature, among all the creatures that God made, is placed in the power of another« (Klein 1971: 142).

»Reichweite« und Komplexität von Rezepten weiten den Horizont kausaler Wahrnehmung aus und erweitern den Bereich, innerhalb dessen sich eine Person *potenziell* als Ursache für ein nicht notwendiges Übel empfindet.

Dem Wort »potenziell« sollte besondere Beachtung geschenkt werden. Uns geht es nicht um einzelne Episoden menschlicher Freundlichkeit und Anständigkeit – ich nehme an, sie können überall zu jeder Zeit vorkommen –, sondern um ein dauerhaftes, kollektives Verhaltensmuster, bei dem eine erhebliche Anzahl von Menschen regelmäßig das Leiden von Fremden erleichtert. So ist meines Erachtens das Aufkommen einer neuen humanitären Sensibilität im 18. Jahrhundert zu verstehen. Wir müssen dann die Minimalbedingungen bestimmen, die zu Beginn dieses kollektiven Phänomens erfüllt sein müssen. Nicht alle Menschen, die diese Bedingungen erfahren, werden zu humanitären Reformern. Die meisten werden es in Wahrheit nicht. Um diejenigen zu finden, die zu Reformern werden, müssen wir über die Grenzen dieses Erklärungsansatzes hinausblicken, auf traditionsgebundene, biografische und geschichtliche Details der Lehren, denen sie ausgesetzt waren, auf ihr persönliches Temperament, die Tiefe ihres religiösen Glaubens, ihren Mut und so weiter.

Auch wenn der hier angebotene Erklärungsansatz nicht vorgibt, eine Erklärung dafür parat zu haben, warum bestimmte Einzelpersonen humanitäre Reformer werden und andere nicht, macht er uns doch auf die Besonderheit moralischer Erfahrung von Menschen aufmerksam, die mit einem großen Reservoir an weitreichenden Rezepten ausgestattet sind. Da solche Menschen sich ihrer Fähigkeit, in den Ereignisverlauf einzugreifen und die Zukunft nach ihrem Willen zu gestalten, vergleichsweise sicher sind, sind sie die wichtigsten Kandidaten für das erstmalige geschichtliche Auftauchen dieses erhöhten Gespürs kausaler Beteiligung, das eine Voraussetzung für die Entstehung humanitärer Sensibilität ist. Mit der Interventionsfähigkeit geht die Möglichkeit einher, sich zur Übernahme von Verantwortung verpflichtet zu fühlen – aber nur die Möglichkeit. Viele Menschen, deren reiche Ausstattung mit Rezeptwissen ihnen eine Interventionsfähigkeit gibt, werden entweder gar nicht oder nur aus Gründen der Selbsterhebung eingreifen, aber einige ungewöhnlich empfindsame Individuen werden von ihrer erweiterten Wahrnehmungsgabe für kausale Verstrickung »gefangen« sein und sich zur Hilfeleistung für den Fremden, für dessen Leid sie zuvor nur passive Sympathie empfunden haben, gezwungen fühlen. Der hier vorgetragene Erklärungsansatz versucht nicht die Geheimnisse individueller Einfühlungsgabe und individuellen Mitgefühls auszuloten. Er bietet aber einen Ansatz zum

Verständnis, warum bis zur Mitte des 18. Jahrhundert sogar die gewissenhaftesten und mitfühlendsten Männer und Frauen sich nicht verpflichtet fühlten, leidenden Sklaven zur Hilfe zu eilen.[8]

Dieser Erklärungsansatz ist weit davon entfernt, Gewissenshandlungen in subtile Reflexe fundamentaler Antriebe umzuformen, aber er erlaubt es uns, den humanitären Reformern für ihre moralische Einsicht, für ihren Mut angesichts der Widrigkeiten und für ihre Beharrlichkeit bei der Entwurzelung fest verankerter Institutionen Anerkennung zu schenken. Sie waren perfekte Interpreten eines neuen moralischen Kosmos. Allerdings macht uns dieser Denkansatz auch klar, dass das neue Verständnis durch Veränderungen der sozialen und wirtschaftlichen Lebensbedingungen hervorgerufen wurde und dass, als die Bühne bereitet war, ähnliche Veränderungen nahezu sicher auch von anderen Individuen hervorgebracht worden wären, wenn nicht Wilberforce, Garrison, Phillips und all die anderen eindrucksvollen Männer und Frauen es getan hätten. Um Menschen zu bewundern, muss man nicht so tun, als seien sie Ursachen ohne Ursache.

Nachdem wir die Implikationen des Falls des verhungernden Fremden erforscht haben, können wir nun zu einer kurzen Skizze, nicht mehr, einer alternativen Formulierung der Beziehung zwischen Kapitalismus und den Ursprüngen humanitären Empfindens übergehen.[9] Die hier vertretene These besagt, dass die entscheidenden Verbindungen zwischen Kapitalismus und der Entstehung humanitärer Gesinnung nicht vom Aufstieg des Bürgertums an sich herrührt, sondern von seiner charakteristischsten Institution, dem Markt, und dass diese Bindungen nicht vom Klasseninteresse geschaffen worden sind, sondern von subtilen strukturellen Ähnlichkeiten, die aus

8 Diese Erklärungsweise ist absolut kompatibel mit der Annahme, dass solche individuellen Charakterzüge wie Barmherzigkeit und Gewissenhaftigkeit ebenso evident vor wie nach 1750 waren. Wenn »gut« sein bedeutet – und das muss es vermutlich größtenteils –, dass man gewissenhaft die ethischen Maximen seiner Kultur (wie die Goldene Regel) befolgt, und das innerhalb der wirksamen, von Konvention und dem Vorhandensein von Interventionstechniken vorgeschriebenen Grenzen, dann ist es sehr sinnvoll zu sagen, dass die Menschen nach 1750 nicht »besser« wurden. Sie haben ihr Verhalten nur einer neuen Reihe von Konventionen und Fähigkeiten angepasst. Die These beruht daher auf keiner Annahme über moralischen Fortschritt im üblichen Begriffssinn, sie stellt lediglich die Vermutung an, dass Verantwortungskonventionen nach 1750 eine größere Vielfalt leidender Menschen einbeziehen und in diesem Sinne den früheren überlegen sind.

9 Der Ausdruck »alternativ« bezieht sich auf die Auseinandersetzung mit dem Buch von David Brion Davis, *The Problem of Slavery in the Age of Revolution*, 1975, der die Entstehung der amerikanischen Abolitionismus-Bewegung als Ausdruck eines erstarkenden bürgerlichen Klasseninteresses erklärt hatte (Anmerkung der Herausgeberin).

einem kognitiven Stil entstehen, der Teil von Wirtschaftsangelegenheiten, von Urteilen moralischer Verantwortung und von vielem mehr ist.

Caveat emptor! Käufer sei wachsam! Wie kann man vom Markt, einer Einrichtung, die explizit das Eigeninteresse legitimiert und die Verantwortung der einzelnen Person für den Mitmenschen in engen und formalen Grenzen hält, behaupten, dass er die Grenzen moralischer Verantwortung erweitert hat? Betrachten wir den Markt, wie es die Anhänger der Sklavenbefreiung und ihre Generation oft taten, als ein Mittel sozialer Disziplin oder zur Erziehung und Bildung und zur Charaktermodifikation. Die »unsichtbare Hand« des Adam Smith war schließlich nicht nur ein wirtschaftlicher Mechanismus, sondern eine durchschlagend neue Art der Sozialdisziplin, die ältere, offensichtlichere Kontrollformen ersetzte, gerade wegen ihrer positiv besetzten Unpersönlichkeit und Effektivität, mit der sie Waren und Rohstoffe zuteilte. Die Ausbreitung der Wettbewerbsbeziehungen kanalisierte das Verhalten nicht nur direkt, indem Menschen durch wechselnde Lohn- und Preisniveaus angeregt wurden, bei einigen Aktivitäten mitzumachen und sich bei anderen fernzuhalten, sondern hielt ebenfalls eine immens mächtige Erziehungs- und Bildungskraft bereit, die die Tiefen der persönlichen Psychologie erreichen konnte. Der Markt veränderte den Charakter: Menschen wurden mit greifbaren Belohnungen überschüttet, wenn sie einen gewissen kalkulierenden und gemäßigt positiv eingestellten Verhaltensstil an den Tag legten, während andere erniedrigt wurden, deren Benehmen weniger zugeknöpft war oder die ihre Angelegenheiten auf einem höheren oder tieferen Aggressivitätsniveau als dem vorherrschenden durchboxten.

Die autonome Kraft des Marktes bei der Charakterformung wird oft unterschätzt, weil Max Weber und jüngere Wissenschaftler den Akzent auf die Umkehrung dieses Phänomens gesetzt haben: die Unfähigkeit des Marktes aufzublühen, wenn ein reichlicher Zufluss an Individuen mit Selbstdisziplin fehlt, die bereits durch nach innen gerichtete, sich selbst steuernde Gewohnheiten, wie sie von den protestantischen Sekten gelehrt werden, auf das Drängen der unsichtbaren Hand vorbereitet sind. Aber an dieser Stelle war Weber eindeutig: Für den Kapitalismus in Europa war die persönlichkeitsverändernde Kraft und die mächtige Rekrutierungsfähigkeit von Religion nur notwendig, um die Mauern des Traditionalismus zu durchbrechen und eine beherrschende Stellung zu erlangen. Sobald der Markt einen festen Halt gewonnen hat, bedarf er nach Weber keiner Unterstützung einer religiösen Glaubenslehre mehr. Dann »erzieht und schafft [er] sich im Wege der ökonomischen *Auslese* die Wirtschaftssubjekte – Unternehmer und Arbeiter –, deren er bedarf« (Weber 1973: 45)[10] ganz unabhängig. Weber erkannte einen nahe liegenden und keinen Teufelskreis in der Beziehung zwischen Institutionen und Individualcharakter: Die Institution des Marktes konnte sich nicht ohne eine große Zahl von »Wirtschaftssubjekten« aufrechterhalten und im Gegenzug hing der Anteil dieser Menschen an der Bevölkerung und die Wertschätzung, die ihnen entgegen gebracht wurde, wesentlich vom durch den Markt erzeugten Geflecht aus Gelegenheit und Versicherung ab.

Die Lebensweise, die der Markt voraussetzt und ermutigt, ist natürlich zu komplex, um in diesem Essay angemessen beschrieben zu werden, aber erlaubt man sich eine starke Vereinfachung, so kann man diesen Prozess als zwei »Lehren« betrachten, die der Markt verbreitet (und gleichzeitig voraussetzt). Diese Lehren waren eng mit einander verflochten: die erste besagte, dass Menschen ihre Versprechen halten sollten; die zweite forderte sie auf, sich um die fernen Folgen ihrer Handlungen zu kümmern. Diejenigen Menschen, die dies gut lernten und die die Existenz vieler von denselben Anschauungen erfüllter anderer Menschen als gegeben voraussetzen konnten, waren die ersten, die die Schwelle zu einem neuen moralischen Kosmos überschritten. Ein Kosmos, in dem die Horizonte kausaler Wahrnehmung genügend weit und die Techniken, die routinemäßig bei Alltagsaufgaben angewendet wurden, ausreichend komplex und zukunftsorientiert waren, so dass die unterlassene Hilfe für den leidenden Fremden zu einer gewissenlosen Handlung wurde.

Betrachten wir zunächst die Lehre, sein Versprechen zu halten. In der langen Geschichte menschlicher Moralität gibt es keinen signifikanteren Orientierungspunkt als das Auftreten des Menschen, der seine Versprechen auch hielt. Die Norm des Haltens von Versprechen (wie bei allen Normen oft bei der Übertretung wahrgenommen) ist so grundlegend für die heutige Lebensweise, dass wir sie als selbstverständlich erachten und dabei vergessen, dass sie erst vor Kurzem entstand und mit welchen Kosten, im Sinne der Instinktabkehr, dieser Grad des »Zivilisationsprozesses« erreicht wurde. Ironischerweise war es Friedrich Nietzsche – den man nicht der Freundschaft zum Kapitalismus bezichtigen (oder für unsere Zwecke als Freund des Entstehens einer humanitären Gesinnung oder von was sonst auch immer, das eine Instinktabkehr erfordert, bezeichnen) kann –, der das beredteste Zeug-

10 Zur Geschichte der vom 16. bis zum 18. Jahrhundert weit verbreiteten Erwartung, dass der Kapitalismus politische Harmonie brächte, indem er Leidenschaften zähmt und die Bevölkerung mit heilsamer Disziplin durchtränkt, siehe Hirschman (1980).

nis für die Bedeutung dieses historischen Augenblicks ablegte. Die zweite Abhandlung seiner Schrift *Zur Genealogie der Moral* beginnt er mit den Worten: »Ein Tier heranzuzüchten, das *versprechen darf* – ist das nicht gerade jene paradoxe Aufgabe selbst, welche sich die Natur in Hinsicht auf den Menschen gestellt hat? ist es nicht das eigentliche Problem *vom* Menschen?« (Nietzsche 1999: 799) Das Halten von Versprechen kann nur einem menschlichen Tier widerfahren, das die Fähigkeit entwickelt hat zu erinnern, was es früher gewollt hat, und das Erinnern, so argumentiert Nietzsche, ist der guten Gesundheit des Tieres diametral entgegengesetzt.

Das Vergessen, argumentiert er (seine Passagen erinnern stark an Freuds Arbeiten über die Verdrängung), ist »eine Form der *starken* Gesundheit«, ohne die der Mensch »kein Glück, keine Heiterkeit, keine Hoffnung, keinen Stolz, keine *Gegenwart*« (ebd.: 799) erfahren kann. Dass der Mensch trotz alledem in großem Maße ein Tier mit dem Recht, Versprechen zu machen, geworden ist, erscheint Nietzsche eine »beachtenswerte« Errungenschaft, eine »ungeheure Arbeit« (ebd.: 800) an Selbstüberwindung angesichts der Stärke der Kräfte, die solch einer Entwicklung entgegenstehen. Das Halten von Versprechen erfordert

> »ein Fort-und-fort-wollen des einmal gewollten, ein eigentliches *Gedächtnis des Willen*: so daß zwischen das ursprüngliche ›ich will‹, ›ich werde tun‹ und die eigentliche Entladung des Willens, seinen *Akt*, unbedenklich eine Welt von neuen fremden Dingen, Umständen, selbst Willensakten dazwischengelegt werden darf, ohne daß diese lange Kette des Willens springt. Was setzt das alles voraus! Wie muß der Mensch, um dermaßen über die Zukunft voraus zu verfügen, erst gelernt haben, das notwendige vom zufälligen Geschehen scheiden, kausal denken, das Ferne wie gegenwärtig sehn und vorwegnehmen, was Zweck ist, was Mittel dazu ist, mit Sicherheit ansetzen, überhaupt rechnen, berechnen können – wie muß dazu der Mensch selbst vorerst *berechenbar*, *regelmäßig*, *notwendig* geworden sein, auch sich selbst für seine eigne Vorstellung, um endlich dergestalt, wie es ein Versprechender tut, für sich *als Zukunft* gutsagen zu können!« (Ebd.: 800)

Auch wenn er sich geringschätzig gegenüber Asketentum, »schlechtem Gewissen« und allen anderen Zeichen von »krankhafte[r] Verzärtlichung und Vermoralisierung, vermöge deren das Getier ›Mensch‹ sich schließlich aller seiner Instinkte schämen lernt« (ebd.: 808), zeigt, respektierte Nietzsche diese grundlegende Phase der Entsagung entschieden. Genau genommen ist die »reifste Frucht« dieses enormen Kulturprozesses das, was er das »souveräne Individuum« nannte, das sich, gerade weil es sich das Recht, Versprechen zu machen, erworben hat, seiner »Herrschaft über die Umstände, über die Natur und alle willenskürzeren und unzuverlässigeren Kreaturen« (ebd.: 801) bewusst sein muss.[11]

»Das stolze Wissen um das außerordentliche Privilegium der *Verantwortlichkeit*, das Bewußtsein dieser seltenen Freiheit, dieser Macht über sich und das Geschick hat sich bei ihm bis in seine unterste Tiefe hinabgesenkt und ist zum Instinkt geworden, zum dominierenden Instinkt – wie wird er ihn heißen, diesen dominierenden Instinkt, gesetzt, daß er ein Wort dafür bei sich nötig hat? Aber es ist kein Zweifel: dieser souveräne Mensch heißt ihn sein *Gewissen* [...]« (ebd.).

Wenden wir uns für einen Moment ab von der überraschenden Ähnlichkeit zwischen den Anhängern der Sklavenbefreiung und Nietzsches »souveränem Individuum« mit seinem sagenhaften Gewissen und außergewöhnlich erweitertem Gefühl für Verantwortung; beschäftigen wir uns mit der Beziehung zwischen gewöhnlicheren Stufen der Selbst-Überwindung und dem Aufstieg des Kapitalismus. An dieser Stelle lässt uns Nietzsche ein entscheidendes Argument vorbringen. Historisch gesprochen erfordert Kapitalismus das Gewissen und kann sogar als identisch mit dem beherrschenden Einfluss von Gewissen angesehen werden. Diese »ungeheure Arbeit« der Instinktabkehr, auf der das Halten von Versprechen beruht – eine Arbeit, die sogar Nietzsche, ein rücksichtloser Entsagungskritiker, billigen musste und sie zum Ausgangspunkt seines »souveränen Individuum« (dessen Freiheit fortlaufend von seinen Versprechen bestimmt sein sollte) machte –, ist eine unbedingte Voraussetzung für das Aufkommen von besitzergreifendem Individualismus und Marktgesellschaft. Vom Individuum kann nicht behauptet werden, dass es die Fähigkeit besitzt, Arbeit zu einem späteren Zeitpunkt zu verrichten oder frei über seine Arbeit für andere gegen gebührende Entlohnung zu verfügen, bis es nicht »die Herrschaft über sich« besitzt – bis es mit anderen Worten diese »gesunde« Vergesslichkeit meistern kann und sich verpflichtet fühlt an der langen Kette des Willen zu agieren.[12] Und es muss gemäß der

11 Nietzsches Bewunderung ist aufrichtig: »Fügen wir sofort hinzu, daß andrerseits mit der Tatsache einer gegen sich selbst gekehrten, gegen sich selbst Partei nehmenden Tierseele auf Erden etwas so Neues, Tiefes, Unerhörtes, Rätselhaftes, Widerspruchsvolles *und Zukunftsvolles* gegeben war, daß der Aspekt der Erde sich damit wesentlich veränderte. In der Tat, es brauchte göttlicher Zuschauer, um das Schauspiel zu würdigen, das damit anfing und dessen Ende durchaus noch nicht abzusehn ist« (ebd.: 826). Nachdem die Leiter der Entsagung so mühsam erklommen worden war, vertraute Nietzsche darauf, dass der neue Menschentyp sie beiseitestoßen und von nun an ohne sie auskommen könnte.

12 »Wollte man für diese Gesellschaftsordnung ein einziges Kriterium nennen, so wäre es dieses: des Menschen Arbeit ist eine Ware, das heißt, daß seine Kraft und Geschicklichkeit ihm zwar gehören, jedoch nicht als integrierender Bestandteil seiner Person betrachtet

immer vorhandenen Wechselwirkung zwischen Institutionen und Charakter die Praktiken und Persönlichkeitsmerkmale, die der Markt für seine Existenz als Bedingung voraussetzt, herbeiführen und fortwährend verstärken.

Gewissen und das Halten von Versprechen haben sich in der Geschichte der Menschheit natürlich lange vor dem Kapitalismus entwickelt. Darüber hinaus ist das Einhalten von Zusagen nicht nur ein frei stehender psychischer Wesenszug, sondern eine Kulturpraxis, tief verwurzelt im Geflecht gesellschaftlicher Beziehungen und zum Teil abhängig von einer wirkungsvoll institutionalisierten Zwangsandrohung bei Nichteinhaltung. In Westeuropa, England und Nordamerika entstanden erst ab dem 18. Jahrhundert Gesellschaften, deren Wirtschaftssysteme von der Erwartung abhingen, dass die meisten Menschen die meiste Zeit über ausreichend von ihrem Gewissen (und gewiss auch vom Gedanken an Strafe) beherrscht wurden, dass man auf das Einhalten ihrer Zusagen vertrauen konnte. Anders ausgedrückt, erst dann verbreitete sich das Einhalten von Zusicherungen so sehr, dass es zu einer allgemeinen sozialen Norm erhoben werden konnte. Nur in dem Maße, wie eine solche Norm vorherrscht, lassen sich Wirtschaftsgeschäfte auf nichts Maßgeblicheres als auf die aus Versprechen erwachsenen Verpflichtungen gründen. Und ein wachsendes Vertrauen in gegenseitige Versprechen, oder Vertragsverhältnisse, anstelle von auf Status, Gewohnheit oder traditioneller Autorität gegründeten Beziehungen, kommt dem Kern dessen sehr nahe, was wir mit »Aufstieg des Kapitalismus« bezeichnen.

Sowohl die wachsende Kraft der Norm des Haltens von Versprechen als auch ihr zeitliches Zusammentreffen mit der Ausbreitung der Marktbeziehungen sind deutlich in die Geschichte des Vertragsrechts eingeschrieben. Ein Vertrag ist natürlich ein Austausch von Versprechen, und als solches liefert uns das Vertragsrecht einen direkten Maßstab der zentralen Bedeutung des Einhaltens von Zusicherungen in der Gesellschaft. Aber der Stellenwert dieses Bedeutungsanstiegs, nachweisbar in der Geschichte des anglo-amerikanischen Vertragsrechts, ist nicht nur darauf beschränkt, denn jeder Vertrag ist neben einem Austausch von Versprechen auch ein Ensemble sich wechselseitig bedingender Rezepte. Gehen Menschen gegenseitige Vertragsbeziehungen ein, verpflichtet sich jeder von ihnen, vorher bestimmte zukünftige Ereignisse herbeizuführen, ohne sich dabei um eine klare Bestimmung der verzwickten und als selbstverständlich hingenommenen Abfolge prosaischer Beziehungen von Ursache und Wirkung zu kümmern, auf die er sich verlas-

werden, sondern als Besitz, dessen Gebrauch und Nutzen er nach Belieben einem anderen gegen einen Preis überlassen kann.« (Macpherson 1967: 62f.)

sen will. Auch wenn die die Vertragsvereinbarungen stützenden Dokumente üblicherweise nur das gewünschte Ergebnis spezifizieren, bedeutet die Tatsache, dass zwei Parteien sich vertraglich vereinbart haben, zweierlei: eine unausgesprochene Behauptung jedes Versprechensgebers, dass er das für das gewünschte Ergebnis notwendige Rezeptwissen besitzt, und das stillschweigende Vertrauen desjenigen, der das Versprechen annimmt, dass die Rezepte des Versprechensgebers existieren, und man von ihrer Wirksamkeit ausgehen kann. Das Vertragsrecht liefert nicht nur die Beweise einer wachsenden Kraft des Gewissens in der Marktgesellschaft, sondern auch Beweise für einen wachsenden Fundus an Rezeptwissen, auf dem Wahrnehmungen kausaler Beteiligung und moralischer Verantwortung notwendigerweise ruhen.

Die Geschichtsschreibung belegt, dass die Norm, sein Versprechen zu halten, erst in letzter Zeit den beherrschenden Stellenwert hat, den wir heute als selbstverständlich erachten. Im England vor dem 12. Jahrhundert wurde von den Gerichtshöfen des Königs den gegenseitigen Versprechungen von Privatpersonen im Allgemeinen keine Beachtung geschenkt. Im selben und im folgenden Jahrhundert wurden einige Vertragsbeziehungen durch *writs of covenant, debt* und *detinue,* Herausgabeverfügungen, rechtlich sanktioniert. Die Starrheit und beschränkte Anwendungsmöglichkeit dieser Anklageformen führte zu einer wachsenden Umgehung durch *actions of trespass*, oder was im heutigen Sprachgebrauch Delikt und Unrecht genannt wird, und im frühen 17. Jahrhundert hatte sich eine Unterform von *trespass*, die *action of assumpsit* (mit der Bedeutung »Zusicherung« oder Übernahme der Verantwortung für das Hervorbringen eines Ereignisses), in ein gebräuchliches Mittel gegen Vertragsbrüche entwickelt (vgl. Simpson 1975: 4, 199, 215–218, 281–316). So beträchtlich die frühe Entwicklung des Vertragsrechts auch war, so verblasst sie doch im Vergleich mit dem Geschehen in den letzten Jahrzehnten des 18. Jahrhunderts, als sich die allmähliche Umorientierung des englischen Lebens hin zum Markt dramatisch beschleunigte. So groß war der entsprechende Rechtssprung, dass noch im Jahr 1765, als Blackstone seine *Commentaries* publizierte, das Vertragsrecht (verglichen zu seiner späteren Rolle) eine »sehr kleine Rolle im Rechtssystem« spielte und es nur wenig mehr als »ein Anhängsel an das Sachenrecht« (Atiyah 1979: 102)[13] war.

13 Zu parallelen Entwicklungen in Amerika vgl. Horwitz (1977: Kap. 6) und Gilmore (1974). Auch wenn das Buch von Horwitz ausgesprochen nützlich ist, fällt es doch (im Gegensatz zu Atiyahs Buch) den üblichen Schwächen des Erklärungsansatzes der Sozialkontrolle zum Opfer: Überbewertung der Rolle des Klasseninteresses basierend auf der Annahme, dass nur Interesse Basis und Überbau verbinden kann.

In den auf das Jahr 1770 folgenden Jahrzehnten, als sich das Vertragsrecht vom Sachenrecht freimachte, explosionsartig anwuchs und das Sachenrecht und vieles andere unter seinen sich erweiternden Kompetenzbereich subsumierte, fand eine subtile Veränderung auf dem Feld der Schuldhaftung statt, die der erstaunlichen Erweiterung auf dem Gebiet der legal erzwingbaren Zusagen einen noch größeren Impuls gab, als er sich bisher schon abzeichnete. Traditionell beruhte die Haftbarkeit auf einer Kombination aus Versprechen und Gegenleistung. Ein Versprechen allein, das bloße Faktum einer willentlichen Absichtserklärung etwas zu tun, reichte nicht aus. Was eine Zusage bindend machte war die Gegenleistung, der Beweis, dass für den Versprechensgeber zum Geben seiner Zusage »ausreichend motivierende Umstände« vorhanden waren – etwa ein Entgelt oder ein anderer konkreter Nutzen. Seitdem Richter und Geschworene über die Angemessenheit von Gegenleistung entschieden, ermöglichte diese Doktrin eine Öffnung für richterlichen Freiraum und für örtliche Standards für »gerechten Preis« und Fairness, die starken Zwang auf die Art der Vertragsbeziehungen, die einzelne Personen eingehen konnten, ausübte (vgl. Simpson 1975: 323; Atiyah 1979: 139–149).

Diese Zwänge nahmen weiter ab, waren aber zu Zeiten von Blackstone noch immer überraschend stark, und verschwanden dann völlig in den letzten Jahrzehnten des 18. und den frühen Dekaden des 19. Jahrhunderts (der ganze Vorgang ereignete sich in Amerika einige Jahrzehnte später als in England). Als das anglo-amerikanische Recht in das »Vertragszeitalter« eintrat, änderte es sich gleichzeitig in Richtung einer reinen »Willens- oder Konsenstheorie« der Haftbarkeit, der zufolge Verpflichtung weniger aus der Gegenleistung, sondern aus dem bloßen Willen der vertragsschließenden Parteien erwuchs – aus *nuda voluntas*, den das traditionelle Recht abgelehnt hatte. Entstanden aus einer Art Delikt, nahm nun der Vertrag seinen modernen Status als Antithese zum Delikt ein: Verpflichtung nicht durch Gesetz erzeugt, sondern durch private Vereinbarung. Traditionell waren die Gerichte nur zur Vollstreckung einer Zusage gewillt, wenn die Umstände, die den Beklagten zu einer Gegenleistung veranlasst hatten, so stark waren, dass er gewissermaßen zur fraglichen Handlung gezwungen war, ob er die Handlung versprochen hatte oder nicht. Ein weit größerer Spielraum für Versprechen wurde bindend, als die Gerichte den Versuch zur Bewertung der Umstände aufgaben, die einer nicht erzwungenen Absichtserklärung zugrunde lagen. Nun, da die Absicht eine ausreichende Basis für eine Verpflichtung war, konnte der Versprechensgeber zur Einlösung oder anstelle der Einlösung zur Zahlung von Entschädigungsleistungen gezwungen werden, sogar wenn er aus dem Vertrag ausgestiegen war, noch bevor der Empfänger der Versprechung zum eigenen Schaden sich auf die gegebene Zusicherung verlassen hatte. Sogar wenn der Versprechensgeber noch keinen im Vertrag verlangten Nutzen erlangt hatte, konnte er haftbar gemacht werden. Zum ersten Mal beanspruchte das Recht, den Versprechensgeber generell, egal für welche Erwartungen, die seine Zusagen erzeugt hatten, haftbar zu machen. Niemals zuvor hatte das Versprechen soviel für die Angelegenheiten von Menschen bedeutet und niemals vorher waren Strafen für einen nur kurzlebigen Willen und für Unzuverlässigkeit so streng.[14]

Es ist nicht nur zufällig, dass die Entstehung humanitärer Gesinnung im späten 18. Jahrhundert so plötzlich aufblühte, als die Norm des Haltens von Versprechen zu einer höchsten moralischen und rechtlichen Verpflichtung erhoben wurde. Ganz offenkundig trug die neue Betonung des Einhaltens von Zusagen zum Entstehen humanitärer Sensibilität bei, indem sie zu einem neuen Niveau an Gewissenhaftigkeit bei der Erfüllung ethischer Maxime ermutigte. Wenn den eigenen Kunden und Handelspartnern immer stärker das Recht und auch die Macht zugestanden wurde, gesetzliche Bestrafung zu veranlassen, wenn man seinen Versprechungen nicht nachkam, was wurde dann aus den Verpflichtungen, die aus dem Bündnis mit Gott entstanden? Die Goldene Regel wurde für fromme Menschen wie John Woolman nicht nur wegen eines Aufsteigens von Frömmigkeit in ihrer Anwendung bedeutsam, sondern auch, weil die Ausbreitung der Markttransaktionen den Hintergrund veränderte, an dem Gewissenhaftigkeit gemessen wurde; den Alltagsgeschäften wurde damit ein bisher noch nicht vorhandener hoher Standard gewissenhaften Verhaltens auferlegt.

Was war mit *caveat emptor*? Wir haben gesehen, dass der Kodex des Marktes die vertragsschließenden Parteien dazu anspornte, sich gegenseitig unfreundlich, kalt und misstrauisch - als Fremde eben - zu behandeln, und wir wissen genau, wie verheerend die Folgen dieser durch den Markt hervorgebrachten Gefühlskälte sein konnte, besonders für die Beziehungen zwischen Unternehmern und Angestellten. Auch wenn der Markt die konventionellen Grenzen moralischer Verantwortung in dieser Hinsicht schrumpfen ließ, erweiterte er sie in anderer Hinsicht.

Im Vertragszeitalter *waren* diejenigen, die an Marktgeschäften beteiligt waren, meistens Fremde, Menschen, die keine Bluts-, Glaubens- oder Ge-

14 Vgl. Atiyah (1979: 139–149, 194–205, 208, 212–216); Horwitz (1977: 160, 174, 180–186, 200f.).

meinschaftsverbindungen hatten. Diese Menschen hätten es nicht gewagt miteinander Geschäfte zu treiben, hätte es nicht die wachsenden Zusicherungen vom Gesetz und anderen marktorientierten Institutionen gegeben, dass Zusagen eingehalten werden – gerade auch Versprechen von Fremden. Zum Beispiel zerbrach im transatlantischen Handel die Vorherrschaft der jüdischen Kaufleute und der Quäker aus New York und Newport, die ihren Glaubensbrüdern in weit entfernten Häfen vertrauen konnten, genau in den fünfziger Jahren des 17. Jahrhunderts, als die Norm zur Einhaltung von Versprechen so an Stärke gewonnen hatte, dass die für den Überseehandel notwendige Vertrauensvariante »auf Armeslänge« nicht mehr länger auf Genossen verfolgter Sekten eingeschränkt war (vgl. Snydacker: 1982).

Auch war eine Vergrößerung des Vertrauens gegenüber Fremden nicht der einzige Weg zur Anhebung von Standards für Gewissenhaftigkeit durch ein an der Einhaltung von Versprechen orientiertes Leben. Wie Lord Kames, schottischer Philosoph sittlichen Empfindens und Kreisrichter, in seinen *Principles of Equity* (1767) bemerkte:

> »Verträge und Versprechen sind nicht beschränkt auf Handelsgeschäfte: Sie dienen auch dazu, Güte zu einer Pflicht zu machen, unabhängig von jedem Geldinteresse [...] Denn am Menschen ist bemerkenswert, dass uns, auch wenn wir immer mit unseren Verwandten und denen, die unter unseren Augen leben, mitfühlen, das Leid entfernter und unbekannter Menschen sehr wenig berührt.« (Kames 1767: 16f.)[15]

Was für Kames das übliche Maß an Gleichgültigkeit gegenüber dem Schicksal von Fremden als »bemerkenswert« erscheinen ließ, war die gewonnene Routine bei der alltäglichen Anwendung der Norm zur Einhaltung von Versprechen. Und wenn die Gleichgültigkeit erst einmal bemerkenswert geworden war, war sie potenziell auch unzumutbar geworden.

Aber Gewissenhaftigkeit reicht nicht aus. Der Fall des verhungernden Fremden macht uns klar, dass sogar gewissenhaftes Befolgen ethischer Grundsätze nicht zu humanem Handeln führen muss. Unabhängig davon, wie sehr sich Menschen bemühen nach einem moralischen Verhaltenskodex zu leben, es ist ihnen nicht eher möglich, sich am Leid des Fremden kausal beteiligt zu fühlen, bevor sie nicht über Techniken zur Beeinflussung der Lage verfügen. Auch dann wird ihre Reaktion wahrscheinlich nicht über eine passive Anteilnahme hinausgehen, es sei denn, die entsprechenden Techniken sind ihnen so geläufig, dass ein Verzicht auf sie als anormal und

15 Diese Worte finden sich in Kames' *Preliminary Discourse: Being an Investigation of the Moral Laws of Society*, der in keine weitere Ausgabe der *Principles of Equity* aufgenommen wurde.

als ein Aussetzen des zu erwartenden Niveaus an Sorgsamkeit auffällt. Um also Kapitalismus mit dem Entstehen humanitären Empfindens in Verbindung zu bringen, müssen wir nicht nur zeigen, dass der Markt ein höheres Niveau an Gewissenhaftigkeit bewirkt hat, sondern dass er auch die Skala kausaler Wahrnehmung ausgedehnt hat und die Zuversicht der Menschen in ihre Kraft, in den Lauf des Geschehens einzugreifen, inspiriert hat. Hier liegt die Bedeutung des Faktums, dass Verträge sowohl Versprechen, als auch sich beiderseitig bedingende Rezepte sind. Denn wie wir in unserem hypothetischen Fall gesehen haben, werden Menschen durch neue Handlungswege gegenüber der Welt, durch neue Rezepte zur Erzeugung gewünschter Ereignisse über die Schwelle gehoben, die passive Anteilnahme von humanem Handeln trennt.

Das explosionsartige Anwachsen des Vertragsrechts im Jahrhundert nach 1770 liefert uns ein brauchbares Maß für die zunehmende Häufigkeit von Rezeptgebrauch und den rasch wachsenden Vorrat an Rezeptwissen, der Händlern, Herstellern, Handwerkern und in erhöhtem Maße den Bauern in England und Amerika zur Verfügung stand. Aber nicht nur der Wissensschatz wuchs an, sondern es kamen auch Rezepte von größerer Komplexität und mit einem bisher noch nicht existierenden zeitlichen Horizont zur Anwendung. In der Frühphase der englischen Rechtsentwicklung hatten Rechtsstreitigkeiten zu Vertragsbrüchen mit einfachen Unternehmungen wie dem Transport einer Kuh über einen Fluss oder dem Bau eines Cottage zu tun, aber am Ende des 18. Jahrhunderts finden sich äußerst komplizierte Transaktionen, die oftmals die Koordinierung einer komplexen Abfolge von Aktivitäten durch in Zeit und Raum weit von einander entfernten Menschen erforderten (vgl. Simpson 1975: 204, 249; Atiyah 1979: 219–226). Es gab einen klaren Anstieg an Vielfalt der von Privatpersonen verfolgten Ziele und des breiten Spektrums der Mittel, die dafür zur Verfügung standen. Mit Blick auf das aus dem Fall des verhungernden Fremden Gelernte ist es gerade diese Form der Entwicklung, die erwartungsgemäß einige Leuten so sehr von ihrer Fähigkeit überzeugte, in den Lauf der Ereignisse willentlich eingreifen zu können, dass Passivität für sie anormal und folglich tadelnswert zu erscheinen begann. In der Mitte des 19. Jahrhunderts war diese Überzeugung stark genug im Bewusstsein eines Befürworters der Sklavenbefreiung wie O. B. Frothingham verankert, so dass das Leid der Sklaven, auch wenn ihm das Übel des Pauperismus noch »vom Schicksal« bestimmt erschien, etwas, das »aus der Unvermeidbarkeit der Dinge« erwuchs, nunmehr in Reichweite von Reformen zu liegen schien. Sklaverei, schrieb er, ist »eine bewusst durch den Willen des Menschen geschaffene Einrichtung, die derselbe Wille, in Treue ausgeübt, [...] in einem Jahr, einem Monat, einer Woche, einem Tag abschaffen könnte. [...] Dem Pauperismus liegt seiner Natur nach keine direkte Schuld zugrunde. Sklaverei ist wesentlich Schuld.«[16]

Das atemberaubende Selbstvertrauen der Zeit der Aufklärung ist zu gut bekannt, als dass es hier noch eines Überblicks bedürfte. Ungeachtet der Gegenströmungen aus Zweifel und Skeptizismus waren Lehren eines zwangsläufigen Fortschritts im Jahrhundert nach 1750 weit verbreitet. Der europäische Mensch war weder vorher noch nachher so davon überzeugt, dass er bloß seine eigene Vernunft nutzen müsse, um sich selbst zum Herrn über die Natur und das Schicksal zu machen. Das in diesen Jahrzehnten vorherrschende höchste Gefühl individueller und gemeinschaftlicher Stärke ließ alle bestehenden institutionellen Zwänge formbar erscheinen und trug in starkem Maße zur Schaffung einer Situation bei, in der Sklaverei in Frage gestellt werden konnte und weitere humanitäre Reformen angestoßen werden konnten. Wollte man all die Ursprünge dieses Ausbruchs eines übertriebenen Stolzes des Menschen auf seine Rolle als kausal Handelnden, fähig zur Zukunftsgestaltung nach eigenem Willen, nachvollziehen, würde uns das weit vom Thema wegführen, beispielsweise in die Geschichte von Wissenschaft und technischer Erfindungsgabe. Im Markt aber und seinem Impuls zur Ansammlung und Ausgestaltung praktischer Techniken zur täglichen Lebensführung liegt eine Quelle klar auf der Hand. Aber nicht nur die exotischen Errungenschaften Newtonscher Wissenschaft oder in spektakulärer Weise arbeitssparende Vorrichtungen wie die Dampfmaschine garantierten den Aufklärungsoptimismus, sondern auch der durch eine Woge einfacher Rezepte, mit deren Hilfe man Dinge erledigen konnte, erzeugte Elan.

So wie der Markt war, ermutigte er die Schaffung von Rezeptwissen. Als der Hauptantrieb für eine Lebensform, in der Versprechen eingehalten wurden, erzeugte der Markt eine Sphäre, in der das Verhalten der Menschen aus traditioneller Verankerung gerissen wurde und dennoch gleichzeitig so stabil und vorhersagbar wurde, wie es durch die »lange Kette des Willens« ermög-

16 Frothingham zitiert nach Glickstein (1979: 199). Frothingham sagte ebenfalls voraus, dass Pauperismus »in all its dismal shapes, with all its terrible sorrows, [. . .] will be outgrown as man becomes more wise and powerful« (ebd.: 199). Möglicherweise kann man in Wendell Phillips' Einstellungungsänderung zur Lohnarbeit eine weitere Horizontverschiebung zur Frage kausaler Verwicklung sehen, ähnlich dem von Frothingham Vorhergesagtem. Vor dem amerikanischen Bürgerkrieg lehnte er den Begriff »wage slavery« als »utterly unintelligible« ab, aber um 1871 erklärte er seine Gegnerschaft gegenüber dem gesamten Lohnsystem. Phillips zitiert nach Rodgers (1978: 32).

licht werden konnte. Diese Verbindung aus Unbeständigkeit und Vorhersehbarkeit gab mächtige Impulse zur Entwicklung einer praktischen, problemlösenden Intelligenz. Schon im Jahr 1697 versah Daniel Defoe diese ausgeprägt zukunftsorientierten und über Wissen verfügenden Männer mit dem Namen *projectors*, »Projektemacher«, deren Lebensweise sehr eng auf die Dynamik des Wettbewerbs auf dem Markt abgestimmt war.

»Wenn in irgendeinem Geschäft der Fleiß durch Erfolg belohnt wird, so ist das beim Handel treibenden Teil der Menschheit der Fall. Mehr als bei jedem [anderen] trifft auf diesen zu, dass er von seinem Verstand lebt. Wenn auch dank der Gewohnheiten für manche ein ebener Weg vorgezeichnet ist, besteht doch jeder Außenhandel [*sic*] zu Beginn nur aus Projekten, aus Ausklügeln und Erfinden. Jede neue Seereise, die ein Kaufmann plant, ist ein Projekt. Schiffe werden von einem Hafen zum anderen geschickt, je nach Unterschied der Marktpreise und Waren, mit Hilfe einer seltsamen, allgemein gebräuchlichen Verständigungsweise – worin einige so erfinderisch, schnell und pünktlich sind, dass ein Kaufmann sich zu Hause in seinem Kontor mit allen Teilen der bekannten Welt unterhält. Dies und das Reisen machen den wahren Kaufmann zum intelligentesten Menschen der Welt, und daher ist er, wenn die Not ihn drängt, am ehesten befähigt, neue Mittel und Wege zu ersinnen, um sein Leben zu gestalten.« (Defoe 2006: 99f.)[17]

Selbst ein Beispiel der »jetzt herrschenden Neigung zum Projektemachen« (ebd.: 107), widmete Defoe seinen *Essay über Projekte* nicht weniger als dreizehn ausgefeilten und ehrgeizigen Plänen zur Verbesserung des staatlichen Lebens, eingeschlossen die Modernisierung des Bankenwesens, den Aufbau eines nationalen Systems gepflasterter Landstraßen, die Errichtung einer landesweiten Alters- und Unfallversicherung, einer Militärakademie, einer Akademie für Frauen und einem »Narrenhaus«, in dem die geistig Unzulänglichen vor Gespött und Ausbeutung geschützt werden könnten (ebd.: 113 ff.). Eine heutige Kennerin wirtschaftlichen Denkens und wirtschaftlicher Ideologie des 17. Jahrhunderts bemerkte: »Der durch individuelle Initiative ausgeweitete Markt führte auch zur Aktivierung der Vorstellungskraft der an ihm Teilhabenden.« War der Markt erst einmal ein entscheidender Regulator menschlicher Aktivität, der belohnte und wertvolle Informationen parat hielt, konnte er nur noch zur »Langzeitplanung mit Hilfe rationaler Berechnung« (Appleby 1978: 246, 84) ermutigen.[18]

17 Der früheste Eintrag in das *Oxford English Dictionary* für »project« im Sinne von »a plan, scheme, purpose«, für etwas, das zur Ausführung vorgeschlagen wurde, datiert aus dem Jahr 1601.

18 Vgl. auch Applebys Kommentierung zur Bedeutung der Berechung von Equivalenzen und die Macht der Abstraktion (ebd.: 245, 247, 93). Defoes Abgrenzung der Periode nach 1680

Unter der Ägide des Marktes erreichten nicht nur die reine Intelligenz – mit einer *Fähigkeit* zur Vergegenwärtigung der Zukunft und zur Problemlösung –, sondern auch die Lösungen selbst zusätzlichen Wert. Als imitierende Wesen lösen wir Menschen unsere Probleme durch die Anpassung der Techniken, die bisher wirksam waren, an die nun veränderten, aber dennoch teilweise ähnlichen Gegebenheiten. Der Durst des Marktes nach Voraussicht und geistigem Ideenreichtum konnte nicht ohne einen Quantensprung an Produktion, starker Zunahme, Zirkulation und Bewahrung von Rezeptwissen gestillt werden. Der Umfang und die beinahe unbegrenzte Vielfalt dieser einfachen Art von Wissen lässt sich nur schwer beschreiben, dennoch kann ihre Bedeutung kaum überschätzt werden. Dieser sich ausweitende Vorrat an immer komplexeren und mächtigeren Rezepten zur alltäglichen Lebensführung stellte genau die entscheidende Voraussetzung für das Erscheinen humanitärer Sensibilität dar.

Die wachsende Beschäftigung englischer und amerikanischer Gerichte mit Vertragsstreitigkeiten nach 1770 spiegelt die anwachsende Dichte an Rezeptanwendung in der Gesellschaft außerhalb des Gerichtssaals wider und offenbart so die Macht des Marktes, die Grenzen kausaler Wahrnehmung und Beteiligung erheblich auszuweiten. Verträge spiegeln aber nicht nur die Anwendung von Rezepten wider, sondern sind selbst eine außerordentlich wichtige Art von Rezept zur Mobilisierung von Arbeitskraft und Wissen. In dem Moment, in dem sich vertragsschließende Parteien dazu entscheiden, bestimmte konzipierte Ereignisse Wirklichkeit werden zu lassen, fixieren sie die Zukunft im Hinblick auf diese Ereignisse und schaffen sich gegenseitig eine wesentlich stabilisierte Umwelt, in der man operieren kann. Indem das eigene Verhalten vorhersehbar wird, versetzt jede der Vertragsparteien die anderen in die Lage, sich darauf zu verlassen und ihre versprochene zukünftige Leistung als Zutat den eigenen Rezepten zuzugeben. Das Ergebnis ist eine Vergrößerung der persönlichen Macht, ein Weg gemeinsam etwas zu tun, das man als Einzelner allein nicht schaffen könnte. Sobald das Halten von Versprechen als Norm rechtliche Sanktionierung, wie auch die durch die »Willenstheorie« der Haftbarkeit implizierte Position kultureller Überlegen-

als ein »projecting age« ist nach Appleby aufgrund des schnellen Wirtschaftswachstums und der großen Welle an Erfindungen jener Jahre gerechtfertigt (ebd.: 164f.). Seymour Drescher bemerkte, dass die Gegner der Sklaverei »represented that portion of European society most completely mobilized for living with the sense of individual power, responsibility, and insecurity that flowed from the market« (Drescher 1977: 1983).

heit erlangt hatte, konnte das Rezept »unter Vertrag gemeinsam zu handeln« zu einem mächtigen Werkzeug zur Gestaltung der Zukunft werden.

Unter den neuen durch den Markt gedeihenden Techniken erweiterte keine andere so sehr das Gefühl der Menschen für persönliche Macht als der Kontraktualismus selbst – und damit ihr Gefühl für kausale Beteiligung am Leben der anderen. Und von all den Ursachen humanitärer Gesinnung war keine wichtiger als der Beitrag einer Lebensweise, in der Zusagen gehalten werden: ein gesteigertes Gespür für persönliche Effizienz, erzeugt durch den Besitz und Gebrauch mächtiger Rezepte – Rezepte, die zum Teil durch eine wachsende Berechenbarkeit der Marktgesellschaft mächtig wurden, die jedes Ego durch die »lange Kette des Willens« an seine eigenen früheren Intentionen band, sogar noch als diese Gesellschaft jedes Ego von den traditionellerweise auf den persönlichen Ehrgeiz ausgeübten Zwängen befreite. Nietzsche verstand das Paradox richtig: Der europäische Mensch erweiterte seine Souveränität gegenüber Natur und Schicksal, indem er ausreichend »berechenbar«, »regelmäßig« und »notwendig« wurde, um für seine eigene Zukunft zu bürgen. Und mit jeder nach außen gerichteten Änderung des Umfangs an Souveränität musste sich auch die potenzielle Sphäre für Gewissen und Verantwortung erweitern.

Mit dem Gesichtspunkt des Einhaltens von Versprechen in der vom Markt hervorgebrachten Lebensweise wurde in großem Maße die entscheidende Voraussetzung zum Entstehen humanitärer Gesinnung geschaffen. Das aber war nicht der einzige Beitrag des Marktes zur humanitären Sensibilität. Tatsächlich ist das Einhalten von Zusicherungen nur als eine spezielle Erscheinungsform einer noch grundsätzlicheren vom Markt erteilten Lehre zu sehen: die Beachtung ferner Folgen der eignen Handlungen. Diese beiden Lektionen sind so eng mit einander verwoben, dass wir bei der Diskussion der ersten auch schon die zweite berührt haben, aber die zweite Lehre wurde in jeder Phase des Marktlebens erteilt – nicht nur beim Schließen von Verträgen.

Die Kraft der zweiten Lehre des Marktes wird mit dem speziellen Stellenwert offenbar, die der Idee des Prinzips während der Unternehmensphase des Kapitalismus zugeschrieben wurde. Wie der Rechtsgelehrte Patrick Selim Atiyah bemerkte, war das »Vertragszeitalter« auch ein »Zeitalter der Prinzipien« (Atiyah 1979: 345). Da der Begriff sich auf Regeln moralischen Verhaltens wie auch auf gesetzmäßige Uniformität der Natur beziehen konnte, überbrückte er die sich weitende Kluft zwischen Natur und Moral.

»Es gab Prinzipien der politischen Ökonomie, Prinzipien der Ethik und Moral, Grundsätze der Jurisprudenz, Prinzipien des politischen und des wirtschaftlichen Verhaltens; es gab Männer von Prinzip; und es gab den Unterschied zwischen Grundsatz und Zweckmäßigkeit.« (Ebd.: 345f.)

Zweifellos hatte Atiyah mit seiner Argumentation Recht, dass die Suche nach Prinzipien vom Verfall traditioneller Autorität und dem Bedürfnis nach einer alternativen Grundlage, die flexibel genug für eine Gesellschaft aus sich selbst regierender Individuen war, entfacht wurde. Für den gerade diskutierten Gesichtspunkt heißt das, eine Person, die sich fest an die richtigen Prinzipien hielt, war tauglich für den Erfolg in der Marktgesellschaft.

Was einen »Mann von Prinzip« auszeichnete, das moralische Musterbeispiel einer auf das Einhalten von Versprechen und auf den Markt ausgerichteter Lebensweise, war seine Bereitwilligkeit nach Grundsätzen zu handeln, wie unangenehm dies auch sein mochte. Er kümmerte sich vergleichsweise wenig um die kurzfristigen Folgen seiner Handlungen und war fest davon überzeugt, dass auf Dauer gesehen das Befolgen weit verbreiteter Verhaltensmaximen, von ihm Prinzipien genannt, die wünschenswertesten Resultate erbrächte. Er hing einer Nützlichkeitsrechnung an, die den unmittelbaren Konsequenzen ein so geringes Gewicht und den entfernt liegenden Folgen einen so hohen Wert zuschrieb, dass es bisweilen aussehen konnte, als bewege er sich gänzlich oberhalb von Nützlichkeitserwägungen. Anfänglich gab ihm der Glaube an ein Prinzip seine Sicherheit hierfür – ein Glaube an ein Rezept, es sei hier vermerkt, von allgemeiner und allumfassender Art, wie »Zeit ist Geld« oder »halte dich an dein Wort«. Ausgerüstet mit seinen Grundsätzen und festem Blick auf das in der Ferne liegende Gute, das sie ihm zu erlangen zusicherten, war der Mann (oder die Frau) von Grundsatz ein eindrucksvoller Charakter der Geschichte, wenn auch ein strenger und kompromissloser. Die Anhänger der Sklavenbefreiung waren bekanntermaßen Männer und Frauen von Prinzip und sie ähnelten in dieser Hinsicht, wie wir oben schon festgestellt haben, mehr als nur flüchtig Nietzsches »souveränem Individuum«. Wieder einmal erkannte Nietzsche das Erforderliche genau. Um die Verbindung zwischen dem ursprünglichen »ich will« und der »eigentlichen Entladung des Willens« später aufrechtzuerhalten, muss der nach Prinzipien lebende Mensch, wie das souveräne Individuum »das Ferne wie gegenwärtig sehn und vorwegnehmen« (Nietzsche 1999: 800). Er muss, anders formuliert, den in der Ferne liegenden Konsequenzen seiner verschiedenen noch zu treffenden Entscheidungen so eingehende Aufmerksamkeit schenken, dass er teilweise in der Zukunft lebt.

Um dieser *kognitiven* Voraussetzung für moralische Statur zu genügen, die Hand in Hand mit Gewissen und dem Recht zu Kompromissen geht, ist weiteres notwendig: Der Mensch muss lernen, wie Nietzsche sagt, »kausal zu denken« (ebd.). Da kausales Denken darin besteht, gegenwärtige Wahlmöglichkeiten mit ihren mehr oder weniger weit in der Zukunft liegenden Folgen so zu verbinden, dass Rezepte angewendet werden, die einen Weg zwischen beiden planen, unterscheiden sich die Menschen von Prinzip entscheidend von allen »willenskürzeren und unzuverlässigeren Kreaturen« durch die ständige Beschäftigung mit den fernen Folgen ihrer Handlungen - durch ein ständiges Absorbiertsein, ermöglicht durch den Besitz von weitreichenden Rezepten und »Prinzipien« und einer Lebensform, die seinen Glauben an sie bestätigt.

Ernsthafte Menschen mit einer Neigung zur Selbstkontrolle hat es in allen menschlichen Gesellschaften gegeben und ihre Charakterzüge werden oft von der Religion gebilligt. Aber während des größten Teils der Geschichte konnten mit diesen Charakterzügen ausgestattete Menschen nicht sicher sein, dass ihre Anerkennung in der Welt messbar über der Anerkennung für weniger disziplinierte Persönlichkeitstypen lag. Gewissenhaftes Achtgeben auf entfernt liegende Folgen erbringt wenig Vorteil, wenn das Leben entweder durch Tradition unbeweglich ist oder so wenig Festigkeit hat, dass es sich jeder Vorhersage entzieht. Die Entwicklung der Marktwirtschaft brachte eine weitreichende Unterstützung der Selbstkontrolle und all der sie begleitenden Charakterzüge in Form von spürbaren, nicht zu ignorierenden Vorteilen. Zwar spielten das Anwachsen politischer Stabilität und wirtschaftlicher Reichtum eine wichtige Rolle, aber es war in erster Linie die disziplinierende Kraft des Marktes, die die schwierige Mischung aus ständiger Veränderung einerseits und Vorhersagbarkeit andererseits hervorbrachte, in der sich eine dauernde Beschäftigung mit fernen Konsequenzen reichlich auszahlte. Jedes Rezept setzt eine kausale Regelmäßigkeit voraus und je weiter ein Rezept in die Zukunft reicht und je komplexer die von ihm verlangten qualitativen Transformationen sind, desto größer ist das Risiko eines Fehlschlages. Der nach extrem risikofreudigen Rezepten zu leben versuchende Mensch von Prinzip kann nur unter Bedingungen wie denjenigen, die in der frühen Unternehmensphase des Kapitalismus vorherrschten, Erfolg haben, als die Zukunft auf einmal für den einzelnen offen genug war, um manipulierbar und doch geschlossen genug, um vorhersehbar zu sein.

Die vom Markt entrichtete Prämie für präzise Vorhersagen war für jeden ohne weiteres sichtbar, der routinemäßig an Markttransaktionen beteiligt war. Dort, wo die direkte Markterfahrung fehlte, wurde die gleiche Lehre mit moralischem und religiösem Vokabular entsprechend drapiert von zahlreichen viktorianischen Moralisten eindringlich vertreten. Man fand, dass das Rechnen mit den in der Zukunft liegenden Folgen seiner Handlungen nicht nur konzentrierte Aufmerksamkeit erforderte, sondern auch Selbstbeherrschung und die Fähigkeit Befriedigung zurückzustellen, Eigenschaften, von denen die Mittelklasse annahm, dass sie beklagenswerterweise bei Kriminellen, Armen, Irren, Kindern – die eigenen nicht ausgenommen – und anderen Menschen, die dann Ziele von humanitären Zuwendung wurden, fehlten. »Das Fehlen von Reflexion«, erklärte John Burt, ein typischer Gefängnisreformer, »ist ein überwiegend charakteristisches Merkmal des Kriminellen. Diese Gewohnheit fehlt immer; oft mangelt es an der Fähigkeit dazu.«[19]

Wohlbekannt ist der missionarische Eifer der Mittelklasse ihre eigene Gewohnheit, unmittelbare Befriedigung um entfernter und prinzipientreuer Anerkennung willen zurückzustellen, bei jeder neuen Generation und den »abhängigen Klassen« zu verbreiten. Den Menschen die Tugenden der Reflexion und der genauen Beachtung in der Ferne liegender Handlungsfolgen beizubringen, betrachtete man als den Universalschlüssel für sozialen Fortschritt, sei es in der Erziehung und Bildung von Kindern, der »moralischen Behandlung« Geistesgestörter, der Stärkung des Selbstvertrauens der Armen (mit Hilfe von Pläne, wie denen von Samuel Gridley Howe) oder seien es die weithin nachgeahmten Anreizsysteme des Alexander Maconochie, die dieselbe Wirkung bei Gefangenen erzielen sollten.[20] Die Moralreformer des frühen 19. Jahrhunderts spürten den Erfolg ihres Kreuzzuges, und es gibt, auch wenn sie den Erfolg der vom Markt auf seine eigene Art erteilten Lehren für sich in Anspruch genommen haben sollten, wenig Grund daran zu zweifeln, dass sich der Charakter der englischen und amerikanischen Bevölkerung in

19 Burt zitiert nach Combe (1864: 64) [Hervorhebungen entfernt].

20 Michael Katz schrieb über Schulreformer: »The control of the passions coincided with another goal, especially necessary for social mobility but usually expressed in rather different terms: the ability to plan for the future. ›Forming plans for a distant future,‹ individuals ›rise nearer and nearer to a spiritual existence.‹ Ideally the parents and, if not, the school had to teach this lesson: substitute future for immediate gratification. […] Restraint it was that separated the child from the adult. Men, claimed one writer, ›act from principle […] the restraints of society are felt. They can see remote consequences. But children act from the impulses of their natures quickened by the objects around them.‹ Thus restraint was the personality characteristic central to education.« (Katz 1968: 121) Vgl. Harrison (1971), McKelvey (1977: 36–38), Rothman, (1971) Ignatieff (1978), Scull (1979 u. 1979a: 421–428), Wiener, Hg. (1981) und Schwartz (1956: Kap. 6).

diesen Jahren veränderte. John Stuart Mill sprach, als seien die entscheidenden Schlachten schon gewonnen, als er 1835 behauptete, dass »der gemeinste Mensch nach Grundsätzen von Besonnenheit lebt, die auf der Voraussicht von Folgen gegründet sind. [...] Der ganze Lauf des menschlichen Lebens ist auf der Tatsache begründet« (Mill zitiert nach Atiyah 1979: 432), dass viele Folgen vorhersehbar sind. Herbert Spencer sah zwar einen strengen Ablauf einer Gefängnisdisziplin für angemessen für Leute an, »die nur in der Gegenwart, im Speziellem und Konkreten verweilen [und] zukünftige Eventualitäten nicht erkennen«, er hieß aber eine vergleichsweise milde Behandlung von Gefängnisinsassen in England gut, wo liberale politische Institutionen schon eine Bevölkerung voraussetzten, die es gewohnt war »entfernt liegende Ergebnisse abzuwägen und hauptsächlich von ihnen geleitet zu sein« (Spencer 1888: 216f.).

Heute ist es klar, dass Spencer und die viktorianische Mittelklasse, für die er sprach, die Universalität von Werten überschätzte, die eine neu aufstrebende Lebensweise an die erste Stelle stellte, und den Widerstand gegen jene Werte unterschätzte, die bald nicht nur aus anderen Klassen, sondern auch von den Kindern der Mittelklasse kommen würden. Aber es sollte gleichermaßen klar sein, dass sich gerade die Möglichkeit, sich zur Hilfeleistung für den leidenden Fremden verpflichtet zu fühlen – sei sein Leiden durch Besitzsklaverei oder nach der Interpretation von Beobachtern durch ein sklavisches Verfallensein an die Sünde verursacht –, durch das Entstehen einer Lebensweise außerordentlich erhöhte, die die Beachtung ferner Folgen der eigenen Handlungen (oder Unterlassungen) zu einem Zeichen für Zivilisation an sich machte. In dieser Frage waren Spencer und Nietzsche gleicher Ansicht: Menschen, die »nur in der Gegenwart verweilen«, leben in einer Welt, die »schlechtes Gewissen« oder ernste Gefühle moralischer Verantwortung nicht aufrechterhalten kann. Wenn man dem zustimmt, heißt das nicht, dass all jene, die teilweise in der Zukunft zu leben lernten, Anhänger der Sklavenbefreiung wurden. Es dürfte klar sein, dass sich die meisten Menschen, ausgestattet mit von mächtigen Rezepten herrührenden weiten kausalen Horizonten, entweder den neuen Möglichkeiten der Selbstverherrlichung hingaben, die der Markt ebenfalls eröffnete, oder bestenfalls ihre eigenen Gärten bestellten, treu den traditionellen Konventionen moralischer Verantwortung. Aber einige dieser mit langer Willensperspektive ausgestatteten Menschen mussten früher oder später herausfinden, dass traditionelle Konventionen nicht länger mit den umfassenderen kausalen Rezepten zu vereinbaren waren, die sie und ihre Nachbarn in wachsendem Maße als gegeben hinnahmen. Sie maßten sich selbst weitreichende Interventionsmacht an und fühlten sich gleichzeitig Gefühlen von Schuld und Verantwortung ausgesetzt, die ihre Vorfahren, wie gewissenhaft sie auch immer gewesen waren, nicht erfahren hatten.

Was also trug der Kapitalismus zur Sklavenbefreiung bei? Nur eine *Voraussetzung*, allerdings eine unerlässliche: die Verbreitung von Rezeptwissen und eine konsequente Ausweitung der konventionellen Grenzen kausaler Wahrnehmung und moralischer Verantwortung, die einige außergewöhnlich gewissenhafte Individuen zum Angriff auf die Sklaverei zwang und andere zum Zuhören und Verstehen bereit machte. Die Voraussetzung hätte auch durch andere Mittel erfüllt werden können, aber in der fraglichen Periode erweiterte keine andere Kraft mit der Stärke des Marktes so sehr die Grenzen moralischer Verantwortung. Da der Kapitalismus nur eine Voraussetzung lieferte, muss niemand überrascht sein, dass die anschließende Geschichte kapitalistischer Gesellschaften sich nicht besonders durch humanitäre Errungenschaften ausgezeichnet hat. Die hier vertretene These besagt nicht, dass Märkte humanes Handeln hervorbringen, sondern dass unter den besonderen geschichtlichen Bedingungen der anglo-amerikanischen Kultur des späten 18. Jahrhunderts eben der Markt die Kraft gewesen ist, die die kausale Wahrnehmung über die Schwelle gehoben hat, die bis dahin das Leid der Sklaven (und vieler anderer Leiden) als ein notwendiges Übel erscheinen ließ. Man erwartet von Märkten genauso wenig, dass sie andauernd die Moralität der Bevölkerung anheben, wie man von Sauerstoff – ohne den eine Zündung nicht stattfinden kann – nicht erwartet, dass er immer Feuer erzeugt. Außerdem gibt es Grund zur Befürchtung, dass in den späteren Phasen des Kapitalismus noch immer ein anderes Gesicht des Marktes vorherrscht, eines, das humanitäres Empfinden viel weniger unterstützt.[21]

Aus dem Englischen von Wolfgang Föste

Literatur

Appleby, Joyce Oldham (1978), *Economic Thought and Ideology in Seventeenth-Century England*, Princeton.

Atiyah, Patrick Selim (1979), *Rise and Fall of Freedom of Contract*, Oxford.

21 Hier denke ich an Reiff (1966) und Lears (1981).

Bender, Thomas (Hg.) (1992), *The Antislavery Debate: Capitalism and Abolitionism as a Problem in Historical Interpretation*, Berkeley/Los Angeles.

Combe, George (1864), *Remarks on the Principles of Criminal Legislation and the Practice of Prison Discipline*, London.

Defoe, Daniel (2006), *Ein Essay über Projekte*, übersetzt von Hugo Fischer (1890 »Über Projektemacherei«), überarbeitet und erläutert von Werner Rappl, Wien/New York.

Drescher, Seymour (1977), *Econocide: British Slavery in the Era of Abolition*, Pittsburgh/Penn.

Feinberg, Joel (1970), »Causing Voluntary Actions«, in: ders., *Doing and Deserving: Essays in the Theory of Responsibility*, Princeton, S. 152–186.

Gasking, Douglas (1955), »Causation and Recipes«, *Mind*, Bd. 64, S. 479–487.

Gilmore, Grant (1974), *The Death of Contract*, Columbus/Ohio.

Glickstein, Jonathan A. (1979), »›Poverty is not Slavery‹: American Abolitionists and the Competitive Labor Market«, in: Perry, Lewis/Fellman, Michael (Hg.) (1979), *Antislavery Reconsidered: New Perspectives on the Abolitionists*, Baton Rouge/La., S. 195–218.

Hanson, Norwood R. (1955), »Causal Chains«, *Mind*, Bd. 64, S. 289–311.

Harrison, Brian (1971), *Drink and the Victorians: The Temperance Question in England, 1815–1872*, Pittsburgh/Penn.

Hart, Herbert L.A./Honoré, Tony (1959), *Causation in the Law*, London.

Haskell, Thomas L. (1985), »Capitalism and the Origins of the Humanitarian Sensibility, Part 1«, *The American Historical Review*, Bd. 90, S. 339–361.

Haskell, Thomas L. (1988), *Objectivity is Not Neutrality: Explanatory Schemes in History*, Baltimore/London.

Hirschman, Albert Otto (1980), *Leidenschaften und Interessen: politische Begründungen des Kapitalismus vor seinem Sieg*, Frankfurt am Main.

Horwitz, Morton J. (1977), *The Transformation of American Law, 1780–1860*, Cambridge/Mass.

Ignatieff, Michael (1978), *A Just Measure of Pain: The Penitentiary and the Industrial Revolution*, New York.

Kames (Lord), Henry Home (1767), *Principles of Equity*, 2. Ausgabe, Edinburgh.

Katz, Michael (1968), *The Irony of Early School Reform: Educational Innovations in Mid-Nineteenth-Century Massachusetts*, Cambridge/Mass.

Klein, Herbert S. (1971), »Anglicanism, Catholicism, and the Negro Slave«, in: Lane, Ann J. (Hg.) (1971), *The Debate over Slavery: Stanley Elkins and His Critics*, Urbana, S. 137–190.

Lears, T. J. Jackson (1981), *No Place of Grace: Antimodernism and the Transformation of American Culture, 1880–1920*, New York.

Macpherson, Crawford B. (1967), *Die politische Theorie des Besitzindividualismus: Von Hobbes bis Locke*, übersetzt von Arno Wittekind, Frankfurt am Main.

McKelvey, Blake (1977), *American Prisons: A History of Good Intentions*, Montclair, N.J.

Nietzsche, Friedrich (1999), *Zur Genealogie der Moral* (1887), Werke in drei Bänden, Band II, München/Wien.

Reiff, Philip (1966), *The Triumph of the Therapeutic: The Uses of Faith after Freud*, New York.

Rodgers, Daniel (1978), *The Work Ethic in Industrial America*, Chicago.

Rothman, David J. (1971), *The Discovery of the Asylum: Social Order and Disorder in the American Republic*, Boston.

Schwartz, Harold (1956), *Samuel Gridley Howe: Social Reformer, 1801–1876*, Cambridge/Mass.

Scull, Andrew (1979), *Museums of Madness: The Social Organization of Insanity in Nineteenth-Century England*, New York.

Scull, Andrew (1979a), »Moral Treatment Reconsidered: Some Sociological Comments on an Episode in the History of British Psychiatry«, *Psychological Medicine*, Bd. 9, S. 421–428.

Simpson, Alfred William Brian (1975), *A History of the Common Law of Contract: The Rise of the Action of Assumpsit*, London.

Snydacker, Daniel (1982), *Traders in Exile: Quakers and Jews of New York and Newport in the New World Economy, 1650–1776* (Doktorarbeit an der Johns Hopkins University), Baltimore.

Spencer, Herbert (1888), *Essays: Moral, Political, and Aesthetic*, New York.

Temperley, Howard (1974), »Anti-Slavery«, in: Hollis, Patricia (Hg.), *Pressure from Without: In Early Victorian England*, London, S. 27–51.

Vann, Richard T. (1969), *The Social Development of English Quakerism, 1655–1755*, Cambridge/Mass.

Weber, Max (1973), *Die protestantische Ethik* (1920), Bd. I, Eine Aufsatzsammlung, Hamburg.

Wiener, Martin J. (Hg.) (1981), *Humanitarianism or Control? A Symposium on Aspects of Nineteenth-Century Social Reform in Britain and America*, Rice University Studies, Bd. 67,1, Houston/Tex.

»Die heiligen Rechte der Schwachen«: Schmerz, Mitgefühl und die Kultur individueller Rechte im Antebellum Amerika[1]

Elizabeth B. Clark[2]

Im Jahr 1835 ging eine Anhängerin der Antisklaverei-Bewegung nach einem Vortrag von Theodore Dwight Weld nach Hause und träumte, dass sie durch die Luft befördert wurde und die Welt von oben sah. Als sie in diesem Traum auf die Vereinigten Staaten hinabblickte, entdeckte sie »eine Vielzahl schwarzer Gestalten, die sich unter einer sengenden Sonne beugten – ihre Rücken aufgerissen von der Peitsche – gezüchtigt, verstümmelt, unter der Last von Hand- und Fußschellen, allen möglichen Beschimpfungen ausgesetzt – und schutzlos allen Ausbrüchen zügelloser Leidenschaften ausgeliefert« (Abzug 1980: 130). Die Träumerin, eine Mrs. Sturges, schöpfte bei der Schilderung ihres langen Traumes aus vielen Diskursen, aber der grundlegende Tropus ihres visionären Berichts war die Geschichte des leidenden Sklaven, ein Tropus, der in den 1830er Jahren eine entscheidende Rolle in einer sich entwickelnden Sprache individueller Rechte zu spielen begann.

Zu der Zeit, als Mrs. Sturges ihre Vision hatte, litten Sklaven bereits seit vielen Generationen, aber in den 1830er Jahren wurden ihre Schicksale im Norden neu vernehmbar und sichtbar, als dort anschauliche Schilderungen des von Sklaven subjektiv erfahrenen Leids entstanden, die zum Standard-Repertoire der Antisklaverei-Bewegung wurden. In den 1840er und 1850er Jahren durch Berichte von Sklaven sowie durch rührselige Romane und Erzählungen erweitert, diente diese Gattung mit ihrer Kritik an zwischenmenschlicher Gewalt und sexuellem Missbrauch als Vehikel für neue Argu-

1 Gekürzte Version des erstmals unter dem Titel »›The Sacred Rights of the Weak‹: Pain, Sympathy and the Culture of Individual Rights in Antebellum America«, in: *The Journal of American History*, vol. 82, 2, 1995, S. 463–493 erschienen Artikels. Copyright (c) Organization of American Historians (OAH). Die Herausgeber danken der OAH für die Abdruckgenehmigung.

2 Der vorliegende Aufsatz profitiert stark von Diskussionen mit Kollegen, die zu zahlreich sind, um sie hier zu erwähnen, und von der unschätzbaren Hilfe seitens der Pappas Law Library der Boston University sowie der Boston Athenaeum Library.

mente, mit denen ein »Recht« auf körperliche Unversehrtheit begründet wurde. Nur wenn wir die sich wandelnden kulturellen und religiösen Vorstellungen vom Wesen des Schmerzes, vom Wert des Leidens und von der moralischen Verpflichtung zu Mitgefühl verstehen, können wir begreifen, wie der Gedanke, dass die Freiheit von körperlichem Zwang und bewusst zugefügtem Schmerz ein unverzichtbares Menschenrecht sei, gegen Ende des 19. Jahrhunderts schließlich, obschon unvollkommen, zum festen Bestandteil von Rechtsnormen wurde.

Grausamkeit war keine neuartige Vorstellung im 19. Jahrhundert, aber die Antisklaverei-Literatur trug dazu bei, die Definition dessen, was unter grausamem Verhalten verstanden wurde, zu erweitern. Denn trotz des von den Gründervätern formulierten Verfassungsverbots »grausame[r] oder ungewöhnliche[r] Strafen« (Zusatzartikel 8 zur US-Verfassung) durch den Staat, setzte sich innerhalb von Statusbeziehungen wie beispielsweise der Beziehung zwischen Herr und Sklave oder zwischen Ehemann und Ehefrau keine diesem Verfassungsgrundsatz vergleichbare Norm oder gesetzliche Kontrolle durch. Da das Rechtssystem in Ermangelung einer stehenden Polizeitruppe zur Aufrechterhaltung der sozialen Ordnung auf solche hierarchischen Beziehungen vertraute, schützte es größtenteils unter dem Deckmantel der »Disziplin« brutale Körperverletzung. Private Gewalt gegen Personen für ungesetzlich zu erklären wurde folglich zu einem Ziel der Abolitionisten, und die Antisklaverei-Bewegung förderte ein allgemeines Rechtsbewusstsein, das letztendlich dazu beitrug, einen gesetzlich verbrieften Schutz für befreite Sklaven und später für Ehefrauen durchzusetzen und die Klasse der Beziehungen, in denen Gewalt sanktioniert wurde, einzuschränken.[3]

Die jüngste Geschichtsschreibung hat die Rolle des Kapitalismus bei der Herausbildung menschlicher Werte diskutiert. Aber in der ersten Hälfte des 19. Jahrhunderts waren es protestantische Geistliche, keine Kaufleute, die den Wert eines »Interesses an den Leiden anderer, die uns sehr fern stehen[...] [einer Bemühung], mit unseren Sympathien über ›die kleinen Grenzen unseres eigenen Staates und unserer eigenen Umgebung‹ hinauszugehen«, predigten. Ein genauerer Blick auf den unmittelbaren religiösen und kulturellen Kontext der amerikanischen Antisklaverei-Bewegung könnte enthüllen, was David Brion Davis als »Strukturen, die zwischen abstrakten Marktkräften und individueller Wahrnehmung vermitteln«, bezeichnet. Den Blick auf diese vermittelnden Gestalten und Kräfte zu richten würde außerdem einen

3 Zur Fortdauer eines laienhaften Rechtsbewusstseins in Amerika siehe Hartog (1987).

Beitrag zur Erklärung des periodischen Charakters humaner Bewegungen in Amerika leisten. Obwohl Thomas Haskell das Erscheinen des Marktkapitalismus von 1750 an datiert, kam nicht durchweg von 1750 an eine Stimmung gegen die Sklaverei auf. Vielmehr wurde es nach einem kurzen Anschwellen des Protests gegen Ende des ersten Jahrzehnts des 18. Jahrhunderts, das sich größtenteils auf Gemeinden von »Freunden« (Quäker) beschränkte, bis zu den frühen 1830er Jahren still um die Bewegung. Im Jahr 1830 war der Trend hin zum Marktkapitalismus schon seit langem im Gange, aber erst in den dreißig Jahren vor dem Amerikanischen Bürgerkrieg organisierten Reformer dann tatsächlich einen energischen und höchst öffentlichkeitswirksamen Angriff auf Gewalt als Herrschaftsinstrument in der Beziehung von Herr und Sklave.[4]

Ich skizziere in dem vorliegenden Aufsatz die Geschichte des leidenden Sklaven in den Vereinigten Staaten der Vorbürgerkriegszeit als symbolisch für einen Wandel des bis dahin üblichen moralischen Empfindens. Dabei untersuche ich zuerst den vielfältigen Gebrauch, der von dieser Geschichte gemacht wurde. Anschließend entwerfe ich einen Kontext für diese Geschichte in Gestalt der aus dem liberalen protestantischen Denken stammenden und sich wandelnden Vorstellungen vom Schmerz und in Form neuer Verpflichtungen zu Mitgefühl, wie sie von der evangelikalen Erweckungsbewegung verbreitet wurden. Zum Schluss untersuche ich, inwieweit Berichte über Fälle von Brutalität dazu beitrugen, Argumente für die Rechte des Menschen im Zusammenhang mit Autoritäts- und Abhängigkeitsverhältnissen zu stützen.

Liberale und evangelikale Lehren zum Zwecke dieser Analyse zu kombinieren grenzt beinahe schon ans Ungeheuerliche, als würde man alles in einen Topf werfen. Natürlich stellten »liberale« Konfessionsgemeinschaften wie die »Gesellschaft der Freunde« (Quäker) und die Unitarier die orthodoxe Reformierte Theologie offen in Frage. Aber der amerikanische Protestantismus erlebte mit dem Nachlassen der calvinistischen Flut generell eine Liberalisierung, wodurch die Schaffung einer gemäßigten protestantischen Kultur der Mitte möglich wurde, die allgemein empfänglich für bestimmte christliche humanistische Ideale war.[5]

Ebenso waren die Abolitionisten, deren Rhetorik ich in diesem Artikel untersuche, in vielen verschiedenen religiösen Lagern vertreten. Doch so

4 Clarke (1843: 4); Davis (1992c: 290–309, insb. 290); Haskell in Bender (1992: 136–160); Essig (1982); Brodhead (1993: 13f.).

5 Meyer (1972: 25–26); Douglas (1978: 143–196).

wichtig theologische Kategorien auch sein mögen, sie sind weder unanfechtbar noch beschreiben sie verständlich die Weltanschauung jedes Abolitionisten. Zu Recht betonen Historiker die beträchtlichen strategischen Auseinandersetzungen, welche die Antisklaverei-Bewegung nach Grundzügen spalteten, die manchmal als »liberal« und »evangelikal« etikettiert wurden. Allerdings teilten die Abolitionisten auch eine zentrale Überzeugung, nämlich die, dass das Auspeitschen von Sklaven durch Herren eine unentschuldbare Ausübung willkürlicher Autorität darstelle und dass Darstellungen solcher Vorkommnisse eine mitfühlende Reaktion von Seiten vernünftiger Christen auslösen müssten. Protestantische Lehren, die wir sowohl als »liberal« wie auch als »evangelikal« bezeichnen würden, stützten diese Überzeugung.[6]

Erzählungen vom Leiden der Sklaven, 1830–1860

In den 1830er Jahren, dem ersten Jahrzehnt eines rebellischen Abolitionismus, wurde das grausige Leid des Körpers zum Grundstock der Antisklaverei-Literatur.[7] Die Abolitionisten müssen diese Gattung tatsächlich für wichtig gehalten haben, um sich ihrer so oft zu bedienen, wie sie es taten. Reden, Briefe, Flugblätter, Traktate, Protokolle und Berichte aus den 1830er und 1840er Jahren sind voller Beispiele, von kurzen Schilderungen bis hin zu ausführlichen Darstellungen der »Prügel, der Brandmarkungen, der eisernen Joche, der Beschneidungen, der Verstümmelungen, des Hungers, der Not und der Wehrlosigkeit«. Die Leser von Antisklaverei-Literatur im Norden konnten den Berichten, die sorgfältig ausgewählt waren, um ihr Zartgefühl zu erschrecken, kaum entrinnen – über die Herrin, die ihrem Koch mit der Feuerschippe den Schädel einschlug, weil das Essen angebrannt war, oder über den Herrn, der eine ältere Frau – das Kindermädchen seiner Jugend – brutal auspeitschen ließ. Eine andere häufig erzählte Geschichte handelte von einem Neffen Thomas Jeffersons, der eines Abends einen mürrischen Sklaven packte und, sich von den Füßen hocharbeitend, kleine Stücke von

6 Vgl. Lynd (1968: 139–140). Zu den wichtigen Gemeinsamkeiten unter Abolitionisten siehe Walters (1976). Zur religiösen Charakterisierung der Abolitionisten siehe z. B. Friedman (1982); Wyatt-Brown (1969); Abzug (1980; 1994: 127–162).

7 Frühere Werke kündigten diesen Ansatz an: siehe Torrey (1817); Walker (1829). Auch die Kolonisationsgesellschaften befassten sich ständig mit der körperlichen Grausamkeit gegenüber Sklaven.

ihm abschnitt und sie ins Feuer warf; am nächsten Morgen war der Leichnam vernichtet.[8]

Zwei der einflussreichsten Werke der Antisklaverei-Literatur der 1830er Jahre gehören zu den Klassikern dieser Gattung. Lydia Maria Childs *An Appeal in Favour of that Class of Americans called Africans*, erschienen 1833, war die erste bedeutende Abhandlung gegen die Sklaverei. Ihr erklärtes Ziel war es, dem »armen *Sklaven* auf seinen elenden Reisen zu folgen, um eine Vorstellung von seinem körperlichen Leiden, seiner geistigen und sittlichen Erniedrigung zu vermitteln«. Außerstande, die physischen Spuren zu ignorieren, die willkürliche Gewalt auf dem Körper hinterließ, übernahm es sechs Jahre später Theodore Dwight Weld, Berichte über Misshandlungen aus dem gesamten Süden zu sammeln und deren Echtheit zu bestätigen. In Zusammenarbeit mit Sarah und Angelina Grimké erstellte er einen Katalog von Grausamkeiten, *American Slavery As It Is* (»Die Wahrheit über die amerikanische Sklaverei«), der vom Zeitpunkt seiner Veröffentlichung im Jahr 1839 an bis zum Erscheinen von *Uncle Tom's Cabin* im Jahr 1852 (dt. *Onkel Toms Hütte*, 1853) die absatzstärkste Schrift gegen die Sklaverei blieb. Beide genannten Werke standen am Anfang einer Serie von Pamphleten und Büchern mit so verräterischen Titeln wie *Scenes of Oppression in the Refined Circles of the South* (»Szenen der Unterdrückung in den kultivierten Kreisen des Südens«) und *Picture of Slavery in the United States of America* (»Schilderung der Sklaverei in den Vereinigten Staaten von Amerika«), Schriften, die bei der weißen Leserschaft der Nordstaatler, an die sie sich richteten, sehr gut ankamen.[9]

Um der Ablehnung von *American Slavery As It Is* durch Skeptiker wirksam zu begegnen, suchte Weld seine Schilderungen durch strenge Anforderungen an sein Beweismaterial abzusichern. Zeugnisse aus erster Hand waren von doppelter Bedeutung: Sie entwerteten zum einen Gerüchte und erfüllten zum anderen den Wunsch der Evangelikalen, von Dingen zu erfahren, die zu Herzen gingen. Im evangelikalen System lag der Maßstab für Echtkeit und Wahrhaftigkeit in den Gefühlen, nicht im Intellekt. Das herausragendste mündliche wie schriftliche Zeugnis war der Augenzeugenbericht, der dem Leser das Leid des Sklaven so nahe wie möglich brachte. Wie

8 *Liberty Bell* (1844: 5); Lydia Maria Child (1838: 12); David L. Child (1833: 28, 42); Rankin (1970/1837: 62–64).

9 Lydia Maria Child (1833: 6); Weld (1968/1839); Barnes (1957: 264, Anm. 20, 276, Anm. 5, 73); Davis (1846); Bourne (1972/1834). Lydia Maria Childs *Appeal* vermischte eigentlich mehrere Argumentationsstile; siehe Yellin (1989: 54f.).

Robert Abzug meint, konnten Leserschaften durch solche Aussagen »die Sünde der Sklaverei miterleben, wie sie im Gewissen der Menschen wirkte; sie konnten den Prozess beobachten, mit Hilfe dessen die aufrichtige Sündenerkenntnis [...] sowohl den Herrn als auch den Sklaven befreien würde«. Diejenigen, die in Welds Fußstapfen traten, verkündeten trotzig, wie wirklichkeitsgetreu ihr Material sei. Es zählte zum Höhepunkt einer jeden Versammlung, wenn beispielsweise im Verlauf einer Debatte über eine Sklavin, die bei einem Sturz aus dem Fenster angeblich zum Krüppel geworden war, als sie versuchte, den Schlägen eines Herrn zu entkommen, ein Teilnehmer die Information beisteuern konnte, dass er oder sie die fragliche Frau gesehen habe und dass einer ihrer Arme tatsächlich merklich verkrümmt gewesen sei.[10]

Erzählungen von Grausamkeit erhoben keinen Anspruch auf moralische Überlegenheit, und Abolitionisten zogen es vor, sich auf den Standpunkt zu stellen, dass die Sklaverei keine Frage der Behandlung, sondern des Prinzips sei. Aber das stark Anstößige der Geschichten war dennoch fesselnd, und es zeigte sich, dass sie zu den wirkungsvollsten und dramatischsten Waffen im Reformarsenal gehörten. Oft genug leugneten Redner selbstgerecht jede Absicht, die Gefühle ihrer Zuhörerschaft »verletzen« zu wollen, bevor sie unverdrossen weiter auf Gräueltaten herumritten.[11] Weld und die Schwestern Grimké erkannten unter anderem, dass Sensationsmache durchaus wirkungsvoll war: Als sie *American Slavery As It Is* zusammenstellten, verschickten sie ein langes Rundschreiben, in dem sie um Informationen zu »Bestrafungen« baten: »Bitte schildern Sie detailliert die verschiedenen Foltermethoden, -stellungen, -instrumente und formen [...] Fakten und Zeugenaussagen sind Truppen, Waffen und Sieg, alles in einem.« Für manche, wie Theodore Parker, war es eine Sache des Prinzips, dass die Verachtung für die Person des Sklaven und seine körperlichen Leiden die Anerkennung seiner Menschlichkeit erschwerte, und sie beharrten darauf, dass Grausamkeit alles andere als zweitrangig für das System sei, sondern es vielmehr in seinem Kern zusammenhalte: »Das Verhältnis von Herr und Sklave beginnt mit Gewalt, und es muss durch Gewalt aufrechterhalten werden – die systematische

10 Abzug (1980: 90); *Proceedings* (1834b: 26). Während einer ungläubigen Diskussion über Elizas Flucht über die Eisschollen in *Onkel Toms Hütte* meldete sich auf einer Versammlung im Jahr 1852 ein Mann zu Wort: »Es ist wahr; ich kannte den Mann, der ihr aus dem Fluss half.« *Annual Report* (1852: 27).

11 *Proceedings* (1837: 7); Abzug (1980: 132–135); eine Versammlung in New Hampshire widmete nach einem solchen Dementi die nächsten fünfzehn Seiten weiteren Gräueltaten: *Proceedings* (1834a: 16–30).

Gewalt allgemeiner Gesetze oder die ungesetzliche Gewalt individueller Willkür.«[12]

Die Öffentlichkeit ließ sich mit Berichten über Misshandlungen bis zum Vorabend des Amerikanischen Bürgerkriegs wirksam ködern. *Five Hundred Thousand Strokes for Freedom* beispielsweise, eine Schrift, die 1853 in London erschien und aus zahlreichen amerikanischen Quellen schöpfte, ist eine Sammlung von mehr als achtzig Traktaten, die »darauf abzielt, ein Gefühl der Sympathie für diesen [versklavten] Teil der Menschheit zu verstärken«. Die einzelnen Abhandlungen trugen Titel wie *Slave Branding, Murder of an Infant* und *Hunting Slaves with Blood Hounds* (»Das Brandmarken von Sklaven«, »Ermordung eines Säuglings« und »Jagd auf Sklaven mit Bluthunden«).[13]

Nach 1840 tauchte der Tropus des leidenden Sklaven in einer neuen literarischen Gattung auf, den autobiografischen Berichten freigelassener oder entflohener Sklaven. Die 1840er Jahre waren ein Jahrzehnt, in dem Sklavenerzählungen zunehmend international Beifall fanden. Die bekanntesten Beispiele dieser Gattung erlebten zahlreiche Auflagen im Norden der Vereinigten Staaten und in Europa: Der Bericht von Moses Roper brachte es auf zehn Auflagen und wurde ins Keltische übersetzt, und von Josiah Hensons Geschichte wurden über einhunderttausend Exemplare verkauft. Eine solche Nachfrage schuf einen Markt, auf dem »fast jedes Opfer der Sklaverei veröffentlicht werden konnte«, und bis zum Ende des Amerikanischen Bürgerkriegs waren tatsächlich die Schicksale von mehr als einhunderttausend ehemaligen Sklaven in Buchform publiziert worden. Die Abolitionisten, die häufig als Schreiber, Vermittler, Herausgeber oder Anbieter der Sklavenberichte an diesem Prozess beteiligt waren, wussten noch aus ihrer Zeit der Vortragsreisen, als Zeugnisse aus erster Hand von ehemaligen Sklaven über ihr Leben im Süden sich stets als die größte Attraktion erwiesen hatten, um den Nutzen solcher Berichte.[14]

William Andrews meint, dass die meisten Vertreter der Sklavenerzählung in ihrer klassischen Form, die ihre Werke zwischen 1840 und 1860 verfassten, die Sklaverei als eine Institution darstellen wollten, die einer Verrohung Vorschub leistete und darauf angelegt war, den Kern der Persönlichkeit des Skla-

12 Barnes/Dumond (1934, II: 809). Zu der Äußerung von Theodore Parker siehe Lynd (1968: 139). Siehe auch *Abolitionist (*1833: 69); und *American Anti-Slavery Almanach* (1837: 33f.).

13 Eine zweite Auflage dieser Sammlung erschien, als die ersten 500.000 Exemplare vollständig abgesetzt waren. Armistead (1969/1853, vor allem das »Vorwort«).

14 Nichols (1963: xi–xvi, insb. xiv); Barnes/Dumond (1934: 811); Stewart (1976: 137f.).

ven zu zerstören. Der Schwindler oder Gauner fehlte größtenteils in diesen Geschichten, in denen Sklaven auf die Rolle als hilflose Opfer von Grausamkeit und Ausbeutung reduziert wurden. Alle betonten unverhohlen oder stillschweigend, dass Grausamkeit ein Wesensmerkmal des Systems der Sklaverei sei. Obwohl die Berichte sich in ihren Ekel erregenden Einzelheiten durchaus voneinander unterschieden, enthielten sie stets stereotype Szenen: das Auspeitschen oder die Verstümmelung von Familienmitgliedern und des Erzählers selbst; den Versteigerungsklotz, auf dem Sklaven auftreten mussten, um ihren Wert zu demonstrieren, und wo sie – meist zum letzten Mal – von den anderen Mitgliedern ihrer Familie getrennt wurden; und den Transport von Sklaven in aneinandergeketteten Kolonnen. Frederick Douglass' berühmte Erzählung zeigt das Sklavensystem als ein System unablässiger Brutalität. In einem einzigen kurzen Kapitel passieren allein schon vier grundlose Morde. Andere Autoren, beispielsweise John Brown, schilderten Praktiken wie das so genannte »bucking« (*buck*, US-Slang für »Nigger«), bei dem Sklaven blutig geprügelt und anschließend mit einer Mischung aus Salz, rotem Pfeffer und Wasser gewaschen wurden. Um die Jahrhundertmitte konkurrierten die Sklavenerzähler miteinander um die spektakulärsten Effekte und verwendeten Titel wie *Life and Narrative of William J. Anderson, Twenty-Four Years a Slave; Sold Eight Times! In Jail Sixty Times! Whipped Three Hundred Times!!!* (»Leben und Geschichte von William J. Anderson, vierundzwanzig Jahre Sklave. Achtmal verkauft! Sechsmal im Gefängnis! Dreihundertmal ausgepeitscht!!!«). Andrews stellt fest, dass im Gegensatz dazu Sklavenberichte aus der Zeit nach dem Bürgerkrieg die Stärke und das Durchhaltevermögen der Schwarzen unter der Sklaverei betonten. Der Wandel lässt darauf schließen, dass die Verfasser geglaubt hatten, die Darstellung des Leidens sei in der amerikanischen Kultur der Vorbürgerkriegszeit von strategischem Nutzen gewesen.[15]

In den 1840er und 1850er Jahren, dem Höhepunkt der romantischen Bewegung in der amerikanischen Literatur, boten diese Erzählungen ihren Lesern intime Einblicke in die Tragödie des Leidens, die überzeugender waren als die didaktische Rhetorik der Reformer. »Welch eine Kombination von Eigenschaften und Taten und Leiden, bestens geeignet in jedem einzelnen Fall menschliches Mitgefühl zu erregen!«, rief ein begeisterter Kritiker aus.

15 Andrews (1989: 62–80, insb. 62–66); Douglass (1968/1845: 38–42); Brown (1972/1855: 35); Andrews (1986: 184–186). William Andrews weist jedoch darauf hin, dass einige Sklavenerzähler in den fünfziger Jahren des 19. Jahrhunderts anfingen, ihre eigenen Vergeltungsakte und nicht ihr passives Leiden zu betonen; Andrews (1989: 62–66).

Erzählungen in der ersten Person wiesen ihre Verfasser als vollkommen einfühlsame Erzähler aus, die von dem leidenschaftlichen Wunsch nach Freiheit, Liebe und Familie beseelt waren; gerade dieser Kontrast machte ihre Verrohung nur umso entsetzlicher.[16]

Nach dem atemberaubenden Erfolg von *Uncle Tom's Cabin* im Jahr 1852 führte die blühende Druckkultur der populären rührseligen Kitschliteratur diese Enthüllungsarbeit fort. Stücke, Gedichte, Romane und Kurzgeschichten – all diese Gattungen passten sich blendend an und erzählten fortan die Geschichte des Sklaven, und in den 1850er Jahren wurden Werke dieser Art in Rekordzahlen produziert. Die meisten schwächten ihre Botschaft ab, indem sie die Schilderung brutaler körperlicher Züchtigungen in rührselige Geschichten einflochten, die den bescheidenen, aber liebevollen Familienkreis des Sklaven, seine engen Freunde und das durch seine erschütternde Zerstörung verursachte Leiden schilderten.[17] Fiktionale Darstellungen weckten die Sympathien der Leser, indem sie Sklaven lebendig gestalteten – als vollwertige Menschen und nicht als blasse Statisten. Und es waren diese Darstellungen, die Hunderttausenden von Lesern in den Nordstaaten, die zu zurückhaltend oder zu vornehm waren, um all das Leid in ungefilterter Form zu ertragen, die schmutzigen Fakten zur Kenntnis brachten.

Bis zum Amerikanischen Bürgerkrieg hatte sich damit die Schilderung des Leidens der Sklaven, die bei ihren Lesern eine mitfühlende Reaktion hervorrufen sollte, im Norden als wichtiger sozialer und kultureller Tropus etabliert. Die Wirkung dieser Geschichten beruhte nicht allein auf Wiederholung. Vielmehr profitierten sie von einem bedeutsamen Wandel der religiösen Sicht der Dinge, da die amerikanischen Protestanten unter dem Einfluss einer Liberalisierung der Lehre dabei waren, ihr Verständnis vom Sinn und Stellenwert des Leidens im menschlichen Leben zu revidieren.

16 Davis/Gates (1985: 19). Andrews interpretiert den Sklavenerzähler als Revisionisten, in Harold Blooms Definition ein Autor, der »allgemein akzeptierte Texte dem eigenen Leiden öffnen möchte«. So machte Frederick Douglass seine eigenen Erlebnisse zum Maßstab, an dem die Bibel und die Unabhängigkeitserklärung zu messen waren. Siehe Andrews (1986: 13f.).

17 Fisher (1985: 101–104). Für eine ausführliche Bibliografie siehe Turner (1966/1929: 89–100).

»Ich singe den Leib, den empfindungslosen«[18]

Obwohl die theologischen wie die humanitären Wurzeln der Abscheu vor Grausamkeit im 18. Jahrhundert und in noch früherer Zeit liegen, gelangte die moderne Sichtweise, die wir heute mit dem gesetzlichen Schutz abhängiger Klassen verbinden, erst im 19. Jahrhundert zur volleren Entfaltung. In dieser Zeitspanne war eine weitere grundlegene Veränderung im Gange, nämlich die Aushöhlung der calvinistischen Orthodoxie und die Entstehung einer einflussreichen Alternative, die oft als liberaler Protestantismus etikettiert wurde. Eine Folge dieser Veränderung war die Neuausrichtung der Beziehung zwischen Religion und Körper. In der Vorbürgerkriegszeit schufen die liberalen unitarischen Geistlichen – die Stoßtruppen beim Angriff auf den Calvinismus – eine christliche humanistische Philosophie, die jeglichen Gedanken an Grausamkeit, gleich ob sie von göttlicher oder weltlicher Hand verübt wurde, zurückwies.[19] Ihre Schriften dienten als Hauptquelle für abolitionistische Behauptungen über die inhärente Brutalität der Sklaverei. Und sie versorgten die Abolitionisten mit einem neuen Denkmodell für den universalen Anspruch auf körperliche Unversehrtheit, einem Modell, das im Gegensatz zum sehr diversitären wissenschaftlichen Denken der Zeit stand und einen Beitrag zur Begründung universeller Menschenrechte leistete. Eine Zeit lang wurde das liberale religiöse Denken zum wichtigsten Katalysator für Vorstellungen von individueller Unversehrtheit, die entscheidend für die liberale politische Theorie waren.

In ihrer Feier körperlicher Unversehrtheit war die entstehende liberale religiöse Ordnung revolutionär. Lange Zeit war der blutende Körper das Kernstück des Christentums gewesen. Für die Christen des Mittelalters war Schmerz sowohl eine Bestätigung von als auch ein Bindeglied zur Göttlichkeit gewesen. Die Unausweichlichkeit menschlichen Leidens wurde verherrlicht und verklärt in der Kreuzigung, die eine starke Verbindung zwischen Schmerz und Göttlichkeit schuf. Die freiwillige Unterwerfung unter den Schmerz bot gleichzeitig Raum für ihre eigene grimmige Freude, wie Darstellungen der Prozesse gegen die Heiligen beweisen. Die protestantischen Reformer beraubten das Leiden eines Großteils dieser Freude, aber an der Prädestination, einer Erlösung in gewissen Grenzen und der Erbsünde als

18 Anspielung auf Walt Whitmans »Ich singe den Leib, den elektrischen«, in: ders., *Grashalme*, Nachdichtung von Hans Reisiger, Zürich 1985, S. 131.

19 Howe (1970). Zu den radikalen Unitariern, die sich ausdrücklich sozialen Problemen zuwandten, siehe zum Beispiel Yacovone (1991); Parker (1910) und Parker (1911).

den wesentlichen Lehren der Reformierten Theologie hielten sie fest. Reformer des 19. Jahrhunderts wie William Ellery Channing charakterisierten – und karikaturierten – den Calvinismus als Lehre, der zufolge ein nicht unerheblicher Teil der Menschheit durch keinen eigenen Sündenfall »allen Strapazen in diesem Leben, dem Tod selbst und [...] ›ohne Unterlass den schwersten Qualen im ewigen Höllenfeuer unterworfen‹« werde.[20]

Liberale Glaubensbrüder in der Vorbürgerkriegszeit lehnten dieses strenge Kredo ab. Sie verlagerten ihr Augenmerk vom Drama Gottes als des höchsten Richters, der den von Natur aus verdorbenen Menschen zu einem Leben nach dem Tod im Zeichen unablässigen Leidens verurteilt, auf das Drama Gottes als des gütigen Vaters, der auf das körperliche und geistige Wohlergehen seiner Kinder hinwirke. Der Zweck des Gottesdienstes verlagerte sich von der Verherrlichung Gottes auf die Erlösung und Feier des Menschen.[21] Diese optimistische neue Theologie schloss eine Feier des menschlichen Körpers ein, jenes »furchtbar und wunderbar geschaffenen« göttlichen Werkes. »Das Hauptwerk der Menschheit auf Erden besteht darin [...] jedes Glied des Körpers, jede Fähigkeit des Geistes zu nutzen, zu schulen, zu entwickeln und zu genießen«, wie Theodore Parker dieses Ethos zusammenfasste.[22]

Die Entwicklung der Lehre von der Buße bzw. vom Tod Christi als Garant menschlicher Erlösung war ein Symbol für sich verändernde Einstellungen zu Schmerz und Strafe. Dieser Einstellungswandel erfasste ein breites Spektrum protestantischer Konfessionsgemeinschaften und nicht bloß die offiziell als »liberal« etikettierten Gemeinden. Gegen Ende des 18. Jahrhunderts drangen Gemeindepfarrer innerhalb der Neu-England-Theologie (»New Divinity«) darauf, dass Gott das Leiden Christi gewollt habe – nicht aus einem selbstsüchtigen Wunsch nach Vergeltung heraus, sondern »aus vornehmster Güte und Rücksicht auf das öffentliche Wohl«. Sie waren sich einig darin, dass Christus wahrscheinlich keinen echten Schmerz erlitten habe, oder zumindest nicht im vollen menschlichen Ausmaß. Spätestens im 19. Jahrhundert teilten die meisten Protestanten dann trotz Unterschieden zwischen und sogar innerhalb der Konfessionsgemeinschaften eine empfindsame Abscheu vor der maßlosen Qual des Leidens Christi.[23] Einige im libe-

20 Channing (1848a: 217–241, insb. 223); Chamberlain (1992: 335–356); Morris (1994: 176–180).

21 Channing (1848c: 59–103, insb. 83–87); Smith (1987: 60–85); Fliegelman (1982: 155–194).

22 Allen (1838: 6); Parker (1864: 4).

23 Edwards (1859: 1–42, insb. 36); Foster (1907); Rudisill (1971). Zur Kritik an diesem dogmatischen Wandel, die ihn als ein Abgleiten in Sentimentalität empfand, siehe Douglas (1978: 143–196).

ralen Lager, Quäker und Unitarier, lehnten die Kreuzigung als wirksames Mittel zur Realisierung der menschlichen Erlösung völlig ab und verwarfen damit, was als zentrales theologisches Konstrukt des Christentums und stärkstes Bindeglied zwischen Gott und Mensch fast zwei Jahrtausende lang Bestand gehabt hatte.[24]

Der Übergang von einem strengen, strafenden zu einem gütigen Gott war der Neuinterpretation des menschlichen Schmerzes förderlich, und die Antisklaverei-Bewegung stützte sich stark auf diese neue Deutung. Unvermeidliches Leiden, beispielsweise Krankheit, blieb ein unabwendbarer Bestandteil menschlicher Erfahrung, aber die liberale Theologie durchtrennte die Verbindung zwischen dem Schmerz, der in strafender oder anderer Absicht zugefügt wurde, und der religiösen Erfahrung, und sie räumte fortan der Rolle des Leidens in der moralischen Entwicklung einen niedrigeren Stellenwert ein. Die Ablehnung vermeidbaren oder absichtlich verursachten Leidens war nicht bloß ein Nebenprodukt der Bewegung gegen die religiöse Orthodoxie, sondern eines ihrer Hauptziele. Die Reformer des 19. Jahrhunderts warfen dem orthodoxen Calvinismus vor, das schrecklichste und langwierigste Leiden in den Mittelpunkt seiner Philosophie zu stellen. Parker erzählte eine archetypische Geschichte von den grauenhaften Spuren, die eine calvinistische Kindheit hinterlassen hatte, wenn er von ängstlichen, in eiskalten Kirchen mit dem Nachdenken über den Abstieg in die Feuer der Hölle verbrachten Stunden berichtete.[25]

Obwohl liberale Geistliche die Erfahrungen von Körper und Seele in ihre eigene Philosophie integrierten, stellten sie beide in einer Weise einander gegenüber, die dem christlichen Vorbild des Mittelalters radikal zuwiderlief. Dort war die Spannung aus dem schockierenden Gegensatz zwischen der freien Seele und ihrem gequälten Körper erwachsen – der von Pfeilen gespickte lächelnde heilige Sebastian. Für Liberale des 19. Jahrhunderts erwuchs die Spannung hingegen aus dem Vorhandensein des Schmerzes selbst, der nicht einen Triumph des Geistes anzeigte, sondern eine Verletzung göttlich verfügter Gesetze. Liberale Glaubensbrüder machten sich ein Modell natürlicher Religion zu eigen, das den Willen Gottes im Wirken der natürlichen Welt und nicht in der biblischen Offenbarung suchte. Aus ihrer Betonung der harmonischen Wechselwirkungen in der natürlichen Sphäre schlos-

24 Howe (1970: 42, 98); Forbush (1956: 200); Hicks (1834: 67, 127f.); Hall (1983: 279–295).

25 Barnes (1860: 240–242); Clarke (1866/1926: 252–254); Weiss (1863, I: 30); Chamberlain (1992). Zum dauerhaften Einfluss des christusgleichen Bildes vom leidenden Sklaven siehe Walters (1976: 57–59); Tompkins (1985: 122–146).

sen sie, dass die Zustände des Körpers und der Seele, egal ob der Mensch Schmerz oder Freude empfinde, deckungsgleich seien. Gott habe in seiner Güte die stoffliche Welt so gestaltet, dass diejenigen, die seinen Gesetzen gehorchten, erfolgreich wären. Nur jene, welche die Gesetze der menschlichen Natur missachteten, würden Unglück heraufbeschwören, und ihr Leiden sei die spontane Folge ihres gesetzesbrecherischen Tuns und keinesfalls die strafende Rache eines höchsten Gottes.[26]

Die Überzeugung, dass Gottes Wille in der Struktur der natürlichen Welt ablesbar sei, verschob die Quellen religiöser Autorität und möglicherweise auch die Quellen politischer Autorität an einen anderen Ort. Die Deutung des Schmerzes als Folge eines Verstoßes gegen das natürliche Gesetz entfernte den Schmerz aus der Sphäre normalen menschlichen Erlebens und verlieh ihm den Status einer Anomalie. Ein Körper, der Schmerzen hatte – vor allem solche, die ihm ein anderer Mensch bewusst zugefügt hatte –, wurde zum zwingenden Beweis menschlicher Verfehlung; folglich konnte eine Politik oder ein System, die auf der Kontrolle durch Schmerz errichtet waren, die Legitimität der Regierung, die diese Politik oder dieses System stützte, in Zweifel ziehen. Für viele Abolitionisten standen die Ungeheuerlichkeit und scheinbare Zufälligkeit der ewigen Verdammnis am Ende beispielhaft für den willkürlichen Missbrauch unumschränkter Macht, und ihre Abscheu davor beflügelte ihren Einsatz für humanitäre Reformen.[27]

Noch während die Rolle des Schmerzes im religiösen Denken verändert wurde, erlebte auch seine medizinische Bedeutung eine rasche Revision. Mit einem praktischen Kunststück übernahm die Ärzteschaft gerade in dem Moment die erkenntnistheoretische Verantwortung für den Schmerz, als er als Untermauerung der Theologie ausschied. Erstmals im frühen 19. Jahrhundert beschrieben Ärzte den Schmerz als behandelbaren pathologischen Befund und nicht als göttliche Strafe oder gewöhnliches biologisches Medium. Die erstmalige Anwendung der Betäubung im Massachusetts General Hospital im Jahr 1846 markierte diese gewandelte Auffassung auf äußerst dramatische Weise. Dass körperliche Qualen nun zu einem medizinischen oder therapeutischen Problem wurden, bot all jenen eine umfassende alternative Erklärung, die bestrebt waren, diese Qualen aus ihrem Glaubenssystem zu entfernen; gleichzeitig wurden Versuche von Seiten der Abolitionisten ver-

26 Barnes/Dumond (1934, I: 491); Pernick (1985: 48f.). Zum Platz der Naturreligion im Unitarismus siehe Howe (1970: 69–92).

27 Meltzer/Holland (1982: 335); Tomkins (1965: 270–298); Scarry (1985).

stärkt, den Schmerz außerhalb der gewöhnlichen Sphäre menschlicher Interaktion anzusiedeln.[28]

In anderer Hinsicht stemmten die Abolitionisten sich mit ihren Versuchen, den Schmerz der Sklaven als real darzustellen, jedoch gegen den wissenschaftlichen Trend. »Wissenschaftliche« Argumente für die Minderwertigkeit von Schwarzen hatten der Antisklaverei-Bewegung seit Jahren zu schaffen gemacht. Lange vor den Schriften Charles Darwins stellte die alte populäre Theorie von der »Großen Kette der Wesen« (so der Titel einer ideengeschichtlichen Studie von Arthur O. Lovejoy) eine Hierarchie der Schöpfung auf. Ausgehend von der Linné'schen Klassifikation der »Spezies« unterteilte die Theorie Menschen auf der Grundlage des körperlichen Typus in Ranggruppen. Bei den Menschen standen jene afrikanischer Abstammung ganz unten auf der Skala; sie rangierten nur knapp über den höchsten Tieren. Die Verteidiger der Sklaverei beriefen sich häufig auf den beinahe untermenschlichen Status der afrikanischen Amerikaner.[29]

Diese Theorie vom beherrschenden bzw. untergeordneten Rang verschiedener Rassen trug zu der im 19. Jahrhundert weit verbreiteten Ansicht bei, dass rassische Gruppen sich in ihren physiologischen Schmerzreaktionen voneinander unterschieden. Gemäß der populären Hierarchie der Sensibilität galten Frauen, Weiße und die Reichen als die schmerzempfindlichsten Gruppen. Ebenso erwartungsgemäß wurden Menschen afrikanischer Abstammung, zusammen mit Kriminellen und Indianern, als praktisch unempfindlich gegenüber jeglichem körperlichen Trauma eingestuft, eine Eigenschaft, die ein Arzt aus Louisiana als »einen besonderen Instinkt, der sie vor den Übergriffen willkürlicher Macht schützt«, bezeichnete. Ärzte aus den Südstaaten entdeckten bei ihren »Forschungen« gar eine in der afrikanischen Abstammungslinie erbliche Krankheit, die als »dyaesthetica Aethiopsis« bezeichnet wurde, eine »beschränkte Sensibilität des Körpers«, die ihre Opfer angeblich unempfindlich gegenüber den Wirkungen körperlicher Züchtigung mache. Als ein Forscher einem Sklaven kochendes Wasser über das Rückgrat goss, vermerkte er gewissenhaft sein Erstaunen darüber, dass sein Patient vor Schmerzen in die Luft ging.[30]

Vor diesem Hintergrund bekamen die in der Antisklaverei-Literatur wiederholten Schilderungen der von Sklaven bei Auspeitschungen und anderen Bestrafungen erlittenen Qualen etwas Revolutionäres. Derartige Darstellun-

28 Pernick (1985); Walzer Leavitt (1986: 116–141).

29 Turner (1980: 7); Jordan (1969: 216–265); McPherson (1965: 156–177).

30 Pernick (1985: 155f.); Savitt (1982: 331–348).

gen sollten das Gewissen der Menschen im Norden aufrütteln, das durch den Mythos, schwarze Amerikaner erlebten Misshandlung anders, eingelullt worden war. Viele Nordstaatler mögen bewusst zugefügte Schmerzen für tabu gehalten haben. Um jedoch auf Schutz zu drängen, mussten sie davon überzeugt sein, dass der Sklave »über dieselbe Empfänglichkeit dem Leiden gegenüber verfügt[...] wie sie der Konstitution aller Tiere eigen ist [...] [dass] sein Körper unter Hunger und Durst, Kälte und Nacktheit, Gefangenschaft und körperlicher Züchtigung, Zwangsarbeit und Mangel an Ruhe leidet«. Die Schilderung der Schmerzen eines Sklaven war ein Beleg für die Ähnlichkeit des menschlichen Körpers über rassische Grenzen hinweg. So schrieb Miss Smith über den Anblick eines Sklaven, der von einem Mob verprügelt wurde: »Ich bin bereit zu bezeugen, dass es *orthodoxes Blut* war. Ich hätte es nicht von meinem eigenen unterscheiden können.« Fürsprecher der Sklaven beschworen die Empörung ihrer Zuhörer herauf, indem sie Geschichten von Herren erzählten, die Sklaven behandelten, *als ob* sie Tiere wären, vor allem Geschichten über die Behandlung und Züchtigung der Körper von Sklaven. Der anarchistische Provokateur Parker Pillsbury machte auf diesen Punkt aufmerksam, indem er den Taufritus mit einem Hund durchspielte und die vor Wut schäumenden Zuschauer so zwang, ihre eigenen Annahmen darüber, wer ein geeigneter Empfänger des Sakraments sei und wer nicht, zu hinterfragen.[31]

Die Vorbürgerkriegs-Kampagne für den Nachweis, dass Sklaven vollkommen empfindsame Wesen mit gottgegebenen körperlichen Gefühlen seien, stellte der Philosophie des Universalismus – und damit möglicherweise einem universalen Anspruch – ein den aktuellen Erfordernissen angepasstes Medium zur Verfügung; und dies zu einem Zeitpunkt, als das Aufklärungsdenken, das dazu beigetragen hatte, in den Anfangsjahren der Republik jede Tendenz zur übertriebenen Darstellung menschlicher Unterschiede zu hinterfragen, viel von seiner Überzeugungskraft eingebüßt hatte. Damit stand die Kampagne im Widerspruch sowohl zur Volksmeinung als auch zu einem wachsenden Berg wissenschaftlicher Literatur, dessen Fixierung auf körperliche Unterschiede zwischen den Rassen die intellektuelle Basis der Argumentation für universelle Menschenrechte zu zerstören drohte.[32] Antisklaverei-Aktivisten, die sich auf die vorherrschenden liberalen religiösen Lehren stützten, hielten das konkurrierende Ideal universeller Rechte in der

31 Grimké (o.J.); *Report of a Delegate* (1838: 15); *Proceedings*; (1970/1854: 69); Pillsbury (1969/1883: 49–51).

32 Fredrickson (1971: 71–96); McPherson (1964: 134–153) und Stanton (1960).

Tradition der christlichen Lehre von der Gleichheit aller Menschen aufrecht. Bei ihrem Eintreten für die Sache der Sklaven vertrauten sie stark auf religiöse Argumente, die sie so mit der Naturrechtstheorie vermischten, dass beide völlig miteinander vereinbar waren. Sie betonten christliche humanistische Vorstellungen vom Wert jedes einzelnen Lebens und erklärten, das Christentum lehne jegliche Unterscheidung nach Überlegenheit und Unterlegenheit zwischen Rassen oder Klassen der Menschheit ab: Sklaven auszuklammern sei eine Form von Atheismus, ein Rückzug vom »gemeinsamen Tisch der Menschheit«.[33]

Aber während der Universalismus der Aufklärung in einem Glauben an durchschnittliche, für die gesamte Spezies gültige Typologien wurzelte, war der Universalismus der Vorbürgerkriegszeit notgedrungen komplexer. Die Sprache der Standardisierung passte nicht gut in eine Kultur, die gerade dabei war, sich an romantische Vorstellungen von der Tiefe und Vielfalt menschlicher Erfahrung zu gewöhnen und nicht an deren Austauschbarkeit. Im Falle der Sklaverei waren es die zutiefst individuelle Leidenserfahrung – die Menschen hoher wie niedriger Herkunft gemeinsam hatten – und das Aufmerksamkeitheischende dieses Leidens, die Gleichheit schufen. Die Abolitionisten beschuldigten die Nordstaatler der »Heuchelei«, weil letztere zwar für Europas leidende Massen »Sympathie versprühten«, die Sklaven jedoch ignorierten. Die Forderung nach Gleichbehandlung setzte voraus, dass alle Leidenden sich in einer ähnlichen Lage befanden und verständnisvoller Unterstützung würdig waren. In den 1830er Jahren knüpfte die universale Verpflichtung zu wohlwollender Sympathie gegenüber dem Anblick des Leidens dort an, wo ein aufgeklärter Glaube an Uniformität aufgehört hatte.[34]

»Die erstaunlichen Folgen des Mitgefühls«[35]

Der Rechte-Diskurs der Antisklaverei-Bewegung war eine Laien- und nicht eine juristische Tradition und ständig im Fluss, gerade weil er nicht vom offenbarten Wort eines Gesetzes oder eines Verfassungszusatzes abhängig war. Seine Forderungen gingen weit über das hinaus, was am Ende von Gerichten

33 Cabot (1970/1855–1856: 6); Goodell (1849, I: 13–19); Jordan (1969: 293).

34 *Liberty Bell* (1847: 36f.); Lovejoy (1993: 251–273).

35 Es handelt sich um einen Satz des französischen Dramatikers Pierre de Marivaux, übernommen von Marshall (1988: 9).

oder Parlamenten anerkannt werden würde. Aber seine Abscheu vor der personenbezogenen Gewalt der Sklaverei und seine Forderungen nach Selbstbestimmung und körperlicher Autonomie für Sklaven trafen einen Ton, der sich in der Entwicklung des individuellen Rechtsbewusstseins halten sollte. David Brion Davis hat den Abolitionismus als sinnbildlich für ein »neues System, das Belohnungen, Bestrafung und jene Art von unverdientem ›Leiden‹, welche das Mitgefühl von Fremden erwecken sollte, neu definierte«, bezeichnet. Die von dieser neuen Ordnung erzeugten moralischen Konventionen waren nicht transzendent oder absolut und auf der menschlichen Bühne oft nicht siegreich; trotzdem wurden sie im Laufe der Zeit zu einem festen Bestandteil unserer Rechtstradition.[36]

Im 18. Jahrhundert ermöglichte das Kontingent der Individualrechte, wie sie in der Unabhängigkeitserklärung und der Verfassung angelegt waren, dem Einzelnen, zu wählen, zu sprechen, Eigentum zu besitzen, den Schutz des Rechtssystems zu genießen und am öffentlichen Leben teilzunehmen. Die Abolitionisten des 19. Jahrhunderts führten diese Ansprüche weiter aus und beanspruchten zusätzlich »Rechte«, die stärker in Einklang mit einer Vision von der menschlichen Natur standen, die das fühlende Erleben des Einzelnen betonte. Gelegentlich gründete die abolitionistische Rhetorik den Anspruch auf Rechte sogar ausdrücklich auf die Fähigkeit zu leiden und Schmerz zu empfinden – was ein Sklavenerzähler die »heiligen Rechte der Schwachen« nannte. Prägnanter drückte es Frederick Douglass aus: »Wenn er genug weiß, um gehängt zu werden, dann weiß er auch genug, um zu wählen.« Aus dieser Formulierung erwuchs eine neue Vision von Herrschaft im Sinne einer Verpflichtung, den Geknechteten speziellen Schutz angedeihen zu lassen. Deren Rechtsansprüche würden, wie Channing meinte, »mit der Begründung gestärkt, dass die Leidenden und Verletzten besondere Achtung verdienten«.[37]

Trotz ihrer heftigen internen Auseinandersetzungen stimmten Abolitionisten aller Gruppierungen darin überein, dass das Recht auf Selbstbestimmung eine Vorbedingung für den Genuss anderer Rechte sei und dass allen Sklaven sofort »ein unbeschränktes Eigentumsrecht an ihrem eigenen Blut, ihren eigenen Knochen und ihrem eigenen Verstand« zuerkannt werden

36 Davis (1992c: 294); Hartog (1987). Erst nach dem Amerikanischen Bürgerkrieg nahmen die Rechte ihren herausragenden Platz in der amerikanischen Verfassungsgeschichte ein, siehe Keller (1987). Ein überzeugender Aufsatz über die Entwicklung von Menschenrechts-Konventionen stammt von Haskell (1987).

37 Andrews (1989: 68); *Proceedings* (1969/1864: 114); Channing (1848e: 243); Sanchez-Eppler (1993: 1–49).

müsse. Für sich genommen enthüllte der Ausdruck *Selbstbestimmung* (»self-ownership«) seine Komponenten nicht. Doch entsprechend zählten die Abolitionisten eine Kategorie von Naturrechten auf, die sich aus den physischen Ansprüchen und Bedürfnissen des Körpers in seiner täglichen Routine herleiteten. Vier Forderungen rangierten vor allen anderen: das Recht auf Bewegungsfreiheit; das Recht zu heiraten und eine Familie zu gründen; das Recht einer Sklavin, sexuelle Beziehungen mit weißen Männern zu verweigern; und das Recht eines Sklaven auf Freiheit von körperlicher Misshandlung oder körperlichem Zwang, die von Herren oder anderen Quasi-Offiziellen ohne ordentliches Gerichtsverfahren verfügt wurden – ein »Recht, so lange von Zwang, Peitschenhieben und Bestrafung ausgenommen zu sein, wie er die Rechte anderer respektiert«.[38]

Bei der Ausweitung eines Ethos gewaltloser Bestrafung vom staatlichen Handeln auf private Beziehungen stützte sich die Antisklaverei-Bewegung auf die Einwände gegen die Anwendung der Prügelstrafe, die in der Vorbürgerkriegszeit ihren Höhepunkt erreicht hatten, und schürte sie gleichzeitig. Die Praxis der körperlichen Züchtigung in Gefängnissen und psychiatrischen Kliniken, auf Kriegsschiffen, in Klassenzimmern und sogar durch die Eltern wurde von Reformern angegriffen, die darauf drangen, Körperstrafen nur als letztes Mittel und nur in Maßen anzuwenden. Die Misshandlung von Ehefrauen geriet als allgemeines Problem in den Blick, und viele US-Bundesstaaten erweiterten den Katalog der Scheidungsgründe um den Tatbestand der Grausamkeit. Selbst Grausamkeit gegenüber Tieren galt nun zunehmend als anrüchig, zumindest unter den Vornehmen und Gebildeten: Mehrere Ausgaben des berühmten Schmachtfetzens *Black Beauty* trugen den Untertitel *The »Uncle Tom's Cabin« of the Horse* (»›Onkel Toms Hütte‹ für Pferde«).[39]

All diesen Bewegungen war gemeinsam, dass sie nicht bloß Grausamkeit zwischen empfindsamen Wesen ablehnten, sondern sich ganz allgemein gegen Grausamkeit in Machtbeziehungen wandten. Wie Judith Shklar fest-

38 *Liberator* (1837: 46); Hosmer (1969/1853: 185). Für einen Vergleich mit Naturrechtsdefinitionen des 18. Jahrhunderts siehe Rodgers (1987: 49–51). Zum Recht auf Bewegungsfreiheit siehe *Liberator* (1835: 89); Ten Broek (1965/1951: 87f., 125) und Hosmer (1969/1852: 88f.). Zum Recht auf Eheschließung siehe Ten Broek (1965: 123ff.); Channing (1848b: 35); *Liberator* (1835: 173) und ebd. (1836: 25). Zum Recht auf Verweigerung sexueller Beziehungen siehe *Proceedings* (1970/1854: 44); Grimké (1989: 207–210) und *Proceedings (*1838: 15). Zum Recht auf Freiheit von körperlicher Misshandlung siehe Channing (1848b: 35, 17); Lerner (1967: 114) und Ten Broek (1965: 51–54).

39 Brodhead (1993: 13–47); Glenn (1984); Greven (1977: 276–281); Grob (1973); Pleck (1987: 34–66); Griswold (1986: 721–745); Turner (1980); Sewell (1894). Zum verwandten Thema Pazifismus in dieser Periode siehe Perry (1973) und Brock (1968).

stellt, zeigte sich Grausamkeit in der westlichen Kultur erst spät als Untugend, ungefähr gleichzeitig mit dem Erscheinen eines neuerdings nicht mehr strafenden, sondern gütigen Gottes. Doch spätestens im 18. Jahrhundert profitierte dann die liberale Demokratie außerordentlich davon, dass unter den Untugenden »Grausamkeit an die erste Stelle gesetzt« wurde. Die aufgeklärte Meinung stemmte sich entschieden gegen die bewusste Verhängung extremer Strafen durch den bürgerlichen Staat, was sich im Verfassungsverbot grausamer und ungewöhnlicher Strafen in den Vereinigten Staaten widerspiegelt.[40] Während die Kritik an übermäßiger Macht im Staate das Erkennungszeichen der politischen Theorie des 18. Jahrhunderts war, war das Markenzeichen der Vorbürgerkriegs-Reformer die Ausweitung dieser Kritik auf »private« Statusbeziehungen einschließlich der Paarungen Herr-Sklave, Ehemann-Ehefrau und Elternteil-Kind, in denen das Gewohnheitsrecht privaten Bürgern regierungsähnliche Befugnisse über abhängige Andere übertragen hatte, mit der Folge, dass staatliches und privates Befehlen und Gehorchen sich erheblich überschnitten. Die Plantagen-»Gerechtigkeit« trat dieselben Gefühle mit Füßen, die Folter, überharte Strafen sowie öffentliche Bestrafungen und Hinrichtungen durch den Staat verurteilten.[41] Den Blick der Öffentlichkeit auf Berichte über Misshandlungen zu lenken war ein früher Versuch, Statusbeziehungen rational zu begründen und der zügellosen persönlichen Gewalt von Herren über Sklaven, welche die Reformpartei für barbarisch hielt, die Legitimation zu entziehen. Für diese Art von Gewalt stellten individuelle Rechtsansprüche eine entscheidende Bedrohung dar.

Der Bürgerkrieg und die Phase der *Reconstruction*, des Wiederaufbaus nach dem Krieg, führten dazu, dass die Reformer sich umorientierten. An die Stelle des Diskurses über allgemeine Rechte trat das Vertrauen in ein rechtspositivistisches Wunschbild von Rechten und Rechtsmitteln, wie sie durch Gesetze oder Zusatzartikel zur Verfassung garantiert wurden. Wie Elizabeth Cady Stanton 1869 meinte, sei »Mitgefühl als Mittel des Staates so lange vage und kraftlos, wie es nicht in logischen […] Vorschlägen aufgefangen und gebunden und in staatliches Recht gegossen« werde. Doch der Ursprung für Maßnahmen des Kongresses lag in einer früheren Periode. For-

40 Shklar (1984: 7–44); Masur (1989: 50–70); Spurlin (1963: 1498–1504); Granucci (1969).

41 Indem er behauptet, die Abolitionisten hätten die Brutalität der Lohnarbeit als Pendant zur Sklaverei anerkennen müssen, unterschätzt David Brion Davis außerordentlich, welche Bedeutung der Abscheu des Nordens vor jeder Herrschaft vermittels absichtlich zugefügter Schmerzen hatte, ganz im Gegensatz zum befreienden Anschein des Vertrages, der sehr im Einklang mit dem Prinzip der Freiwilligkeit stand. Siehe Davis (1992a) und Channing (1848d: 37f.).

scher betonen, dass die Gesetzgebung der frühen *Reconstruction*-Phase, vor allem der (1865 angenommene) 13. Verfassungszusatz, im Kontext eines »Vokabulars der Freiheit« konzipiert worden sei, das abolitionistischen Bemühungen ziemlich viel verdankte.[42]

Bezeichnenderweise erlebten die Geschichten über Gräueltaten in den Jahren 1865 und 1866 ein Comeback, nun in Gestalt offizieller Berichte aus dem Freedmen's Bureau und anderen US-Bundesbehörden, welche die fortdauernde Gewalt gegen befreite Sklaven dokumentierten. Ein zweiseitiger Abschnitt eines viel propagierten Berichts von General Carl Schurz beispielsweise dokumentiert Erschießungen mit Kugeln und Schrot, Ertränkungen, Auspeitschungen, die Verfolgung durch Patrouillen mit Hunden und Erhängungen, oft von zahlreichen Opfern. Diese häufig als offizielle Kongressdokumente eingereichten Berichte waren ein Ansporn für den Kongress, besondere Sorgfalt auf den legislativen oder verfassungsmäßigen Schutz der persönlichen Sicherheit befreiter Sklaven zu verwenden.[43] Während sie freie schwarze Arbeiter oft nicht schützen konnten, erkannten Vertreter des Freedmen's Bureau, deren Wort Gewicht hatte, in der körperlichen Züchtigung den Nebenumstand der Sklaverei, der am wenigsten mit dem freien Status übereinstimmte, und sie erließen Anweisungen, dass das Auspeitschen als Form der Disziplinierung von Arbeitskräften abzuschaffen sei. Ein Nordstaatler erklärte: »Die Zeit von Peitsche und körperlicher Züchtigung ist vorbei und muss dem Recht und der moralischen Macht weichen.«[44]

Der Kongress reagierte auf die andauernde Verfolgung befreiter Sklaven mit dem Civil Rights Act von 1866 und im Jahr 1868 mit dem 14. Zusatzartikel zur Verfassung. Beide gewährten der Bundesregierung neue Befugnisse, um dem traditionellen Recht des Bürgers auf staatlichen Schutz gegen private Gewalt Geltung zu verschaffen. Mit der Unterstützung dieser Gesetze verbanden viele Parlamentarier – darunter einige, die nicht für die Ausweitung politischer Rechte auf ehemalige Sklaven eintraten – zweifellos die Ab-

---

42 Stanton in DuBois (1981: 127); Hyman/Wiecek (1982: 390). Siehe auch Nelson (1974); Graham (1950a); Graham (1950b).

43 U.S. Congress (1865: 18f.); U.S. Congress (1866a: 82); Ayers (1984: 151–165); Foner (1988: 119–123, 225).

44 U.S. Congress (1866b: 147); Bentley (1974: 27); Nieman (1979: 90f.); Foner (1988: 154–157, 165). Moderne Arten körperlicher disziplinarischer Maßnahmen pflanzten sich in Foucault'scher Manier auch unter dem Deckmantel der Reform fort: siehe Leach (1980: 19–98) und Abzug (1992: 163–182).

sicht, den Schutz der Union für das Recht des Bürgers auf persönliche Sicherheit zu garantieren.[45]

Der politische Wille erlahmte dann schließlich, und die Gerichte im 19. Jahrhundert versäumten es, das umfassende Schutzpotenzial des 13. und 14. Verfassungszusatzes und des Civil Rights Act auszuschöpfen. Einige der hässlichsten Kapitel in der Geschichte rassistischer Gewalt in Amerika wurden nach der Verabschiedung dieser Gesetze geschrieben. Aber der 13. Zusatzartikel zur Verfassung und vor allem der Civil Rights Act – die Höhepunkte abolitionistischer Gesinnung – belegen die eindeutige Absicht, nicht bloß staatliches Handeln, sondern auch Gewalt zwischen Privatpersonen, die qua rechtlicher Stellung miteinander zu tun hatten, und vor allem die systematisierte Gewalt der Sklaverei, einer gesetzlichen Regelung zu unterwerfen. Der Civil Rights Act beispielsweise sah Sanktionen gegen Einzelpersonen vor, die »unter dem Vorwand von Recht, Gesetz, Verordnung, Vorschrift oder Sitte« in einer Reihe von Funktionen handelten. Solche Vorkehrungen trugen dazu bei, jene Privilegien und Sicherheiten des Gewohnheitsrechts zu schleifen, die das Verhältnis Herr-Sklave als ein das Zivilrecht praktisch ausschließendes System nicht öffentlichen Befehlens und Gehorchens konstituierten.[46]

Im Gefolge von Werken wie Michel Foucaults brillanter Studie *Überwachen und Strafen* umfassendere normative Forderungen nach humanitärer Gesinnung aufzustellen ist schwierig. Aber Foucaults starre Fixierung auf Formen staatlicher Macht verstellt den Blick auf bestimmte Verwendungen humanitärer Rhetorik in Kämpfen gegen solche Gestalten wie Herren und Patriarchen, die in ihren traditionellen Rollen ermächtigt waren, Gewalt gegen ihre Untergebenen zu üben.[47] Neue Einstellungen zu Grausamkeit, die ihren Niederschlag in gesellschaftlichen oder gesetzlichen Normen fanden, kündigten keineswegs ein Ende der Gewalt an. In dem Maße jedoch, wie die schwächeren Parteien in Statusbeziehungen den Schutz des Staates anrufen konnten – was Rechtsgelehrte als »Anrufen des Riesen« bezeichnen –, haben die neuen Normen die Gewalt zugunsten der Schutzloseren und auf Kosten ihrer Aggressoren neu verteilt. Kein Justizsystem schließt Gewalt jemals voll-

45 Hyman/Wiecek (1982: 295–334, 386–438); Foner (1988: 228–280); Ten Broek (1965: 117ff., 157–239); Heyman (1991: 507–571, insb. 545–570).

46 Hyman/Wiecek (1982: 437–515, insb. 437, 464); Ten Broek (1965: 203f.). Vgl. Foner (1988: 245).

47 Was auch immer Foucault (1976) von freiwilligem Schmerz hält, ich selber finde, dass es besser ist, Menschen nicht zu schlagen als sie zu schlagen, solange man nicht dazu herausgefordert wird.

kommen aus, aber es erweitert oder verengt sehr wohl die Personengruppen, die vor Gewalt geschützt werden oder berechtigt sind, sie anzuwenden. In den Vereinigten Staaten kam es durch den schrittweisen Ausbau der Sicherungen im Gewohnheitsrecht sowie durch Gesetze, staatliche oder private Regelungen und Verfassungszusätze im 19. Jahrhundert zu einer deutlichen Ausweitung der »Rechte« für die Personen von Sklaven, Frauen und Kindern. Die Vorstellungen von den Rechten des Menschen, die während der Vorbürgerkriegszeit ins Spiel gebracht worden waren, halfen, die Grenzen zwischen hinnehmbarer und nicht hinnehmbarer Gewalt neu zu ziehen, was sich letztendlich in erweiterten Definitionen von Körperverletzung widerspiegelte. Diese Vorstellungen trugen viel zu dem allmählichen Prozess der verfassungsmäßigen Verankerung individueller Rechte bei, der sich bis ins 20. Jahrhundert fortsetzte.[48]

Die Rhetorik des Mitgefühls für das Leiden leistete nicht nur einen Beitrag zu veränderten kulturellen Normen, sondern lieferte darüberhinaus auch die Grundlage für einen heute vertrauten Stil juristischer Beweisführung, nämlich die Argumentation für Rechte mit Hilfe der Analogie. Während in der Revolutionszeit, wenn über Rechte gesprochen wurde, die Folgen repressiven Verhaltens thematisiert wurden, das allen Bürgern (wenn nicht allen Menschen) gleichermaßen schade, bestand die Geschichte der sozialen Bewegungen des 19. und 20. Jahrhunderts größtenteils darin, Rechte auf Gruppen auszudehnen, die auf der Grundlage wahrgenommener bzw. empfundener Unterschiede benachteiligt wurden. Eines der erfolgreichsten Argumente in der modernen Verfassungsjurisprudenz ist bis heute der Satz: »Ich bin genau wie dieser Mensch da, also verdiene ich auch dieselben Rechte.« Damit dieses Argument aber auch Erfolg hat, muss die mündige Öffentlichkeit den Außenseitern eine entsprechende Aufnahme bieten und sie, und sei es nur zu beschränkten Zwecken, quasi in den Schoß der Familie integrieren. Eine nachdrückliche Identifikation – »dieser Mensch ist genau so wie ich, und deshalb verdient er oder sie auch dieselben Rechte« – ist entscheidend für diese Reaktion.

Bevor sie die Stufen des Supreme Court erreichte, wurde diese Art der moralischen Beweisführung in weniger hohen Kreisen gang und gäbe. Nachdem die Abolitionisten ihr den Weg geebnet hatten, war die Identifikation mit dem Leiden anderer auch in der rührseligen Antisklaverei-Belletristik ein zentrales Thema. Hier wurde das empfindsame Erleben der Sklaven mit dem Ziel beschworen, die Protagonisten in den Horizont der Menschheit zu rü-

48 Fede (1985); Hartog (1987).

cken. Als eine der Quäkerinnen, die den Flüchtlingen Eliza und George in *Onkel Toms Hütte* Zuflucht gewährt, wegen ihrer Nächstenliebe gelobt wird, antwortet sie: »Sind wir nicht dazu geschaffen? Wenn ich John und mein Kind nicht liebte, könnte ich nicht so mit ihr [Eliza] fühlen.«[49] Didaktische Erzählungen, Berichte und eben jene rührselige Prosa, die das weiße Lesepublikum des Nordens drängten, sich in die missliche Lage der Sklaven zu versetzen, trugen viel zur Entstehung neuer moralischer Auffassungen von Sklaven als empfindsamen Wesen bei, die das Zeug zu mündigen Individuen hatten.

Vorsichtiger gesprochen, setzten die weit verbreiteten Vorstellungen vom brutalisierten Sklaven dem Willen und der Fantasie von Politikern vielleicht aber auch Grenzen, als es an der Zeit war, den Umfang der neuen »Rechte« freier Schwarzer schriftlich zu fixieren. Vielleicht führten die monotonen Bilder der Erniedrigung von Sklaven im Kopf des Betrachters dazu, dass er sie als Klasse unterschied und absonderte, vielleicht konstituierten sie Differenz statt diese zu eliminieren. Die befreiten Schwarzen selbst jedenfalls legten ihre Leidenshaltung natürlich ab, sobald sie ihren Zweck erfüllt hatte.[50] Zumindest erwies sich eine Betonung des »Rechts« auf körperliche Autonomie als schlechter Ersatz für eine umfassendere Vision von sozialer und ökonomischer Gerechtigkeit: Private Rechtsverletzungen erzeugen private Rechtsmittel. Möglicherweise hat die Tatsache, dass starkes Gewicht auf die Linderung der Gewalt der Sklaverei gelegt wurde, »die Entwicklung eines Vokabulars, das subtilere Formen von Zwang, Unterdrückung und Klassenherrschaft beschreiben konnte, aufgehalten«.[51]

Trotzdem bedienten sich die Abolitionisten der Berichte über das Leiden von Sklaven, um ihren Beitrag zu einer Veränderung der üblichen moralischen Argumentation zu leisten, die Rechtsansprüchen zugrunde lag, vor allem wo es um das Recht von Individuen auf Schutz vor körperlicher Misshandlung ging. Vertreter des Humanitätsgedankens waren nicht immer human, und die Karriere der »Rechte« ist bis heute weit bewegter, als die Abolitionisten hätten vorhersagen können. Aber ungeachtet dessen trug diese Strategie erheblich zum wachsenden Stellenwert individueller Rechte innerhalb unseres Systems der Jurisprudenz bei.

Aus dem Englischen von Thomas Bertram

---

49 Beecher Stowe (2006: 164); Chandler (1836: 23); Fisher (1985: 98f.).

50 Andrews (1989: 62–66). Ich danke Robert Orsi für einen sehr beredten Brief zu den Beschränkungen, welche die Rolle des Leidenden mit sich brachte.

51 Davis (1992b: 176).

Literatur

(Anmerkung der Herausgeber: Der Literaturnachweis wurde von Elizabeth B. Clark lückenhaft hinterlassen. Er wurde für die Zwecke dieser Veröffentlichung so weit wie möglich vervollständigt.)

The Abolitionist (1833), vol. 1, no. 5, Boston.

Abzug, Robert H. (1980), *Passionate Liberator: Theodore Dwight Weld and the Dilemma of Reform*, New York.

Abzug, Robert H. (1992), *Cosmos Crumbling: American Reform and the Religious Imagination*, New York.

Allen, George (1838), *Mr. Allen's Report of a Declaration of Sentiments on Slavery, December 5, 1837*, Worcester.

American Anti-Slavery Almanac (1837), vol. 1, no. 2, Boston.

The Annual Report of the American and Foreign Anti-Slavery Society... 1852 (1852), New York.

Andrews, William L. (1986), *To Tell a Free Story: The First Century of Afro-American Autobiography, 1760–1865*, Urbana.

Andrews, William L. (1989), »The Representation of Slavery and the Rise of Afro-American Literary Realism, 1865–1920«, in: Deborah McDowell/Arnold Rampersad (Hg.), *Slavery and the Literary Imagination*, Baltimore, S. 62–80.

Armistead, Wilson (Hg.) (1969), *Five Hundred Thousand Strokes for Freedom* (1853), Miami.

Ayers, Edwin L. (1984), *Vengeance and Justice: Crime and Punishment in the 19th Century American South*, New York.

Barnes, Albert (1860), *The Atonement In Its Relation to Law and Moral Government*, Philadelphia.

Barnes, Gilbert H. (1957), *The Antislavery Impulse, 1830–1844*, Gloucester, Mass.

Barnes, Gilbert H./Dumond, Dwight L. (Hg.) (1934), *Letters of Theodore Dwight Weld, Angelina Grimké Weld, and Sarah Grimké, 1822–1844*, 2 Bde., New York.

Beecher Stowe, Harriet (2006), *Onkel Toms Hütte*. Auf der Grundlage einer anonymen Übersetzung von 1853 neu erarbeitet, München.

Bender, Thomas (Hg.) (1992), *The Antislavery Debate: Capitalism and Abolitionism as a Problem in Historical Interpretation*, Berkeley/Los Angeles.

Bentley, George (1974), *History of the Freedmen's Bureau*, New York.

Bourne, George (1972), *Picture of Slavery in the United States of America* (1834), Detroit.

Brock, Peter (1968), *Radical Pacifists in Antebellum America*, Princeton.

Brodhead, Richard (1993), *Cultures of Letters: Scenes of Reading and Writing in Nineteenth-Century America*, Chicago.

Brown, John (1972), *Slave Life in Georgia: A Narrative of the Life, Sufferings, and Escape of John Brown, A Fugitive Slave* (1855), hg. F. N. Boney, Savannah.

Cabot, Susan C. (1970), »What Have We, As Individuals, To Do With Slavery« (1855–1856), *Antislavery Tracts* 15, Westport.

Chamberlain, Ava (1992), »The Theology of Cruelty: A New Look at the Rise of Arminianism in Eighteenth-Century New England«, in: *The Harvard Theological Review*, vol. 85, no.3 (Jul., 1992), S. 335–356.

Chandler, Elizabeth Margaret (1936), *The Poetical Works of Elizabeth Margaret Chandler*, Philadelphia.

Channing, William E. (1848a), »The Moral Argument Against Calvinism«, in: William E. Channing, *The Works of William E. Channing, D.D., Eight Complete Edition, with an Introduction*, 6 Bde., Boston, Bd. 1, S. 217–241.

Channing, William E. (1848b), »Slavery«, in: William E. Channing, *The Works of William E. Channing, D.D., Eight Complete Edition, with an Introduction*, 6 Bde., Boston, Bd. 2, S. 5–153.

Channing, William E. (1848c), »Unitarian Christianity: Discourse at the Ordination of the Rev. Jared Sparks«, in: William E. Channing, *The Works of William E. Channing, D.D., Eight Complete Edition, with an Introduction*, 6 Bde., Boston, Bd. 3, S. 59–103.

Channing, William E. (1848d), »Remarks on the Slavery Question in a Letter to Jonathan Philips, Esq.«, in: William E. Channing, *The Works of William E. Channing, D.D., Eight Complete Edition, with an Introduction*, 6 Bde., Boston, Bd. 5, S. 5–106.

Channing, William E. (1848e), »Duty of the Free States«, in: William E. Channing, *The Works of William E. Channing, D.D., Eight Complete Edition, with an Introduction*, 6 Bde., Boston, Bd. 6, S. 231–373.

Child, David L. (1833), *The Despotism of Freedom; or, The Tyranny and Cruelty of American Republican Slave-Masters, Shown To Be the Worst in the World*, Boston.

Child, Lydia Maria (1833), *An Appeal in Favor of That Class of Americans Called Africans*, Boston.

Child, Lydia Maria (1838), *Authentic Anecdote of American Slavery*, Newburyport, Mass.

Clarke, James Freeman (1843), *A Sermon Delivered in Amory Hall, on Thanksgiving Day, November 24, 1842*, Boston.

Clarke, James Freeman (1926), *Orthodoxy: Its Truths and Errors (*1866), Boston.

Davis, Charles T./Gates, Henry Louis Jr. (Hg.) (1985), *The Slave's Narrative*, New York.

Davis, David Brion (1992a), »The Preservation of English Liberty, I«, in: Thomas Bender (Hg.), *The Antislavery Debate: Capitalism and Abolitionism as a Problem in Historical Interpretation*, Berkeley/Los Angeles, S. 65–103.

Davis, David Brion (1992b), »Reflections on Abolitionism and Ideological Hegemony«, in: Thomas Bender (Hg.), *The Antislavery Debate: Capitalism and Abolitionism as a Problem in Historical Interpretation*, Berkeley/Los Angeles, S. 161–179.

Davis, David Brion (1992c), »The Perils of Doing History by Ahistorical Abstraction«, in: Thomas Bender (Hg.), *The Antislavery Debate: Capitalism and*

Abolitionism as a Problem in Historical Interpretation, Berkeley/Los Angeles, S. 290–309.

Davis, M. B. (1846), *Scenes of Oppression in the Refined Circles of the South, Addressed to the Women of Illinois*, Peoria.

Douglas, Ann (1978), *The Feminization of American Culture*, New York.

Douglass, Frederick (1968), *Narrative of the Life of Frederick Douglass, An American Slave, Written By Himself* (1845) , New York.

Edwards, Jonathan (1859), »Three Sermons«, in: Edwards A. Park (Hg.), *The Atonement. Discourses and Treatises*, Boston, S. 1–42.

Essig, James D. (1982), *The Bonds of Wickedness: American Evangelicals against Slavery, 1170–1808*, Philadelphia.

Fede, Andrew (1985), »Legitimized Violent Slave Abuse in the American South, 1619–1865: A Case Study of Law and Social Change in Six Southern States«, *American Journal of Legal History* 29, S. 93–150.

Fisher, Philip (1985), *Hard Facts: Setting and Form in the American Novel*, New York.

Fliegelman, Jay (1982), *Prodigals and Pilgrims: The American Revolution against Patriarchal Authority, 1750–1800*, Cambridge, UK.

Foner, Eric (1988), *Reconstruction: America's Unfinished Revolution, 1863–1877*, New York.

Forbush, Bliss (1956), *Elias Hicks: Quaker Liberal*, New York.

Foster, Frank Hugh (1907), A *Genetic History of the New England Theology*, Chicago.

Foucault, Michel (1976), *Überwachen und Strafen. Die Geburt des Gefängnisses*, Frankfurt am Main.

Fredrickson, George M. (1971), *The Black Image in the White Mind: The Debate on the Afro-American Charakter and Destiny, 1817–1914*, Middletown.

Friedman, Lawrence J. (1982), *Gregorious Saints: Self and Community in American Abolitionism, 1830–1870*, New York.

Glenn, Myra C. (1984), *Campaigns Against Corporal Punishment: Prisoners, Sailors, Women, and Children in Antebellum America*, Albany.

Goodell, William (1849), *The Democracy of Christianity; or, An Analysis of the Bible and its Doctrines in their Relation to the Principle of Democracy*, 2 Bde., New York.

Graham, Howard Jay (1950a), »The Early Antislavery Backgrounds of the Fourteenth Amendment, Part I«, *Wisconsin Law Review*, S. 479–507.

Graham, Howard Jay (1950b), »The Early Antislavery Backgrounds of the Fourteenth Amendment, Part II«, *Wisconsin Law Review*, S. 610–661.

Granucci, Anthony F. (1969), »›Nor Cruel and Unusual Punishments Inflicted‹: The Original Meaning«, *California Law Review* 57, S. 839–865.

Greven, Philip (1977), *The Protestant Temperament: Patterns of Child-Rearing, Religious Experience, and the Self in Early America*, New York.

Grimké, Angelina (o.J.), »Slavery is Cruel to the Body, Heart, Mind, and Soul of the Slave«, maschinegeschriebenes Manuskript, Box 19, *Weld-Grimké Papers* (William Clements Library, University of Michigan), Ann Arbor.

Grimké, Sarah (1989), »Letters on the Equality of the Sexes and the Condition of Women«, in: *The Public Years of Sarah and Angelina Grimké: Selected Writings, 1835–1839*, hg. von Larry Ceplair, New York.

Griswold, Robert L. (1986), »Law, Sex, Cruelty, and Divorce in Victorian America, 1840–1900«, *American Quarterly* 38, S. 721–745.

Grob, Gerald N. (1973), *Mental Institutions in America: Social Policy to 1875*, New York.

Hall, Jerome (1983), »Biblical Atonement and Modern Criminal Law«, *Journal of Law and Religion* 1, Nr. 2, S. 279–295.

Hartog, Hendrik (1987), »The Constitution of Aspiration and The Rights That Belong to Us All«, *Journal of American History* 74, S. 1013–1034.

Haskell, Thomas L. (1987), »The Curious Persistence of Rights Talk in the ›Age of Interpretation‹«, *Journal of American History* 74, S. 984–1012.

Haskell, Thomas L. (1992), »Capitalism and the Origins of the Humanitarian Sensibility, Part 2«, in: Thomas Bender (Hg.), *The Antislavery Debate: Capitalism and Abolitionism as a Problem in Historical Interpretation*, Berkeley, S. 136–160.

Heyman, Steven J. (1991), »The First Duty of Government: Protection, Liberty, and the Fourteenth Amendment«, *Duke Law Journal* 41, S. 507–571.

Hicks, Elias (1834), *Letters*, New York.

Hosmer, William (1969), *The Higher Law in Its Relation to Civil Government* (1852), New York.

Hosmer, William (1969), *Slavery and the Church* (1853), New York.

Howe, Daniel Walker (1970), *The Unitarian Conscience: Harvard Moral Philosophy, 1805–1861*, Cambridge, Mass.

Hyman, Harold M./Wiecek, William M. (1982), *Equal Justice under Law: Constitutional Develeopment, 1835–1875*, New York.

Jordan, Winthrop D. (1969), *White over Black: American Attitudes toward the Negro, 1550–1812*, Baltimore.

Keller, Morton (1987), »Powers and Rights: Two Centuries of American Constitutionalism«, *Journal of American History* 74, S. 675–694.

Leach, William (1980), *True Love and Perfect Union: The Feminist Reform of Sex and Society*, New York.

Lerner, Gerda (1967), *The Grimké Sisters from South Carolina: Rebels Against Slavery*, Boston.

Liberator (6. Juni 1835, 31. Okt. 1835, 13. Febr. 1836, 17. März 1837), New York.

Liberty Bell (1844, 1847), Boston.

Lovejoy, Arthur O. (1993), *Die große Kette der Wesen. Geschichte eines Gedankens*, Frankfurt am Main.

Lynd, Staughton (1968), *Intellectual Origins of American Radicalism*, New York.

Marshall, David (1988), *The Surprising Effects of Sympathy: Marivaux, Diderot, Rousseau, and Mary Shelley*, Chicago.

Masur, Louis P. (1989), *Rites of Execution: Capital Punishment and the Transformation of American Culture, 1776–1865*, New York.

May, Samuel (1968), *Some Recollections of Our Antislavery Conflict*, New York.

McPherson, James M. (1964), *The Struggle for Equality: Abolitionists and the Negro in the Civil War and Reconstruction*, Princeton.

McPherson, James M. (1965), »A Brief for Equality: The Abolitionist Reply to the Racist Myth, 1860–1865«, in: Martin Duberman (Hg.), *The Antislavery Vanguard: New Essays on the Abolitionists*, Princeton, S. 156–177.

Meltzer, Milton/Holland, Patricia G. (Hg.) (1982), *Lydia Maria Child, Selected Letters, 1817–1880*, Amherst.

Meyer, Donald H. (1972), *The Instructed Conscience: The Shaping of the American National Ethic*, Philadelphia.

Morris, David B. (1994), *Geschichte des Schmerzes*, Frankfurt am Main.

Nelson, William E. (1974), »The Impact of the Antislavery Movement upon Styles of Judicial Reasoning in Nineteenth Century America«, *Harvard Law Review* 87, S. 513–566.

Nichols, Charles H. (1963), *Many Thousand Gone: The Ex-Slaves' Accounts of Their Bondage and Freedom*, Leiden.

Nieman, Donald G. (1979), *To Set the Law in Motion: The Freedmen's Bureau and the Legal Rights of Blacks, 1856–1868*, Milwood, New York.

Parker, Theodore (1864), *Ten Sermons of Religion*, New York.

Parker, Theodore (1910), *The Slave Power*, hg. von James K. Hosmer, Boston.

Parker, Theodore (1911), *The Rights of Man in America*, hg. von F. B. Sanborn, Boston.

Pernick, Martin S. (1985), *A Calculus of Suffering: Pain, Professionalism, and Anesthesia in Nineteenth-Century America*, New York.

Perry, Lewis (1973), *Radical Abolitionism: Anarchy and the Government of God in Antislavery Thought*, Ithaca.

Pillsbury, Parker (1969), *Acts of the Anti-Slavery Apostles* (1883), Miami.

Pleck, Elizabeth (1987), *Domestic Tyranny: The Making of Social Policy against Family Violence from Colonial Times to the Present*, New York.

Proceedings of the N.H. Anti-Slavery Convention Held in Concord ... 1834 (1834a), Concord.

Proceedings of the New-England Anti-Slavery Convention ... 1834 (1834b), Boston.

Proceedings of the Anti-Slavery Convention of American Women ... 1837 (1837), New York.

Proceedings of the Ill. Anti-Slavery Convention Held at Upper Alton ... 1837 (1838), Alton, Ill.

Proceedings of the American Anti-Slavery Society At Its Second Decade (1854; 1970), Westport.

Proceedings of the American Anti-Slavery Society At Its Third Decade ... 1863 (1864; 1969), New York.

Rankin, John (1970), *Letters On American Slavery* (1837), Westport.

Report of a Delegate to the Antislavery Convention of American Women Held in Philadelphia, May 1838 (1838), Boston.

Rodgers, Daniel T. (1987), *Contested Truths: Keywords in American Politics since Independence*, New York.

Rudisill, Dorus Paul (1971), *The Doctrine of the Atonement in Jonathan Edwards and His Successors*, New York.

Sanchez-Eppler, Karen (1993), *Touching Liberty: Abolition, Feminism, and the Politics of the Body*, Berkeley.

Savitt, Todd (1982), »The Use of Blacks for Medical Experimentation and Demonstration in the Old South«, *Journal of Southern History* 48, S. 331–348.

Scarry, Elaine (1985), *The Body in Pain: The Making and Unmaking of the World*, New York.

Sewell, Anna (1894), *Black Beauty: The »Uncle Tom's Cabin« of the Horse*, Boston.

Shklar, Judith (1984), *Ordinary Vices*, Cambridge, Mass.

Smith, H. Shelton (1987), *Changing Conceptions of Original Sin*, New York.

Spurlin, Paul M. (1963), »Beccaria's Essay on Crimes and Punishments in Eighteenth-Century America«, *Studies on Voltaire and the Eighteenth Century* 27, Genf, S. 1489–1504.

Stanton, Elizabeth Cady (1981), »Speech to the McFarland-Richardson Protest Meeting«, in: *The Elizabeth Cady Stanton, Susan B. Anthony Reader: Correspondence, Writings, Speeches*, hg. von Ellen C. DuBois, New York, S. 125–130.

Stanton, William R. (1960), *The Leopard's Spots: Scientific Attitudes toward Race in America, 1815–59*, Chicago.

Stewart, James B. (1976), *Holy Warriors: The Abolitionists and American Slavery*, New York.

Ten Broek, Jacobus (1965), *Equal under Law*, New York.

Tomkins, Silvan (1965), »The Psychology of Commitment: The Constructive Role of Violence and Suffering for the Individual and for His Society«, in: Martin Duberman (Hg.), *The Antislavery Vanguard: New Essays on the Abolitionists*, Princeton, S. 270–298.

Tompkins, Jane (1985), *Sensational Designs: The Cultural Work of American Fiction, 1790–1860*, New York.

Torrey, Jesse (1817), *Portraiture of Domestic Slavery in the United States*, Philadelphia.

Turner, James (1980), *Reckoning with the Beast: Animals, Pain, and Humanity in the Victorian Mind*, Baltimore.

Turner, Lorenzo Dow (1966), *Anti-Slavery Sentiment in American Literature Prior to 1865* (1929), Port Washington.

U.S. Congress (1865), Senate, *Report of Maj. Gen. Carl Schurz on Condition of the South...* 39. Kongress, 1. Sess., Dok. 2, 19. Dezember.

U.S. Congress (1866a), House, Joint Committee on Reconstruction, *Report of the Joint Committee on Reconstruction*, 39. Kongress, 1. Sess., 30. Bericht des Repräsentantenhauses, Teil iv, 5. März.

U.S. Congress (1866b), House, Committee on Freedmen's Affairs, *Report of the Commissioners of the Freedmen's Bureau*, 39. Kongress, 1. Sess. Dok. 70, 19. März.

Walker, David (1829), *Walker's Appeal*, Boston.

Walters, Ronald G. (1976), *The Antislavery Appeal: American Abolitionism after 1830*, Baltimore.

Walzer Leavitt, Judith (1986), *Brought to Bed: Childhood in America, 1750–1950*, New York.

Weiss, John (1863), *Life and Correspondence of Theodore Parker*, 2 Bde., London.

Weld, Theodore Dwight (1968), *American Slavery As It Is: Testimony of a Thousand Witnesses* (1839), New York.

Wyatt-Brown, Bertram (1969), *Lewis Tappan and the Evangelical War against Slavery*, Cleveland.

Yacovone, Donald (1991), *Samuel Joseph May and the Dilemmas of the Liberal Persuasion, 1797–1871*, Philadelphia.

Yellin, Jean Fagan (1989), *Women and Sisters: The Antislavery Feminists in American Culture*, New Haven.

Kulturelle Symboliken körperlicher Unversehrtheit

Auf dem Weg zu einem interkulturellen Ansatz bei der Definition internationaler Menschenrechtsstandards: Die Bedeutung grausamer, unmenschlicher oder erniedrigender Behandlung oder Strafe[1]

Abdullahi Ahmed An-Na'im[2]

Eine intelligente Strategie zum Schutz und zur Stärkung der Menschenrechte muss sich mit den Ursachen befassen, die der Verletzung dieser Rechte zugrunde liegen. Dabei ist eine breite und komplexe Vielfalt von Faktoren und Kräften am Werk, unter anderem wirtschaftliche Bedingungen, strukturelle soziale Faktoren und politische Zweckdienlichkeiten. Im überwiegenden Maße jedoch haben Menschenrechtsverletzungen mit menschlichem Handeln bzw. Nicht-Handeln zu tun – zu ihnen kommt es, weil einzelne Personen auf eine bestimmte Weise handeln oder nicht handeln. Menschenrechtsverletzungen können die überlappenden und interagierenden, beabsichtigten oder unbeabsichtigten Folgen von Handeln sein. Menschen können von eigensüchtigen Motiven wie etwa der Gier nach Reichtum und Macht getrieben sein oder von einer fehlgelenkten Vorstellung von Gemeinwohl. Selbst wenn Menschenrechtsverletzer durch eigennützige Ziele motiviert sind, versuchen sie ihr Vorgehen doch üblicherweise so zu rationalisieren, dass es einem in gewisser Weise moralisch sanktioniertem Zweck entspricht oder förderlich ist. Ihr Bemühen, öffentliche Unterstützung zu bekommen oder zu bewahren, mag zwar oftmals völlig zynisch sein, doch werden sie dies nur dann versuchen, wenn sie Grund zu der Annahme haben, dass ihr Anspruch auf moralische Billigung dem Kreis der Wähler oder Anhänger plausibel zu machen ist.

---

1 Dieser Aufsatz erschien erstmals in: Abdullahi A. An-Na'im (Hg.) (1992), *Human Rights in Cross-Cultural Perspektives: A quest for consensus*, University of Pennsylvania Press, S. 19–43. Die Herausgeber danken der University of Pennsylvania Press für die Abdruckgenehmigung.

2 Ich danke Professor Wanda Wiegers und Dr. Tore Lindholm für ihre hilfreichen Kommentare und Bemerkungen zu einer früheren Fassung dieses Beitrags. Mein Dank gilt zudem Shelley-Anne Cooper-Stephenson, die mir bei der Erstellung der endgültigen Fassung hilfreich zur Seite stand.

Angesichts des begrenzten Raums ist es nicht möglich, die Vielzahl der Faktoren und Kräfte zu diskutieren, die zu den Ursachen beitragen, welche Menschenrechtsverletzungen im Allgemeinen zugrunde liegen. Ich behaupte, dass die fehlende oder ungenügende kulturelle Legitimität von Menschenrechtsstandards eine der Hauptursachen für Verstöße gegen diese Standards ist. In diesem Beitrag vertrete ich die Ansicht, dass es eine innerkulturelle und interkulturelle Legitimität für Menschenrechtsstandards zu entwickeln gilt, und schlage einige vorsichtige Schritte vor, wie sich dies umsetzen ließe. Als Beispiel dient dabei in erster Linie das Recht, keiner grausamen, unmenschlichen oder erniedrigenden Behandlung oder Strafe unterworfen zu sein. So sind etwa bestimmte Arten von Bestrafung für »Insider« möglicherweise durch die Normen einer bestimmten kulturellen Tradition vorgeschrieben oder zumindest sanktioniert, während Menschen außerhalb dieser Kultur solche Maßnahmen als grausame, unmenschliche oder erniedrigende Behandlung betrachten. Welche Position sollte man einnehmen, wenn es darum geht, Standards für dieses Menschenrecht festzulegen? Und wie lässt sich sicherstellen, dass die Vertreter der Gegenposition bei der Umsetzung der gewählten Standards kooperieren?

Meine These geht nicht davon aus, dass alle Individuen oder Gruppen innerhalb einer Gesellschaft identische Ansichten über die Bedeutung und die Implikationen kultureller Werte und Normen vertreten oder dass sie deshalb die Legitimität von Menschenrechtsstandards gleich bewerten. Im Gegenteil gehe ich von der Tatsache aus, dass es entweder tatsächliche oder potenzielle Differenzen bei der Wahrnehmung und Interpretation kultureller Werte und Normen gibt. Dominante Gruppe oder Schichten innerhalb einer Gesellschaft betrachten und interpretieren kulturelle Werte und Normen üblicherweise so, dass sie den eigenen Interessen förderlich sind, und erklären sie zur einzig gültigen Sichtweise dieser Kultur. Dominierte Gruppen oder Schichten verfügen möglichweise über andere Vorstellungen und Deutungen – oder sind zumindest offen dafür –, die ihrem Kampf um Gerechtigkeit für sich selbst dienlich sind. Das ist freilich ein *interner* Kampf um die Kontrolle über die kulturellen Quellen und Symbole von Macht innerhalb dieser Gesellschaft. Außenstehende mögen mit den dominierten und unterdrückten Gruppen oder Schichten sympathisieren und sie zu unterstützen wünschen, doch wird ihr Anspruch, die »wahre« Ansicht über die Kultur dieser Gesellschaft zu kennen, dabei wenig hilfreich sein. Eine solche Behauptung würde den Gruppen, welche die Außenstehenden unterstützen wollen, nicht helfen, denn das ließe sie als Agenten einer fremden Kultur erscheinen und würde somit ihre Bemühungen, Legitimität für ihre Sicht der Werte und Normen ihrer Gesellschaft zu erhalten, zunichte machen.

Interkulturelle Perspektiven auf Menschenrechte

Die allgemeine These meines Ansatzes lautet: Da Menschen normative Vorschriften eher beachten, wenn sie der Ansicht sind, diese seien durch die eigenen kulturellen Traditionen sanktioniert, lässt sich die Beachtung von Menschenrechtsstandards verbessern, wenn man die kulturelle Legitimität dieser Standards stärkt (vgl. An-Na'im 1990a). Die Behauptung, alle bestehenden Menschenrechtsstandards würden bereits über universelle kulturelle Legitimität verfügen, mag aus historischer Sicht wenig überzeugend sein, insofern viele kulturelle Traditionen dieser Welt bei der Formulierung dieser Standards kaum etwas zu sagen hatten. Gleichwohl glaube ich nicht nur, dass eine universelle kulturelle Legitimität nötig ist, sondern auch, dass sie sich im Hinblick auf grundlegende Menschenrechte durch aufgeklärte Deutungen kultureller Normen rückblickend entwickeln lässt.

Angesichts der extremen kulturellen Vielfalt der Weltgemeinschaft ließe sich behaupten, die Menschenrechte sollten auf dem bestehenden kleinsten gemeinsamen Nenner dieser kulturellen Tradition gründen. Andererseits würde eine Beschränkung internationaler Menschenrechte auf diejenigen Rechte, die von den vorherrschenden Wert- und Normvorstellungen der großen Kulturtraditionen akzeptiert werden, nicht nur diese Rechte begrenzen und ihre Reichweite verringern, sondern auch äußerst wichtige Rechte außen vor lassen. Es kann deshalb nötig sein, die Übereinstimmung zwischen den kulturellen Traditionen quantitativ und qualitativ zu erweitern, um so die Grundlage für eine möglichst große Bandbreite und Reichweite von Menschenrechten zu schaffen. Meiner Ansicht nach lässt sich das durch den vorgeschlagenen Ansatz für eine universelle kulturelle Legitimität der Menschenrechte erreichen.

Die These von der kulturellen Legitimität übernimmt die bestehenden internationalen Standards, versucht jedoch deren kulturelle Legitimität innerhalb der großen Traditionen dieser Welt zu steigern; durch innerkulturellen Dialog und das Bemühen, aufgeklärte Vorstellungen und Interpretationen kultureller Werte und Normen zu etablieren. Sobald durch diese interne Phase *innerhalb* jeder Tradition ein adäquates Legitimitätsniveau erreicht ist, sollten Menschenrechtsexperten und -anwälte auf eine interkulturelle Legitimität hinarbeiten, so dass Menschen mit unterschiedlichen kulturellen Traditionen im Hinblick auf Bedeutung, Geltungsbereich und Methoden zur Umsetzung dieser Rechte übereinstimmen. Mein Vorschlag lautet somit: Statt sich mit dem kleinsten gemeinsamen Nenner zufrieden zu geben, gilt es den universellen Konsens bei der Formulierung und Umsetzung von Menschenrechten durch eine interne Neuinterpretation von und einen interkulturellen Dialog über Bedeutung und Implikationen grundlegender menschlicher Werte und Normen zu verbreitern und zu vertiefen.

Dieser Ansatz gründet auf der Überzeugung, dass menschliche Wesen und Gesellschaften bei allen offensichtlichen Besonderheiten und Vielfältigkeiten bestimmte grundlegende Interessen, Belange, Eigenschaften, Charakterzüge und Werte gemeinsam haben, die sich als Rahmen für eine gemeinsame »Kultur« universeller Menschenrechte ausmachen und artikulieren lassen. Es wäre freilich verfrüht, in diesem ersten Versuch diese Interessen, Belange und so weiter mit Bestimmtheit benennen und artikulieren zu wollen. Zunächst gilt es wichtige theoretische und methodische Fragen zu erörtern und zu klären, damit die gemeinsame Kultur universeller Menschenrechte auf soliden begrifflichen und empirischen Grundlagen fußen kann. In diesem Stadium geht es mir darum, Argumente für den innerkulturellen und interkulturellen Diskurs zum Thema vorzubringen, einige der zu erwartenden Probleme und Schwierigkeiten aufzuzeigen und ganz allgemein den Prozess zu beschreiben, den es in Gang zu setzen gilt. Im Folgenden sind deshalb weder konkrete Ergebnisse noch Erfolgsgarantien zu erwarten, sondern lediglich ein vielversprechender Ansatz zur Lösung eines realen und schwerwiegenden Problems.

Die Frage nach den Implikationen kultureller Vielfalt stellt sich seit Beginn der modernen internationalen Menschenrechtsbewegung. Im Jahr 1947 untersuchte die UNESCO die theoretischen Probleme, welche die Allgemeine Erklärung der Menschenrechte aufwarf. Zu diesem Zweck bat man verschiedene Denker und Schriftsteller aus den Mitgliedstaaten, ihre Ansicht kundzutun (UNESCO 1949: Anhang I), und organisierte anschließend Konferenzen und Seminare zu diesem Thema. Andere Organisationen lenkten die Aufmerksamkeit ebenfalls auf die Gefahren des Ethnozentrismus und auf die notwendige Sensibilität gegenüber kultureller Vielfalt bei der Entwicklung internationaler Menschenrechtsinstrumente (Executive Board of the American Anthropological Society 1947). Und auch einzelne Autoren haben sich mit diesen Fragen beschäftigt.

Mein Ansatz stützt sich auf diese früheren Bemühungen und ergänzt sie um Einsichten aus nicht-westlicher Perspektive. Einige westliche Autoren haben sich mit Konflikten zwischen internationalen Menschenrechtsstandards und bestimmten nicht-westlichen Kulturtraditionen befasst, ohne dabei Möglichkeiten aufzuzeigen, wie sich beide miteinander versöhnen ließen (vgl. Donnelly 1982: 303; Howard/Donnelly 1986: 801). Andere westliche Autoren behaupteten oder wünschten zwar, einen interkulturellen Ansatz vorzulegen, beschränkten sich bei ihrer Analyse aber weitgehend auf westliche Perspektiven. So betont etwa ein Autor die Herausforderung kultureller Vielfalt und schlägt vor, man solle »versuchen, die normativen Grundlagen der Menschenrechte zu überdenken, und überlegen, welche Rechte die größte normative Unterstützung genießen« (Nickel 1980: 43). Doch die philosophischen Perspektiven, die er bei seinen Ausführungen dann tatsächlich heranzieht, sind ausschließlich westlicher Natur. Ein anderer Autor fordert, kulturelle Vielfalt ernst zu nehmen, untermauert dies jedoch mit Argumenten, die ausschließlich auf Philosophie und politischer Theorie des Westens beruhen (Milne 1986).

Zu den wenigen Menschenrechtsexperten, die sich intensiver mit Fragen kultureller Legitimität beschäftigen, gehört Alison Renteln. Sie schlägt ein interkulturelles Verständnis vor, das einen gemeinsamen Kernbestand akzeptabler Rechte sichtbar werden lasse (Renteln 1985; Renteln 1988a: 7; Renteln 1990). Ihr Ansatz scheint sich jedoch mit dem kleinsten gemeinsamen Nenner zufrieden zu geben, was meiner Ansicht nach nicht genügt, um überall auf der Welt ausreichende Menschenrechte sicherzustellen. Ich glaube, wir brauchen ein konstruktives Element, um den interkulturellen Konsens über »einen gemeinsamen Kernbestand an Menschenrechten« zu verbreitern und zu vertiefen. Dies lässt sich, wie ich meine, durch den hier vorgeschlagenen innerkulturellen Diskurs und interkulturellen Dialog erreichen.

Kulturelle Relativität und Menschenrechte

Kultur ist in verschiedenen Kontexten auf vielfältige Weise definiert (vgl. etwa Eliot 1949; Williams 1976: 76–82). In den Sozialwissenschaften finden sich eine Vielzahl von Definitionen (vgl. etwa ganz allgemein Kroeber/Kluckhohn 1963). In diesem Beitrag wird Kultur im weitesten Sinne verstanden – als »Gesamtheit der Werte, Institutionen und Verhaltensformen, die innerhalb einer Gesellschaft weitergegeben werden, sowie der materiellen

Güter, die vom Menschen produziert werden [...]. Dieser weite Kulturbegriff erstreckt sich auf Weltanschauung, Ideologien und kognitives Verhalten.« (Preiswerk 1987: 251) Sie lässt sich mit Clifford Geertz auch definieren als »ein historisch überliefertes System von Bedeutungen, die in symbolischer Gestalt auftreten, ein System überkommener Vorstellungen, die sich in symbolischen Formen ausdrücken, ein System, mit dessen Hilfe die Menschen ihr Wissen vom Leben und ihre Einstellungen zum Leben mitteilen, erhalten und weiterentwickeln« (Geertz 1987: 46).

Kultur ist somit Quelle der individuellen und gemeinschaftlichen Weltanschauung: Sie liefert dem Einzelnen wie der Gemeinschaft die Werte und Interessen, die es im Leben zu verfolgen gilt, sowie die legitimen Mittel dafür. Sie legt die Normen und Werte fest, die dazu beitragen, wie die Menschen ihre Eigeninteressen definieren sowie die Ziele und Methoden des individuellen und kollektiven Machtkampfs innerhalb einer Gesellschaft und zwischen Gesellschaften. Damit ist die Kultur ein wichtiger Faktor der Sozialisierung von Individuen und eine wichtige Bestimmungsgröße für Gemeinschaftsbewusstsein und -erfahrung. Die Auswirkung von Kultur auf das menschliche Verhalten wird häufig gerade deshalb unterschätzt, weil sie so einflussreich und so tief in unser Selbstempfinden und Bewusstsein eingebettet ist.

Unsere Kultur ist so sehr Teil unserer Persönlichkeit, dass wir normalerweise davon ausgehen, dass unsere Verhaltensmuster und unsere Beziehungen zu anderen Personen und zur Gesellschaft die Idealnorm darstellen. Wie subtil die Kultur auf Persönlichkeit und Charakter wirkt, lässt sich vielleicht in Analogie zum Auge erklären: Wir nehmen die Welt gemeinhin so wahr, wie unsere Augen sie uns vermitteln, ohne das Auge zu »sehen« und seine Rolle zu berücksichtigen.[3] In diesem Fall wird die vom Auge vermittelte Information vom Gehirn gefiltert und interpretiert, ohne dass sich der Einzelne dieser Tatsache bewusst ist. Kultur beeinflusst zuallererst die Art und Weise, wie wir die Welt sehen, und dann, wie wir die Information, die wir erhalten, interpretieren und darauf reagieren.

Diese Analogie vermag auch unseren Ethnozentrismus zu erklären, also die Neigung, die eigene Ethnie oder soziale Gruppe als das Modell menschlicher Erfahrung zu betrachten. Ethnozentrismus bedeutet nicht, dass es zwischen einer Person und ihrer eigenen Kultur oder zwischen verschiedenen Klassen und Gruppen innerhalb einer Gesellschaft keine Konflikte oder Spannungen gibt. Er integriert vielmehr solche Konflikte und Spannungen

3 Ich danke Tore Lidholm für den Hinweis auf diese nützliche Analogie.

in das ideale Modell, so dass wir diese Konflikte und Spannungen innerhalb unserer eigenen Kultur als Teil der Norm begreifen. So können beispielweise einige Feministinnen in einer kulturellen Tradition zu der Einschätzung kommen, Frauen in anderen Kulturen hätten die gleichen Konflikte und Spannungen mit ihren Gesellschaften (oder sollten sie haben) und würden nach den gleichen Antworten suchen (oder sollten diese zumindest tun).

Ein gewisses Maß an Ethnozentrismus ist unvermeidlich, ja sogar unverzichtbar. Es ist die Grundlage dafür, dass wir die Normen und Institutionen unserer Kultur als gültig akzeptieren, was letztlich eine Frage des materiellen und psychischen Überlebens ist (Herskovits 1964: 54). Selbst die radikalsten »Dissidenten« vertrauen auf ihre Kultur, um zu überleben. Ihr Dissens hat für sie denn auch nur als Antithese zu bestehenden kulturellen Normen und Institutionen Sinn. Ein rigider Ethnozentrismus jedoch führt zu Intoleranz und Feindseligkeit gegenüber Gesellschaften und Personen, die nicht unseren Mustern und Erwartungen entsprechen. Ob als Rechtfertigung von Beginn an oder als nachträgliche Rationalisierung: Die Neigung, »andersartige« Gesellschaften und Personen zu enthumanisieren, liegt häufig zugrunde, wenn eine Gesellschaft von einer anderen oder andere Klassen innerhalb einer Gesellschaft von einer Klasse von Personen in der gleichen Gesellschaft ausgebeutet und unterdrückt werden.

Die Einsicht in unseren eigenen Ethnozentrismus sollte dazu führen, dass wir den Ethnozentrismus anderer respektieren. Ein aufgeklärter Ethnozentrismus würde somit anderen das Recht zugestehen, »anders« zu sein, ob nun als Angehörige einer anderen Gesellschaft oder als Individuen innerhalb der gleichen Gesellschaft. Diese Perspektive würde Angehörigen anderer Gesellschaften und Dissidenten innerhalb der Gesellschaft den gleichen menschlichen Wert und die gleiche Menschenwürde zuerkennen. In soziologischer Hinsicht firmiert diese Ausrichtung gemeinhin unter dem Begriff des Kulturrelativismus, das heißt, man erkennt an, dass verschiedene Lebensmuster gleich gültig sind (vgl. allgemein Benedict 1959; Herskovits 1964: Kap. 4). Er betont »die Würde, die jeder Gesamtheit an Sitten innewohnt, und […] die notwendige Toleranz gegenüber Konventionen, auch wenn diese sich möglicherweise von den eigenen unterscheiden« (Herskovits 1950: 76).

Dem Kulturrelativismus wurde vorgeworfen, er neutralisiere moralische Urteile und behindere damit ein Vorgehen gegen Ungerechtigkeit (Hatch 1983: 12).

»Er hat folgende unerwünschte Konsequenzen: nämlich dass er unsere kritische Bewertung menschlichen Tuns einschränkt und uns damit entwaffnet, entmenschlicht, unfähig macht, in kommunikative Interaktion zu treten; das heißt, wir sind nicht mehr in der Lage, interkulturell, intersubkulturell zu kritisieren; letztlich lässt der Relativismus überhaupt keinen Raum mehr für Kritik [...] hinter dem Relativismus lauert der Nihilismus.« (Jarvie 1983: 46)

Einige Menschenrechtsexperten sind misstrauisch gegenüber einem Kulturrelativismus, der dem Einzelnen das moralische Recht abspricht, Vergleiche anzustellen und auf universelle Standards für richtig und falsch zu beharren (Howard/Donnelly 1988: 20).

John Ladd weist freilich darauf hin, dass der Relativismus mit dem Nihilismus gleichgesetzt werde, weil er von seinen Gegnern absolut definiert werde (Ladd 1982: 158, 161). Ich neige der Ansicht von Clifford Geertz zu, wonach man den Diskurs um Relativismus/Antirelativismus in der Anthropologie eher als Austausch von Warnungen denn als analytische Debatte betrachten sollte. Während die Relativisten behaupten, »dass angesichts einer von unzähligen Gegenständen erfüllten Welt die Übereilung eines Urteils mehr als ein Fehler, nämlich ein Verbrechen ist«, treibt die Antirelativisten eine andere Sorge um, nämlich »dass, wenn etwas nicht überall verankert ist, nichts auch nur irgendwo verankert sein kann« (Geertz 1996: 258f.). Ich stimme auch mit der Schlussfolgerung überein, zu der Geertz kommt:

»Der Einwand gegen den Antirelativismus ist nicht, dass er eine ›Es ist alles so wie man es ansieht‹-Auffassung des Wissens oder eine ›Wenn du in Rom bist‹-Auffassung der Moral ablehnt, sondern dass er sich einbildet, sie ließen sich nur abwehren, indem Moralität jenseits von Kultur und Wissen jenseits von diesen beiden positioniert werde. Doch dieses Sprechen von Dingen, die unbedingt so sein müssen, ist nicht länger möglich. Wenn wir hausbackene Wahrheiten gewollt hätten, dann hätten wir zu Hause bleiben müssen.« (Ebd.: 286f.)

Meiner Ansicht nach sind die Vorzüge eines vernünftigen Maßes an Kulturrelativismus offensichtlich, insbesondere im Vergleich zu Universalismusansprüchen, die in Wirklichkeit auf dem rigiden und exklusiven Ethnozentrismus dessen beruhen, der sie äußert. Allerdings ist der Vorwurf, er führe zu Intoleranz, sehr ernst zu nehmen. Melville J. Herskovits, einer der Hauptvertreter des Kulturrelativismus, versuchte diesen Vorwurf zu entkräften, indem er zwischen Absoluta und Universalia unterschied:

»Zu behaupten, es gebe kein absolutes [d.h. eines, das keine Varianten zulässt] Wert- oder Moralkriterium [...], heißt nicht, dass solche Kriterien nicht, in unterschiedlichen *Formen*, Universalia [kleinste gemeinsame Nenner, die sich aus der Vielzahl der Varianten ermitteln lassen] in der Kultur des Menschen umfassen. Moral ist ein Universalium, ebenso das Gefallen am Schönen und ein gewisser Wahrheitsstandard. Die zahlreichen Formen, die diese Vorstellungen annehmen, sind Ausfluss der spezifischen historischen Erfahrung der Gesellschaften, in denen sie sich manifestieren. Die Kriterien sind dabei jeweils fortwährender Infragestellung, fortwährendem Wandel unterworfen. Doch die Grundkonzeptionen bleiben bestehen, um das Denken zu kanalisieren und das Verhalten zu lenken, um dem Leben einen Sinn zu geben.« (Herskovits 1964: 62)

Das ist richtig, entkräftet den Vorwurf aber nicht völlig. Moral mag universell sein in dem Sinne, dass alle Kulturen sie besitzen, aber das sagt noch überhaupt nichts über den *Inhalt* von Moral aus und liefert keinerlei Kriterien, nach denen Angehörige dieser Kultur oder anderer Kulturen urteilen oder handeln könnten. Der kleinste gemeinsame Nenner universeller Moral muss einige ihrer Grundregeln enthalten und darf sich nicht darauf beschränken, dass es irgendeine Form von Moral gibt. Zudem müssen die gemeinsamen moralischen Werte entsprechend der Logik des Kulturrelativismus authentisch sein und dürfen nicht von außen aufoktroyiert werden. Wie bereits gezeigt, reicht der bestehende kleinste gemeinsame Nenner möglicherweise nicht aus, um bestimmte zentrale Menschenrechte zu erfassen. Das würde nahelegen, dass die gemeinsamen Werte verbreitert und vertieft werden müssen, um diese Menschenrechte zu garantieren. Dieser Prozess muss jedoch kulturell legitimiert sein in Bezug auf die Normen und Veränderungsmechanismen innerhalb einer spezifischen Kultur.

Ein anderer Autor versuchte dem Vorwurf, der Kulturrelativismus behindere moralisches Urteilen und Handeln, mit dem Hinweis zu begegnen, die Theorie des Kulturrelativismus erlaube zwar eine Unterscheidung zwischen Kritik entsprechend kulturinterner Standards und Kritik aufgrund von kulturexternen Standards, blockiere jedoch keine von beiden (Renteln 1988b: 64). Das gilt freilich nur bei einem vernünftigen Maß an Kulturrelativismus, nicht aber für seine extreme Form.[4] Zudem sollten wir nicht nur zwischen

4 Nützlich erscheint mir in diesem Zusammenhang Jack Donnellys Klassifizierung von radikalem Relativismus und radikalem Universalismus als Extrempole auf einem Kontinuum, das dazwischen verschiedene Mischungen aus (starkem oder schwachem) Relativismus und Universalismus aufweist. Während ein radikaler (extremer) Relativist behaupten würde, die Gültigkeit eines moralischen Rechts oder einer moralischen Regel speise sich einzig und allein aus der Kultur, stünde ein radikaler Universalist auf dem Standpunkt, die Kultur sei für die Geltung universell gültiger moralischer Rechte und Regeln völlig irrelevant. Vgl. dazu Donnelly (1984: 400f.). Er ist der Ansicht, ein »schwacher« Kulturrelativismus sei akzeptabel und für die Durchsetzung von Menschenrechten sogar notwendig. Zur Kritik an Donnellys Position vgl. Renteln (1985: 529–531).

diesen beiden Formen von Kritik unterscheiden, sondern auch darauf hinweisen, dass Erstere – also die Kritik entsprechend kulturinterner Standards – vermutlich wirksamer ist als Letztere.

Ich möchte betonen, dass in dieser unserer Zeit der Selbstbestimmung Sensibilität gegenüber kulturellem Relativismus für den Schutz und die Stärkung der Menschenrechte entscheidend ist. Das schließt interkulturelles moralisches Urteilen und Handeln keineswegs aus, sondern weist den Weg, wie sich Urteile am besten formulieren und ausdrücken lassen und wie sich am besten aktiv vorgehen lässt. Wie Geertz vermerkt, lassen sich Moral und Wissen nicht jenseits der Kultur ansiedeln. In interkulturellen Beziehungen können Moral und Wissen nicht das ausschließliche Produkt einiger Kulturen sein, während andere völlig außen vor bleiben. Die Stichhaltigkeit eines interkulturellen moralischen Urteils nimmt zu, je universeller die Werte sind, auf denen es beruht; fernerhin erweist sich Handeln als umso wirkungsvoller, je sensibler der Handelnde gegenüber der Binnenlogik und dem internen Bezugsrahmen anderer Kulturen ist.

Kultureller Universalismus und Menschenrechte

Zur Durchsetzung der Menschenrechte muss zwar in jedem einzelnen Land gehandelt werden, doch das gegenwärtige internationale Menschenrechtsregime wurde im Rahmen der internationalen Beziehungen konzipiert und soll auch dort wirksam sein. Welche Implikationen Kultur für die internationalen Beziehungen hat, ist seit langem bekannt. So ließ beispielsweise Edmund Burke verlauten:

> »Beim Verkehr zwischen zwei Nationen setzen wir zu sehr auf den instrumentellen Teil. Wir messen förmlichen Verträgen und Abmachungen zu viel Gewicht bei. [...] Die Menschen sind nicht durch Papier und Siegel aneinander gebunden. Sie tun sich zusammen aufgrund von Ähnlichkeiten, Übereinstimmungen, Sympathien. Mit Nationen verhält es sich genauso wie mit Individuen. Nichts ist ein so starkes Freundschaftsband zwischen zwei Nationen wie Entsprechungen bei den Gesetzen, Sitten, Gewohnheiten und Lebensweisen. Diese Verpflichtungen sind tief ins Herz eingeschrieben. Sie nähern Menschen ohne deren Wissen und oftmals entgegen deren Absichten einander an. Das geheime, unerkannte, aber unzertrennliche Band gewohnheitsmäßigen Verkehrs hält sie selbst dann zusammen, wenn ihre perverse und streitsüchtige Natur sie zweideutig reden, raufen und um die Einzelheiten ihrer schriftlich festgelegten Verpflichtungen streiten lässt.« (Zit. n. Vincent 1980: 256)

Diese Bindung durch Ähnlichkeiten bedeutet meiner Ansicht nach nicht, dass internationaler Frieden und internationale Zusammenarbeit ohne völlige globale kulturelle Einheit nicht möglich wären. Es bedeutet vielmehr, dass beides leichter zu erreichen ist, wenn es einen gewissen kulturellen Minimalkonsens über Ziele und Methoden gibt. Was die Kooperation beim Schutz und bei der Stärkung der Menschenrechte angeht, so bedeutet diese Sichtweise, dass zusätzlich zu Verträgen und Abmachungen die Entwicklung eines interkulturellen Konsenses wünschenswert ist. Doch kulturelle Vielfalt ist als Ergebnis signifikanter ökonomischer, sozialer und umweltspezifischer Unterschiede in Vergangenheit und Gegenwart unvermeidlich. Sie ist zudem als Ausdruck des Selbstbestimmungsrechts und als Manifestation distinktiver Eigenidentität wünschenswert. Gleichwohl glaube ich, dass sich durch innerkulturellen Diskurs und interkulturellen Dialog ein ausreichendes Maß an kulturellem Konsens über Ziele und Methoden der Zusammenarbeit in Sachen Menschenrechtsschutz erzielen lässt. Innerkultureller Diskurs meint das Bemühen, aufgeklärte Vorstellungen und Interpretationen kultureller Werte und Normen zu etablieren. Der interkulturelle Dialog sollte darauf gerichtet sein, den internationalen (oder besser: interkulturellen) Konsens zu verbreitern und zu vertiefen. Dazu gehört auch die Unterstützung für die Verfechter aufgeklärter Vorstellungen und Interpretationen innerhalb einer Kultur. Bei diesem Vorgehen sollte man jedoch berücksichtigen, dass es sich um eine interne Auseinandersetzung handelt, und darauf achten, stärker auf interne Werte und Normen zu setzen als auf externe.

Eines der augenscheinlichen Paradoxa von Kultur ist die Art und Weise, wie sie Stabilität mit fortwährendem dynamischen Wandel verbindet (Herskovits 1964: 4, 6). Zu Veränderungen kommt es sowohl durch interne Anpassungen als auch durch äußere Einflüsse. Beide Arten des Wandels müssen jedoch durch kulturell gebilligte Mechanismen gerechtfertigt und an die bestehenden Normen und Institutionen angepasst sein. Andernfalls würde die Kultur die Kohärenz und Stabilität verlieren, die sie für ihre Sozialisierungsfunktion und für andere Funktionen benötigt.

Ein weiteres Merkmal der Dynamik von Kultur ist, dass sie den ihr Zugehörigen üblicherweise eine Reihe von Optionen bietet oder willens ist, verschiedene individuelle Reaktionen an ihre Normen anzupassen. Wie Herskovits gezeigt hat, ist Kultur »flexibel und verfügt innerhalb ihres Rahmens über zahlreiche Wahlmöglichkeiten [...] die Werte, die bei einer bestimmten Gruppe von Menschen gelten, anzuerkennen impliziert keineswegs, dass diese Werte auch im Leben der nachfolgenden Generationen der gleichen Gruppe ein konstanter Faktor sein werden« (Herskovits 1964: 49f.). Gleichwohl werden das Maß an Flexibilität, das eine Kultur erlaubt, und die Wahlmöglichkeiten, die sie ihren Angehörigen bietet, von den innerkulturellen Legitimitätskriterien bestimmt.

Ein drittes, noch wichtigeres Merkmal kultureller Dynamik ist die Ambivalenz kultureller Normen und deren Offenheit für unterschiedliche Interpretationen. Üblicherweise ist es so, dass mächtige Individuen und Gruppen die Interpretation kultureller Normen allmählich monopolisieren und diese zu ihrem eigenen Vorteil manipulieren. Angesichts der extremen Bedeutung kultureller Legitimität ist es für benachteiligte Individuen und Gruppen von entscheidender Bedeutung, dieses Monopol und diese Manipulation in Frage zu stellen. Sie sollten den innerkulturellen Diskurs nutzen, um alternative Interpretationen zu liefern, die ihren eigenen Interessen zugute kommen. Dieser interne Diskurs kann sich intellektueller, künstlerischer und wissenschaftlicher Arbeit ebenso bedienen wie der verschiedenen verfügbaren Formen politischen Handelns.

Der innerkulturelle Diskurs sollte auch den interkulturellen Dialog unterstützen und den Bezugsrahmen dafür festlegen. Er sollte den guten Willen, gegenseitigen Respekt und die Gleichberechtigung anderer kultureller Traditionen fördern. Diese positive Beziehung lässt sich beispielsweise dadurch verstärken, dass man sich für das stark macht, was ich als Prinzip der Gegenseitigkeit bezeichnen würde, das heißt die Regel, dass man andere so behandeln sollte, wie man selbst behandelt werden möchte. Das ist zwar eine universelle Regel, doch die meisten Traditionen neigen dazu, sie auf die gleiche oder ausgewählte andere Traditionen anzuwenden statt auf alle Menschen und Gesellschaften. Der interne Diskurs sollte eine weiter gefasste und aufgeklärtere Interpretation des Prinzips der Gegenseitigkeit propagieren, die alle Menschen einschließt.

Für den interkulturellen Dialog ist es wichtig, dass es in allen kulturellen Traditionen gleichzeitig zum oben beschriebenen innerkulturellen Diskurs kommt. Aus prinzipiellen Gründen sollte man eingestehen, dass jede kulturelle Tradition mit bestimmten Menschenrechten Probleme hat und deshalb die kulturinterne Legitimität dieser Rechte gestärkt werden muss. Aus taktischer Sicht ist es vonnöten, einen innerkulturellen Diskurs zu führen über die Probleme, die eine Tradition mit bestimmten Menschenrechten hat, damit andere Traditionen ermutigt werden, einen ähnlichen Diskurs über die problematischen Aspekte der eigenen Kultur zu führen.

Ziel von innerkulturellem Diskurs und interkulturellem Dialog ist es, sich auf ein Gerüst von Überzeugungen zu verständigen, die den Einsatz für die Menschenrechte bestimmen, auch wenn man, was die Rechtfertigung dieser Überzeugungen angeht, nicht übereinstimmt. Der französische Philosoph Jacques Maritain hat das vor über 40 Jahren folgendermaßen erklärt:

»Um dies zu verstehen, muss man nur entsprechend unterscheiden zwischen den rationalen Rechtfertigungen, die an der spirituellen Dynamik einer philosophischen Lehre oder einer religiösen Überzeugung beteiligt sind [d.h. an der Kultur], und den praktischen Schlussfolgerungen, die zwar von verschiedenen Personen unterschiedlich gerechtfertigt werden, aber doch für jedermann Handlungsprinzipien mit einem gemeinsamen Ähnlichkeitsfundament darstellen. Ich bin ziemlich sicher, dass einzig und allein meine Art, den Glauben an die Rechte des Menschen und an das Ideal von Freiheit, Gleichheit und Brüderlichkeit zu rechtfertigen, fest in der Wahrheit begründet ist. Das hindert mich nicht, bei diesen praktischen Überzeugungen mit Menschen übereinzustimmen, die sich sicher sind, dass ihre Art der Rechtfertigung, die sich von der meinen völlig unterscheidet oder ihr sogar entgegengesetzt ist, in ihrer theoretischen Dynamik gleichermaßen den einzigen Weg darstellt, der in der Wahrheit gründet.« (UNESCO 1949: 10f.)

Eine völlige Übereinstimmung bei der Interpretation und Anwendung dieser praktischen Schlussfolgerungen dürfte allerdings nicht möglich sein, denn die fehlende Übereinstimmung bei den Begründungen wird sich vermutlich in der Art und Weise widerspiegeln, wie sie interpretiert und umgesetzt werden. Wir sollten deshalb realistisch sein, was unsere Erwartungen angeht, und das größtmögliche Maß an Übereinstimmung anstreben. Dieser Ansatz lässt sich anhand der folgenden Fallstudie verdeutlichen; sie fragt nach der Bedeutung des Menschenrechts, »keiner grausamen, unmenschlichen oder erniedrigenden Behandlung oder Strafe unterworfen zu werden«.

Grausame, unmenschliche oder erniedrigende Behandlung und Strafe

Einige internationale Menschenrechtsinstrumente legen fest, dass »niemand der Folter oder grausamer, unmenschlicher oder erniedrigender Behandlung oder Strafe unterworfen werden« dürfe.[5] Die beiden Hauptteile dieses Rechts, also der Schutz vor Folter und der Schutz vor unmenschlicher oder erniedrigender Behandlung oder Strafe, überschneiden sich offenbar. So wurde Folter beispielsweise definiert als »besonders schwere und vorsätzliche Form grausamer, unmenschlicher oder erniedrigender Behandlung oder Strafe«.[6] Gleichwohl bestehen Unterschiede zwischen den beiden Teilen des Rechts. Laut der Folterdefinition der Vereinten Nationen gehören dazu nicht »Schmerzen oder Leiden, die sich lediglich aus gesetzlich zulässigen Sanktionen ergeben, dazu gehören oder damit verbunden sind«.[7] Wie ich sogleich darlegen werde, soll diese Einschränkung für den zweiten Teil des Rechts nicht gelten. Mit anderen Worten: Gesetzlich zulässige Sanktionen können eine »grausame, unmenschliche oder erniedrigende Behandlung oder Strafe« darstellen.

Die folgenden Ausführungen konzentrieren sich auf die Bedeutung des zweiten Teils, das heißt auf die Bedeutung des Rechts, keiner grausamen, unmenschlichen oder erniedrigenden Behandlung oder Strafe unterworfen zu werden. Dabei geht es mir insbesondere um die Frage, wie man Kriterien festlegen könnte, nach denen gesetzlich zulässige Sanktionen gegen das Verbot grausamer, unmenschlicher oder erniedrigender Behandlung oder Strafe verstoßen. Der Fall islamischer Bestrafungen soll die Anwendung der interkulturellen Perspektive auf diese Frage illustrieren.

---

5 Art. 5 der *Allgemeinen Erklärung der Menschenrechte* von 1948 und Art. 7 des *Internationalen Pakts über bürgerliche und politische Rechte* von 1966. Letzterer fügt hinzu: »Insbesondere darf niemand ohne seine freiwillige Zustimmung medizinischen oder wissenschaftlichen Versuchen unterworfen werden.« Zu den Texten dieser Instrumente vgl. Bundeszentrale (2004: 55, 71).

6 Art. 1.2 der *Erklärung über den Schutz aller Personen vor Folter und anderer grausamer, unmenschlicher oder erniedrigender Behandlung oder Strafe*. UN-Vollversammlung, Resolution 3452 (1975), 30 U.N. GAOR, Supp. (No. 34) 91, U.N. Doc. A/100 (1975).

7 Art. 1.1 der *Erklärung über den Schutz aller Personen vor Folter und anderer grausamer, unmenschlicher oder erniedrigender Behandlung oder Strafe* und Art. 1 des *Übereinkommens gegen Folter und andere grausame, unmenschliche oder erniedrigende Behandlung oder Strafe*. UN-Vollversammlung, Resolution 3452 (1984). Dieses Übereinkommen trat im Juni 1987 in Kraft. Der Text findet sich in Bundeszentrale (2004: 123–135). Bemerkenswert dabei ist, dass die Erklärung von 1975 verlangt, solche Schmerzen und Leiden müssten im Einklang mit den UN-Mindeststandards für die Behandlung von Gefangenen stehen, während die Übereinkunft von 1984 diese Klausel nicht enthält. Das geschah vermutlich, um diejenigen Länder, welche diese Mindeststandards nicht einhalten, zur Ratifizierung der Konvention zu bewegen.

Die Bedeutung der Klausel in UN-Quellen

Grausame oder unmenschliche Behandlung oder Strafe ist aufgrund regionaler Instrumente wie der *Europäischen Konvention zum Schutze der Menschenrechte und Grundfreiheiten* verboten, aber auch unter dem internationalen System der Vereinten Nationen. Während regionale Rechtsprechung im regionalen Kontext Anwendung findet und möglicherweise auch in einigen anderen Teilen der Welt überzeugt, ist sie in sämtlichen Weltregionen nicht brauchbar. So ließe sich beispielsweise das Rechtsverständnis, wie es von der Europäischen Kommission und dem Europäischen Gerichtshof für Menschenrechte unter Artikel 3 der *Europäischen Konvention* entwickelt wurde, unmittelbar anwenden, um diese Klausel aus europäischer Sicht zu definieren, und würde möglicherweise auch in Nordamerika auf Zustimmung stoßen. Es dürfte jedoch wenig brauchbar sein, wenn man nicht-westliche Perspektiven in Sachen grausamer, unmenschlicher oder erniedrigender Behandlung oder Strafe diskutiert. Der folgende Überblick konzentriert sich deshalb auf UN-Quellen, da diese zumindest für sich beanspruchen, internationale Perspektiven widerzuspiegeln.

Die Frühgeschichte dessen, was heute Artikel 7 des *Pakts über bürgerliche und politische Rechte* bildet, zeigt, dass es den Verfassern und Delegierten vor allem darum ging, eine Wiederholung der Gräueltaten, wie sie etwa während des Zweiten Weltkriegs in den Konzentrationslagern verübt wurden, zu verhindern (Bossuyt 1987: 151).[8] Daher schlug die Menschenrechtskommission 1952 folgenden Wortlaut des Artikels vor:

> »Niemand darf der Folter oder erniedrigender Behandlung oder Strafe unterworfen werden. Insbesondere darf niemand ohne seine freiwillige Zustimmung riskanten medizinischen oder wissenschaftlichen Versuchen unterworfen werden, sofern sein physischer oder geistiger Zustand dies nicht erforderlich macht.« (U.N. Doc. E/CN.4/SR.312: 13)

Auf der 13. Sitzung des Third Committee 1958 jedoch drehte sich die Diskussion vor allem um den zweiten Satz. Einige Delegierte hatten das Gefühl, der Satz sei unnötig und schwäche den Artikel ab, weil er die Aufmerksamkeit auf nur eine der vielen Formen grausamer, unmenschlicher oder erniedrigender Behandlung lege und damit die Bedeutung des allgemeinen Verbots, das im ersten Satz niedergelegt war, schmälere. Andere hielten den Satz nicht

8 Vgl. den Rückblick auf die Anfänge des Drafting Committee, 1947/48 bei Bossuyt (1987: 147ff.) und die Diskussionen auf den Sitzungen der Menschenrechtskommission, 1949–1952 (ebd.: 151–154).

für überflüssig und wollten ihn als Ergänzung des ersten Satzes beibehalten (Bossuyt 1987: 155). Zwar gab es mehrere Vorschläge, um dem Einwand, der zweite Teil des Artikels werde auf Kosten des ersten zu sehr betont, entgegenzukommen, doch wurde der zweite Satz beibehalten und letztlich, wenn auch leicht verändert, von der Vollversammlung übernommen (ebd.: 155–158).[9]

Ob nun deshalb, weil man sich vor allem mit dieser Frage beschäftigte, oder aufgrund der Überzeugung, der erste Satz des Artikels bedürfe keiner weiteren Erläuterung – jedenfalls liefert die Geschichte des Artikels kaum Anhaltspunkte, was mit »grausamer, unmenschlicher oder erniedrigender Behandlung oder Strafe« genau gemeint ist. In der Frühphase des Beratungsprozesses stimmte man allgemein darin überein, dass der Begriff »Behandlung« (*treatment*) umfassender sei als das Wort »Strafe« (*punishment*). Man bemerkte überdies, dass sich das Wort »Behandlung« nicht auf erniedrigende Situationen beziehen sollte, die auf allgemeine wirtschaftliche und soziale Faktoren zurückzuführen waren (5. und 6. Sitzung der Menschenrechtskommission 1949 und 1950, zit. n. Bossuyt 1987: 150).

1952 schlugen die Philippinen dem Third Committee vor, vor »erniedrigend« das Wort »ungewöhnlich« (*unusual*) einzufügen. Einige Delegierte befürworteten diesen Zusatz, da er sich auf bestimmte tatsächlich wirksame Praktiken anwenden ließ, die zwar nicht absichtlich grausam, unmenschlich oder erniedrigend waren, aber doch die physische oder moralische Integrität einer Person beeinträchtigten. Andere lehnten den Zusatz eines »ungewöhnlich« als zu vage ab: Was in einem Land »ungewöhnlich« sei, so argumentierten sie, sei das in anderen Ländern möglicherweise nicht. Der Vorschlag wurde zurückgezogen (Bossuyt 1987: 151).

Bemerkenswert ist, dass sich der Vorwurf der Vagheit gegen das Wort »ungewöhnlich« richtete und nicht gegen die Wörter »grausam, unmenschlich oder erniedrigend«. Denn zweifellos erscheint das, was in der einen Kultur als »grausam, unmenschlich oder erniedrigend« gilt, in einer anderen Kultur in ganz anderem Licht. Liefern andere UN-Quellen Anhaltspunkte zur Bedeutung dieser Wendung und Kriterien, um mögliche Konflikte zwischen zwei Kulturen im Hinblick auf das, was eine »grausame, unmenschliche oder erniedrigende Behandlung oder Strafe« ist, zu lösen?

In einem Kommentar zu Artikel 5 des UN-Verhaltenskodex für Beamte mit Polizeibefugnissen von 1979 heißt es: »Der Begriff ›grausame, unmensch-

9 In der endgültigen Fassung ist der einschränkende Satz ab »sofern« weggefallen, ebenso wie das Wort »riskant«.

liche oder erniedrigende Behandlung oder Strafe‹ wurde von der Vollversammlung nicht näher definiert, ist jedoch so zu interpretieren, dass er den größtmöglichen Schutz vor Missbrauch, ob physischer oder seelischer Art, umfasst.« (UN-Vollversammlung, Resolution 3469 (1979), zit. n. Amnesty International 1985: 27) Entscheidungen des Menschenrechtsausschusses unter dem Fakultativprotokoll liefern Beispiele für Behandlungen oder Bestrafungen, die von einem offiziellen Gremium der UNO als Verstoß gegen Artikel 7 des Übereinkommens betrachtet werden.[10] Diese Beispiele mögen nützlich sein, wenn es darum geht zu zeigen, welche Art von Behandlung oder Strafe als Verletzung dieses Menschenrechts gilt, sie liefern jedoch keine verbindlichen Kriterien für die allgemeine Anwendung.[11]

Als der Menschenrechtsausschuss einige allgemeine Kriterien zu formulieren versuchte, war das Ergebnis umstritten und wenig hilfreich. So führte der Ausschuss etwa zur Reichweite des Schutzes vor grausamer, unmenschlicher oder erniedrigender Behandlung oder Strafe aus:

»[Das] geht weit über Folter im üblichen Verständnis hinaus. Man muss möglicherweise gar nicht scharf zwischen verschiedenen Formen von Behandlung und Strafe unterscheiden. Diese Unterscheidungen hängen von der Art, der Absicht und der Schwere der jeweiligen Behandlung ab [...] das Verbot muss sich auf körperliche Bestrafung erstrecken, darunter auch übermäßige Züchtigung als Erziehungs- und Disziplinarmaßnahme.« (U.N. Doc. A/3740, S. 94f. (1982))

10 Kraft Artikel 1 des Fakultativprotokolls zum *Internationalen Pakt über bürgerliche und politische Rechte* von 1966 erkennt ein Vertragsstaat des Paktes die Zuständigkeit des unter dem Pakt eingerichteten Menschenrechtsausschusses an, »Mitteilungen seiner Herrschaftsgewalt unterstehender Personen [...], die behaupten, Opfer einer Verletzung eines in dem Pakt niedergelegten Rechts durch diesen Vertragsstaat zu sein«, entgegenzunehmen und zu prüfen. Das Protokoll regelt die Zulässigkeit und den Ablauf solcher Kommunikationsprozesse, die so weit gehen können, dass der Ausschuss seine Ansichten dem betreffenden Staat und der Person mitteilt und sie in seinen Jahresbericht aufnimmt. Dieses Vorgehen kann einen Staat, der das Fakultativprotokoll ratifiziert hat, moralisch und politisch unter Druck setzen, indem man seine Menschenrechtsverletzungen publik macht, bietet aber keine Handhabe zur unmittelbaren Durchsetzung. Zum Wortlaut des Protokolls vgl. Bundeszentrale (2004: 86–89).

11 Im Kontext des Fakultativprotokolls ist der Menschenrechtsausschuss qua Mandat darauf beschränkt, fallspezifisch tätig zu werden statt allgemeine Prinzipien und Richtlinien festzustellen. Vgl. CCPR/C/OP/1 (1985: 40, 45, 49, 57, 72, 132, 136) für Beispiele von Behandlung, die laut Ausschuss einen Verstoß gegen Artikel 7 des Übereinkommens darstellten. Alle Mitteilungen im Zusammenhang mit Artikel 7, die in diesem Bericht veröffentlicht sind, betreffen ganz ähnliche Situationen in einem einzigen Land, nämlich Uruguay, in einem sehr kurzen Zeitraum (zwischen 1979 und 1980). Es wäre hilfreicher gewesen, wenn der Bericht vielfältigere Situationen aus mehreren Ländern dargestellt hätte.

Diese Feststellung ist nicht besonders hilfreich bei der Bestimmung, ob eine bestimmte Behandlung oder Strafe grausam, unmenschlich oder erniedrigend ist; und das Beispiel, das genannt wird, ist umstritten. In den meisten heutigen Gesellschaften gilt körperliche Bestrafung nicht zwangsläufig als grausam, unmenschlich oder erniedrigend. Noch fraglicher ist vermutlich, ob diese Charakterisierung auch für das gilt, was einige vielleicht als übermäßige Züchtigung betrachten, was aber in vielen Teilen der Welt regelmäßig zu Erziehungs- oder Disziplinierungszwecken verwendet wird. Dieses Beispiel macht deutlich, wo die Gefahren und die Schwierigkeiten liegen, wenn man allgemein akzeptierte Kriterien für die Begriffbestimmung aufstellen will. Gleichwohl bedarf es solcher Kriterien, um dieses Menschenrecht umzusetzen. Könnte ein interkultureller Ansatz dabei hilfreich sein?

Auch diese Diskussion dreht sich vor allem um die Frage, welche gesetzlich zulässigen Sanktionen als Verstoß gegen das Verbot grausamer, unmenschlicher oder erniedrigender Behandlung oder Strafe zu gelten haben. Das ist wichtig, denn solche Sanktionen wurden in Artikel 1 des Übereinkommens gegen Folter und andere grausame, unmenschliche oder erniedrigende Behandlung oder Strafe von 1984 von der Folterdefinition ausgenommen. Gibt dies dem Staat freie Hand, jede ihm geeignet erscheinende Behandlung oder Strafe zu erzwingen, sofern sie eine gesetzlich zulässige Sanktion für ein Verhalten darstellt, das zu bestrafen der Staat entschieden hat? Hat die internationale Gemeinschaft das Recht, irgendeine gesetzlich zulässige Sanktion abzulehnen, weil sie eine grausame, unmenschliche oder erniedrigende Behandlung oder Strafe darstellt?

Artikel 16 des Übereinkommens von 1984 enthält die Verpflichtung, »andere Handlungen zu verhindern, die eine grausame, unmenschliche oder erniedrigende Behandlung oder Strafe darstellen, ohne der Folter im Sinne des Artikels 1 gleichzukommen«. Anders als besagter Artikel 1, der detailliert bestimmt, was Folter ist, definiert Artikel 16 weder die Klausel »grausame, unmenschliche oder erniedrigende Behandlung oder Strafe« noch schließt er Schmerzen oder Leiden aus, die sich aus gesetzlich zulässigen Sanktionen ergeben, dazu gehören oder damit verbunden sind. Das bedeutet demnach, dass Vertragsstaaten keine gesetzlich zulässigen Sanktionen durchsetzen dürfen, die eine grausame, unmenschliche oder erniedrigende Behandlung oder Strafe darstellen. Diese Verpflichtung lässt sich jedoch nicht entsprechend den Vorschriften der Konvention um- oder durchsetzen, wenn es keine Übereinkunft darüber gibt, was diese Klausel genau zu bedeuten hat.

Interkulturelle Perspektiven zu diesem Konzept

Einige überwiegend muslimische Länder wie Afghanistan und Ägypten haben die Konvention von 1984 bereits ratifiziert; andere wollen dies noch tun.[12] Doch die Bedeutung grausamer, unmenschlicher oder erniedrigender Behandlung oder Strafe unterscheidet sich in islamischen Kulturen signifikant, wenn nicht sogar radikal von den Vorstellungen, die man in anderen Teilen der Welt hinsichtlich dieser Klausel hegt.

Das islamische Recht, gemeinhin als Scharia bekannt, basiert auf dem Koran, den die Muslime für die wörtliche und endgültige Botschaft Gottes halten, und auf der Sunna oder den Überlieferungen des Propheten Muhammad. Unter Verwendung dieser Quellen sowie vorislamischer Gewohnheitspraktiken des Nahen und Mittleren Ostens, die von Koran und Sunna nicht ausdrücklich abgelehnt wurden, entwickelten muslimische Juristen zwischen dem 7. und dem 9. Jahrhundert die Scharia als umfassendes Moral- und Rechtssystem. Für muslimische Gemeinschaften galten der Koran und die Sunna als Glaubensangelegenheit jedoch stets als absolut bindend und fanden von Anfang an in der individuellen wie gemeinschaftlichen Praxis Anwendung. Die Schariavorschriften wurden nie formell erlassen, vielmehr systematisierten und rationalisierten die Juristen, was bereits als Gottes Wille akzeptiert war, und entwickelten Techniken zur Auslegung göttlicher Quellen und für ergänzende Vorschriften, wo diese Quellen stumm blieben (zu den Quellen und zur Entwicklung der Scharia vgl. An-Na'im 1990b: Kap. 2).

Aufgrund der religiösen Natur der Scharia unterschieden muslimische Juristen nicht zwischen glaubensspezifischen, moralischen, sozialen und rechtlichen Aspekten des Gesetzes und schon gar nicht zwischen verschiedenen Arten von Rechtsnormen. Das Äquivalent des Strafrechts musste somit aus einer Vielzahl von Primärquellen extrahiert werden. Für unsere Diskussion sei das islamische Strafrecht kurz folgendermaßen dargestellt (An-Na'im 1990b: Kap. 5; El-Awa 1982; Safwat 1982: 149). Delikte werden in drei Hauptkategorien eingeteilt: *hudud*, *jinayat* und *ta'zir*. Die *hudud* umfassen eine sehr begrenzte Gruppe von Delikten, die streng definiert und ent-

12 Zum aktuellen Stand der Ratifizierungsverhandlungen der UN-Anti-Folterkonvention von 1984 vgl. Office of the United Nations High Commissioner for Human Rights, Ratifications and Reservations of the Convention against Torture and Other Cruel, Inhuman or Degrading Treatment or Punishment, New York, 10 December 1984, 6.12.2006, http://www.ohchr.org/english/countries/ratification/9.htm (Anmerkung der Herausgeber).

sprechend den expliziten Regeln von Koran und/oder Sunna bestraft werden. Dazu gehören *sariqa* (Diebstahl), der mit Amputation der rechten Hand zu ahnden ist, und *zina* (»Unzucht« bzw. illegitimer Geschlechtsverkehr), die mit 100 Hieben bei unverheirateten Tätern und mit Steinigung bei Verheirateten zu bestrafen ist. Zu den *jinayat* gehören Totschlag und Körperverletzung, die durch *qisas* – Wiedervergeltung (Auge um Auge) – oder Zahlung einer Entschädigungssumme bestraft werden. Der Begriff *ta'zir* bedeutet bessern und richtigstellen. *Ta'zir*-Delikte werden vom Herrscher festgesetzt und bestraft, der mit seiner Machtausübung private und öffentliche Interessen schützt.

Wichtig zu betonen ist, dass sich die folgenden Ausführungen dieser Frage in rein theoretischem Sinne zuwenden und keineswegs die Anwendung dieser Strafen durch irgendeine Regierung in der heutigen muslimischen Welt entschuldigen sollen. Die Frage, die sich stellt, lautet: Werden Muslime die Ablehnung solcher Strafen *als Sache des islamischen Rechts* aus dem Grund, weil sie grausam, unmenschlich oder erniedrigend sind, akzeptieren? Diese Frage sollte nicht mit der sehr wichtigen, aber andersgearteten Problematik vermengt werden, ob diese Strafen legitimerweise und im Einklang mit allen allgemeinen und spezifischen Erfordernissen islamischen Rechts zur Anwendung kamen.

Das islamische Recht verlangt, dass der Staat seiner Verpflichtung nachkommt, soziale und ökonomische Gerechtigkeit zu garantieren und angemessene Lebensstandards für alle seine Bürger sicherzustellen, *bevor* er diese Strafen auferlegen kann. Das Recht liefert zudem sehr eng gefasste Definitionen dieser Delikte, gesteht der beschuldigten Person eine Vielzahl von Verteidigungen gegen die Anklage zu und verlangt strenge Beweisstandards. Zudem verlangt das islamische Recht völlige Fairness und Gleichheit bei der Durchsetzung des Rechts. Meiner Ansicht nach sind die Vorbedingungen für die Umsetzung dieser Strafen in der Praxis äußerst schwer zu erfüllen und lassen sich in absehbarer Zukunft vermutlich in keinem muslimischen Land verwirklichen. Gleichwohl bleibt die Frage: Lassen sich diese Strafen aus dem islamischen Recht heraus abschaffen?

Das Strafrecht der Scharia wurde in den meisten muslimischen Ländern durch ein weltliches Strafrecht ersetzt. Doch in Ländern wie Saudi-Arabien blieb die Scharia stets das offizielle Strafrecht. Andere Staaten wie etwa Iran, Pakistan und der Sudan haben die Scharia jüngst wieder eingeführt. Zahlreiche Aspekte des Scharia-Strafrechts sind höchst umstritten und werfen Menschenrechtsfragen auf, darunter das Problem der religiösen Diskriminierung bei der Anwendung der Scharia auf Nicht-Muslime (An-Na'im 1990b: 114–118, 131ff.). Für die große Mehrheit der Muslime jedoch sind die Strafgesetze der Scharia bindend und sollten heute Anwendung finden. Muslimische Politiker und Wissenschaftler mögen darüber streiten, ob die allgemeinen gesellschaftlichen, ökonomischen und politischen Bedingungen eine sofortige Einführung der Scharia erlauben oder ob es dort, wo sie von einem säkularen Strafrecht ersetzt wurde, vor ihrer Wiedereinführung eine Vorbereitungsphase geben sollte. Keiner von ihnen aber würde – zumindest offen und öffentlich – bestreiten, dass die Einführung der Scharia, wenn sie sich schon nicht sofort verwirklichen lässt, zumindest hohe Priorität genießen sollte.

Das sind zweifellos wichtige Fragen, aber sie sollten nicht mit dem vermengt werden, was hier zur Diskussion steht. Um der Argumentation willen sollte unsere Thematik von anderen möglicherweise strittigen Fragen getrennt werden. Insbesondere möchte ich betonen, dass die vom Koran verfügten Strafen meiner Ansicht *nicht* auf Nicht-Muslime angewendet werden sollten, denn sie sind im Wesentlichen religiöser Natur. Im Folgenden dient mir als Beispiel die Entfernung der rechten Hand als Strafe für einen Diebstahl, der von einem Muslim begangen wird, welcher nicht stehlen muss, um zu überleben, und welcher von einem zuständigen Gericht in einem ordentlichen Verfahren angeklagt und verurteilt wurde. Diese Strafe wird vom Koran vorgeschrieben, und zwar in dem eindeutigen und definitiven Text von Sure 5,38. Lässt sich diese Strafe, wenn sie unter den genannten Umständen auferlegt wird, als grausam, unmenschlich oder erniedrigend verurteilen?

Im Grundsatz geht es hier um die Frage der Interpretation und Anwendung eines universell akzeptierten Menschenrechts. Im Hinblick auf das von Maritain vorgeschlagene Prinzip – Übereinstimmung über »praktische« Schlussfolgerungen, auch wenn über deren Rechtfertigung Dissens herrscht – würden Muslime das Menschenrecht, keiner grausamen, unmenschlichen oder erniedrigenden Behandlung oder Strafe unterworfen zu werden, akzeptieren. Ihre islamische Kultur lässt sie jedoch möglicherweise dieses Menschenrecht anders interpretieren.

Aus säkularer oder humanistischer Sicht ist eine so schwere dauerhafte Bestrafung für ein Vergehen, insbesondere für Diebstahl, offensichtlich grausam und unmenschlich und wahrscheinlich auch erniedrigend. Das ist möglicherweise die private, intuitive Reaktion vieler gebildeter »moderner« Muslime. Doch für die große Mehrheit der Muslime ist die Sache durch den kategorischen Willen Gottes, wie er im Koran zum Ausdruck kommt, eindeutig geklärt und kann deshalb von Menschen nicht in Frage gestellt werden. Selbst die gebildeten, »modernen« Muslime, die sich privat von dieser Strafe abgestoßen fühlen mögen, können es nicht riskieren, den Willen Gottes offen in Frage zu stellen. Denn ein Muslim, der die verbindliche Autorität des Koran anzweifelt, läuft nicht nur Gefahr, seinen Glauben zu verlieren, und wird vermutlich gesellschaftlich extrem geächtet, ihm droht unter der Scharia auch die Todesstrafe wegen Abtrünnigkeit (Häresie).

In allen muslimischen Gesellschaften ist es deshalb schlicht und einfach unmöglich, dass der Mensch sich ein Urteil über die Angemessenheit oder Grausamkeit einer von Gott verfügten Strafe anmaßt. Diese Überzeugung wird überdies gestützt durch Argumente, die von Muslimen als rational akzeptiert werden.[13] Aus religiöser Sicht endet das menschliche Leben nicht mit dem Tod, sondern erstreckt sich auch auf das nächste Leben. Religiöse Quellen betonen denn auch nachdrücklich, dass das nächste Leben die wahre und endgültige Wirklichkeit sei, zu der dieses Leben allenfalls ein Vorspiel darstelle. Im nächsten, *ewigen* Leben wird jeder Mensch vor Gericht stehen und die Konsequenzen seines Handelns in diesem Leben zu tragen haben. Eine religiös sanktionierte Strafe jedoch wird den Delinquenten von einer Bestrafung im nächsten Leben erlösen, denn Gott bestraft das gleiche Vergehen nicht zweimal. Entsprechend wird ein Dieb, der in diesem Leben mit der religiös begründeten Abtrennung der rechten Hand bestraft wird, nicht die noch viel härtere Bestrafung im nächsten Leben zu erleiden haben. Für Menschen, die daran glauben, ist die vom Koran verfügte Strafe, wie schwer auch immer sie scheinbar ist, im Grunde äußerst mild und nachsichtig im Vergleich zu dem, was der Delinquent im nächsten Leben zu erleiden hat, falls die religiöse Strafe in diesem Leben nicht auferlegt wird.

Es gibt weitere Argumente, warum diese Strafe sowohl für den Delinquenten als auch für die Gesellschaft von Nutzen ist. Diese scheinbar harte Strafe, so heißt es, sei in Wirklichkeit notwendig, um einerseits den Dieb zu bessern und zu rehabilitieren und andererseits die Interessen Anderer und der Gesellschaft insgesamt zu schützen, indem man andere potenzielle Übeltäter abschreckt (Taha 1987: 74f.). Allerdings gilt es stets zu bedenken, dass diese Argumente letztlich einer religiösen Logik folgen. Man glaubt, die Strafe werde diesen individuellen und sozialen Nutzen zeitigen, weil Gott das so verkündet hat. Für die große Mehrheit der Muslime sind wissenschaft-

13 Rationalität ist zudem relativ zum Glaubenssystem oder Bezugsrahmen. Was von dem einen Gläubigen als rational akzeptiert wird, wird von dem anderen Ungläubigen möglicherweise abgelehnt und umgekehrt.

liche Untersuchungen willkommen, sofern sie die empirische Gültigkeit dieser Argumente untermauern, doch wenn sie diese entkräften und damit die Angemessenheit der Strafe in Frage stellen, sind sie inakzeptabel. Der religiöse Bezugsrahmen ist überdies wesentlich für die Bewertung der empirischen Daten. Die Besserung des Übeltäters ist nicht auf seine Erfahrung in diesem Leben beschränkt, sondern umfasst auch das nächste Leben.

Weder die innerislamische Neuinterpretation noch der interkulturelle Dialog werden vermutlich dazu führen, dass diese Strafe aufgrund des islamischen Rechts völlig abgeschafft wird. Es lässt sich jedoch einiges tun, um ihre praktische Umsetzung einzuschränken. So besteht beispielweise die Möglichkeit, stärkere allgemeine soziale und ökonomische Vorbedingungen und striktere Verfahrensregeln für die Vollstreckung der Strafe zu entwickeln. Die religiösen Texte des Islam betonen, wie vorsichtig und sorgfältig man bei jeder Bestrafung eines Verbrechers sein müsse. So sagte etwa der Prophet: Wenn es irgendeinen Zweifel (*shubha*) gebe, sollten die vom Koran verfügten Strafen nicht verhängt werden. Er sagte auch, es sei besser sich zu irren, wenn man die Strafe nicht verhängt, als sie in einem zweifelhaften Fall anzuordnen. Zwar wurden diese Weisungen bereits in die Definitionen der Delikte und der zur Anwendung kommenden Beweis- und Verfahrensregeln aufgenommen, doch lässt sich gleichwohl ein breiter angelegter Begriff der *shubha* entwickeln, der dann beispielsweise auch psychische Störungen als Minderung der Schuldfähigkeit gelten lässt. So sollte man etwa Kleptomanie als *shubha* begreifen, was eine Bestrafung wegen Diebstahl verhindern würde. Auch wirtschaftliche Not könnte ein Grund sein, von einer Anklage wegen Diebstahls abzusehen.

Auch könnte der interkulturelle Dialog in dieser Hinsicht hilfreich sein. So versuchten beispielsweise in der jüdischen Tradition Juristen die praktische Anwendung ähnlich harter Strafen zu begrenzen, indem sie strenge Verfahrens- und andere Regeln festsetzten (Encyclopedia Judaica 1971: Bd. 5, 142–147; Bd. 6, 991–993). Diese jüdische Rechtstheorie könnte auch für muslimische Juristen und Politiker von Nutzen sein, welche die praktische Anwendung koranischer Strafen einschränken wollen. Die praktische Umsetzbarkeit und Wirkung sind freilich schwer einzuschätzen, da diese Rechtstheorie seit fast zweitausend Jahren keine Anwendung mehr fand. Zudem ist es angesichts des derzeit herrschenden Konflikts und Misstrauens zwischen Juden und Muslimen wenig wahrscheinlich, dass es zu einem interkulturellen Dialog zwischen diesen beiden Traditionen kommt. Doch das war in der Vergangenheit nicht immer so und muss auch in Zukunft nicht immer so sein. Die Jurisprudenz der beiden Traditionen hat denn auch in der Vergangenheit wichtige Anleihen bei der jeweils anderen gemacht und kann dies auch in Zukunft tun, sobald der gegenwärtige Konflikt gelöst ist.

Ich bin der Ansicht, dass die Interpretation und praktische Anwendung des Schutzes vor grausamer, unmenschlicher oder erniedrigender Behandlung oder Strafe im Kontext einer bestimmten Gesellschaft letzten Endes von den moralischen Standards dieser Gesellschaft bestimmt sein sollten. Ich glaube auch, dass es viele legitime Arten gibt, die moralischen Standards einer Gesellschaft zu beeinflussen und zu verbessern. Einer Gesellschaft etwas zu diktieren ist aus prinzipiellen Gründen inakzeptabel und in der Praxis mit großer Wahrscheinlichkeit erfolglos. Interkultureller Dialog und wechselseitige Beeinflussung jedoch sind akzeptabel und kommen in der Praxis laufend vor. Um die Macht kultureller Legitimität zugunsten der Menschenrechte zu nutzen, müssen wir Vorgehensweisen für den innerkulturellen Diskurs und den interkulturellen Dialog gleichermaßen entwickeln und auf allgemeine Bedingungen hinarbeiten, die einem konstruktiven Diskurs und Dialog förderlich sind.

Zur Erinnerung: Dieser Ansatz geht davon aus, dass es innerhalb einer Gesellschaft eine Auseinandersetzung um die kulturelle Vormacht gibt. Bestimmte dominante Gesellschaftsschichten oder Gruppen sind demnach kulturell üblicherweise im Vorteil und können ihre Sicht der Kultur zur allein gültigen erklären, während andere diese Sicht in Frage stellen (oder dies zumindest gerne täten). Was islamische Strafen angeht, so sind Fragen nach der legitimen Anwendung dieser Strafen – ob der Staat zuvor seinen Verpflichtungen nachgekommen ist und entsprechend den oben genannten allgemeinen und spezifischen Bedingungen handelt – eine Sache der internen Auseinandersetzung. Diese interne Auseinandersetzung kann und sollte nicht von Außenstehenden beigelegt werden; diese können jedoch die eine oder andere Seite unterstützen, sofern sie dabei mit genügend Feingefühl vorgehen und bedenken, dass die Ziele und Methoden der Auseinandersetzung im Rahmen der spezifischen Kultur legitimiert sein müssen.

Schluss: Für einen interkulturellen Ansatz

Um zu zeigen, dass es zur Bestimmung von Menschenrechtsstandards eines interkulturellen Ansatzes bedarf und dass dessen Umsetzung schwierig ist, habe ich bewusst die Frage gewählt, ob gesetzlich zulässige Sanktionen als grausame, unmenschliche oder erniedrigende Behandlung oder Strafe verurteilt werden können. Denn sie stellt Menschenrechtsverfechter vor ein ernsthaftes Dilemma. Auf der einen Seite muss die persönliche Integrität und Menschenwürde des Individuums vor übermäßigen und harten Strafen bewahrt werden. Das grundsätzliche Ziel der modernen Menschenrechtsbewegung besteht darin, die Bürger gegen die Brutalität und Exzesse ihrer eigenen Regierungen zu schützen. Auf der anderen Seite ist es äußerst wichtig, gegenüber den Gefahren des Kulturimperialismus sensibel zu sein, ganz gleich, ob er Produkt des Kolonialismus, Instrument internationaler wirtschaftlicher Ausbeutung und politischer Unterdrückung oder schlicht Ausfluss eines extremen Ethnozentrismus ist. Wir würden es nicht akzeptieren, wenn andere uns ihre moralischen Standards aufzwingen, und sollten deshalb auch nicht anderen unsere Standards aufzwingen. Eine Aufoktroyierung von außen ist jedenfalls meistens kontraproduktiv und kaum in der Lage, die betreffende Praxis zu ändern. Ein solches Vorgehen ist jedoch nicht die einzige Option für Menschenrechtsvertreter. Ein größerer Konsens über internationale Standards zum Schutz des Einzelnen vor grausamer, unmenschlicher oder erniedrigender Behandlung oder Strafe lässt sich durch innerkulturellen Diskurs und interkulturellen Dialog erreichen.

Die Erwartung, dieser Ansatz werde zu einer völligen Übereinstimmung bei Interpretation und Anwendung von Standards, ob nun bei Behandlung oder Strafe oder irgend einem anderen Menschenrecht, führen, ist freilich unrealistisch. Eine solche Erwartung setzt voraus, dass es eine Interpretation gibt, auf die man sich verständigen kann. Doch betrachtet man die Interpretation, die jemand zur Norm machen möchte, genauer, so ist es vermutlich diejenige, die von der Kultur der betreffenden Person festgelegt wird. Bedenkt man ferner, wie man sich angesichts einer von einer anderen Kultur festgesetzten Interpretation fühlen würde, zeigt sich, wie unhaltbar diese Position ist. So mag beispielsweise ein US-Amerikaner eine kurze Gefängnisstrafe für die angemessene Strafe für einen Diebstahl halten und den Wunsch hegen, dies möge überall so sein. Ein Muslim mag andererseits der Ansicht sein, unter bestimmten Bedingungen und unter Einhaltung strikter Vorschriften sei die Abtrennung der rechten Hand angemessen. Für den US-Amerikaner wäre es lehrreich, darüber nachzudenken, wie er sich fühlen würde, wenn die muslimische Strafe zur Norm gemacht würde. Die meisten westlichen Menschenrechtsverfechter haben wahrscheinlich das tiefsitzende Empfinden, diese beiden Strafen ließen sich einfach nicht miteinander vergleichen, denn die islamische Strafe sei »offensichtlich« grausam und unmenschlich und dürfe niemals mit der Haft als möglicher Strafe für dieses Vergehen konkurrieren. Ein Muslim könnte dem entgegenhalten, dieses Empfinden sei ein Produkt des westlichen Ethnozentrismus. Ich will nicht behaupten, dass wir die islamische oder irgend eine andere spezifische Strafe zur universellen Norm machen sollten. Ich will lediglich deutlich machen, dass eine Verständigung auf einen universellen Standard nicht so einfach ist, wie wir glauben oder wie wir das gerne hätten.

Entsprechend dem vorgeschlagenen Ansatz sollte der Standard selbst Produkt von innerkulturellem Diskurs und interkulturellem Dialog sein. Zudem verlangt eine vollständige Verständigung, dass sich die Anhänger oder Angehörigen verschiedener kultureller Traditionen auf dieser Welt gleichermaßen auf einen innerkulturellen Dialog verpflichten und mit gleicher Effektivität am interkulturellen Dialog beteiligen. Angesichts beträchtlicher sozialer und politischer Unterschiede und ungleicher wirtschaftlicher Entwicklungsniveaus werden sich einige kulturelle Traditionen vermutlich weniger um einen innerkulturellen Diskurs bemühen als andere und nicht in gleichem Maß am interkulturellen Dialog teilnehmen können. Diese Prozesse erfordern ein gewisses Maß an politischer Freiheit, Stabilität und gesellschaftlicher Reife wie auch technologische Möglichkeiten, die in einigen Teilen dieser Welt fehlen.

Der interkulturelle Ansatz ist jedoch kein Alles-oder-nichts-Vorschlag. Zwar ist eine völlige Übereinkunft über Standard und Mechanismen seiner Umsetzung in einigen Fällen unrealistisch, doch lässt sich eine signifikante Verständigung erreichen, die so weit wie möglich betrieben werden sollte. So ist etwa in Bezug auf grausame, unmenschliche oder erniedrigende Behandlung oder Strafe bei einer Vielzahl substanzieller und prozeduraler Fragen Raum für eine Verständigung, selbst im Hinblick auf eine scheinbar unflexible Position wie die islamische Haltung zu den vom Koran verfügten Strafen. Wenn man sich wirklich mit genügend Sensibilität um eine solche Verständigung bemüht, wird sich der allgemeine Status der Menschenrechte verbessern und in Bezug auf andere Menschenrechte lässt sich eine weiter gehende Einigung erreichen. Wir müssen uns freilich darüber im Klaren sein, was sich in einem bestimmten Fall auf welche Weise erreichen lässt. Es bedarf der Einsicht, dass die völlige Abschaffung koranischer Strafen für Diebstahl unmöglich ist, damit man diese Strafpraxis in muslimischen Gesellschaften beschränken und gemeinsame Standards etablieren kann, etwa in Bezug auf Strafen, die aus islamischer Sicht Produkt menschlicher Gesetzgebung sind.

Aus dem Englischen von Andreas Wirthensohn

Literatur

Amnesty International (1985), *Human Rights: Selected International Standards*, London.

An-Na'im, Abdullahi Ahmed (1990a), »Problems and Prospects of Universal Cultural Legitimacy for Human Rights«, in: ders./Francis M. Deng (Hg.), *Human Rights in Africa: Cross-Cultural Perspectives*, Washington, D.C., S. 331–367.

An-Na'im, Abdullahi Ahmed (1990b), *Toward an Islamic Reformation: Civil Liberties, Human Rights and International Law,* Syracuse.

Benedict, Ruth (1959), *Patterns of Culture*, Boston.

Bossuyt, Marc J. (1987), *Guide to the »Travaux Preparatoires« of the International Covenant on Civil and Political Rights*, Dordrecht.

Bundeszentrale für politische Bildung (Hg.) (2004), *Menschenrechte. Dokumente und Deklarationen*, Bonn.

CCPR/C/OP/1 (1985), *International Covenant on Civil and Political Rights: Human Rights Committee, Selected Decisions under the Optional Protocol (Second to Sixteenth Sessions),* New York.

Donnelly, Jack (1982), »Human Rights and Human Dignity: An Analytic Critique of Non-Western Conceptions of Human Rights«, in: *American Political Science Review*, Jg. 76, no. 2, June, S. 303–316.

Donnelly, Jack (1984), »Cultural Relativism and Universal Human Rights«, in: *Human Rights Quarterly,* Jg. 6, no. 2, Nov., S. 400–419.

El-Awa, Mohamed S. (1982), *Punishment in Islamic Law*, Indianapolis.

Eliot, Thomas S. (1949), *Beiträge zum Begriff der Kultur*, Berlin u.a.

Encyclopedia Judaica (1971), Jerusalem.

Executive Board of the American Anthropological Association (1947), »Statement on Human Rights«, in: *American Anthropologist*, Jg. 49, S. 539–543.

Geertz, Clifford (1987), *Dichte Beschreibung. Beiträge zum Verstehen kultureller Systeme*, Frankfurt am Main.

Geertz, Clifford (1996), »Anti Antirelativismus«, in: Ralf Konersmann (Hg.), *Kulturphilosophie*, Leipzig, S. 253–291.

Hatch, Elvin (1983), *Culture and Morality: The Relativity of Values in Anthropology*, New York.

Herskovits, Melville J. (1950), *Man and His Works*, New York.

Herskovits, Melville J. (1964), *Cultural Dynamics*, New York.

Howard, Rhoda E./Donnelly, Jack (1986), »Human Dignity, Human Rights and Political Regimes«, in: *American Political Science Review*, Jg. 80, no. 3, Sept., S. 801–817.

Howard, Rhoda E./Donnelly, Jack (1988), »Introduction«, in: *International Handbook of Human Rights*, hg. v. R.E. Howard und J. Donnelly, Westport, Conn.

Jarvie, Ian C. (1983) »Rationalism and Relativism«, in: *British Journal of Sociology*, Jg. 34, no. 1, March, S. 44–60.

Kroeber, Alfred L./Kluckhohn, Clyde (Hg.) (1963), *Culture: A Critical Review of Concepts and Definitions*, New York.

Ladd, John (1982), »The Poverty of Absolutism«, in: *Acta Philosophica Fennica* (Helsinki), Jg. 34.

Milne, Allan J.M. (1986), *Human Rights and Human Diversity: An Essay in the Philosophy of Human Rights*, Albany, N.Y.

Nickel, James W. (1980), »Cultural Diversity and Human Rights«, in: Jack L. Nelson/Vera M. Green (Hg.), *International Human Rights: Contemporary Issues*, Stanfordville, N.Y., S. 43–55.

Preiswerk, Roy (1987), »The Place of Intercultural Relations in the Study of International Relations«, in: *The Year Book of World Affairs*, Jg. 32, London.

Renteln, Alison D. (1985), »The Unanswered Challenge of Relativism and the Consequences for Human Rights«, in: *Human Rights Quarterly*, Jg. 7, S. 514–540.

Renteln, Alison D. (1988a), »A Cross-Cultural Approach to Validating International Human Rights: The Case of Retribution Tied to Proportionality«, in: David L. Cingranelli (Hg.), *Human Rights Theory and Measurement*, Basingstoke/Hampshire/London.

Renteln, Alison D. (1988b), »Relativism and the Search for Human Rights«, *American Anthropologist*, Jg. 90, no. 1, March, S. 56–72.

Renteln, Alison D. (1990), *International Human Rights: Universalism Versus Relativism*, Newbury Park, Calif., London und New Delhi.

Safwat, Safia M. (1982), »Offenses and Penalties in Islamic Law«, in: *Islamic Quarterly*, Jg. 26, S. 149–181.

Taha, Mahmoud Mohamed (1987), *The Second Message of Islam*, übers. v. Abdullahi A. An-Na'im, Syracuse.

UNESCO (1949), *Human Rights: Comments und Interpretations*, London.

Vincent, Raymond J. (1980), »The Factor of Culture in the Global International Order«, in: *The Year Book of World Affairs*, Jg. 34, London.

Williams, Raymond (1976), *Keywords: A Vocabulary of Culture and Society*, New York.

Der Körper zwischen Gott und Mensch im Islam

Birgit Krawietz

Nach islamischer Auffassung hat Gott (*allah*) weder gezeugt noch tritt Er – und sei es auch nur mittelbar – unter den Menschen in Erscheinung.[1] Die vom Christentum vertretene Gottessohnschaft Jesu wird radikal zurückgewiesen. Letzteren sieht man ansonsten als einen in der langen Reihe der Propheten, welche vom Islam akzeptiert werden. Diese Kette wird von Muhammad als so genanntem »Siegel der Propheten« ein für allemal verbindlich abgeschlossen. Selbst Muhammad ist lediglich ein Mensch, dem die Funktion der Offenbarungstätigkeit übertragen wurde. In diesem Sinne gilt Gott als der absolut Eine und Einzigartige. Keine der menschlichen Beschreibungskategorien kommt Ihm jemals nahe. Zwar gibt es im Koran eine ganze Reihe von Aussagen über Gott, die an menschliche Eigenschaften oder Attribute gemahnen, wie etwa Sein Zorn oder Seine Barmherzigkeit bzw. ist von der Hand Gottes oder Seinem Sitzen auf einem Thron die Rede, doch krude anthropomorphistische Deutungen Gottes wurden häufig als Blasphemie gebrandmarkt und hartnäckig verfolgt. Die herrschende Meinung geht dahin, bestimmte »Attribute Gottes« (vgl. Gimaret 1988), die in den heiligen Quellen zur Sprache kommen bzw. insinuiert werden, ohne Aussagen zu deren näherer Beschaffenheit einfach stehen zu lassen und sich eben kein Bild von Gott zu machen. In diesem Sinne versteht sich der Islam als *tauhid*, als radikale Einheitslehre im Sinne einer nicht imaginierbaren und eben nirgendwo auf Erden widergespiegelten Einzigartigkeit Gottes. Menschliche Körper können somit zwar keinerlei göttliche Ebenbildlichkeit besitzen, aber laut Koran bekundet Gott in (95:4) von sich selbst: »Wir haben den Menschen in schönster ebenmäßiger Gestalt geschaffen.«[2] Das bedeutet aber

1 Zur Schau Gottes im Jenseits s. van Ess (1991–1997, Bd. 4: 411–415). Ich danke Dr. Almut Höfert für ihre Durchsicht dieses Artikels und eine Reihe wichtiger Hinweise und Anregungen.

2 Für Koranzitate nach Sure und Vers wird hier die deutsche Übersetzung von Khoury (1987) benutzt, welche sich insgesamt durch sprachliche Flüssigkeit auszeichnet. Islamwissenschaftlich üblich ist die Übersetzung von Rudi Paret.

auch, dass menschliche Körper nicht beliebig behandelt oder verändert werden dürfen. Sie erhalten allerdings – im Gegensatz zu Pflanzen – ihre Werthaftigkeit dadurch, dass sie eine Seele haben. Was die christliche Vorstellung der Erbsünde angeht, so lastet kein vergleichbares Stigma auf Muslimen. Sie kommen mit uneingeschränkter Heilsperspektive zur Welt. Körperfeindlichkeit im Sinne von ausgeprägter Askese ist dem Islam eher fremd (vgl. Koran 2:183–187, 24:32). Der Körper gilt prinzipiell als ein dem Menschen von Gott anvertrautes Gut, welches ehrfurchtsvoll, aber auch genussbereit zu behandeln ist – eben voller Dankbarkeit gegenüber dem Schöpfer. Dies drückt sich beispielsweise darin aus, den selbstverständlich ehelichen Geschlechtsverkehr mit der koranischen Formel *bismillah*, »im Namen Gottes«, einzuleiten (Katz 2002: 23). Islamische Paradiesschilderungen sind – von einigen philosophisch geprägten Ausnahmen abgesehen – von ausgeprägter Körperlichkeit und antizipieren eine breite Palette sinnenfroher Genüsse.[3] Jenseitige Körperlichkeit, wie auch immer sie näherhin konzipiert wird, hat die Funktion, dass sich in ihr nach der Auferstehung göttliche Gerechtigkeit in Form von Belohnung und Strafe manifestieren kann (Setzer 2004: 153).

Die Ansichten der islamischen Theologie werden durch Vorschriften der traditionellen Jurisprudenz arbeitsteilig ergänzt. Im Sinne der These von Marcel Mauss, dass es so etwas wie natürliches körperliches Verhalten gar nicht gibt (Mauss 1975: 199–200), können diese beiden Genres der so genannten »koranischen Wissenschaften« aber sehr wohl als relevante Faktoren zur Beeinflussung von sozialen Wahrnehmungen und Inszenierungen des Körpers gelten. Die Scharia, das den Menschen gestiftete Gottesrecht, bietet den Gläubigen umfassende Orientierung am göttlichen Willen und zeigt dadurch den Weg zum Heil im Dies- und Jenseits auf. Sie gilt als im Koran angelegt und durch den Propheten Muhammad implementiert und vorgelebt. An diese Quellen knüpft die islamische Jurisprudenz, der *fiqh*, wörtlich »Verstehen« an, denn der Großteil schariatrechtlicher Bestimmungen ist *nicht* von Gott oder Seinem Gesandten im Detail ausformuliert und kann deswegen auch nicht von den Menschen mit letzter Gewissheit behauptet werden. Das bedeutet, die meisten Anschauungen und eben auch der Umgang mit dem menschlichen Körper sind – zumindest in einem gewissen Rahmen – durchaus verhandelbar bzw. müssen im Lichte der bestehenden göttlichen Einzelbestimmungen und allgemeinen islamischen Prinzipien für

3 El-Saleh (1971: 34–42). Arabische Philosophen haben das Paradoxon paradiesischer Glückseligkeit bei Abwesenheit von Hunger und Durst gesehen. Ihre Erörterungen sind jedoch nicht Gegenstand dieses Beitrags.

jede Zeit immer wieder neu formuliert und an die jüngere Entwicklung angepasst werden. Entsprechende Adaptionsleistungen finden sich in den Regelwerken der thematisch weit gespannten juristischen Kompendien. In vormoderner Zeit wurde islamisches Recht in erster Linie in solchen Schriften niedergelegt, d.h. es setzte sich aus Tausenden von Versionen einzelner Gelehrter zusammen, die ihrerseits verschiedenen Schulen angehörten und angehören, ohne dass dies aber zu einer klaren Kanonisierung geführt hätte. So wenig wie es »den Islam« gibt, so wenig hat islamisches Recht jemals als fest gefügter Block existiert und tut es eigentlich bis heute nicht – selbst nach der Einführung moderner Gesetzgebung, *qanun*, nach europäischen Muster.[4] Zur beanspruchten *Reichweite* des Schariatsrechts gehören viele soziale Bereiche, die deutlich über den Radius einer modernen westlichen Rechtsordnung hinausgehen. Für das hier zur Debatte stehende Körperverständnis bedeutet das, dass viele Aspekte wie etwa der Umgang mit dem Leichnam, Regeln zur Körpergestaltung und Schönheitspflege oder die Reglementierung von Blicken und Berührungen zwar meist nicht von staatlicher Gesetzgebung erfasst werden, aber dennoch fortlaufend einer schariatrechtlichen Beurteilung unterzogen werden. Medizinische oder sonstige Neuerungen, welche einen Eingriff in den menschlichen Körper darstellen oder die ihm zugesprochene Integrität (*hurma*) tangieren könnten, werden zunächst einmal in meist privaten Rechtsgutachten, so genannten Fatwas, nach dem Grad ihrer Gottgefälligkeit befragt und dabei als entweder verboten, missbilligt, indifferent, empfohlen oder geboten eingestuft.[5] Solche auf Anfrage mündlich oder schriftlich erteilten Stellungnahmen sind im sunnitischen Islam in der Regel unverbindlich und geben entweder bereits ausgearbeitete Rechtsauffassungen wieder oder tragen ihrerseits zur weiteren Erschließung der Scharia bei. Traditionell ist die Gutachtenerteilung kein Amt sondern eine von Kundigen selbstverständlich ausgeübte Nebenfunktion. Heutzutage ist sie allerdings teilinstitutionalisert und wird auch von modernen Medien vermittelt. Fatwas verkörpern somit keine dogmatische Monokultur und sind eine wichtige Quelle, um in authentischer Weise Reaktionen auf Anpassungsprobleme in der Moderne zu studieren. Dies gilt vordringlich für so genannte Errungenschaften moderner Medizin, für Körpergestaltung oder Ernährung und deren Herausforderung des Verständnisses von körperlicher

4 In islamischen Ländern wurden für viele Rechtsbereiche europäische Gesetzbücher mehr oder weniger übernommen. Primär Schariatrechtliches findet sich meist nur noch in Restzonen wie dem Familienrecht. Für einen Überblick s. Ebert (2005).

5 Hierzu und zum Folgenden Krawietz (1991).

Unversehrtheit. Schlüsselfatwas fanden und finden Eingang in besagte Kompendien und ähnliches Schrifttum und tragen dazu bei, das aktuelle Verständnis der Gläubigen zu prägen. Selbst mit Blick auf heutzutage staatliche Regelungsbelange wie Organtransplantation, künstliche Befruchtung oder Klonen[6] äußern sich Schariatsexperten auch unabhängig von gezielter staatlicher Beauftragung als Ansprechpartner der muslimischen Bevölkerung inner- und außerhalb islamisch geprägter Gesellschaften. Diese einleitenden Auskünfte mögen als Grobrahmen zum Verständnis normativen Islams genügen.

Bei schwierigen Themen – und Körpervorstellungen im Islam gehören ganz unstreitig dazu – ist zunächst der Koran und danach die zweite materielle Quelle des Islams, die Prophetentradition (*sunna*), zu berücksichtigen. Der Koran ist allerdings kein Gesetzbuch, sondern in erster Linie eine spirituelle Erbauungsschrift. Seine insgesamt 114 Kapitel, die Suren, sind zwar häufig nach ihrem inhaltlichen Schwerpunkt benannt, so dass es beispielsweise eine Sure zu Abraham (14), eine andere zu Dämonen (72) oder eine weitere über Bienen (16) gibt, doch eine geschlossene Darstellung über den Körper an und für sich sowie dessen umfassenden Schutz ist dort weder in Surenform anzutreffen noch in sonstigen größeren zusammenhängenden Sinneinheiten. Dies hat sich sogar in der ansonsten sehr verdienstvollen und empfehlenswerten Koranenzyklopädie niedergeschlagen.[7] Unter dem Eintrag »body« findet man dort lediglich den Verweis auf die Unterstichwörter »anatomy« oder einzelner Körperteile wie Ohren oder Ähnliches. Ein vergleichbarer Befund gilt auch für die zweite Rechtsquelle, die Sunna.[8] Diese wurde erst mehrere Generationen nach dem Tode Muhammads anhand der Berichte, arabisch Hadith, über die Auskünfte und das Verhalten des Propheten Muhammad und seiner Nachfolger zusammengestellt und dann auch schriftlich niedergelegt. Die meisten der so entstandenen Sammelwerke sind thematisch geordnet. Auch wenn sie dabei nicht einem einheitlichen Schema folgen, umfassen sie doch in erstaunlich breitem Maße die Lebenswelt gläubiger Muslime, normative Vorgaben sowie theologische Gewissheiten und eschatologische Erwartungen. Selbst in diesen thematisch äußerst breit gestreuten Kapiteln ist der menschliche Körper nicht als eigenständiger Gegenstandsbereich anzutreffen. Dennoch gibt es in Hadith-Werken eine Rei-

6 Zum Klonen s. Eich (2005: 93–104).

7 McAuliffe (2001).

8 Zum System der Rechtsquellen und insbesondere zur Stellung der Sunna s. Krawietz (2002: 115–181).

he etablierter Unterthemen, welche bereits wichtige inhaltliche Bezüge zu unserer Fragestellung aufweisen, wie zum Beispiel die Kapitel Tod oder rituelle Reinheit.[9]

Ähnliches ist zunächst einmal für das islamische Recht zu verzeichnen, wenn man sich dessen polythematische Kompendien ansieht. Sie verfügen über kein Kapitel bzw. keine größere geschlossene Darstellung allgemeiner Natur, die speziell dem menschlichen Körper oder körperlicher Integrität als einem schariatrechtlichen Grundprinzip gewidmet wären. Eine gewisse Ausnahme bilden im Übrigen diejenigen Bestimmungen, welche sich mit gezielter Außerkraftsetzung körperlicher Unverletzlichkeit beschäftigen, nämlich die – auf Deutsch so bezeichneten – Körperstrafen des islamischen Strafrechts oder auch das Prinzip der Wiedervergeltung (*qisas*).[10] Allerdings werden dort Körperstrafen nicht etwa als Verletzungen der körperlichen Integrität problematisiert, sondern es wird stillschweigend vorausgesetzt, dass der Delinquent seinen generell bestehenden Anspruch darauf verwirkt hat. Im klassischen islamischen Recht gibt es nicht wie in kontinentaleuropäischen Rechtsordnungen so etwas wie einen allgemeinen Teil der den Einzelregelungen zugrunde liegenden Prinzipien. Deswegen sollen hier in aller Kürze markante körperrelevante Unterthemen zusammengestellt und einige Schlüsselkapitel bzw. Kernfragen näher betrachtet werden. Entscheidendes Grundprinzip ist dabei, dass die schariatrechtlichen Vorschriften in so genannte Rechte Gottes (*huquq allah*), die als absolut unverfügbar gelten, und solche der Menschen (*huquq al-`ibad*), auf die gegebenenfalls von den betroffenen Individuen verzichtet werden kann, unterteilt werden.[11] Letztere sind – auch wenn sie wörtlich als »Rechte der Diener« Gottes bezeichnet werden – natürlich nicht mit den modernen Menschenrechten zu verwechseln. Die schariatrechtlichen Körperstrafen (*hudud*, Sing. *hadd*) resultieren aus einer Verletzung der Rechte Gottes und gelten deswegen als nicht verhandelbar. Ihre Anwendung wird allerdings durch außerordentlich restriktive Beweisregeln eingedämmt.

Mit Blick auf die weiteren Gegenstandsbereiche des islamischen Rechts ist zunächst einmal die Ritualgesetzgebung (*`ibadat*) zu nennen, welche den Auftakt und die erste Hälfte besagter Kompendien in Anspruch nimmt. In eigenen Kapiteln zum Fasten und zum Gebet, weisen immerhin zwei der so

9 Körperbezüge des Politischen werden in diesem Beitrag ausdrücklich ausgeklammmert.

10 Für schariatrechtliche Körperstrafen s. El Baradie (1983: 96–152).

11 In bestimmten Fällen können auch gemischte Ansprüche vorliegen und müssen vom bearbeitenden Juristen entsprechend berücksichtigt werden.

genannten fünf »Stützpfeiler der Religion«, welche Hauptgegenstand der Ritualgesetzgebung sind, ausgeprägte Körperbezüge auf. Deren Forderungen strapazieren den Gläubigen zwar meist nicht über Gebühr, führen ihn aber gelegentlich insoweit an seine körperlichen und damit auch psychischen Grenzen, als der Mensch in seiner Alltagspraxis durch ihre Befolgung verschiedentlich mit seiner eigenen körperlichen Bedürftigkeit und Unzulänglichkeit konfrontiert wird. Dies betrifft insbesondere das Verbot, im Ramadan während des noch irgendwie hellen Tages zu essen oder zu trinken. Gerade dann, wenn der – gegenüber dem Sonnenjahr rotierende Mondmonat – Ramadan in den heißen Sommer fällt, stellt ein solches Fastengebot eine beträchtliche Belastung dar. Das zweite körperrelevante Gottesrecht ist das fünfmal täglich zu verrichtende islamische Pflichtgebet (*salah*) des Gläubigen. Es sorgt mit seinen Rumpfbeugen und Prosternationen für regelmäßige sportliche Grundelemente. Leibesübungen, welche Beweglichkeit und Durchhaltevermögen schulen, bereiten traditionell in gewissem Sinne auch auf den heiligen Kampf (*dschihad*) vor, welcher von einer Minderheit sogar als sechste Pflicht des Islams propagiert wird. Hier soll natürlich nicht vermeintlichen Wehrsportübungen im Dienste der Religion das Wort geredet, sondern lediglich darauf hingewiesen werden, dass die beträchtlichen militärischen Erfolge der frühen islamischen Geschichte nicht von verweichlichten Städtern, sondern von Leuten mit beduinischem Hintergrund und Erfahrungen in altarabischen Überfällen mit Beutezügen[12] erzielt wurden. Die prinzipielle islamische Forderung nach körperlicher Ertüchtigung trägt dem menschlichen Grundbedürfnis nach Sport und Spiel Rechnung, wobei insbesondere Wettkämpfe grundsätzlich anerkannt und nachhaltig gefördert werden. In islamischem Schrifttum werden beide Themen häufig zusammen erörtert. Des Weiteren wird im schariatrechtlichen Standardkapitel »Jagd« der Aspekt von körperlichem Einsatz zur Selbstversorgung vorausgesetzt. Wenn sich Sport allerdings als Impuls verselbständigt und von den Grundpflichten des Glaubens ablenkt, ist er abzulehnen. Sportliche Helden sollen wegen bestehender Idolatriegefahr (*schirk*) nicht übermäßig verehrt werden. Extremsportarten oder solchen mit hohem Gefahrenrisiko wird das Gebot zum Lebenserhalt gegenübergestellt. Schließlich gilt das Leben (*nafs*) als eines der fünf Grundgüter, auf denen die gesamte islamische Rechtsordnung basiert.[13] Im Folgenden werden in aller Kürze einige besonders relevante Themenbereiche der weitgehend kasuistisch angelegten Rechtskompendien

12 Singular *ghazwa*, woraus sich auch unser Wort Razzia entwickelte.
13 Die weiteren sind Verstand, Religion, Besitz und Abstammung.

und auch der Fatwas herausgegriffen wie Definition und Schutz des Lebensanfangs, Vorschriften zum Lebensende, rituelle Reinheit, geschlechtsspezifische Normen und moderne medizinische Errungenschaften. An ihnen soll das dem islamischen Recht besonders vertraute Verständnis vom Körper als einer Aushandlungszone zwischen Gott und Mensch verdeutlicht werden.

1) Definition und Schutz des Lebensanfangs

Das Verständnis von körperlicher Integrität ist verbunden mit der grundsätzlichen islamischen Definition von Leben und dem Schutz des Lebensanfangs. Dieser Komplex lässt sich anhand der Abtreibungsfrage aufzeigen.[14] Weder Koran noch Sunna nehmen ausdrücklich zur Abtreibung Stellung. Die Betonung des Lebens als übergeordnetem Wert stellt jedoch einen vertrauten Ausgangspunkt der Argumentation dar. So heißt es im Koran in (5:32) »Wenn einer jemanden tötet, jedoch nicht wegen eines Mordes oder weil er auf der Erde Unheil stiftet, so ist es, als hätte er die Menschen alle getötet. Und wenn jemand ihn am Leben erhält, so ist es, als hätte er die Menschen alle am Leben erhalten.« Die Verbote in Koran und Sunna, Leben zu töten und insbesondere dasjenige neu geborener Mädchen (81:8–9, 16:58–59), werden im klassischen Islam in analoger Weise auch auf die Tötung ungeborenen Lebens ausgedehnt. Die genauen Kriterien vollen Menschseins bleiben jedoch unklar. Aufgrund koranischer Vorgaben gilt die Beseelung (*nafh al-ruh*) zwar als der entscheidende Moment, aber wann genau bereits von beseeltem Leben ausgegangen werden kann, ist höchst umstritten. Zu diesem Komplex besteht eine dezidierte koranische Embryologie, die im exegetischen Schrifttum unter Heranziehung von Hadithen weiter ausgedeutet wird. Trotz beträchtlicher Variationen untereinander orientieren sich die Gelehrten üblicherweise an einem korangestützten Schema der schrittweisen Entwicklung des Embryo. Am wichtigsten sind dabei die Koranverse:

> (23:12–14): »Und wahrlich, Wir schufen den Menschen aus entnommenem Ton. Dann machten Wir ihn zu einem Tropfen in einem festen Aufenthaltsort. Dann schufen Wir den Tropfen zu einem Embryo, und Wir schufen den Embryo zu einem Fötus, und Wir schufen den Fötus zu Knochen. Und Wir bekleideten die Knochen mit Fleisch. Dann ließen Wir ihn als eine weitere Schöpfung entstehen.«

14 Als Darstellung für vormoderne Stellungnahmen s. Katz (2003: 25–50).

Dies wird durch Hadithe näher ausgeführt. So soll der Prophet gesagt haben: »Jeder von euch entsteht in der Gebärmutter seiner Mutter in 40 Tagen, dann ist er ein Klumpen Blut für den gleichen Zeitraum, dann ein Klumpen Fleisch für den gleichen Zeitraum. Dann schickt Gott einen Engel zu ihm [...] Dann wird ihm der Odem eingehaucht.« Es werden somit drei 40-Tage-Stadien der Leibesfrucht ausgemacht, wobei Beseelung ohnehin alles andere als ein naturwissenschaftlich faßbares Konzept ist und dementsprechend zu unterschiedlichen Auffassungen seiner genauen zeitlichen Bestimmung führt. Klar ist nur, dass Abtreibung *nach* der Beseelung als allgemein verboten gilt. Als spätester Zeitpunkt wird meist 120 Tage angegeben. Einige setzen ihn aufgrund anderer Hadithe auf 40 Tage an. Manche halten alle Zeitpunkte eines Eingriffs unter 40 Tagen für straffrei. Allgemein lässt sich sagen, dass wenn eine Abtreibung in den ersten 120 Tagen *ohne* guten Grund erfolgt, sie zumindest missbilligt wird. Die herrschende Meinung akzeptiert die straffreie Möglichkeit eines Abbruchs zumindest in den ersten 40, wenn nicht sogar den ersten 120 Tagen. Alle Rechtsschulen fordern jedoch einen stichhaltigen Grund für einen Abbruch.

2) Bestimmungen zum Lebensende

Das im Schrifttum am häufigsten anzutreffende islamische Todeskonzept ist in analoger Weise maßgeblich mit dem – ebenfalls unsichtbaren – *Austritt* der Seele aus dem Körper verbunden. Da dieser Vorgang jedoch – wenn auch mit einer gewissen zeitlichen Verzögerung – verschiedene körperliche Spuren hinterlässt, war deren Auflistung immer schon Gegenstand islamischer Rechtswerke. Eine genaue Bestimmung des Todeszeitpunktes ist traditionellerweise relevant gewesen für Fragen der Erbfolge oder den Beginn der Wartefrist zur Wiederverheiratung von Witwen. Erst die moderne Organtransplantation und die Frage der Akzeptanz von Hirntod haben jedoch den althergebrachten Kriterienkatalog und das Verständnis vom Tod fundamental auf den Prüfstand gebracht.[15] In der Regel ziehen Kommentatoren mittlerweile eine Kombination aus Hirntodkonzept und zumindest einigen traditionellen Indikatoren zur Todeszeitbestimmung heran. Organtransplantation ist im Übrigen insbesondere auf der Arabischen Halbinsel stark ver-

15 Hierzu und zum Folgenden Grundmann (2004: 27–46), Krawietz (2003: 194–213).

breitet und genießt dort beträchtliche, Petro-Dollar-gestützte staatliche Förderung. Allerdings tun sich Angehörige oft schwer, bei Fragen der Abschaltung der Geräte zur Aufrechterhaltung der grundlegenden Körperfunktionen ihre Einwilligung zur Organspende zu erteilen. Zustimmende offizielle Verlautbarungen religiös-rechtlicher Würdenträger können sich in diesem Bereich nicht immer durchsetzen.

Dass schariatrechtlicherseits ein generelles Selbsttötungsverbot vertreten wird, ist lange Zeit vollkommen unstreitig gewesen. Erst das Aufkommen des islamischen Fundamentalismus in den letzten Jahrzehnten und vor allem die zahlreichen Selbstmordattentate haben neuerdings verstärkt den Blick auf innerislamische Märtyrertraditionen gelenkt, welche jedoch die längste Zeit ihrer Geschichte eine allenfalls marginale Rolle gespielt haben. Die westliche Öffentlichkeit ist aber geneigt, von einer typisch islamischen Todessehnsucht sowie Affinität zur Tötung und/oder (Selbst-)Tötung auszugehen (vgl. Pannewick 2005: 351–371). Bestärkt werden solche Orientalismen durch Neuinszenierungen des Gedankens vom Heiligen Krieg (*dschihad*) sowie durch die als anachronistisch empfundenen Strafrechtsordnungen in Staaten wie Saudi-Arabien, Sudan, Pakistan oder Iran, welche Apostasie, Drogenhandel, Mord oder Unzucht mit dem Tode bedrohen. Anarchische Ehrenmorde, die mittlerweile auch europäische Städte erreicht haben, tun ein Übriges, um solche Eindrücke vom Islam als einer angeblichen »Kultur des Todes« zu transportieren.

Unterhalb der Ebene der Todesstrafe, um das hier noch einzufügen, kennt das traditionelle islamische Recht diverse empfindliche Körperstrafen. Dabei handelt es sich neben dem von der Scharia anerkannten Talionsprinzip, das hier ausgeklammert werden soll, entweder um richterliche Ermessensstrafen (*ta`zir*) oder um einige Delikte mit genauen Strafandrohungen, die als unabänderliche Rechte Gottes betrachtet werden, wie Handabhacken bei schwerem Diebstahl oder Auspeitschen bei Unzucht unverheirateter Personen. Diese Maßnahmen dürfen jedoch unter keinen Umständen zum Tode führen bzw. ist bei Hinrichtungen auf deren genaue Durchführung zu achten, ohne dass hier behauptet werden soll, dass man es mit islamischen Anti-Folter-Bestimmungen *avant la lettre* zu tun hätte. Von gerade Strafrechtsbestimmungen abgesehen gilt jedoch bis zum sprichwörtlichen letzten Atemzug – rein normativ betrachtet – das Prinzip der körperlichen Unverletzlichkeit und Integrität des Menschen. Dieser Schutz wird im Arabischen häufig mit dem Wort (*hurma*)[16] ausgedrückt, welches etwa mit »Verbot«, »Tabu« oder »durch Verbote garantierte Schutzzone« wiedergegeben werden kann. Diese Wertschätzung der, wie es heißt, Nachkommen Adams drückt sich nach ihrem Tod in einer rituell genau geregelten, ehrenvollen Behandlung (*takrim*) des Leichnams des Verstorbenen aus. Dies betrifft vor allem die vorgeschriebenen Bestattungsriten und beispielsweise das ausdrückliche Verbrennungsverbot sowie das Verbot vorzeitiger Exhumierung oder anderweitig despektierlichen Umgangs mit Toten.

3) Rituelle Reinheit und Körperbewusstsein

Das fünf mal täglich zu verrichtende Pflichtgebet erinnert den Gläubigen daran, dass sein Körper ein ihm von Gott nur vorübergehend und zum Zwecke der Prüfung gewährtes Gut ist, welches mit einer Reihe spezieller Verpflichtungen und Bestimmungen verbunden ist. Durch präzise Forderungen nach ritueller Reinheit (*tahara*) wird die Aufmerksamkeit des Muslims spätestens vor Beginn eines jeden Gebets auf körpereigene Vorgänge sowie physische Austauschprozesse mit seiner unmittelbaren Umgebung gelenkt. Dieser regelmäßige Sitz im Leben findet seinen schariatrechtlichen Niederschlag darin, dass rituelle Reinheit das sicher erwartbare Auftaktkapitel traditioneller juristischer Kompendien darstellt. Hier ist allerdings nicht der Ort, die einschlägigen islamrechtlichen Bestimmungen auch nur in groben Zügen nachzuzeichnen.[17] Es sei nur so viel gesagt, dass das Konzept in starkem Maße darauf basiert, dass Unreinheit durch eigene körperliche Ausscheidungen oder Prozesse bzw. durch als unrein deklarierte Substanzen oder Dinge gleichsam vorprogrammiert ist und allenfalls kurzfristig hinausgezögert werden kann. Sowohl Reinheits- als auch Speisegebote sind konstitutiv als kulturelle Prägungsmuster für Ekelgefühle. Dem Muslim obliegt es, durch skrupulöse, aber durchaus bewältigbare Maßnahmen die geforderte Reinheit zumindest für die Dauer des Gebets herzustellen, bei welchem er dann geläutert vor Gott treten soll. Muslime reagieren oft äußerst empfindlich auf Störungen dieses Ritualsystems und möchten Problemfälle und die

16 Vgl. Krawietz (1991: 74–79, 317–328). Von derselben Wortwurzel abgeleitet ist übrigens auch das Wort Harem (*harim*).

17 Entsprechende Darstellungen finden sich zum Beispiel bei Bakhtiar (1996: 3–62) oder Ibn Rushd (1994, Bd. 1: 1–95).

mit ihnen verbundenen Gewissensfragen eingehend debattiert haben. Nach Auskunft zahlreicher Fatwas erscheint gerade in der modernen Lebenswelt das Reinheitsgebot vielfach gefährdet. Dies geschieht vor allem durch eine ständig wachsende Anzahl von Lebensmittelzusätzen, Medikamenten oder Körperpflegemitteln mit möglicherweise verbotenen Inhaltsstoffen bzw. untersagter Wirkung. Die besondere Sorgfalt und Umsicht von muslimischen Gläubigen mit Problemen ritueller Unreinheit lässt sie auch Fragen zur Monatsblutung, Ejakulation, Blähungen oder Inkontinenz eingehend und sogar in halböffentlicher oder öffentlicher Kommunikation erörtern. Dieses Phänomen hat die westliche Islamwissenschaft lange Zeit nicht angemessen einordnen können und hat sich deswegen nachhaltig konsterniert gezeigt. Eine Debattierung solcher Angelegenheiten wurde als peinliches *privatissimum* behandelt. Einige westliche Gelehrte haben einschlägige schariatrechtliche Diskussionen sogar als »theologische Pornographie« (*theo porn*) zurückgewiesen (Reinhart 1990–91: 1). In ihren Bemühungen um *tahara* werden hier jedoch für Muslime zentrale Bereiche ihrer körperlich-seelischen Integrität verhandelt. Gewisse soziale Auswirkungen spüren auch westliche Islamwissenschaftler, etwa die Weigerung mancher muslimischen Vertreter, Nichtmuslimen und insbesondere Frauen die Hand zu geben, oder die Empörung muslimischer Studenten – beispielsweise im Rahmen einer ökumenisch angelegten wissenschaftlichen Veranstaltung – abends bei Tisch eine Weinflasche weiterreichen zu sollen. Immer mal wieder findet sich das Thema rituelle Reinheit mit voller Wucht in den Medien: Vom so genannten »Testament« des 9\11-Attentäters Muhammad Atta mit genauen Anweisungen zur Waschung seines Leichnams bis zur – extrem bedeutsamen – Frage von Schändungen, die an Gefangenen verübt wurden, welche man als »Kombattanten« an Orte wie Abu Ghraib oder Guantánamo Bay gebracht hatte. Letztere verstoßen zwar nicht bloß gegen islamische *Reinheits*gebote, doch kann die dort bewirkte und weltweit medial vermittelte nachhaltige Verletzung religiös gespeister kollektiver Ekel- und Schamgefühle kaum überbetont werden. Dies gilt insbesondere auch, was bereits zum nächsten Aspekt überleitet, für die Zurschaustellung und Berührung entblößter Körper.

4) Geschlechterverständnis

Aus schariatrechtlicher Perspektive ist eine integritätsschädigende Entblößung bei männlichen und weiblichen Körpern in unterschiedlichem Maße gegeben. Beim Mann gilt die Zone zwischen Nabel und Knie als unbedingt zu bedeckender Schambereich, so dass manche Sport-Trikots bereits als suspekt gelten, während bei Frauen mehrheitlich allein Gesicht, Hände und Füße vom Verhüllungsgebot ausgenommen werden. Die Bekleidung in der Öffentlichkeit gilt bekanntermaßen nicht als Privatsache, wobei die schariatrechtlichen Vorgaben noch durch lokale Sitten und Gebräuche modifiziert werden. Beeinträchtigungen körperlicher Integrität werden – vom Strafrecht abgesehen – für den Bereich des Islams sehr häufig mit der ihm unterstellten besonderen Diskriminierung von Frauen in Verbindung gebracht. Die gesamte Gender-Problematik kann hier natürlich nicht aufgerollt werden.[18] Es sollen lediglich einige Kerndebatten benannt werden, an denen sich die Frage der Selbst- und Fremdbestimmung über den eigenen Körper entzündet. Dies betrifft besonders die Betonung einer deutlichen *doing gender*, welches in der Scharia an verschiedenen Stellen zutage tritt und als deutliche Forderung an die Gläubigen herangetragen wird.

Generell gilt, dass sich das islamische Recht in starkem Maße anheischig macht, die jeweils unterschiedlichen Rechte und Pflichten von Frauen und Männern darzulegen und dabei sowohl in optischer Hinsicht als auch vom Habitus her um deutliche Konstruktionen einer bipolaren Geschlechterdifferenzierung bemüht ist. Dass diese grundsätzliche Dichotomisierung gar nicht so einfach ist, zeigt sich allein schon daran, dass das traditionelle islamische Recht noch eine dritte Geschlechterkategorie kennt, in der allerlei unklare und zweifelhafte Fälle zusammengefasst werden, nämlich die Figur des Hermaphroditen (*huntha*) (Sanders 1991: 74–95). Die Existenz dieses Rechtssubjekts, welches in verschiedenen Situationen jeweils eine eigene schariatrechtliche Regelung erheischt, gilt einigen Autoren als Ausweis einer größeren vormodernen Ambivalenztoleranz des Islam. Es ist jedoch Vorsicht geboten, aus Texten »eine Sensibilität herauszuhören, die eindeutig ein Projekt der neunziger Jahre sind« (Bynum 1996: 27). Die traditionelle Berücksichtigung von Hermaphrodismus im islamischen Recht bedeutet jedoch keineswegs, dass man sich als Muslim willkürlich seiner vorgegebenen Geschlechterrolle entziehen und gleichsam einen dritten Weg beschreiten

18 Statt vieler anderer Malti-Douglas (1991).

könnte. Jedwede Ambivalenz in der Geschlechteridentität soll unbedingt vermieden werden. Dies betrifft auch unzulässige Ansätze zu einem *Cross-Dressing*. Eine Reihe von Gelehrten reden selbst einer Sanktionierung von Bartlosigkeit beim Mann das Wort. Noch wesentlich eindeutiger fällt das Verbot und die schwere Bestrafung von Homosexualität (*lutiya*) aus.[19] Die als natürlich ausgewiesene Schönheit der Frau darf und soll durch eine ganze Reihe konservatorischer und optimierender Maßnahmen abgestützt und gefestigt werden. Nutznießer ist der rechtmäßige Ehemann. Jede Form ostentativer Zurschaustellung ihrer Reize gegenüber Dritten hat jedoch zu unterbleiben. Abgelehnt werden in der Regel auch Maßnahmen, die massiv über Alter und tatsächlichen Genbestand hinwegtäuschen. Während Tätowierungen laut Hadith bei beiden Geschlechtern als verboten gelten, ist der Umgang mit Haaren und Körperbehaarung nicht unumstritten und gipfelt beispielsweise in einigen Auskünften, dass die Ehefrau der Zustimmung ihres Ehemannes bedürfe, um sich die Haare schneiden zu lassen. Was nun massive operative Maßnahmen angeht, die eigene Geschlechteridentität nicht nur ansprechender zu konturieren, sondern ihr überhaupt erst einmal zum Durchbruch zu verhelfen, so wird ihnen bei dringender medizinischer Indikation und einer Situation besonderer psychischer Belastung durchaus stattgegeben. Dies geht nach Auskunft einiger Gelehrten sogar bis zur so genannten Geschlechtsumwandlung.[20] Abgelehnt werden jedoch in vielen Fatwas operative Eingriffe, die, wie es heißt, dem Geist materialistischer westlicher Zivilisation entspringen. Letztere zeichne sich dadurch aus, dass die im Koran verbürgte Mannigfaltigkeit von Schönheit innerhalb der Schöpfung Gottes in frevlerischer Weise auf genormte Phänotypen reduziert werde.

Ein Dauerbrenner für westliche Kommentatoren ist auch die schon vom Koran (4:34) empfohlene moderate körperliche Züchtigung renitenter Ehefrauen: »Die rechtschaffenen Frauen sind demütig ergeben und bewahren das, was geheimgehalten werden soll, da Gott es geheim hält. Ermahnt diejenigen, von denen ihr Widerspenstigkeit befürchtet und entfernt euch von ihnen in den Schlafgemächern und schlagt sie.« Wesentlich fremder und unverständlicher erscheint westlichen Beobachtern die Beschneidung von Mädchen, welche aber gerade in den letzten Jahren vom Inbegriff barba-

19 Adang (2003: 5–31). Dieser normative Aspekt steht jedoch in deutlichem Widerspruch zu einzelnen regionalen Duldungsmodellen sowie beträchtlicher Libertinage oder zumindest doch gewollter Ambivalenz gerade im Rahmen der Poesie.

20 Vgl. aber das Kapitel »Never Change your Sex in Cairo« bei Skovgaard-Petersen (1997).

rischen Brauchtums zu einer äußerst prominenten Menschenrechtsdebatte avancierte. Bei diesem Thema wird im Schariatsrecht deutlich vom üblichen Integritätsgebot abgegangen und zwar gar nicht unter Berufung auf einen anerkannten medizinischen Nutzen oder – wie bei den islamischen Körperstrafen – gestützt auf eine ganze Reihe von Koranzitaten und darauf bezogenen Prophetenüberlieferungen.[21] Stärkstes Argument dieser – im Übrigen bereits vorislamischen und ohnehin in starkem Maße außerislamischen – Sitte sind lediglich der Hadith »Beschneidung ist eine überlieferte Norm (*sunna*) für die Männer und etwas Edles für die Frauen« sowie die tatsächliche gewohnheitsrechtliche Verankerung in gewissen Gebieten der islamischen Welt. Weibliche Beschneidung und zwar weniger in ihrer radikalen, so genannten pharaonischen Variante, sondern meist in der sozusagen moderateren Form einer Bewahrung des subkutanen Teils der Klitoris wird in Teilen der islamischen wie nichtislamischen Welt sozio-kulturell gebilligt, unterstützt und wohl auch durch das jeweilige Umfeld erzwungen. Die Rechtfertigung erfolgt aber mehr oder weniger halbherzig in religiöser Form. Von einer eindeutigen schariatrechtlichen Vorgabe oder Prägung kann man schlecht sprechen, da die Befunde von Region zu Region beträchtlich schwanken und eine starke Verbreitung gerade auf dem afrikanischen Kontinent südlich der Sahara zu verzeichnen ist. Beschneidung wird in der Systematik traditioneller schariatrechtlicher Kompendien nicht etwa im Ehe- und Familienrecht, sondern – in fragwürdiger Analogie zur Knabenbeschneidung – meist im Kapitel ritueller Reinheit behandelt. Das Frappierende bei der Betrachtung einschlägiger heutiger Diskurse ist die häufige Verweigerung einer eingehenden sachbezogenen Auseinandersetzung auf Seiten schariatlicher Autoritäten, welche die beträchtlichen medizinischen Komplikationen und psychischen Spätfolgen solcher Eingriffe meist nicht eingehend besprochen haben möchten.[22] Zugrunde liegt wohl die dem islamischen Recht eigene Vorstellung, dass erstens, Mädchen und Frauen als Verkörperung sexuellen Konfliktpotentials dementsprechend in Schach gehalten werden müssen, und zweitens, dass so etwas auch durchführbar sei und zum gewünschten Erfolg führen könne. Drittens wird vergleichsweise wenig reflek-

21 Zur internen Logik Krawietz (1991: 223–235). Für innerislamische Kritik s. die ägyptische Ärztin und Feministin el-Saadawi (geb. 1931) zum Beispiel (1988: 24–26).

22 Die internationale, in den Räumen der Azhar-Universität in Kairo ausgetragene Scharia-Konferenz am 22.-23.11.2006 zur Ächtung weiblicher Beschneidung erscheint aber als Ausdruck eines möglichen Paradigmenwechsels. Für diesen Hinweis und das betreffende Rundschreiben der Organisation »Target« danke ich Herrn Prof. Dr. Karl-Heinz Leven (Freiburg).

tiert über den Beitrag von Männern, von sich aus gewisse Auswüchse im Umgang zwischen den Geschlechtern zu vermeiden. Man setzt somit üblicherweise bei den Schutzbefohlenen, den Mädchen, an. Für schariatrechtliche Diskurse gilt in gesteigertem Maße, dass der weibliche Körper als das vermeintlich Besondere als geschlechtlicher Körper konstruiert wird und Körperlichkeit gleichsam als »zentraler ›Marker‹ des weiblichen Geschlechts« erscheint (vgl. Meuser 2005: 280, 284). Eine große Rolle spielt im Zusammenhang mit weiblicher Beschneidung wiederum die starke islamische Betonung übersichtlicher Abstammungslinien und damit die Wahrung des Grundgutes der Abstammung (*nasab*). Um genealogische Reinheit zu gewährleisten, sind in der islamischen Geschichte immer schon beträchtliche Anstrengungen unternommen worden.

5) Organtransplantation als Maximaleingriff in den menschlichen Körper

Die Übertragung von Organen (*naql al-a`da`*) mag als ein weiteres Beispiel dafür dienen, dass sich das islamische Recht in besonderen Situationen mit gravierenden Eingriffen in den menschlichen Körper einverstanden erklären kann (Vgl. Krawietz 1991: 169–202). Es illustriert, dass eine ganze Reihe moderner medizinischer Errungenschaften durchaus positiv aufgenommen werden, solange sie nicht gegen verbürgte Normen der Scharia verstoßen. Die Transplantation von Körperteilen Verstorbener wurde in der islamischen Welt bereits vor ungefähr einem halben Jahrhundert im Zusammenhang mit der Hornhauttransplantation diskutiert. Da Augenkrankheiten in der arabischen Welt besonders verbreitet waren und sind, stellte diese Möglichkeit seinerzeit eine besonders vielversprechende Behandlungsmethode dar. Das Schariatsrecht hat hier mitgezogen. Prinzipiell gilt jedoch die Unantastbarkeit von Toten, welche einen Anspruch darauf haben, dass ihr Leichnam ehrenvoll behandelt und einer islamgemäßen Erdbestattung zugeführt wird. Nur ausnahmsweise und unter Anerkennung äußerster medizinischer Notwendigkeit (*darura*) werden bestimmte ärztliche Mittel und Maßnahmen, welche ansonsten verboten sind, entschuldigt. Die »Behandlung mit Verbotenem« (*al-tadawi bil-muharram*) stellt dabei eine breit gespannte Debatte dar, die bis in die islamische Frühzeit zurückreicht und von den muslimischen Juristen zu allen Zeiten anhand verschiedener Analogiefälle eingehend geführt worden ist. Eine Organspende jedoch, die überhaupt erst zum Tode oder zu schweren gesundheitlichen Einbußen des Spenders führen würde, gilt unstreitig als verboten. Zweifach vorhandene Organe wie Nieren dürfen nach entsprechendem ärztlichen Ratschluss transplantiert werden. Obwohl der menschliche Körper als Eigentum Gottes ausgewiesen ist, darf sein irdischer Besitzer dennoch altruistisch darüber verfügen, wenn dies zum schariatrechtlich anerkannten Wohle (*maslaha*) eines Mitmenschen geschieht. Jedwede Kommerzialisierung ist damit jedoch ausgeschlossen. Einige islamische Staaten betreiben längst ausgesprochen ehrgeizige Transplantationsprogramme und ihre religiösen Autoritäten betonen, dass Spendenwillige unbesorgt sein sollten, denn transplantierte Organe kehrten am Jüngsten Tag wieder zu ihrem Erstbesitzer zurück.

Fazit

Gerade durch seine Ritualgesetzgebung schärft normativer Islam das spirituelle Bewusstsein seiner Anhänger, indem diese systematisch von einer rein konsumatorischen Inanspruchnahme des Körpers abgehalten werden. Nach Verrichtung ihrer religiösen Pflichten werden die Gläubigen allerdings wieder in ihre alltägliche Körperlichkeit entlassen und dürfen dann physischen Genüssen nicht nur in zuträglichem Maße frönen, sondern diese sogar als eine Art entfernten Vorgeschmack auf das Paradies betrachten. In vormoderner Zeit ist der menschliche Körper und der Schutz seiner Integrität allerdings kein eigenständiger Gegenstand religiösen oder juristischen islamischen Schrifttums.[23] In inhaltlicher Hinsicht liefert diese Literatur jedoch vielfältige Hinweise auf schützenswerte Aspekte der körperlichen Existenz des Menschen und Vorstellungen von dessen prinzipieller Unverletzlichkeit. Eine bloße Fokussierung auf etwa muslimische Menschenrechtsdebatten oder real existierende Restversionen von staatlicher Scharia-Gesetzgebung verkennt das – wie auch immer zu bewertende – außerordentliche Engagement (neo-)traditioneller Schariatsgelehrsamkeit in diesem Bereich. Eine schier unübersehbare Flut von Schriften erörtert nämlich sehr wohl Probleme körperlicher Unversehrtheit. Dies geschieht seltener in grundsätz-

23 Abgesehen von Juristen interessieren sich heutzutage u.a. auch moderne arabische Anthropologen für Konstruktionen von Körperverständnis in der Islamischen Welt, wie zum Beispiel Huri (1997), was hier jedoch ebenfalls ausgeklammert werden muss.

licher Weise als vielmehr indirekt anhand einer Fülle von kasuistisch abgehandelten Fallbeispielen. Körperrelevante islamrechtliche Reglementierungen sind ihrerseits vielfach im wahrsten Sinne des Wortes einschneidend. Im Strafrechts- und Ritualbereich sowie mit Blick auf klare Geschlechterdifferenzierung und -disziplinierung sind dabei die deutlichsten göttlich gestifteten bzw. religiös sanktionierten Eingriffe in die menschliche Physis zu verzeichnen. Gerade am Beispiel der rituellen Reinheit und deren nachhaltiger Beeinträchtigung wird jedoch erkennbar, dass die Scharia nicht nur Produzent von Integritätsverletzungen ist – so die vorherrschende westliche Perspektive – sondern teilweise einen signifikant weiteren Radius des zu schützenden Raumes vorschreibt. Letzteres wird allerdings weder von der westlichen Öffentlichkeit noch von der Islamwissenschaft in ausreichendem Maße wahrgenommen. Einschlägige Medienberichte über Abu Ghraib oder Guantánamo Bay haben sich tief in das kollektive Gedächtnis von Muslimen eingegraben. Das Ausmaß muslimischer Traumatisierung allein schon durch Verletzungen des Schamgefühls und Reinheitsempfindens kann bei diesen Fällen kaum überbetont werden. Im Wesentlichen erst durch den Druck anderer Disziplinen sieht sich die Islamwissenschaft mittlerweile dazu gedrängt, in mehr als nur fragmentarischer Weise zum Körperkonzept und zu Problemen der Unversehrtheit Stellung zu nehmen. Allerdings sind solche Arbeiten noch nicht allzu weit fortgeschritten – jedenfalls gemessen an den Theorieanforderungen und Erkenntnisinteressen etwa der Rechtsvergleichung, aber auch verschiedener anderer Disziplinen wie der Philosophie oder Ethnologie. Ein Eingehen darauf würde aber neben einer mehr als nur punktuellen Kulturgeschichte des Körpers in islamisch geprägten Gesellschaften[24] komplementär noch etwas ganz anderes erfordern, nämlich eine Untersuchung des Konzepts der Person und Fragen der Individualisierung im Islam. Dazu stehen aber wirklich grundlegende Untersuchungen erst noch aus. Das bedeutet jedoch, dass sich solche Körperkonzepte in ihren Variationen erst im Rahmen einer dezidiert medizinhistorischen, philosophischen, soziologischen bzw. ethnologischen Islamforschung angemessen erkennen lassen dürften (Vgl. Lahbabi 1967). Es ist allerdings bereits jetzt schon an der Zeit, die Scharia nicht immer nur als *enfant terrible* westlicher Menschenrechtsdebatten wahrzunehmen, sondern auch ihre systemeigenen

24 Vorausgesetzt es kommt auch hier zu einer differenzierten Abkehr von der künstlichen Dichotomie zwischen Körper und Geist bzw. von Natur und Kultur, vgl. Dressel (1996: 136–140), Duden (1987: 9–10, 13–16).

Schutzaspekte stärker zu berücksichtigen. Das ist es, woran moderate muslimische Rechtsfortbilder und Reformer am ehesten anknüpfen können.

Literatur

Adang, Camilla (2003), »Ibn Hazm on Homosexuality«, in: *Al-Qantara* Jg. 24, H. 1, S. 5–31.

Bakhtiar, Laleh (1996), *Encyclopedia of Islamic Law. A Compendium of the Views of the Major Schools*, Chicago.

Brockopp, Jonathan (2003) (Hg.), *Islamic Ethics of Life*, Columbia (South Carolina).

Bynum, Caroline (1996), »Warum das ganze Theater mit dem Körper. Die Sicht einer Mediävistin«, in: *Historische Anthropologie* Jg. 4, S. 1–25.

Dressel, Gert (1996), *Historische Anthropologie. Eine Einführung*, Wien u.a.

Duden, Barbara (1987), *Geschichte unter der Haut*, Stuttgart.

Ebert, Hans-Georg (2005), »Tendenzen der Rechtsentwicklung«, in: Werner Ende/ Udo Steinbach (Hg.), *Der Islam in der Gegenwart*, 5. aktual. und erw. Aufl. München, S. 199–228.

Eich, Thomas (2005), *Islam und Bioethik. Eine kritische Analyse der modernen Diskussion im islamischen Recht*, Wiesbaden.

El Baradie, Adel (1983), *Gottes-Recht und Menschen-Recht. Grundlagenprobleme der islamischen Strafrechtslehre*, Baden-Baden.

El-Saadawi, Nawal (1988), *Memoirs of a Woman Doctor*, übersetzt von Catherine Cobham, London.

El-Saleh, Soubhi (1971), *La vie future selon le Coran*, Paris.

Ess, Josef van (1991–1997), *Theologie und Gesellschaft im 2. und 3. Jahrhundert Hidschra. Eine Geschichte des religiösen Denkens im frühen Islam*, 6 Bde., Berlin und New York.

Gimaret, Daniel (1988), *Les noms divins en Islam. Exégèse lexicographique et théologique*, Paris.

Goma'a, Ali (2006), »Der Beschluss von Kairo«, in: TARGET (Hg.), *Rundschreiben 2006*, http://www.target-human-rights.com.

Grundmann, Johannes (2004), »Scharia, Hirntod und Organtransplantation. Kontext und Wirkung zweier islamischer Rechtsentscheidungen im Nahen und Mittleren Osten«, in: *Orient*, Jg. 45, S. 27–46.

Huri, Fu'ad (1997), *Idiyulugiyyat al-gasad. Rumuziyyat al-tahara wa'l-nagasa*, Bairut.

Ibn Rushd, *The Distinguished Jurist's Primer*, 2 Bde., Reading (UK) 1994, Bd. 1, S. 1–95.

Katz, Marion Holmes (2002), *Body of Text. The Emergence of the Sunni Law of Ritual Purity*, Albany.

Katz, Marion H. (2003), »The Problem of Abortion in Classical Sunni fiqh«, in: Brockopp (2003), S. 25–50.

Khoury, Adel Theodor (1987), *Der Koran*, 2. durchges. Aufl., Gütersloh.

Krawietz, Birgit (1991), *Die Hurma. Schariatrechtlicher Schutz vor Eingriffen in die körperliche Unversehrtheit nach arabischen Fatwas des 20. Jahrhunderts*, Berlin.

Krawietz, Birgit (2002), *Hierarchie der Rechtsquellen im tradierten sunnitischen Islam*, Berlin.

Krawietz, Birgit (2003), »Brain Death and Islamic Traditions. Shifting Borders of Life?«, in: Brockopp (2003), S. 194–213.

Lahbabi, Mohammed Aziz (1967), *Personalisme musulman*, 2. Aufl., Paris.

Malti-Douglas, Fedwa (1991), *Woman's Body, Woman's Word. Gender and Discourse in Arabo-Islamic Writing*, Princeton.

Mauss, Marcel (1975), »Die Techniken des Körpers«, in: ders., *Soziologie und Anthropologie*, Bd. 2, München.

McAuliffe, Jane Dammen (2001) (Hg.), *Encyclopaedia of the Qur'an*, Leiden.

Meuser, Michael (2005), »Frauenkörper – Männerkörper. Somatische Kulturen der Geschlechterdifferenz«, in: Markus Schroer (Hg.), *Soziologie des Körpers*, Frankfurt am Main, S. 272–294.

Pannewick, Friederike (2005), »Das Tor zum Leben. Märtyrertum als moderner Mythos in der palästinensischen Dichtung«, in: Andreas Bähr/Hans Medick (Hg.), *Sterben von eigener Hand. Selbsttötung als kulturelle Praxis*, Köln u.a., S. 351–371.

Reinhart, Kevin (1990–91), »Impurity/No danger«, in: *History of Religions*, Jg. 30, S. 1–24.

Sanders, Paula (1991), »Gendering the Ungendered Body. Hermaphrodites in Medieval Islamic Law«, in: Nikkie R. Keddie/Beth Baron (Hg.), *Women in Middle Eastern History. Shifting Boundaries in Sex and Gender*, New Haven, S. 74–95.

Setzer, Claudia (2004), *Resurrection of the Body in Early Judaism and Early Christianity. Doctrine, Community, and Self-Definition*, Boston und Leiden.

Skovgaard-Petersen, Jakob (1997), *Defining Islam for the Egyptian State. Muftis and Their Fatwas of the Dar al-Ifta*, Leiden u.a.

Gottesebenbildlichkeit, Menschenwürde und körperliche Unversehrtheit

Wolfgang Vögele

»Was für eine seltsame Maschine ist der Mensch.
Man füllt ihn mit Brot, Wein, Fisch und Rettich,
und heraus kommen Seufzer, Gelächter und Träume.«
Nikos Kazantzakis

1. Körperinteressen

Das Interesse am Körper ist zur öffentlichen Mode geworden. Deutlich wird das zum Beispiel im Hinblick auf die erstaunlichen Resonanzen, die nun schon seit mehreren Jahren Gunther von Hagens anatomische Wanderausstellung *Körperwelten* erfährt. Das Überraschende daran ist nicht unbedingt die Ausstellung als solche – auch in früheren Jahrhunderten wurden anatomische Exponate auf Jahrmärkten gezeigt; überraschend ist vielmehr die breite, auch im außereuropäischen Ausland registrierte »Faszination am Echten« (so der Untertitel der Ausstellung und des Katalogs). Die Frage danach, was ein Mensch ist, wendet sich ins Ästhetische und durchaus auch ins Erschreckende. Die öffentlich zur Schau gestellte menschliche Anatomie erschließt zuvor unbekannte neue Blicke, die bis dahin der wissenschaftlichen Medizin und Biologie vorbehalten waren.

Dieses neu erwachte öffentliche Interesse am Körper findet in ganz anderer Gestalt seine Entsprechungen in den Kulturwissenschaften. Hier ist eine Hinwendung zu einer phänomenologischen Anthropologie zu beobachten, die den Leib bzw. den Körper zum Ausgangspunkt ihrer Betrachtung macht. Diese Entwicklungen nimmt auch die evangelische Theologie wahr (Dörries/Vögele 2001; Vögele 2002; Dörries/Vögele 2004), insbesondere im Kontext der medizinethischen Debatten um Sterbehilfe, Embryonenforschung, Stammzellen und Organtransplantation, die sich in den letzten beiden Jahrzehnten in den Vordergrund wissenschaftlicher und öffentlicher Aufmerksamkeit geschoben haben.

Sehr vorsichtig und zurückhaltend noch rezipiert die evangelische Theologie und Ethik im Moment die neue Phänomenologie des Leibes, und sie versucht, diese Phänomenologie in ihre anthropologischen Thesen zu integrieren. Die Frage: Was ist der Körper des Menschen? ist eine Facette der Frage: Was ist der Mensch? Dabei versucht sie beharrlich, reduktionistische Menschenbilder aufzubrechen und Verkürzungen aufzulösen, welche das interdisziplinäre Gespräch zwischen Medizin, Theologie und Kulturwissenschaften lange behindert haben. Die Phänomenologie erleichtert dabei die Rezeption neuer wissenschaftlicher Ergebnisse aus der sich rapide beschleunigenden medizinischen Forschung, der Soziologie des Gefühls und des Schmerzes, der Psychologie und Physiologie des Schlafes und des Traumes sowie die Integration jüngerer Entwicklungen in der Psychosomatik.

All diese neuen Erkenntnisse unterlaufen die alte, metaphysisch und philosophisch etablierte Leib-Seele-Unterscheidung. Auch die Theologie musste einsehen, dass der Körper nicht mehr als ein ausschließlich vom Bewusstsein gesteuertes Instrument zu verstehen ist, sondern als ein dynamisches System von unbewussten und bewussten Prozessen. Das bedeutet: Der Körper ist mehr als nur beseelter Leib, mehr als nur eine biologische Maschine, mehr als dasjenige organische Material, dessen sich die Seele eines Menschen bewusst ist. Der Körper ist nicht nur Objekt, sondern auch Subjekt derjenigen medizinisch-biologisch-psychologischen Prozesse, die Leben genannt werden. Damit verschiebt sich die heuristische Aufmerksamkeit langfristig von der alleinigen Betrachtung der Seele oder des Körpers, denn der Reduktionismus dieser Perspektiven ist offensichtlich. Stattdessen rückt das unauflösliche Ineinander körperlicher und seelischer Prozesse neu in den Vordergrund.

Diesen neuen Entwicklungen stellt sich die protestantische Theologie in einer Weise, die im Folgenden schlaglichtartig präsentiert werden soll. Nach einem Blick auf die Kulturgeschichte des Körpers in Europa (2) gehe ich zuerst auf die theologische Anthropologie ein (3), die sich in Dialog und Auseinandersetzung mit dieser Kulturgeschichte des Körpers entwickelt hat. Der Mensch wird gleichzeitig als Sünder und Gottes Ebenbild beschrieben. In diese Gegenüberstellung wird die Behauptung von der Würde des Menschen eingezeichnet (4), die in den letzten zehn Jahren enorme theologische Aufmerksamkeit gefunden hat, mit Folgen für die Anthropologie des Körpers. In ganz anderer Weise hat der feministisch-theologische Diskurs die neue Betonung der Körperlichkeit in seine Theorien aufgenommen (5). Diese werden in Auszügen vorgestellt, bevor in einem Schlussteil über die sozialethischen Konsequenzen reflektiert wird, die sich aus dieser neuen protestantischen Theologie des Körpers ergeben (6).

2. Von der Selbsterhaltung zur Selbstgestaltung

Die neuen Entwicklungen in der Theologie des Körpers lassen sich nicht angemessen verstehen, wenn man nicht die antike Unterscheidung zwischen Körper und Seele thematisiert (Reinhard 2004: 43). Über einen langen Zeitraum hat das Christentum diese Unterscheidung unbefragt übernommen, obwohl sie sich, zumal im Alten Testament, überhaupt nicht findet: Weder ist dort von einer Trennung zwischen Leib und Seele noch gar von einem Weiterleben der Seele nach dem Tode die Rede. Selbst die paulinische Rede von der Auferstehung des Leibes lässt sich keineswegs auf ein Weiterleben allein der seelischen Anteile des Menschen reduzieren.

Hier, an einem für die Anthropologie zentralen Schnittpunkt, war für die Theologie lange Zeit die (antike) Philosophie wichtiger als der eindeutige biblische Befund. Die entscheidenden Weichen stellte schon früh die Theologie Augustins, welche biblisch-theologische und philosophische Elemente miteinander vermittelte. Das gelang nicht ohne logische Schwierigkeiten, denn das Weiterleben der Seele nach dem Tode führte zu dem Problem, was dann bei einem Jüngsten Gericht mit denen geschehen solle, die nicht zum Zusammenleben mit Gott begnadigt werden würden. Man musste dann zu so etwas wie einer Theorie des zweiten Todes nach dem endgültigen letzten Gericht für die Seele Zuflucht nehmen.

Der Dualismus zwischen Körper und Seele verband sich in der theologischen Tradition mit starken und eindeutigen Bewertungen: Das Christentum konzentrierte sich lange Zeit auf die zu rettende, für das Heil bestimmte Seele, während sie den Körper dem Verfall, der Krankheit und der Sünde preisgegeben sah. »Die maßgebende Erbsündentheologie des Augustinus erklärte den Leib dann definitiv zum Sitz der sündhaften Begierden, vermutlich nicht ohne Einfluss des Platonismus.« (Reinhard 2004: 51) Doch solche dualistischen Bewertungen führten auch zu problematischen Schlussfolgerungen: zu einer Abwertung der Körperlichkeit und vor allem der Sexualität, die geradezu zum Inbegriff der Sünde wurde, aber genauso auch zu einer Spiritualisierung und Körpervergessenheit, welche in letzter Instanz die Weltlichkeit und Weltverhaftetheit des Menschen nicht mehr richtig ernst nahm. Das mönchische Ideal der Askese, die im Mittelalter verbreiteten Geißelungen, der kirchliche Zölibat – all das diente der Konzentration des glaubenden Christen auf die Seele und sollte ihn von körperlichen Begierden befreien. Dennoch gilt schon für die Theologie der Kirchenväter und des

Mittelalters, dass sie den Leib-Seele-Dualismus immer wieder auch kritisch in den Blick nahm (Angenendt 2005: 562ff.).

Sobald diese Spiritualisierung in der Aufklärung brüchig wurde, schwang das Pendel in die entgegengesetzte Richtung aus. An die Stelle der Betonung von Seele und Geist trat umgekehrt die Betonung des Körpers: »Seit das Leben nur noch irdisches und einzelnes Leben ist, ist der Körper automatisch ins Zentrum gerückt.« (Reinhard 2004: 44) Wenn die Seele nicht mehr auf ein transzendentes Heil hoffen kann, dann konzentriert sich die Aufmerksamkeit auf das, was im Leben bleibt. Und desto wichtiger wurde auch der Körper, an den die Person gebunden ist.

Dieses ist jedoch weit mehr als ein biologisches Faktum: Aus der modernen kulturwissenschaftlichen Diskussion ergab sich, dass man es im Körper nicht nur mit biologischen Gegebenheiten zu tun hatte, sondern auch mit kulturellen Konstrukten, welche die Differenzen zwischen Mann und Frau, die Bewertung von Homosexualität, das Verständnis von Krankheit und Tod in erheblicher Weise beeinflussten. Der soziale Ursprung von Körperdeutungen führt zu der Erkenntnis, dass es sich dabei nicht um ontologische unveränderbare Fakten handelt, sondern um veränderbare, von machtpolitischen und sozialen Konstellationen abhängige Deutungen, die dem historischen Wandel unterworfen sind. Und noch mehr: Der Körper ist nicht nur unterschiedlichen Deutungen zugänglich, er muss nicht als Gegebenheit hingenommen werden. Vielmehr lässt er sich verändern: durch medizinische Eingriffe, die die Lebensspanne verlängern, Wohlbefinden und Gesundheit verbessern oder das Aussehen verändern.

Der Freiburger Kulturwissenschaftler Wolfgang Reinhard zieht aus dieser Entwicklung ein sehr skeptisches Resümee:

> »Zwar wird es einstweilen noch dabei bleiben, dass alle Menschen sterben müssen, aber die menschliche Kontrolle über Alter und Tod hat doch beträchtlich zugenommen. […] Der Mensch emanzipiert sich immer mehr von seiner Natur, auch wenn wir wissen, dass es sich selbst bei dieser Natur um Kultur handelt, allerdings um weithin fremdbestimmte. Stattdessen wird er mehr und mehr zum souveränen Herrn seiner selbst, ja in gewisser Hinsicht sogar zum Schöpfer seiner selbst, im Bedarfsfall etwa seiner sexuellen Identität. Insofern hat er die im Diskurs des Biologismus formulierte funktionale Aufgabe der Selbsterhaltung längst zur kulturellen Selbstgestaltung transzendiert.« (Reinhard 2004: 196)

Diese Entwicklung – der Mensch wird zum Gestalter seiner selbst – beeinflusst auch das theologische Denken im Protestantismus, unter anderem in der Weise, dass es eine neue Aufmerksamkeit für die Körperlichkeit des Menschen ausbildet.

3. Christliche Anthropologie: Der Mensch als Sünder und Gottes Ebenbild

Im Anschluss an die Schöpfungserzählungen der Genesis hat die Theologie den Menschen anthropologisch immer in doppelter Weise bestimmt: als Sünder und als Gottes Ebenbild. Diese doppelte Bestimmung prägt noch aktuelle anthropologische Entwürfe aus dem Bereich des Protestantismus. So gelingt es Wolfhart Pannenberg, in seiner Anthropologie philosophische und theologische Entwürfe miteinander ins Gespräch zu bringen. Er versteht Anthropologie nicht als ontologische Wissenschaft, sondern als einen geschichtlichen Prozess, in dessen Verlauf sich die Bestimmung und das »Wesen« des Menschen allererst herausbilden. Was der Mensch ist, steht danach noch nicht endgültig fest. Allerdings lässt sich schon eine Richtung angeben, die Pannenberg als die Selbstoffenheit, als das Über-sich-Hinausweisen des Menschen begreift. Umgekehrt verfehlt der Mensch diesen Prozess, wenn er sich dagegen verschließt. In diesem Gegenüber von Offenheit und Abgeschlossenheit findet Pannenberg die theologische Unterscheidung von Gottebenbildlichkeit und Sünde wieder.

Diese theologische Perspektive auf die Anthropologie macht den Weg frei, sich von überkommenen Unterscheidungen zu befreien, die durch die modernen Naturwissenschaften und die Medizin nicht mehr belegt werden können. Dazu zählt für Pannenberg die Unterscheidung von Körper und Seele. Sie ist weder für seine Theologie noch für seine Wissenschaftsphilosophie nötig. Pannenberg unterlegt seiner Anthropologie eine Geschichtstheorie und eine Eschatologie, um die ontologische Frage nach einem »Wesen« des Menschen zu vermeiden.

Andere Theologen arbeiten an demselben Problem, ziehen dafür jedoch nicht eine Geschichtstheorie heran, sondern die Unterscheidung zwischen einer Substanz- und einer Relationsontologie. Für die Paderborner Theologin Helga Kuhlmann ist die Gottebenbildlichkeit konstitutiv an die Leiblichkeit des Menschen sowie an den Unterschied von Mann und Frau gebunden (Kuhlmann 2006: 462). Dass der Mensch einen Körper hat, macht eben seinen Unterschied zu Gott aus. Kuhlmann unterscheidet zwischen substanz- und relationsontologischen Bestimmungen der Gottebenbildlichkeit.

Die substanzontologische Bestimmung der Ebenbildlichkeit sieht diese in einer bestimmten Eigenschaft oder Fähigkeit des Menschen manifestiert, etwa in seiner Vernunft oder in seiner Sprachfähigkeit. Aber solche Kriterien nähren in sich beständig die Gefahr, Menschen, die solche Eigenschaften nicht in ausreichendem Maße besitzen, Gottebenbildlichkeit und Würde abzuschreiben. Das traf in der Vergangenheit insbesondere auf Menschen mit geistigen oder körperlichen Behinderungen zu.

In relationsontologischer Perspektive bestimmt die Theologie Gottebenbildlichkeit aus der Beziehung des Menschen zu Gott. Damit lassen sich die Gefahren der Substanzontologie vermeiden, aber es stellt sich die Frage, ob Gottebenbildlichkeit nicht allzu sehr spiritualisiert wird – und wiederum die Körperlichkeit des Menschen aus dem Blick gerät. Diese Gefahr sieht auch Kuhlmann (Kuhlmann 2006: 463). Die Relationsontologie bestimmt den Menschen aus den Verhältnissen, in denen er steht: aus seinem Verhältnis zur Welt, zu sich selbst, zu anderen und aus seinem Verhältnis zu Gott. Die Frage nach der Körperlichkeit des Menschen ist dann aufgehoben in der Frage nach dem Verhältnis des Menschen zu sich selbst.

Und es ist ganz entscheidend, dass seine Gottebenbildlichkeit und sein Sündersein den Menschen in gleicher Weise betreffen. Es ist nicht mehr möglich, Gottebenbildlichkeit nur auf die Seele und Sünde nur auf den Körper des Menschen zu beziehen.

4. Der christliche Würdediskurs

In den letzten Jahren hat der Begriff der menschlichen Würde in der Anthropologie des Protestantismus besondere Aufmerksamkeit erfahren (Vögele 2000; 2006). Diese Diskussion über die Würde des Menschen wurde ausgelöst durch den fundamentalen Art. 1 des Grundgesetzes und die juristische, philosophische und soziologische Diskussion über seine Interpretation. Diese Diskussion besaß eines ihrer Zentren in entscheidenden anthropologischen Fragen: Was ist unter Würde des Menschen zu verstehen? Inwiefern macht diese Würde den Menschen aus? Inwiefern ist die Würde ohne Unterschied allen Menschen in gleicher Weise zuzuschreiben?

Die protestantische Theologie beantwortete diese Fragen, indem sie Menschenwürde und Gottebenbildlichkeit miteinander verknüpfte. Sie arbeitete dafür folgende klassische Begründungsfigur aus:

a. Gott hat den Menschen zu seinem Bild geschaffen.
b. Daraus folgt seine unantastbare Würde.
c. Dies gilt für alle Menschen. Daraus folgt die Gleichheit aller Menschen.
d. Aus der gleichen Würde aller Menschen folgen gleiche (Menschen-)Rechte und Pflichten.

Dies ist die klassische Begründungsfigur, wie sie sich insbesondere in den Jahrzehnten nach der Verabschiedung der *Allgemeinen Erklärung der Menschenrechte* und des *Grundgesetzes* in Deutschland durchgesetzt hat und auch in den Vereinigten Staaten zum Zuge kam. In diesen vier Punkten ist in nuce so etwas wie eine theologische Anthropologie der Menschenrechte enthalten. Damit ist ein Modell formuliert, das zum einen die Besonderheiten theologischer Anthropologie aus einer biblischen Perspektive berücksichtigt, zum anderen aber auch für die anthropologischen Entwürfe anderer Wissenschaften anschlussfähig ist.

Dieser hier vorgestellten Begründungsfigur der Menschenwürde eignen vier Besonderheiten: 1. Sie setzt an beim biblischen Begriff der Gottebenbildlichkeit. 2. Sie verknüpft Gottebenbildlichkeit und Menschenwürde. 3. Der Begriff der Menschenwürde bildet den Kern der Menschenrechte. Diese lassen sich alle auf die Menschenwürde zurückführen oder zu ihr in Beziehung setzen. Menschenwürde und Menschenrechte sind also so aufeinander bezogen, dass Menschenwürde das Zentrum und den Ausgangspunkt der Menschenrechte bildet. 4. Der Begründungsfigur ist die neben der Gottebenbildlichkeit zweite zentrale Bestimmung theologischer Anthropologie, der Begriff der Sünde, nicht eingezeichnet.

Die Körperlichkeit des Menschen, die zu seiner Personalität und damit zu seiner Würde hinzu gehörte, war in diesen älteren theologischen Würdeinterpretationen oft nicht im Blick. Am Beispiel des früheren Bundesjustizministers und Bundespräsidenten Heinemann lässt sich das sehr gut zeigen: Für ihn war entscheidend, Menschenwürde nicht als individualistische Selbsterhöhung des Menschen zu sehen. Denn Selbsterhöhung hätte zu sehr dem entsprochen, was Heinemann unter Sünde verstand: die Selbstabschließung des Individuums gegen andere. Dieses Sündenverständnis war aber bei Heinemann, im Gegensatz zur alten augustinischen Tradition, nicht mehr mit der Körperlichkeit des Menschen konnotiert, also nicht mehr mit dem

Gegensatz von Seele und Leib, sondern mit dem Gegensatz von Individualität und Sozialität. Zudem zielte Heinemanns Würdeverständnis auch darauf, eine neue theologische Interpretation des Staates zu entwickeln. Der Staat sollte nicht mehr die autoritäre Obrigkeit sein, der jeder Untertan Gehorsam schuldete, ohne Rücksicht darauf, um welche Staatsform – Demokratie, Diktatur, Oligarchie – es sich handelte. Heinemann zielte vielmehr auf einen demokratischen, von den Bürgerinnen und Bürgern getragenen Staat, in dem die Verantwortung von Regierenden und Regierten gleichermaßen wichtig war. Dieses Würdeverständnis entwickelte Heinemann eher aus dem sozialethischen Begriff der Nächstenliebe als aus einer theologischen Anthropologie. Denn letztere barg für ihn die Gefahr, den Menschen doch wieder nur als ein egoistisches, nicht auf das Zusammenleben mit den Nächsten ausgelegtes Wesen zu begreifen.

Diesem sozusagen egoistischen Verständnis der Würde stellte Heinemann etwas entgegen, was man die »Menschenwürde des Anderen« nennen könnte. Für Heinemann fand das in einer einfachen Überlegung Ausdruck: Der Mensch hat Würde, weil er *zuvor* von Gott gewürdigt wurde. Der Mensch hat Würde, weil ihn Gott in Jesus Christus angenommen hat. Darum sind alle Menschen gleich, darum haben sie gleiche (Menschen-)Rechte. Es ist die Aufgabe des Staates, diese Rechte zu achten und zu wahren. Der Staat reduziert sich für Heinemann nicht auf eine autoritäre Obrigkeit, sondern er begreift ihn als Helfer zu einem gemeinschaftlichen Leben. Und daraus zog Heinemann Konsequenzen. Wenn jeder Mensch Würde hat, dann muss der Staat besonders auf die Würde derjenigen achten, denen er vorübergehend Freiheitsrechte entzieht, also auf die Würde der Gefangenen. Darin lag für ihn ein entscheidendes Motiv, eine Strafrechtsreform auf den Weg zu bringen. Dass der Mensch einen Körper hat, dass Menschen ein Recht auf körperliche Unversehrtheit besitzen, lag nicht im Argumentationsgefälle von Heinemanns Überlegungen. Ihm kommt das Verdienst dazu, überhaupt erst eine grundlegende evangelische Position zur Würde des Menschen formuliert zu haben, die nicht von Ablehnung gekennzeichnet war. Darüber hinaus gelang es ihm, entscheidende Änderungen am protestantischen Verständnis von Bürgern und Staat zu bewirken. Zusätzlich pointierte er das Verhältnis von Menschenwürde und den daraus folgenden Grundrechten. Einzelne dieser Grundrechte, wie das Recht auf körperliche Unversehrtheit, lagen nicht in Heinemanns Perspektive.

Auch die theologische Würdetheorie, der Heinemann folgte, übernahm diesen blinden Fleck, die den Körper des Menschen nicht zum Gegenstand anthropologischer Überlegungen machte. Im Anschluss an Heinemann wurde die Überlegung wichtig, dass Menschenwürde Voraussetzung, nicht Aufgabe des Menschseins ist. Wenn alle Menschen Würde haben, so kann diese nicht als Leistung des einzelnen verstanden werden, die allererst zu erbringen wäre. Aus der Geschaffenheit des Menschen durch Gott folgt für die christliche Theologie die Gleichheit aller Menschen. Menschenrechte als solche sind ein zu realisierendes ethisches Projekt, nicht ausschließlich eine Rechtskonstruktion. Wer sich für sie einsetzt, arbeitet darauf hin, dass sie als selbstverständlich, also als Voraussetzung anerkannt werden. Das bedeutet, der Begriff der Menschenwürde muss *apriorisch* verstanden werden. Nach dem christlichen Glauben ist die Würde des Menschen in der vorherigen Zuwendung durch Gott begründet. Diese kann der Mensch sich nicht selbst oder anderen schaffen, verleihen, zusprechen, entziehen. Sie ist unverfügbar und darum unersetzbar. Diesen Gedanken der Unverfügbarkeit der Menschenwürde haben christliche Tradition und Kantische Philosophie gemeinsam.

Die These von einem apriorischen Verständnis der Würde hat die evangelische Theologie in den letzten Jahrzehnten verstärkt in die interdisziplinäre Würdediskussion eingebracht, die nicht nur in der Theologie, sondern auch auf dem Feld der Verfassungsgebung, der rechtlichen und der philosophischen Diskussion stark zugenommen hat. Menschenwürde ist auf europäischer, nicht mehr nur auf bundesrepublikanischer Ebene zum zentralen Ausgangspunkt verfassungsgebender Überlegungen geworden.

Der Begriff der Menschenwürde taucht nicht mehr nur im deutschen Grundgesetz, sondern auch in einer Anzahl von anderen europäischen Verfassungen und nicht zuletzt in der europäischen Grundrechtscharta auf (Vögele 2006: 471). Die Diskussion über die Verknüpfung von Menschenwürde und Gottebenbildlichkeit ist von einer ganzen Anzahl von Theologen kritisch beleuchtet worden. Im wesentlichen zielte die Diskussion darauf, ob Menschenwürde als äußerliche Zuschreibung, also als Bekenntnis, oder als intrinsisches und beweisbares Faktum des Menschen zu bezeichnen sei (vgl. dazu Vögele 2000).

Es fällt an der ganzen Diskussion auf, dass die Körperlichkeit des Menschen in der theologischen Diskussion über Menschenwürde kaum eine Rolle spielt. Das gilt sowohl für diejenigen Theologen, die Menschenwürde begründungsoffen im Horizont der Interpretationen unterschiedlicher Wissenschaften verstehen, als auch für solche Theologen, die eine monoperspektivische theologische Interpretation von Menschenwürde favorisieren, die sich gegen andere Wissenschaften immunisiert.

Erst in jüngster Zeit zeichnet sich hier eine neue Entwicklung ab: Eine wichtige Weiterführung bieten die Überlegungen einer Theologengruppe um den Marburger Sozialethiker Peter Dabrock (Dabrock, Klinnert, Schardien 2004). Sie nehmen die interdisziplinären begründungsoffenen Interpretationen der Menschenwürde auf und entwickeln sie leibphänomenologisch weiter. Menschenwürde ist danach – gerade wegen der Gottebenbildlichkeit und des Bilderverbots – ein unabgeschlossener Begriff, ein Geheimnis, das nie abschließend beschrieben oder erschlossen werden kann (ebd.: 105). Ebenso wie Gott aus menschlicher theologischer Perspektive nicht umfassend und vollständig in eine theologische Theorie gefasst werden kann, so kann auch der Mensch, welcher Gottes Ebenbild ist, nicht vollständig in eine Anthropologie gefasst werden. Diese theologische These erklärt die Vielfalt und die Unterschiedlichkeiten der Würde-Interpretationen.

In dieser Weise die Begründungsoffenheit von Menschenwürde akzeptierend, entwickelt Dabrock die klassische evangelische Würdeinterpretation um einen entscheidenden Schritt weiter: Der Mensch hat auch deshalb Würde, weil er Person ist. Und zu dieser Personalität gehört konstitutiv Leiblichkeit (ebd.: 106ff.). Und eigens betont Dabrock, dass diese neue Aufmerksamkeit für Leiblichkeit die Abstraktionsgefahr relationsontologischer Deutungen verhindert. Dabrock sieht Leiblichkeit als Vermittlungsbegriff zwischen »körperlicher Substantialität und kommunikativer Relationalität« (ebd.: 2004: 107). In seiner Würde und den daraus folgenden Menschenrechten werden ja nicht nur die Verhältnisse und Kommunikationsbeziehungen des Menschen geschützt, sondern insbesondere auch das Faktum seines Daseins, das sich vor allem durch sein Körpersein ausdrückt. In seinem Körper ist der Mensch in und auf der Welt – und dieser unterliegt darum auch dem menschenrechtlichen Schutz. Darum ist die Würde des Menschen für Dabrock vor allem an den »leiblichen Menschen« gerichtet. Dabrock fährt fort: »Als letztlich – vor allem empirisch – nicht fassbares Geheimnis bedingt die Menschenwürde die besondere Schutzwürdigkeit des Menschen und den Respekt vor seiner begrenzten, unvollkommenen Existenz.« (Ebd.: 115). Und dieses Letzte lässt sich ohne weiteres so verstehen, dass es das Recht auf körperliche Unversehrtheit mit umfasst.

Es ist wichtig, am Ende dieser Überlegungen zu bemerken, dass die Theologengruppe um Dabrock damit Neuland betreten hat. Dass diese Erweiterung der Würdeinterpretation konsensträchtig ist, davon zeugt, dass sich die Evangelische Kirche Deutschlands in der nach Abu-Ghraib, Guantánamo Bay und der Folterandrohung des Frankfurter Polizeipräsidenten Daschner neu entbrannten Debatte über die ausnahmsweise Zulassung von Folter stets auf die Seite derer gestellt hat, die für das Folterverbot absolute Gültigkeit einfordern und keine Ausnahmeregelungen zulassen. Und das ist indirekt auch ein Plädoyer für das Menschenrecht auf körperliche Unversehrtheit (Evangelische Kirche Deutschlands 2004).

5. Der feministisch-theologische Körperdiskurs

Die feministische Theologie hat sich das Thema Leib nicht in Verbindung mit Interpretationen der Menschenwürde erschlossen, sondern ist einen anderen Weg gegangen. Zwei Gründe führten die feministische Theologie dazu, dem Thema Leib große Aufmerksamkeit zu widmen. Zum einen suchte man nach einer Überwindung der eingeschliffenen christlichen Leibfeindlichkeit, die Körperhaftigkeit und Sünde miteinander identifizierte, zum anderen waren die feministischen Theologinnen vor allem an den geschlechterspezifischen Unterschieden zwischen Mann und Frau interessiert, und zu diesem Zweck untersuchten sie unterschiedliche Körperinterpretationen. Es ist hier nicht der Ort, diese Debatten und die unterschiedlichen feministisch-theologischen Positionen nachzuzeichnen.

Ich beschränke mich hier auf die Überlegungen zur Anthropologie, welche die Paderborner Theologin Helga Kuhlmann vorgetragen hat. Sie gelangt zu der These, für die biblische Anthropologie sei der Mensch »konstitutiv leiblich und geist-bestimmt« (Kuhlmann 2004: 13). Damit löst sie eine Projektion auf, die das Männliche vor allem auf den Geist und das Weibliche vor allem auf den Körper abbildet. Denn diese Projektion führt zu einer Abwertung des Weiblichen:

> »Der Leib, die Lust, der Sex, der Schmutz, die Frau, die Sünde – das gehört symbolisch und moralisch zusammen. Frauen wird die Position zugewiesen, die auch der Leib einzunehmen hat: unten zu sein, sekundär zu sein, die andere, nicht DER Mensch. Abgesprochen wird ihnen, was Menschsein als Mannsein ausmacht: das Wort, einen Geist zu haben. Die Frau und der Leib sollen vom Geist und vom Männlich-Menschlichen beherrscht werden.« (Ebd.: 17)

Die gedanklichen Anstrengungen der feministischen Theologie zielen darauf, Geschlechtsunterschiede nicht mehr auf den Unterschied zwischen Körper und Geist abzubilden. Das ist allerdings kein Plädoyer für eine reine Körper-Anthropologie.

Kuhlmann warnt davor, das Leibliche und das Menschliche zu identifizieren. Der Mensch, als Mann und Frau verstanden, ist mehr als Leib. Dieses »Andere des Leibes« (ebd. 2004: 22) versteht sie in biblischer Perspektive als das Wohnen des Geistes Gottes im menschlichen Leib. Und genau diese Unterscheidung ist es, die für Kuhlmann dem Menschen »Anerkennung, Würde, Hoffnung [und] Zuversicht« verleiht (ebd.).

Kuhlmanns Überlegungen lassen sich anthropologisch zwei Ziele entnehmen. Sie entwickelt eine neue theologische Anthropologie, die auf der einen Seite die neue Aufmerksamkeit für Körper und Leib ernst nimmt. Dabei nimmt sie Anregungen der feministischen Theologie und des kulturwissenschaftlichen Körperdiskurses auf. Zum anderen versucht sie in der Dimension des Geistes das zu beschreiben, was aus biblischer Perspektive über die Körperlichkeit des Menschen hinausweist.

Beide beschriebenen Tendenzen, diejenige, die sich aus der Würdediskussion entwickelte, und diejenige, die sich aus dem feministisch-kulturwissenschaftlichen Körperdiskurs entwickelte, kommen überein in einer neuen phänomenologischen Aufmerksamkeit für den Körper.

6. Sozialethische Themenfelder der Körperlichkeit

Zuletzt ist nun zu fragen, ob sich diese neue anthropologische Aufmerksamkeit für den Körper des Menschen auch auf die sozialethischen Stellungnahmen der Kirchen auswirkt. Denn wenn Leiblichkeit zu den Konstitutiva des Menschen gehört, dann ergeben sich daraus sozialethische Folgerungen für den Schutz des Menschen und seiner Würde. Dabrock bringt das auf die Formel: »Weil die leibliche Existenz Grundvoraussetzung von Personsein ist, muss das Leben von Personen stets als ganzes (d.h. auch in seinem Werden und Vergehen) geschützt werden.« (Dabrock 2004: 27) Dazu gehört dann folgerichtig auch der Schutz der körperlichen Unversehrtheit, von den frühen Zellstadien bis zum sterbenden und dem toten Menschen, dessen Würde zu respektieren ist.

Daraus ergeben sich Folgerungen für das Verständnis christlicher Freiheit. Das zeigen Überlegungen der Kammer für öffentliche Verantwortung der Evangelischen Kirche Deutschlands über Patientenverfügungen. Dieses Papier der Kammer argumentiert so, dass die Freiheit des Menschen nicht unbeschränkt zu verstehen ist. Vielmehr ist die Freiheit des Menschen innerhalb dreier Abhängigkeiten zu gestalten:

- Abhängigkeit von der eigenen Leiblichkeit, der kein Mensch entkommen kann (auch nicht in die virtuellen Welten des Internet);
- Abhängigkeit von der Fürsorge und Hilfe anderer Menschen, auf die sie nicht nur als Babies und kleine Kinder angewiesen sind;
- Abhängigkeit von Gott, der die Gestaltung menschlicher Freiheit erst ermöglicht (Evangelische Kirche Deutschlands 2005a: 14 und 20).

An diesem Punkt kommen die Anthropologie der Menschenwürde und der Gottebenbildlichkeit sowie die protestantische Ethik der Freiheit zusammen: nämlich im menschenrechtlichen Schutz der freien Entfaltung der Person, die grundsätzlich an die körperliche Existenz gebunden ist. Dieser Schutz gilt vom Schutz des Embryos bis zum Respekt vor der Würde des toten Menschen (ebd.: 2005b). Diese Bewegung hin zu einer stärkeren Aufmerksamkeit für die Körperlichkeit des Menschen wird sich in der evangelischen Theologie und Sozialethik in den kommenden Jahren noch verstärken.

Literatur

Angenendt, Arnoldt (2005), *Geschichte der Religiosität im Mittelalter*, 3. Aufl., Darmstadt.

Dabrock, Peter/Klinnert, Lars/Schardien, Stefanie (2004), *Menschenwürde und Lebensschutz. Herausforderungen theologischer Bioethik*, Gütersloh.

Dörries, Andrea/Vögele, Wolfgang (Hg.) (2001), *Menschenbild in Medizin und Theologie,* Loccumer Protokolle 25/00, Rehburg-Loccum.

Dörries, Andrea/Vögele, Wolfgang (Hg.) (2004), *Evangelische Krankenhäuser zwischen kirchlicher Identität und ökonomischen Sachzwängen*, Loccumer Protokolle 20/03, Rehburg-Loccum.

Evangelische Kirche Deutschlands (Hg.) (2004), »EKD fordert absolutes Verbot von Folter«, in: http://www.ekd.de/aktuell_presse/news_2004_05_11_1_koppe_kaessmann_folter.html.

Evangelische Kirche Deutschlands (Hg.) (2005a), »Sterben hat seine Zeit. Überlegungen zum Umgang mit Patientenverfügungen aus christlicher Sicht. Ein Beitrag der Kammer für öffentliche Verantwortung der Evangelischen Kirche in Deutschland«, *EKD Texte* 80, Hannover.

Evangelische Kirche Deutschlands (Hg.) (2005b), *Herausforderungen christlicher Bestattungskultur*, Hannover.

Kuhlmann, Helga (2004), »Leib-Leben theologisch denken. Reflexionen zur theologischen Anthropologie«, *INPUT* 2, Münster.

Kuhlmann, Helga (2006), »Menschenwürde. Theologisch gedeutet vor dem Horizont pluraler Interpretationen«, *EvTh* 66, S. 455–469.

Pannenberg, Wolfhart (1983), *Anthropologie in theologischer Perspektive*, Göttingen.

Reinhard, Wolfgang (2004), *Lebensformen Europas: Eine historische Kulturanthropologie*, München.

Vögele, Wolfgang (2000), *Menschenwürde zwischen Recht und Theologie. Begründungen von Menschenrechten in der Perspektive öffentlicher Theologie*, Gütersloh.

Vögele, Wolfgang (Hg.) (2002), *Verletzbarer Körper – Begnadeter Mensch. Vom Körperverständnis in Medizin und Theologie*, Loccumer Protokolle 52/01, Rehburg-Loccum.

Vögele, Wolfgang (2006), »Menschenwürde – die interpretierte These«, *EvTh 66*, S. 470–476.

»Das Leiden anderer betrachten«: Demokratisierungsprozesse, Folter, Fotografie

Sabine Sielke

Im Februar 2006 veröffentlichte der australische Fernsehsender SBS eine weitere Reihe jener irritierenden Fotografien, die im April 2004 erstmals um die Welt gingen. Diese Bilder haben sich auch deshalb so tief in unser kulturelles Gedächtnis eingebrannt, weil sie uns unmissverständlich vor Augen führten, dass der Bush-Administration zur so genannten Demokratisierung des Irak viele Mittel recht sind; ja mehr noch, dass der *gute Zweck* auch solche Mittel heiligt, die – mit der Digitalkamera festgehalten und über den Fernsehbildschirm in unsere Wohnzimmer projiziert – nicht nur gegen das Schamgefühl vieler Menschen, sondern auch gegen die Genfer Abkommen und Folterkonventionen verstoßen, gegen Menschenrechtskonventionen, die – und das ist juristisch unzweifelhaft – auch im *Krieg gegen den Terrorismus* Anwendung finden.

Im Kontext aktueller Diskussionen um das Recht auf körperliche Unversehrbarkeit werfen diese Bilder, die das Leiden zumeist unrechtmäßig festgesetzter Zivilisten dokumentieren, verschiedenste Fragen auf – Fragen, die Medien, Politik und Forschung in den letzten Jahren intensiv debattiert haben. Ist das, was wir auf den Bildern sehen, eine Form von Folter? Wo hört grausame Misshandlung auf, wo beginnt Folter? Wer hat die Definitionsmacht über Begriffe wie Folter? Wo wird Folter derzeit wie legitimiert bzw. umdefiniert? Sprechen diese Bilder von einem »Abschied vom Folterverbot«, wie Johannes Thimm argumentiert? Und wie ist es um die amerikanische Menschenrechtspolitik im Krieg gegen den Terrorismus bestellt? Was die öffentliche Diskussion nur am Rande, mich als Kulturwissenschaftlerin jedoch am meisten bewegt, ist die Frage nach dem Status und der kulturellen Funktion und Wirkung dieser Bilder. Die zahlreichen Arbeiten von Künstlern, die durch die Fotos von Abu Ghraib inspiriert wurden, unterstreichen, dass diese Bilder nicht nur von Folter sprechen. Sie erinnern gleichzeitig auch an die Geschichte von Gewaltdarstellungen. Und es ist nicht zuletzt diese Geschichte visueller Kultur, die bestimmt, was wir als Gewalt wahrnehmen und was nicht.[1] Denn kulturelle Repräsentationen sind die Basis, auf der wir Grade körperlicher Gewalt differenzieren und physisches und psychisches Leid bewerten – stets in Abhängigkeit davon, wem diese Gewalt von wem unter welchen Umständen zugefügt wird.

Ich glaube nicht, dass »die Praxis des Folterns«, wie Gudrun Körner behauptet, »zur Zeit weltweit ein Ausmaß erreicht wie nie zuvor in der Geschichte, während es gleichzeitig niemals zuvor eine so breite Übereinkunft gegeben hat über die Unverletzlichkeit der Individuen« (2000: 282). Vielmehr, so meine These, geht der »Aufstieg des Wertes körperlicher Unversehrtheit im modernen Recht« (van der Walt und Menke) einher mit Binnendifferenzierungen und der Zunahme von Diskursen über Gewalt, die uns einerseits für subtilere Formen von Gewalt wie sexuelle Belästigung und *hate speech* sensibilisiert haben, andererseits das Menschenrecht auf körperliche Unversehrtheit bestimmter Personen und Personengruppen weiterhin zur Disposition stellen. Kulturelle Repräsentationen von Gewalt führen uns somit auch vor Augen, dass wir mitnichten von *einer* Moderne und auch nicht von *einer westlichen* Moderne sprechen können, in der das Recht auf körperliche Unversehrtheit als Folge von Säkularisierung und neuem Subjektverständnis unangefochten ist. Vielmehr zeigen die Fotografien aus dem Gefängnis von Abu Ghraib, dass dieses Recht weiterhin umkämpftes Terrain darstellt.

Eine genauere Betrachtung der Wirkung der Bilder von Abu Ghraib vermag folglich zu beleuchten, was es mit der sprichwörtlichen *Macht der Bilder* auf sich hat. Sie erlaubt, die vermeintliche *Erfolgsgeschichte* körperlicher Unversehrtheit zu hinterfragen. Und sie kann der Frage nachspüren, welche Position die USA in dieser Geschichte der Moderne derzeit einnehmen. Meine eigene Argumentation hier vollzieht sich in drei Schritten. In Schritt eins will ich am Beispiel der USA einige Grenzen der *Erfolgsgeschichte* körperlicher Unversehrtheit markieren. Was lässt sich anhand des US-amerikanischen Verständnisses von physischer Gewalt und Folter einerseits und US-amerikanischer Menschenrechtspolitik andererseits über den Status des Rechts auf körperliche Unversehrtheit sagen? Dabei will ich der Versuchung widerstehen, die USA als Sonderfall zu präsentieren, sondern erachte sie vielmehr als paradigmatisch für zentrale Widersprüche der Moderne. In Schritt

1 Insbesondere »Fotografien haben seit über sechs Jahrzehnten«, so schreibt Susan Sontag in ihrem Essay *Endloser Krieg, endloser Strom von Fotos*, »einen wesentlichen Einfluss darauf, welches Gewicht wir Konflikten beimessen und wie wir sie in Erinnerung behalten. In unserer Gedächtnisgalerie bewahren wir überwiegend visuelle Eindrücke auf« (2004: 13).

zwei rücken die Fotos selbst ins Zentrum meiner Ausführungen – Fotos, die, wie ich zeigen werde, unseren Blick in gleicher Weise auf das Leiden anderer wie auf das Eigene richten, die amerikanische Heimatfront ebenso exponieren wie unsere eigene Betrachterposition. In einem kurzen dritten Schritt kehre ich zurück zu einigen Fragen, die ich hier einleitend aufgeworfen habe.

A Few Bad Apples oder das Unbewusste der Popkultur?

Kritiker des Irak-Kriegs und Menschenrechtsorganisationen haben die Ereignisse von Abu Ghraib als massive Verstöße gegen amerikanische und internationale Gesetze gebrandmarkt, »nach denen Aussagen nicht erzwungen werden dürfen« (Thimm 2005: 1). Gleichzeitig sind die Vorkommnisse als Teil einer Kette von Ironien der Geschichte entlarvt worden, mit denen der Weg vom 11. September 2001 bis zu den heutigen Entwicklungen des Irak-Kriegs dick gepflastert ist (vgl. Sielke 2002a). Denn die UN-Konvention gegen Folter aus dem Jahre 1984 definiert in Artikel 1.1 unmissverständlich:

> »Unter Folter [...] ist jede Handlung zu verstehen, durch die eine Person durch einen Träger staatlicher Gewalt oder auf dessen Veranlassung hin vorsätzlich starke körperliche oder geistig-seelische Schmerzen oder Leiden zugefügt werden, um von ihr oder von einem Dritten eine Aussage oder ein Geständnis zu erzwingen« (siehe »Convention«, in: Office of the United Nations, 01.12.2006).

Und Artikel 2.2 ergänzt:

> »Keine besonderen Umstände irgendeiner Art, sei es Krieg oder ein drohender Krieg, politische Instabilität innerhalb eines Landes oder irgend eine andere öffentliche Not- oder Ausnahmesituation können als Rechtfertigung von Folter dienen.« (Ebd.)[2]

Auch ein so genanntes *ticking-bomb scenario* legitimiert Folter nicht. So fällt es nicht schwer, mit den Bildern von Abu Ghraib die Kritik an den Widersprüchen zwischen dem idealistischen Anspruch US-amerikanischer Interventionspolitik und den Formen amerikanischer Kriegsführung im Irak zu untermauern. Eine solche Lesart geht jedoch an der eigentlichen Wirkung und kulturellen Funktion der Fotos vorbei. Aufschlussreicher sind die ersten Reaktionen auf die Bilder, die zwischen zwei polarisierten Positionen oszillierten: auf der einen Seite die defensive Haltung der Bush-Administration, die den Begriff Folter mied wie der Teufel das Weihwasser, die Vorkommnisse als »unauthorized actions taken by a few individuals« (Lieut. Gen. Paul T. Mikolashek zit. n. Warner 2004: 82) und als *unamerikanisch* herunterspielte und die Peiniger in klassischer Manier als »a few bad apples« (Donald Rumsfeld) aussonderte; auf der anderen die Perspektive von Susan Sontag und Slavoj Žižek, die das »Theater der Grausamkeit« als »obszöne Unterseite der amerikanischen Populärkultur« und als Form der »Initiation in die ame-

2 Zur Geschichte der Abschaffung der Folter vgl. Kellberg 1998.

rikanische Kultur« interpretierten.[3] »The images are us«, räumt auch David Grossinger ein. »Look at them and you will see America« (2004: 129).

Für sich genommen greifen jedoch beide Lesarten zu kurz. Während die erste die Differenz von Bild und Welt nivelliert, projiziert die zweite die Folterer als *Andere* und produziert damit ein Echo der offiziellen Haltung der USA. »Bush and Rumsfeld«, bemerkt David Levi Strauss, »refuse to call what happened at Abu Ghraib torture, because torture is what other states do, not the U.S. If we're doing it, it must not be torture« (2004: 97). Oder wie es der Komiker Rob Corddry in der *Daily Show with Jon Stewart* formulierte:

> »[T]he Arab world has to realize that the U.S. shouldn't be judged on actions of a …, well, we shouldn't be judged on actions. It's our principles that matter, our inspiring, abstract notions. Remember: Just because torturing prisoners is something we did, doesn't mean it's something we *would* do« (zit. n. Danner 2004a: 43).

Wenn wir diese Haltung nicht inversiv reproduzieren wollen, scheint mir ein genauerer Blick auf die Fotos von Abu Ghraib angezeigt.

Unbenommen bleibt, dass es schnell 27 statt sieben *faule Äpfel* waren und dass man der Verteidigungshaltung des Verteidigungsministers einiges entgegen halten kann. Seit 2002 haben die USA internationales Recht höchst eigenwillig interpretiert. Der »Krieg gegen den Terrorismus«, so konstatierte bereits das Memorandum des Rechtsberaters und ehemaligen Justizministers Alberto Gonzales vom Januar 2002, sei ein »neues Paradigma«, das den Schutz der Gefangenen vor Zwangsverhören nach den Regeln der Genfer Konventionen »obsolet« mache. Das Bybee-Memorandum vom August 2002 bestärkt diese Position und erklärt alle Gesetze, die die Handlungsfähigkeit des Präsidenten einschränkten, für verfassungswidrig (Thimm 2005: 2). Offizielle Stellungnahmen voller Euphemismen und Akronyme wie GWOT (»Global War on Terror«) übten sich in rhetorischer Gymnastik, um Folter auf die Anwendung intensivster physischer Gewalt zu beschränken und von *nur* grausamer Behandlung zu unterscheiden. Nach Artikel 16 der Anti-Folter-Konvention jedoch sind beide Maßnahmen ausdrücklich untersagt. Und wo außerhalb der USA allein Folter unter Strafe gestellt wird, amerikanische

3 »Die US-Regierung zeigte sich schockiert und angewidert von den Aufnahmen – gerade so«, unterstreicht Sontag, »als ob diese Bilder selbst das Entsetzliche wären und nicht das, was sie zeigten« (2004: 13). Und gerade so, als wüsste man nicht, dass »Vergewaltigung und Schmerzen, die Genitalien zugefügt werden, […] zu den häufigsten Folterarten [gehörten]« (ebd.: 14) und dass Menschen, auch Amerikaner, foltern, »wenn man sie überzeugt, dass die Menschen, die sie foltern, einer minderwertigen Rasse oder Religion angehören« (ebd.: 14).

Staatsbürger und Gefangene in den USA dagegen durch das Verbot »grausamer und ungewöhnlicher Strafen« im achten Zusatz der amerikanischen Verfassung geschützt sind, wird eindeutig mit zweierlei Maß gemessen. In derart einseitigen Ausdeutungen internationaler Abkommen, so argumentiert Jimmy Carter in seinem Buch *Our Endangered Values: America in Moral Crisis* (2005), manifestiere sich jener grundlegende Wandel der USA zu einer Nation, die Folter billigt, offiziell anordnet und betreibt – in Guantánamo Bay ebenso wie in Bagram und Abu Ghraib.

Doch nicht nur das: Die verschiedenen Untersuchungen der Vorkommnisse im Gefängnis von Abu Ghraib, die die Armee (Taguba Report), die militärische Intelligenz (Fay-Jones Report) und das Verteidigungsministerium (Schlesinger Report) ins Visier nahmen, hatten zur Folge, dass ein Bewusstsein für das kohärente Muster von Misshandlungen und eine Befehlskette, die bis in die obersten Ränge verfolgt werden kann, gar nicht erst entstehen konnte (Simpson 2005: 21). Entsprechend begnügte man sich mit Bauernopfern wie Charles Graner und Lynndie England; letztere hatte den niedrigsten Rang unter allen Beteiligten inne und wurde selbst von ihrem Anwalt als »poster child of Abu Ghraib« bezeichnet (zit. n. Warner 2004: 73).[4] Höhere Ränge von ihrer Verantwortung frei zu sprechen, so interpretiert Brooke Warner, »drives home the message of inequality« (ebd.: 84) – eine Ungleichheit, die nicht erst bei der Rekrutierung von Soldaten beginnt und immer dort besonders evident wird, wo die über 3.000 Gefallenen des Irak-Kriegs geehrt werden. Meines Erachtens gehört diese Ungleichheit in den Bereich jenes *bewussten Unbewussten* im Selbstverständnis der freien und demokratischen amerikanischen Nation, wie Žižek – inspiriert vom Amateurphilosophen Rumsfeld – ausführt, zu jenen »geleugneten Überzeugungen und Annahmen und [...] obszönen Praktiken, von denen wir vorgeben, nichts zu wissen, obwohl sie den Hintergrund unserer öffentlichen Werte bilden«.[5]

In der neuen Welt führten diese Überzeugungen unter anderem dazu, religiös Andersdenkende auszugrenzen, Afrikaner und Afroamerikaner zu versklaven und Männer afroamerikanischer und hispanischer Abstammung mittlerweile auch für Nichtigkeiten hinter Gitter zu sperren. »Abu Ghraib«, so Grossinger, »is the ineluctable product of the squalid American prison

4 Graner wurde zu zehn Jahren Haft verurteilt und unehrenhaft aus der Armee entlassen.

5 Anders als Žižek war Rumsfeld der Meinung, »die Hauptgefahren in der Auseinandersetzung mit dem Irak seien die unbekannten Unbekannten, die Drohungen Saddams, von denen wir nicht einmal ahnen, worin sie bestehen könnten« (Žižek 2004).

industry, for which it was a vintage road show« (Grossinger 2004: 133).[6] Wenngleich Charles Graner in der Tat ein Produkt dieser *prison industry* ist, kann Grossingers These von einer »Abu Ghraibization of the American landscape« die Ereignisse von Abu Ghraib nicht wirklich erklären (ebd.: 135). Die dort privilegierten Praktiken *aggressiver* und vermeintlich *innovativer* Verhörmethoden – *hooding*, Lärm, langes Stehen, Manipulation von Licht und Temperatur, Isolationshaft, Stresspositionen, Anlegen von Handschellen, Anketten sowie Entzug von Nahrung, Wasser, Kleidung und Schlaf – sind schon vielerorts (in Israel gegen Palästinenser oder von Briten in Nordirland und im Irak) zum Einsatz gekommen (vgl. Danner 2004a). Signifikant ist vielmehr, dass einige dieser Techniken gezielt darauf ausgerichtet sind, die Sensibilität muslimischer Kultur zu verletzen, und, wie Mark Danner unterstreicht, das Skript für »bizarre Epen des Missbrauchs« ausgerechnet durch jene Materialien geliefert wurden, die den US-amerikanischen Truppen ursprünglich die Eigenheiten irakischer Kultur nahe bringen sollten (ebd.: 34). »Do not shame or humiliate a man in public«, lässt sich in einem *Handout* für eine Trainingseinheit lesen:

»Shaming a man will cause him and his family to be anti-coalition. The most important qualifier for all shame is for a third party to witness the act. If you must do something likely to cause shame, remove the person from view of others. Shame is given by placing hoods over detainee's head. Avoid this practice.

Placing a detainee on the ground or putting a foot on him implies you are God. This is one of the worst things we can do.

Arabs consider the following things unclean.

Feet or soles of feet.

Using the bathroom around others. Unlike Marines, who are used to open-air toilets, Arab men will not shower/use the bathroom together.

Bodily fluids.«[7]

---

6 Siehe dazu unter anderem Andrew Gross (2007). Danner verweist auf das *Kubark Counterintelligence Interrogation-Handbuch* aus dem Jahre 1963, die umfangreichste Liste von Techniken extremer Verhörmethoden, die seit den 1950er Jahren *verwissenschaftlicht* wurden und zunehmend ohne Körperkontakt auskommen (2004a: 29). Dort ist unter anderem zu lesen: »All coercive techniques are designed to induce regression [...]. The result of external pressures of sufficient intensity is the loss of those defenses most recently acquired by civilized man [...]. Relatively small degrees of homeostatic derangement, fatigue, pain, sleep, loss, or anxiety may impair these functions« (zit. n. Danner 2004a: 29–30).

7 »Semper Sensitive: From a Handout That Accompanies a Weeklong Course on Iraq's Customs and History« (zit. n. Danner 2004a: 32).

Zu Recht nennt Mark Danner die schrillen Szenen der Demütigung, die auf einigen der Fotografien sichtbar werden, »staged operas of fabricated shame, intended to ›intensify‹ the prisoner's ›guilt feelings, increase his anxiety and his urge to cooperate‹« (ebd.: 31). Denn Folter, so formuliert Körner, war lange »eine Art angewandter Kunst, ein Drama mit verständlich lesbaren Zeichen« und eigener Ästhetik, das auf den Konsens zwischen Souverän und Volk zielte (2000: 285). Wird diese Kunst über Malerei, Fotos oder Film vermittelt – wie in den Arbeiten von Richard Serra, Clinton Fein, Fernando Botero, Thomas Hirschhorn, Paul Chan, Paul McCarthy, Martha Rosler und vielen anderen –, werden ihre Zeichen und Ästhetik rekontextualisiert und offenbaren das, von dem wir vorgeben, nichts zu wissen.

Unforgettable Photographs oder: Das Leiden anderer betrachten

Die Vorgänge in Abu Ghraib, so bemerkt David Simpson, »were not categorically different from procedures in other internment camps and prisons. They just happened to generate some unforgettable photographs that found their way into the public domain and generated an intense pressure for explanations« (2005: 21). Erklärungsdruck gab es in der Tat, denn wie Sontag

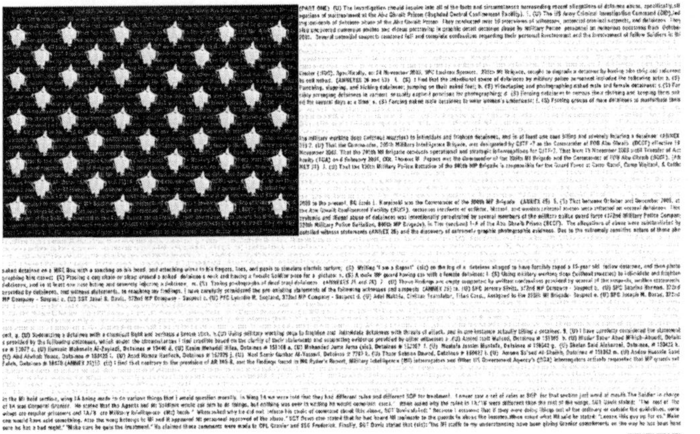

Clinton Fein, *Like Apple Fucking Pie* (2004) – Der Text im Bild reproduziert Teile des Taguba Reports, der von der US-Army zur Untersuchung der Vorfälle im Gefängnis von Abu Ghraib in Auftrag gegeben wurde.

stets argumentiert hat: Bilder erklären nichts, sie sind Fragmente, *Memento mori*, die jenem Verständnis der Welt im Wege stehen, das Erzählungen und Geschichten transportieren können. Gleichzeitig, so meine These, erzählen Fotos eigene Geschichten, indem sie andere Bilder zitieren und erinnern. Und auf diese Weise durchkreuzen sie das eigentliche Ziel der Folter, den Gefolterten zum Sprachrohr seiner Folterer zu machen.

Die Fotos von Abu Ghraib sind nicht zuletzt deshalb *unforgettable*, weil sie unbeabsichtigt Sturm laufen gegen das offizielle Bilderverbot und die Legende vom *sauberen Krieg*. Sie gewinnen ihre Signifikanz somit unter anderem, indem sie beleuchten, was westliche Medien zu zensieren suchten: die 100.000 toten Iraker des Golf-Kriegs, die Körper gefallener Amerikaner im Irak-Krieg und die Gefängnisse, in denen – an vielen Orten der Welt – gefoltert wird. Dabei ist die Annahme, all das, was keinen Eingang in den kulturellen Diskurs der Kulturen findet, sei nicht existent, ebenso naiv wie der Glaube, kulturelle Diskurse wie Fotografie und Film spiegelten die Welt (vgl. Stein 2004: 119). Nicht weniger irrig wäre es, die Fotos als subversiv zu bezeichnen. Vielmehr sind sie zur Vervollkommnung des Akts der Folter unabdingbar. »[T]he modern technique of torture«, so führt Avelar Idelber aus,

> »systematically includes, as a central element of the apparatus of terror, its own double in the realm of signs, its own farcical semanticization, its own display. Such a representation is a fundamental component of terror itself, a surplus without which the modern science of torture would not have taken the forms that it has, a constitutive surplus frequently experienced as the worst possible pain, the pain of anticipation, of the representation of the pain to come. [...] torture rests upon an act of representation which is not *subsequent to the act of the executioner but is its constitutive moment*. The apparatuses and practices of representation – auditory, visual, tactile – are not instruments added to the practice of torture, but are central chapters in its history, moments of its essence. What is proper to torture is the obscene exhibition, in public or private, of its own power« (2001: 257–58).

Die Technik digitaler Fotografie, so könnte man folgern, perfektioniert nachgerade die Effekte und kommunikative Funktion von Folter (Danner 2004a: 33).[8]

8 Mehr noch: »Once Tortured, Now Tormented by Images«, so nannte Nina Bernstein ihren Bericht in der New York Times im Mai 2004 über Reaktionen von Folteropfern, die in die USA geflüchtet waren und nun die amerikanische Regierung als Folterer angeklagt sehen (vgl. Strauss 2004: 89).

Was aber kommunizieren diese Bilder? »Hi Mom, here I am in Abu Ghraib«, scheinen uns jene Bilder zuzurufen, die Rush Limbaugh inspiriert haben, die Vorkommnisse von Abu Ghraib mit *fraternity parties* zu vergleichen (vgl. Ehrenreich 2004). »[T]he flashy smiles and complete disregard of the pain and torture«, so interpretiert Brooke Warner etwas feinfühliger, »make each and every picture appear surreal, as if the perpetrators superimposed photos from last summer vacation onto a completely wretched scene« (ebd.: 76). *Superimposition* – Überblendung – scheint mir in der Tat der adäquate Begriff für die spezifische Wirkungsästhetik jener Fotografien, die ambivalent zwischen Distanz (*un-American*) und Nähe (*home*), Eigenem und Anderen oszillieren. Auch deshalb waren die Bilder für viele Betrachter »sofort lesbar« (Strauss 2004: 96). Sie erinnern an Fotos von *Blackface Parties* ebenso wie an *Do-It-Yourself*-Internet-Pornografie – Traditionen, die sie fortführen, verändern und weiter inspirieren. Die Assoziation von Pornografie hat eine besondere Brisanz im Kontext der amerikanischen Kultur, die ein *gespanntes* Verhältnis zum Körper hat und Pornografie dämonisiert.[9] Nichts jedoch ver-

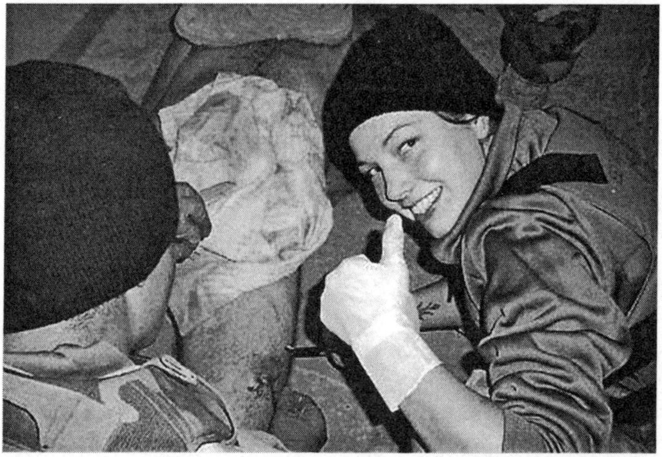

9 Wenn Rush Limbaugh in diesem Zusammenhang von »[s]tandard good old American pornography« spricht (zit. n. Strauss 2004: 97), ist daher nicht wirklich klar, was er im Sinne hat; vielleicht die autobiografischen Schriften ehemaliger Sklaven, die das 19. Jahrhundert als »pious pornography of the day« betrachtete. Das pornographische Moment der Abu Ghraib-Fotos ist somit einerseits der sadomasochistischen Tradition der Folter und ihren Repräsentationsformen gezollt; andererseits transportiert es – auf höchst vermittelte Weise – das Geständnis der Folterer. Denn der Ritus der Folter unterstreicht, so Körner, dass nicht »Wahrheitsfindung« der Endzweck der Folter ist; vielmehr werde »die Leiblichkeit in ihrer Schwäche [...] bestraft« (2000: 284).

deutlicht die kulturelle Eigenheit der Bilder von Abu Ghraib präziser als ihre Nähe zu Fotografien von *Lynchings*.

Es sei nicht ungewöhnlich, so lässt sich bei Sontag lesen, dass Soldaten die Gräueltaten, die sie begingen, mit der Kamera dokumentieren. Äußerst selten jedoch rückten sie dabei selbst ins Bild. In den USA dagegen, wo bis in die fünfziger Jahre Lynchjustiz grausamster Art vollzogen wurde, galten *Lynchings* in der Zeit von 1880 bis 1930 als beliebte *photo opportunity*. Fotos, auf denen Kleinstadtbürger unter nackten, verstümmelten und verkohlten Leichen posieren,[10] wurden zu Trophäen und Postkartengrüßen. Heutzutage, wo Kameras *allgegenwärtig* sind, fungieren die Fotos von Abu Ghraib nicht nur als Sammelobjekte; wie Sontag beobachtet, sind sie Teil von *Reality-TV-Shows* geworden, mit der Menschen ihr Leben in Realzeit dokumentieren und publik machen (2004: 13).

»Being a spectator of calamities taking place in another country is a quintessential modern experience«, konstatiert Sontag in ihrem letzten Buch *Regarding the Pain of Others* (2003: 16), das den Effekten von fotografischen Gewaltdarstellungen, insbesondere Kriegsbildern nachspürt und somit an ihren Essay *On Photography* anknüpft. Als Betrachter der Bilder von Abu Ghraib sind wir jedoch nicht mit Kriegsfotografien konfrontiert. »Es sind Privatfotos, Albumblätter oder *home videos*«, erläutert der Medienwissenschaftler Joseph Vogel,

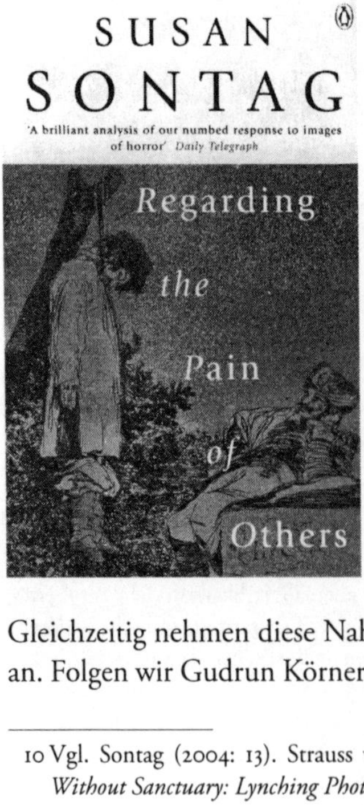

> »nach oder abseits der Schlachten gemacht. [...] nicht von ungefähr zirkulierten diese Fotos auch in Maryland, im Innern der Vereinigten Staaten. Sie dokumentieren keinen fernen, entrückten Krieg, sondern seltsame Nahverhältnisse; Flaschenpost aus nächster Nähe. [...] Sie zeigen Gefängnispersonal, Häftlinge, Erniedrigungsrituale, S/M-Szenen – all das, was auch in den zivilen Gesellschaften zu Hause ist und was man auch sonst mehr oder weniger verdeckt unter dem Ladentisch vertreibt« (2004).

Gleichzeitig nehmen diese Nahverhältnisse jedoch unterschiedliche Formen an. Folgen wir Gudrun Körner, so wird Folter historisch »entweder als Kom-

10 Vgl. Sontag (2004: 13). Strauss verweist in diesem Zusammenhang auf den Fotoband *Without Sanctuary: Lynching Photographs in America* (2004: 91).

munikationsereignis oder als höllische Art von Gottverlassenheit dargestellt«. Einige der Fotos von Abu Ghraib, die sich der ersten Kategorie zurechnen lassen, haben deutliche Bezüge zur postmodernen Kunst und Performance Art[11] – zu Arbeiten von Jenny Holzer und Marina Ambramovic beispielsweise –, die den Körper und die Formen seiner kulturellen Zurichtung wieder ins Zentrum gerückt hat. Die Wirkung jener Fotos, die die »Gottverlassenheit« der Gefolterten zeigen, ist eine gänzlich andere und eines dieser Fotos wurde sofort zur Ikone.

»Icons live their own lives«, schreibt Sarah Boxer im Juni 2004 in der *New York Times.* »Of all the photographs of American soldiers tormenting Iraqui prisoners in the Abu Ghraib prison, one alone has become the icon of the abuse. [...] The image appears in mock advertisements in New York, in paintings in San Francisco, on murals in Tehran and on mannequins in Baghdad. It shows no dogs, no dead, no leash, no face, no nakedness, no pileup, no thumbs-up. It is the picture of a hooded prisoner standing on a box, electrodes attached to his outstretched arms. Why this image above all the rest?« (Ebd.)

Richard Serra, *Stop Bush* (2004)

Aufruf zur Demonstration gegen den Krieg im Irak, Wellington, New Zealand, März 2006

11 So schreibt auch Žižek: »Die Positionen und Kostüme der Gefangenen lassen an eine Theaterinszenierung denken, an eine Art Tableau vivant, das automatisch Erinnerungen an die ganze Bandbreite der amerikanischen Performance-Kunst und des ›Theaters der Grausamkeit‹ weckt, an die Fotos Robert Mapplethorpes und die absonderlichen Szenen in den Filmen David Lynchs« (Žižek 2004).

Indem sie das Foto in einer langen Geschichte ikonografischer Darstellungen verortet, liefert Boxer selbst überzeugende Antworten auf diese Frage. Das Bild erscheine, so Boxer, wie ein »fake iPod ad«, erinnere an *Pop Art*, an die Freiheitsstatue – eine Verwandtschaft, die Graffiti-Künstler umgehend aufgriffen –, und suggeriere Christus am Kreuz. »And, best yet«, ergänzt die Autorin, »the hooded figure in the photographs is on a pedestal. It is already an icon. [...] The photo is an ad for martyrdom made in America« (Boxer 2004). Und diesen Effekt erreicht das Foto wohl nicht zuletzt auch deshalb, weil die Gestik einer Figur, die ihre Hände nur mit Mühe erheben kann, Erinnerungen an Nick Ut's ikonographisches Vietnam-Foto wach ruft.

The Images Are Us oder: Wir sind nie modern gewesen

Die Ikonographie der Fotografie einer schwachen, verkabelten und auf ein Podest erhobenen Figur vermittelt in besonders intensiver Weise, dass Folter Differenzen und Individualität auszulöschen sucht. In Wahrheit, schreibt Richard Grossinger, sind die Kader, die am 11. September 2001 Flugzeuge in die Trade Towers flogen, kaum diejenigen, die amerikanische Soldaten auf der Straße aufsammelten und zur Masturbation und zu oralem Sex zwangen, »but the slippage«, so seine Argumentation, »the iconography of Abu Ghraib took one into another, so that all bodies, beneath robes and hoods, became the same body« (2004: 127). Die Gefolterten werden zu »Nichtpersonen, entblößt, gesichtslos, namenlos« (Vogel 2004). Der »globale Krieg gegen den Terror« führe, so Sontag, zu einer »Entmenschung« »eines jeden, der von der Bush-Administration als möglicher Terrorist verdächtigt wird« (2004: 14). Auch deshalb sind die Opfer vermummt und tragen das *Accessoire* des Täters, das uns als Kopfbedeckung der spanischen Inquisitoren[12] und des Ku Klux Klan wohl bekannt ist, stellen »die Uniform des Henkers«, »die Maske des Todes« zur Schau, um noch einmal Boxer zu bemühen (ebd.).

12 Nicht wenige haben die Bilder von Abu Ghraib als »gruesome unconscious reenactment of Goya's ›Disasters of War‹« interpretiert (Strauss 2004: 90). Siehe auch Stein (2004: 114). Die kulturelle Signifikanz Goyas, dessen Werk erst kürzlich in der Alten Nationalgalerie in Berlin mit einer Ausstellung gewürdigt wurde, ruft uns auch ins Gedächtnis, dass Folter im Laufe des 18. Jahrhunderts in den meisten Ländern Europas als Teil des Rechtsystems verboten wurde (Körner 2000: 283).

In den Fotografien, die hinter den Mauern des Gefängnisses von Abu Ghraib entstanden sind, ist diese Kopfbedeckung somit nicht nur Folterinstrument. Sie fungiert gleichzeitig als Schleier, hinter dem die Differenz zwischen Subjekten und Objekten der Gewalt verwischt. »The damage being done«, schreibt Simpson, »works on the perpetrators as well as the victims« (2005: 23). Sie lässt, so möchte ich ergänzen, auch den vermeintlich unbeteiligten Zuschauer nicht unberührt. Durch unsere Akte des Sehens und Erinnerns sind wir alle impliziert in den Fotos von Abu Ghraib. Oder wie Joseph Vogel es formuliert: »Der Schuldige ist nicht bloß im Bild« (2004). In der Tat: »The images are [all of] us« – wenn auch in höchst unterschiedlicher Weise. Auch deshalb nehmen sie einen so prominenten Platz in unserer Gedächtnisgalerie ein und werden uns weiter verfolgen. Diese Bilder belegen meines Erachtens nicht den Rückfall in ein dunkles Mittelalter, wie immer wieder gemutmaßt wird. Vielmehr stützen sie Bruno Latours These, wir seien nie modern gewesen.

Literatur

Apel, Dora (2005), »Torture Culture: Lynching Photographs and the Images of Abu Ghraib«, in: *Art Journal* Sommer 2005, 01.12.2006, http://findarticles.com/p/articles/mi_m0425/is_2_64/ai_n14919727.

Bernstein, Nina (2004), »Once Tortured, Now Tormented by Images of Brutality from Iraq«, *New York Times:* 15.05.2004, B1.

Boxer, Sarah (2004), »Torture Incarnate, and Propped on a Pedastal«, *New York Times:* 13.06.2004, Teil 4, S. 14.

Carter, Jimmy (2005), *Our Endangered Values. America in Moral Crisis*, New York.

»Convention against Torture and Other Cruel, Inhuman or Degrading Treatment or Punishment« (1984), in: Office of the United Nations, 01.12.2006, http://www.ohchr.org/english/law/cat.htm.

Danner, Mark (2004a), »The Logic of Torture«, in: Meron Benvenisti (Hg.), *Abu Ghraib. The Politics of Torture*, Berkeley, S. 17–46.

Danner, Mark (2004b), »Torture and Truth«, in: Meron Benvenisti (Hg.), *Abu Ghraib. The Politics of Torture*, Berkeley, S. 1–16.

Danner, Mark (2004c), *Torture and Truth. America, Abu Ghraib, and the War on Terror*, London.

Ehrenreich, Barbara (2004), »Feminism's Assumptions Upended«, in: Meron Benvenisti (Hg.), *Abu Ghraib. The Politics of Torture*, Berkeley, S. 65–70.

Gray, John, »Power and Vainglory«, in: Meron Benvenisti (Hg.), *Abu Ghraib. The Politics of Torture*, Berkeley, S. 47–55.

Greenberg, Karen J./Dratel, Joshua L. (2005), *The Torture Papers. The Road to Abu Ghraib*, Cambridge.

Gross, Andrew (2007), »The Prisoner's Body/The Prisoner's Dilemma: Subjects in Contemporary U.S. Prison Literature«, in: Sabine Sielke/Elisabeth Schäfer-Wünsche (Hg.), *The Body as Interface. Dialogues between the Disciplines,* Heidelberg.

Grossinger, David (2004), »Abu Ghraib. A Howl«, in: Meron Benvenisti (Hg.), *Abu Ghraib. The Politics of Torture*, Berkeley, S. 123–143.

Idelber, Avelar (2001), »Five Theses on Torture«, *Journal of Latin American Studies* 10:3, S. 253–271.

Kellberg, Love (1998), »Torture. International Rules and Procedures«, in: Bertil Dunér (Hg.), *The End to Torture. Strategies for Its Eradication*, London, S. 3–38.

Körner, Gudrun (2000), »Schönheit und Nutzen. Zur ästhetischen Rezeption der Folter«, in: Peter Burschel/Götz Distelrath/Sven Lembke (Hg.), *Das Quälen des Körpers. Eine historische Anthropologie der Folter*, Köln, S. 181–199.

Latour, Bruno (1995), *Wir sind nie modern gewesen. Versuch einer symmetrischen Anthropologie,* Berlin.

Scarry, Elaine (1985), *The Body in Pain. The Making and the Unmaking of the World*, Oxford.

Sielke, Sabine (1996), »›I Have the Blood Jelly.‹ Sexual Violence, the Media, and Jenny Holzer's ›Lustmord‹«, in: Klaus Schmidt/David Sawyer (Hg.), *Blurred Boundaries. Critical Essays on American Studies*, Frankfurt am Main, S. 221–247.

Sielke, Sabine (2002a), »Das Ende der Ironie? Zum Verhältnis von Realem und Repräsentation zu Beginn des 21. Jahrhunderts«, in: Sabine Sielke (Hg.), *Der 11. September 2001. Folgen, Fragen, Hintergründe*, Frankfurt am Main, S. 255–273.

Sielke, Sabine (2002b), *Reading Rape. The Rhetoric of Sexual Violence in American Literature and Culture, 1790–1990*, Princeton.

Simpson, David (2005), »Are We There Yet«, *New York Review of Books* 17.02.2005, S. 21–24.

Sontag, Susan (1977), *On Photography*, New York.

Sontag, Susan (2003), *Regarding the Pain of Others*, New York.

Sontag, Susan (2004), »Endloser Krieg, endloser Strom von Fotos«, *Süddeutsche Zeitung* 24.05.2004, S. 13.

Stadler, Rainer (2005), »Folgen der Folter«, *Süddeutsche Zeitung Magazin* 39, 30.09.2005, S. 18f.

Stein, Charles (2004), »Abu Ghraib and the Magic of Images«, in: Meron Benvenisti (Hg.), *Abu Ghraib. The Politics of Torture*, Berkeley, S. 102–122.

Strauss, David Levi (2004), »Breakdown in the Gray Room«, in: Meron Benvenisti (Hg.), *Abu Ghraib. The Politics of Torture*, Berkeley, S. 87–101.

Thimm, Johannes (2005), »Abschied vom Folterverbot«, *SWP-Aktuell* 11, S. 1–4.

Villinger, Ingeborg (2000), »›Ausnahmezustand‹: Die Wiederkehr von Opfer und Ritus am Ende des 20. Jahrhunderts«, in: Peter Burschel/Götz Distelrath/Sven

Lembke (Hg.), *Das Quälen des Körpers. Eine historische Anthropologie der Folter*, Köln.
Vogl, Josef (2004), »Folter im Bild. Interview mit Joseph Vogl«, in: *Die Zeit*, 01.12.2006 http://www.zeit.de/2004/21/InterviewVogl?
Warner, Brooke (2004), »Abu Ghraib and a New Generation of Soldiers«, in: Meron Benvenisti (Hg.), *Abu Ghraib. The Politics of Torture*, Berkeley, S. 71–86.
Žižek, Slavoj (2004), »Die Amerikaner kontrollieren gar nichts! Nicht mal sich selbst!«, *Berliner Zeitung* 23.06.2004, S. 30.

Bildquellen

Abb. 1, S. 152: http://www.antiwar.com/news/?articleid=2444
Abb. 2, S. 152: http://www.antiwar.com/news/?articleid=2444
Abb. 3, S. 157: http://www.annoy.com/covers/doc.html?DocumentID=100617
Abb. 4, S. 159: http://www.antiwar.com/news/?articleid=2444
Abb. 5, S. 160: Susan Sontag, Regarding the Pain of Others, Buchcover der Taschenbuch-Ausgabe, New York 2004: Penguin Books Ltd.
Abb. 6, S. 161: http://www.artsjournal.com/man/archives20040701.shtml
Abb. 7, S. 161: Foto Sabine Sielke

Verletzbare Körper: Eine ästhetische und ethische Kategorie

Gesa Ziemer

Die Unantastbarkeit der Menschenwürde sollte unabhängig von der körperlichen Erscheinung und Leistungsfähigkeit eines Menschen gelten. Da diese Forderung in der Geschichte und Gegenwart häufig nicht so verstanden wurde und wird, bedarf es immer wieder ihrer Argumentation. Welches Körperverständnis einem bestimmten Menschenbild und damit dem Wert eines Menschen und des Menschlichen zugrunde liegt, ist immer auch eine Frage der Ästhetik, aus deren Perspektive ich hier argumentiere. Unsere sinnliche Wahrnehmungsfähigkeit oder -begrenztheit trägt Entscheidendes zur Beurteilung eines Menschen bei. Die Wahrnehmung körperlicher Besonderheiten wie beispielsweise Körperform oder -verfassung, Hautfarbe, Geschlecht oder Alter sind grundlegend für den Ein- und Ausschluss von Menschen in die oder aus der Gesellschaft, sie entscheiden über soziale Positionierungen, im schlimmsten Fall sogar über Leben und Tod. Unsere ästhetische Körpervorstellung ist dabei meistens sehr normiert: Gesund, schön und leistungsstark muss sich ein Körper zeigen, wenn er reibungslos in den Alltag integriert sein will. Wenn er dieses nicht kann, dann werden ihm schnell Rechte entzogen. Den Menschenrechten liegt ein bestimmtes Subjektverständnis zugrunde, das auch von ästhetischen Konstruktionen abhängt. Ästhetik versteht sich hier weniger als wissenschaftliches Instrument, das substanzielle, naturgegebene Eigenschaften des Körpers definiert, denn als Reflexionsmöglichkeit bestehender Wertevorstellungen, aufgrund derer wir sozial und kulturell Körperbilder konstruieren. Diesen kritischen Blick auf unsere enggeführten Körperkonstruktionen wirft aber nicht nur die Ästhetik, sondern mit ihr auch die Kunst. Am Beispiel der Performance und des Tanzes wird exemplarisch gezeigt, wie Körperdarstellungen, -wahrnehmungen und -rezeptionen Normen unterlaufen und damit eine Auffassung dessen artikulieren, was als schön oder hässlich, erlaubt oder verboten, ökonomisch verwertbar oder wertlos, lebenswert oder -unwert eingestuft wird. Als Analyse kultureller Symboliken bieten sowohl Kunst als auch Ästhetik Aufschluss über Wahrnehmungsstrukturen, die einen Beitrag zur Frage nach dem Ästhetischen im Subjektverständnis liefert, mit dem wir operieren, wenn wir Menschenrechte begründen und definieren wollen.

Ich werde im Folgenden aus der Perspektive der *aisthesis* als Lehre der sinnlichen Wahrnehmung fragen, wie Wahrnehmung Körperbilder konstruiert und welche ästhetischen Implikationen welche Kriterien der Beurteilung von Körpern nach sich ziehen. Um das Recht körperlicher Unantastbarkeit zu begründen, rücke ich den versehrten, funktionsuntüchtigen, devianten und nicht, wie es in subjekttheoretischen Begründungen sonst viel häufiger der Fall ist, den leistungfähigen Körper ins Zentrum. Der abweichende Körper eines Menschen mit Behinderung spitzt den Konflikt zwischen normativer Notwendigkeit, die jeder Formulierung universaler Menschenrechte innewohnt, und der Einzigartigkeit und Vielfältigkeit des Körpers, der sich gerade nicht in ein normatives Raster drängen lässt, offensichtlich zu. Personen mit Körpern, die von der Norm abweichen, widersetzen sich per definitionem normativen Konzepten, indem sie sich gegen Kategorisierungen und Systematisierungen sperren. Dennoch artikulieren sie ihren legitimen Anspruch darauf, als gleichberechtigt anerkannt zu werden und verteidigen ihr Recht auf körperliche Integrität. Ein Mensch mit Behinderung stellt uns deshalb vor besondere argumentative Probleme, weil er die scheinbare Unvereinbarkeit zwischen dem Singulären und Universalen zuspitzt. Gibt es also Möglichkeiten, die Dualismen von gesund/krank, normal/abnormal, richtig/falsch anders zu denken? Wie kann eine nicht zu harmonisierende Differenz, die sich im Alltag unübersehbar auf vielen Ebenen zeigt, beibehalten und trotzdem eine Gemeinsamkeit besonderer Art hergestellt werden? Um eine wenig dualisierende Denkfigur zu entwerfen, mache ich den Vorschlag, über die Verletzbarkeit anstatt die Funktionsfähigkeit des Körpers nachzudenken. Weil es um die Herstellung von gelingender Gemeinschaft trotz unübersehbarer Differenz geht, betrifft das Nachdenken über Verletzbarkeit nicht nur eine ästhetische, sondern auch ethische Dimension. Wie und warum Verletzbarkeit an der Schnittstelle zwischen Ästhetik und Ethik ein bestimmtes Subjektverständnis prägen kann, ist der Inhalt folgender Ausführungen.

In der Regel ist das Subjekt, von dem in den politischen, ästhetischen, juristischen etc. Argumentationen ausgegangen wird, körperlich intakt und funktionstüchtig. Es ist leistungsfähig, weil es über genügend Ressourcen verfügt und mit einem Bewusstsein von Ganzheit empfindet und handelt. Das Herausbilden einer Vorstellung von Ganzheit und damit die Betonung von Unversehrtheit, Stärke und Gesundheit wird im Prozess kindlicher Identitätsbildung gar als zentral beschrieben.[1] Die stabile und sich ihrer Intaktheit scheinbar bewusste Identität des Subjektes, die vonseiten der Psychoanalyse kritisch auch als »wahnhaft« und »starr« beschrieben wird, resultiert aus der Verdrängung des »zerstückelten« Körpers, welche die Projektion eines ganzen und leistungsstarken Körpers überhaupt erst möglich macht. Das Verhältnis zwischen dem zerstückelten und intakten Körper implementiert während der kindlichen Entwicklung das Phantasma des autonomen und starken Körpers als Normalfall. Dieser Normalfall der Identitätsbildung ist auch an ästhetische Vorstellungen gebunden, welche die ganze Form als schön und stark und das Fragmentierte als hässlich und schwach bewerten. Dass diese formvollendete Schönheit nicht naturgegeben, sondern nur »orthopädisch«, das heisst durch Übung und Erziehung hergestellt, ist, vermindert deren Wirkkraft, die das Aufrechte, Gerade und Richtige fokussiert, nicht.

Diese Opposition zwischen dem ganzen und fragmentierten Körper befriedigt nicht, weil sie als Wahrnehmungs- und Denkfigur die Gefahr der Normierung in sich birgt und damit zwangsläufig Ausschlussmechanismen produziert. Welche alternative Möglichkeit zur Erarbeitung eines neuen Begriffes gibt es, der diese Dichotomie unterlaufen könnte und andere Beschreibungen und Wertungen zuließe? Bevor die Verletzbarkeit[2] des Körpers und damit auch eine spezifische Auffassung des Subjekts in den Mittelpunkt rückt, folgt hier zunächst ein Exkurs in unsere Blickkonditionierungen, welche konventionelle Ästhetiken von Körperbildern herstellen.

---

1 Aus psychoanalytischer Sicht beschreibt Jacques Lacan die Verdrängung des fragmentarisierten Körpers bereits im Spiegelstadium des Kindes (zwischen 6 und 18 Monaten) als notwendig, um zur eigenen Identität zu gelangen: »[D]as *Spiegelstadium* ist ein Drama, dessen innere Spannung von der Unzulänglichkeit auf die Antizipation überspringt und für das an der lockenden Täuschung der räumlichen Identifikation festgehaltene Subjekt die Phantasmen ausheckt, die, ausgehend von einem zerstückelten Bild des Körpers, in einer Form enden, die wir in ihrer Ganzheit eine orthopädische nennen könnten, und in einem Panzer, der aufgenommen wird von einer wahnhaften Identität, deren starre Strukturen die ganze mentale Entwicklung des Subjektes bestimmen werden« (Lacan 1991, 67).

2 Begriffsnahe Formulierungen wie beispielsweise *Verletzlichkeit* werden auch in anderen wissenschaftlichen Disziplinen analysiert. Anja Tervooren schlägt diesen als Grundlage einer pädagogischen Anthropologie vor, wenn sie fragt: »Was könnte nun aber ein neuer Begriff sein, der nicht innerhalb der philosophischen Gegensätze von Weiblichkeit und Männlichkeit, Abhängigkeit und Unabhängigkeit, passiv und aktiv, krank und gesund, behindert und nicht-behindert etc. situiert ist und sich nicht über diese Gegensätze konstituiert?« (Tervooren 2000: 253)

Blickkonditionierungen

Präzisieren wir im Feld der Ästhetik und fragen, wie sinnliche Wahrnehmung über die Art des An- oder Wegblickens das Bild eines Menschen kreiert. Teil der ästhetischen Konstruktion ist die Art und Weise des Blickens, die unser Verhältnis zu dem, was wir anschauen, entscheidend prägt.[3] In der Regel bewirken Blicke auf einen von der Norm abweichenden Körper einen gesicherten, unverletzbaren Status des Betrachtenden gegenüber der Irritiation. In *Seeing the Disabled. Visual Rhetorics of Disability in Popular Photography* entwirft Rosemarie Garland Thomson, eine der prominenten nordamerikanischen Begründerinnen der *Disability Studies*, eine Taxonomie der visuellen Rhetorik von Behinderung. Konventionelle Blicke fasst sie anhand verschiedener Fotografien wie folgt zusammen: »The *wondrous* mode directs the viewer to look up in awe of difference; the *sentimental* mode instructs the spectator to look down with benevolence; the *exotic* mode coaches the observer to look across a wide expanse toward an alien object; and the *realistic* mode suggests that the onlooker align with the object of scrutiny« (Garland Thomson 2001: 346 [Kursivierung, G.Z.]).

Diese vier Blickarten, welche die eingeschränkte Konditionierung unserer Wahrnehmung treffend entlarven, analysieren das Gefälle, in das sich die Betrachter zum Betrachteten stellen. Der andere Körper wird dabei von den Betrachtenden auf unterschiedliche Weise marginalisiert. Der Blick des Wunderns, den Garland Thomson vor allem in Freak-Inszenierungen des 19. Jahrhunderts ausmacht, betont die Differenz und festigt das Machtgefälle zwischen dem, der auf den anderen Körper blickt und demjenigen, der angeblickt wird. Im Gegensatz zum Blick des Wunderns, der den angeschauten, differenten Menschen unverhältnismäßig größer und stärker als den Betrachter macht, geschieht beim sentimentalen Blick das Gegenteil: Diese Blickform stigmatisiert das Objekt, belegt es mit Leiden und Schwäche und spricht ihm damit jegliche gesellschaftliche Funktionstüchtigkeit ab.[4] Der

3 Konrad Fiedler ist es im 19. Jahrhundert gelungen, das Sehen aus seiner passiven Rolle zu befreien und es als aktive, selbstbestimmte Tätigkeit zu beschreiben. Sehen produziert nicht einfach für eine höhere Erkenntnis Abbildungen, sondern ist eine Tätigkeit. Aktives Sehen formt somit die Produkte, die Fiedler »Sichtbarkeitsgebilde« nennt (vgl. Fiedler 1991: 111).

4 Ein konkretes Beispiel für die Inszenierung des sentimentalen Blickes gibt Anja Tervooren, wenn sie Oliviero Toscanis Benetton-Kampagnen analysiert: Sie beschreibt, wie Kinder mit Behinderungen in idealisierten Lebensumständen fernab von städtischem Leben, paradiesisch umgeben von Blumen und Wiesen inszeniert werden. Diese Exklusion scheint

exotische Blick betont das Fremde und installiert eine große Distanz zwischen Betrachter und Betrachtetem. Am Beispiel des körperbehinderten Performers Bob Flanagan, der sich als glamouröser Pornostar, Schwerkranker oder Supermasochist inszeniert, wird plausibel analysiert, wie die Hypersexualisierung des Körpers die Distanz zwischen Blickendem und Erblicktem kreiert. Macht und Sexualität wecken nicht nur Begehren, der abweichende Körper wird schnell zum abstoßenden Sexualobjekt degradiert, das man zwar anstarrt, aber niemals berühren würde. Flanagan zeigt jedoch neben dieser Distanz auch eine eigenartige »Nobility and Attraction« (Garland Thomson 2001: 358), mit der Garland Thomson innerhalb ihrer Taxonomie auch immer wieder auf die ambivalenten Affekte deutet. Sie macht damit auf Blickambivalenzen aufmerksam, die nicht nur affektiv gesteuert sind, sondern ihrerseits wieder Affekte produzieren, mit denen man sich solche Bilder anschaut, auch wenn man gleichzeitig wegschauen möchte: »Because looking at disability is at once forbidden and desired, it is always a highly charged scene that risks eclipsing the familiar with the strange.« (Ebd.: 364). Trotz des Bewusstseins für diese mehrdeutigen Affekte, präferiert die Autorin den *realistischen Blickmodus*, weil sie ihm die wirksamste politische Kraft zuordnet. Betrachter und Betrachteter werden auf gleicher Höhe positioniert, und obwohl die Differenz dadurch anerkannt wird, findet ein Prozess der Identifikation statt. Der realistische Blick macht den anderen Körper zum Bestandteil einer demokratischen Gesellschaft, in der die Gleichberechtigung von Menschen mit Behinderung eingelöst wäre. Viele Bilder von anderen Körpern produzieren ineinander übergehende Blickarten, so dass Blicke des Wunderns, der Sentimentalität, der Exotik oder des Realistischen häufig kopräsent sind. Historisch gesehen macht Garland Thomson eine Entwicklung deutlich, in welcher der Blick des Wunderns zwar abnimmt, der andere Körper jedoch zunehmend als ein zu eliminierender Fehler angesehen wird: »In brief, wonder becomes error« (ebd.: 3), was durch die rasante Zunahme, Selbstverständlichkeit und Medialisierung von Schönheitsoperationen oder gentechnologischen Steuerungen offensichtlich auf der Hand liegt. Heute noch einen Körper zu haben, der nicht den Standards der Schönheitsindustrie entspricht, ist mehr und mehr ein Zeichen von Unwissenheit und mangelnden finanziellen Ressourcen.[5]

reibungslos zu funktionieren und vollzieht sich geradezu lustvoll, so dass eine Inklusion nicht mehr notwendig scheint (vgl. Tervooren 2002).

5 Sander Gilman beschreibt beispielsweise, wie im amerikanischen Fernsehen die Medialisierung des perfekten Körpers stattfindet, um die »Arbeiterklasse« mit Glamour zu bestü-

Diese Blickkonventionen scheinen grundlegend für unsere Wahrnehmung und unser Reden über Behinderung. Sie scheinen diejenigen Kategorien zu sein, die wir in Worte fassen können, auf die wir zurückgreifen, wenn wir sehen. Nicht nur unsere Blicke, auch unser Vokabular stellt in erster Linie negativ konnotierte Wörter wie »invalid«, »deviant«, »abnormal«, »deformiert« zur Verfügung, denen gemeinsam ist, dass sie geltende Normen kreieren, um sich von ihnen abzugrenzen. Doch ist es uns überhaupt möglich, den realistischen Blick einzustellen? Auf der konkreten Bildebene[6] jedenfalls zeigen zweischneidige Konstruktionen von Menschen mit Behinderungen, wie schwierig es ist, die berechtigte Forderung Garland Thomsons nach dem realistischen Blick zu evozieren.

Die Frage ist also, wie dieser realistische Blick genauer zu fassen ist. Wie können sich Subjekt und Objekt auf Augenhöhe, sprich gleichberechtigt, begegnen? Hier soll nun weniger das Objekt, als die Konstituierung des Subjektes fokussiert werden. Wäre es nicht Teil des geforderten Realismus, sich die Verletzbarkeit des eigenen Körpers ständig präsent zu halten und deshalb auch die Verletzbarkeit des eigenen Blickes zu schärfen? Inwieweit ist die Bezugsgröße der Verletzbarkeit hilfreich, damit der Blick nicht primär *auf*

cken, dem ein Versprechen auf ein besseres Leben innewohnt: »In 2002 American Broadcasting Corporation's ›Extreme Makeover‹ merged the two types of shows – the producers hire aesthetic surgeons to ›makeover‹ the contestants' faces and bodies in addition to providing new clothes, workouts at a gym, and a hair styling. They reshape their noses, lift their faces, add an inch or two to their breasts or remove the roll of flabby skin around their middle and these new bodies are unveiled on primetime TV! [...] In addition to the original show there a number of variations such as Fox Network's show, ›The Swan‹, in which a beauty pageant of glamorously transformed ›ugly ducklings‹ results in the selection of ›The [winning] Swan.‹ But central to this is the notion that it is not merely physical transformation that is necessary, the shortening of the nose, the reinforcing of the hairline, the reshaping of the breasts, but the transformation of the poor (and all of the candidates are working class) into the image of male or female glamour that dominates American notions of upper class or Hollywood (interchangeable in American myths of beauty) style« (Gilman 2005: 173f.).

6 Sehr eindrucksvoll kann diese Zweischneidigkeit an einer prominenten Bildkampagne der Pro Infirmis Schweiz gezeigt werden, die den Titel *Wir lassen uns nicht behindern* trug. Pro Infirmis lancierte zwischen 2000 und 2004 drei Kampagnen, fotografiert von Hannes Schmid, die das Image der Wohlfahrtsorganisation ändern sollte. Anstatt Menschen mit Behinderungen als abhängige Opfer zu zeigen, wollte man diese selbstbewusst und mit offenem Blick in die Kamera inszenieren. Während dieses in der erste Kampagne weitgehend gelang, war schon in der zweiten und dann vor allem dritten eine klare Dominanz des sentimentalen Blickes zu sehen, der nicht zur Selbstbestimmung von Menschen mit Behinderung führt, sondern deren Gegenteil, die Abhängigkeit betont (vgl. http://www.proinfirmis.ch).

den abweichenden Körper gerichtet wird, sondern dieser vor allem in Bezug auf den Körper des Betrachtenden wahrgenommen wird? Gerade im Blick auf einen Körper mit Behinderung zeigen sich die Anstrengungen, das Fremde als Bedrohliches draußen zu halten, sehr deutlich. Wundernd, sentimental oder exotisierend blickend, machen wir uns unverletzbar und bewerten den anderen Körper durch Marginalisierung. Im realistischen Blick, in dem sich Betrachter und Betrachteter gegenseitig anschauen und ihre Positionen austauschen können, liegt – so meine These – ein Bewusstsein von Verletzbarkeit. Auf Augenhöhe kann das Subjekt nur gelangen, wenn es die prekäre Situation eines jeden Körpers anerkennt und sich nicht in ein vermeintlich gesichertes Territorium zurückzieht. Garland Thomson rekurriert sogar explizit auf eine durch das Blicken zugeschriebene Verletzbarkeit, die sie jedoch kritisch beurteilt, indem sie diese dem sentimentalen Blick zuordnet, denn »the sentimental makes the disabled figur small and vulnerable [...]« (Garland Thomson 2001: 358). Sie warnt davor, die Verletzbarkeit ausschließlich dem Objekt zuzuschreiben. Wenn der Blick nur das Objekt verletzbar macht, degradiert der Betrachter es zu etwas Kleinem und damit Übergehbarem. Aus emanzipatorischer Sicht ist es deshalb nicht hilfreich, wenn jemand mit einer Behinderung die Verletzbarkeit seines sowieso schon marginalisierten Körpers betont. Entscheidend ist also, dass hier nicht ein Objekt mit Verletzbarkeit belegt wird, sondern dass sich beide, Subjekt und Objekt, der Verletzbarkeit bewusst werden. Wer realistisch blickt – so würde ich also hinzufügen – blickt verletzbar und damit wach, denn nur so kann ein gleichberechtigter Blick hergestellt werden, der einem ethischen Appell, der auf der Anerkennung der Gefährdetheit eines jeden Lebens beruht, gerecht wird. Blicke des Wunderns, der Sentimentalität oder der Exotik sind Modi, die den Betrachter in eine sichere, distanzierte und damit vermeintlich unverletzbare Position stellen. Der andere Körper rückt in weite Ferne, hat keine Berührungspunkte mit dem intakten, dem gesunden und leistungsfähigen Leben. Dem entgegen stellt der verletzbare Blick Nähe und gemeinschaftliche Bezüge her, die es erlauben, bei aller Differenz auch eine Identifikation herzustellen. Der *verletzbare Blick* macht den *verletzbaren Körper* zur Grundlage einer Körperästhetik und eines spezifischen Subjektverständnisses. Darüber hinaus verweist er auf die verletzbare Dimension unserer Wahrnehmung überhaupt. Dieser verletzbare Blick und Körper ist unser aller Blick und Körper, der nicht nur in Richtung Angeschautes zielt, sondern vor allem den Grenzen eigener Wahrnehmung Rechnung trägt.

Verletzbarkeit

Versuchen wir also den Terminus Verletzbarkeit genauer zu fassen, indem wir erstens auf konkrete Körperbilder und -beispiele eingehen und zweitens auf deren Basis eine Begriffsannährung versuchen. Den oben beschriebenen konventionellen Blickkodierungen setzen Körperkünstlerinnen und -künstler etwas entgegen, indem sie in ihren jeweiligen Medien wahrnehmungserweiternde Experimente offerieren. Im Bereich der experimentellen Tanz-, Theater und Performancekunst[7] beispielsweise wird die Verletzbarkeit des Körpers entgegen der gemeinhin praktizierten Darstellung in den Mainstream-Medien nicht mehr unsichtbar, sondern umfassend sichtbar und damit explizit zum Thema gemacht.

Ein kleiner Exkurs in die Bühnengeschichte zeigt, wie sich Körperdarstellungen verändert haben. Seit den späten 1950er Jahren ist vor allem jenseits der staatlich-etablierten Häuser ein enormer ästhetischer Innovationsschub auf den so genannten freien Theater- und Tanzbühnen zu verzeichnen. Stereotype Wahrnehmungsmuster wurden in der Off-Szene dahingehend verändert, dass Repräsentation und Identifikation nicht mehr zum Ziel einer Aufführung erklärt wurden. Repräsentationskritik und damit eine immense Ausweitung des Bewegungsvokabulars stand im Vordergrund. Ästhetische Profile zielten weniger auf klare formale Zuordnungen wie Geschichten, Symbole oder andere bekannte Repräsentations- und Identifikationsmuster. Stattdessen zeigte sich der Körper an vielen Orten nicht mehr als technisch perfekt trainierter, harmonisch gebauter, sondern als pluraler Körper, der in den verschiedensten Formspielen auf der Bühne sichtbar gemacht wurde. Der Körper wurde als Material inszeniert, das manchmal fragmentiert oder minimalistisch, manchmal amöbenhaft und ausufernd, manchmal nur noch in Anspielungen und vornehmlich selbstreflexiv die Mechanismen des Tanzbetriebes spiegelte. An vielen Orten wurde der Körper zum politischen Feld erklärt, auf dem Machtverlust, Versehrtheit, Scheitern, die Vereinzelung der Individuen oder Schmerz zum Ausdruck gebracht wurden. Der idealschöne Körper wurde kritisiert, indem neue Körperbilder, die der neuen Realität weitaus mehr entsprachen, performt wurden. Beispielhaft für den zeitgenössischen Tanz wären hier Choreografien von Meg Stuart, Xavier Le Roy, Jé-

7 Hier wird ein Wechsel von der Fotografie zur Performancekunst vollzogen. Auch wenn die Performance anderen ästhetischen Gesetzmässigkeiten folgt, so gehe ich doch davon aus, dass man den Grundimpetus der vier Blickarten auf die bewegte Kunst der Performance übertragen kann.

rome Bel oder William Forsythe[8] mit ihren anderen Körperinszenierungen zu nennen, die auf jeweils eigene Art und Weise die Wahrnehmung fragmentarisierter, singulärer und auch defekter Körper thematisieren und damit meistens auch den Tanzbetrieb als solchen kritisieren. In ihren Arbeiten geht es nicht mehr darum, den Körper mit etwas zu vergleichen, physische Ähnlichkeiten zu betonen und in homogenen Gruppen zu inszenieren, sondern um das Singuläre, das sich schwer in eine Gruppe einordnen lässt und außerhalb vertrauter Bildhaftigkeiten steht.[9] Eine aktive freie Szene hat dazu beigetragen, dass sich die Abweichung von der Norm im experimentellen Tanz inzwischen zur Norm der Abweichung[10] entwickelt hat. Aus dieser Verschiebung folgt, dass man auch begrifflich mit den gängigen Dualismen von schön-hässlich oder richtig-falsch die Phänomene nicht mehr ausreichend analysieren kann.

Es wäre anmaßend reduktionistisch, für die vielfältigen Formen des aktuellen Bühnengeschehens eine Formel finden zu wollen. Und es wäre ebenso unglaubwürdig, diese heterogenen Körperdarstellungen durch Stile oder Genres zu definieren. Dennoch kann man sagen, dass die Darstellung der Verletzbarkeit des Körpers seit jener Zeit ein Kontinuum darstellt, das nicht nur im Tanz, sondern auch in Bezug auf größere gesellschaftliche Entwicklungen zu beobachten ist. Der verletzbare Körper ist eine ambivalente ästhetische Figur, die Schönheit in der Brüchigkeit inszeniert, die attraktiv faszinierend und angstproduzierend zugleich ist, die Stärke und Schwäche zeigt und die vor allem an das Publikum appelliert. Es ist ein Appell, der auf die Fragilität eines jeden Körpers hinweist und uns auffordert, ein Bewusstsein für ihn zu entwickeln und ihn gewaltfrei zu respektieren. Verletzbarkeit ver-

8 Vgl. dazu die empfehlenswerte Übersicht zur modernen Tanzgeschichte Huschka (2002: v.a. 316).

9 Vgl. dazu auch Ploebst (2001).

10 *Norm der Abweichung* lautet der Buchtitel einer Publikation, in der die Herausgeberin Marion von Osten zeigt, wie so genannte »Abweichungen«, die traditionell in der Domäne der Kunst verhandelt wurden, heute ihre subversive Wirkung verloren haben und von der Wirtschaft längst gewinnbringend übernommen wurden (von Osten 2003: 7–16). Dieser Titel pointiert eine Entwicklung, die ebenso auf Körperkulturen übertragen werden kann. So ließ sich beispielsweise die damals 14-jährige Kate Moss 1988 vom Fotografen Mario Sorrenti für eine Unterwäsche-Kampagne für Calvin Klein fotografieren. Die noch jugendliche Kate Moss war mit ihrer Größe von 1.78 cm und einem Gewicht von ca. 53 kg stark untergewichtig und spielte somit mit einem anorektischen und bulemischen Körperbild. Damit verwandelte sie über Nacht ein untergewichtiges Körperbild, das zuvor als Abweichung behandelt wurde, zu einem mainstreamigen Schönheitsideal, das Ende der neunziger Jahre sogar zu einem stilbildenden Modeprinzip, dem »Heroin Chic«, wurde.

weigert sich der Systematisierung, weil sie existenziell und singulär ist, und geht dennoch in ihrer theoretischen Relevanz weit über die Einzelfallbeschreibung hinaus. Im Feld ständiger Abweichungen, in dem Kriterien wie Schönheit oder Form in ihrer traditionellen Bedeutung nicht mehr weiterführen, wird beispielsweise der Begriff des Imperfekten als Reflexionsmöglichkeit dieser janusköpfigen Gebrochenheit diskutiert. Als Denkmodell nicht dualistisch geprägter Wahrnehmungsweisen verweist Imperfektes zwar auf nicht Perfektes, Unvollkommenes, Versehrtes. Es stellt dabei jedoch »kein bloßes Gegenteil des Perfekten dar, sondern es kündet vom Widerspruch, vom Widerstand gegen das Perfekte und unterläuft die Logik des Entweder-oder und des *tertium non datur*« (Kolesch 2005: 193).[11] Wenn man den Terminus »imperfekt« in seiner linguistischen Struktur als unabgeschlossene, unvollendete Vergangenheit auf ästhetische Erfahrungen anderer Körper auf der Bühne überträgt, dann haben wir es hier mit einem Terminus zu tun, der zwar einen Widerspruch, aber keinen Gegensatz zwischen Vergangenheit und Gegenwart ausdrückt. Als Widerspruch formuliert, erhebt der Terminus »imperfekt« Einspruch gegen das Perfekte, indem er auf andere Ordnungen verweist, denen das Unabschließbare und damit nicht Kategorisierbare körperlicher Formation inhärent ist. Alter, Behinderung oder Krankheit sind demnach Verkörperungen des Imperfekten, welche die unvollendete Vergangenheit auf der Bühne darstellen und eine Möglichkeit bieten, diese in ihrer Dynamik auch als ästhetische Kategorie zu reflektieren. In diesem Sinne unterläuft auch Verletzbarkeit die Logik des Entweder-Oder, indem es der Forderung eines *tertium datur* nachkommt.

Die Bezugsgröße der Verletzbarkeit findet ihren Platz in diesem neuen Bewegungsvokabular, mit dem man versucht, zeitgenössischen Körperdarstellungen auf die Spur zu kommen, und wird dadurch zu einer ästhetischen Beschreibungsweise. Diese bietet die Möglichkeit, nicht primär über die Darstellungen und Bewertung anderer Körper nachzudenken, sondern vor allem das andere Zuschauersein, in dem Rezipierende heute stehen, zu reflektieren. In Extremform zeigt sich die Bühnenpräsentation hier nicht als abgeschlossene Form, die das Publikum einfach anschauen und fern von sich selbst bewerten kann, sondern sie animiert, stimuliert, kritisiert, intensiviert,

---

11 Dass hier nicht einfach die Verhältnisse umgekehrt werden, ist fundamental. Es gilt für die Instrumentalisierung des Begriffs »imperfekt« insofern dasselbe, was Judith Butler im Falle von *queer* betont: »Ich mache deutlich, daß dies kein ›Umkehrungs-Diskurs‹ sein muß, in dem die trotzige Bejahung von *queer* auf dialektische Weise die Version des Begriffs wieder einsetzt, die sie überwinden will.« (Butler 1997: 47)

zwingt zu *eigener* Erfahrungs- und sogar Handlungsbereitschaft. Die Betrachtenden schauen nicht länger einfach zu, sie erfahren etwas. Diese andere Blickrichtung, die nicht mehr nur vom Subjekt zum Objekt, sondern sich vor allem auf die Erweiterung der Wahrnehmungsfähigkeiten des schauenden Subjektes richtet, macht dieses selber verletzbar. Sich dieser Verletzbarkeit gewahr zu werden, heißt, den eigenen Erfahrungsraum, eigene Erfahrungsfähigkeiten und -möglichkeiten zu öffnen und diese in den Bezug zu Körpern zu setzen. Der Tanzwissenschaftler Peter M. Boenisch formuliert dieses andere Subjekt-Objekt-Verhältnis mit Rekurs auf die Choreografien von William Forsythes wie folgt:

> »Tanz vermag die Verletzbarkeit umzudrehen, indem er sich dem repressiven Diktat gesellschaftlicher Repräsentationsmuster ent-schreibt. Indem Körper keine Projektionsfläche für vorgefertigte Körperbilder abgeben, sondern (ver)stören, sich bewegen, sich entziehen, zerfließen, verschwinden: tanzen. Diese ent-schreibende und entschöpfende Ent-körperung beweist, dass Körperlosigkeit nicht – im Umkehrschluss des abendländischen Imperativs – bedeutet: Ich verkörpere nicht, also bin ich nicht. Sondern: Ich verkörpere nicht, ich tanze.« (Boenisch 2004)

Tanz und Performance kann nicht nur andere, verletzbare Körper sichtbar machen, indem er diese Körper auf Bühnen zeigt. Weit radikaler noch gelingt es zeitgenössischen Tanzpraktiken, den eigenen Körper anders erfahrbar zu machen. Im Terrain der Verletzbarkeit wird die Trennung und vor allem Positionierung von Subjekt und Objekt, von Publikum und Darstellenden unterlaufen, weil hier nur korrespondierend erfahren wird. Wer Verletzbarkeit im Anderen entdecken will, muss ein Verhältnis zu seiner eigenen aufbauen, weshalb Verletzbarkeit also immer die Frage nach der Rolle des Zuschauenden stellt. Das Subjekt wird in seiner traditionellen Rolle geschwächt, die es vorsah, über etwas zu urteilen. Der sich aus dieser Schwächung ergebende Gewinn ist, dass die Zuschauenden zu Mitspielern gemacht werden, welche die Vorlagen annehmen oder ablehnen und auf vielfältige Arten und Weisen transformieren – als Körpererfahrung, als eigene Rezeptionsweise, als Möglichkeit konkreter politischer Haltung und gar Handlung. Die Produktivität des anderen Körpers zeigt vor allem, in welch verletzbarem Verhältnis Subjekt und Objekt zueinander stehen, weil sie die Zuschauer zwingen, die Blickrichtung zu wechseln und *in* sich anstatt auf etwas zu schauen. Der Stärke des Publikums wird von der Bühne her nicht mit dem Versuch seiner Dominierung begegnet, sondern mit einem entwaffnenden Angebot doch teilzunehmen, was natürlich selber wieder eine Form von nicht geringerer Manipulation sein kann.

Kommen wir nun zum zweiten Ansinnen, das sich in einer Annäherung an einen semantisch zu füllenden Begriff der Verletzbarkeit zeigt und damit eine spezifische Reflexionsform eröffnet. Der verletzbare Körper impliziert nicht nur ein negatives Nichterfüllen eines Ideals, sondern er etabliert auf künstlerisch darstellerischer Ebene eine andere Körperlichkeit und Materialität, wie er auf philosophisch ästhetischer Ebene eine andere Reflexionsform eröffnet. Somit ist der verletzbare Körper nicht nur eine körperliche (tänzerische, schauspielerische) Figur, sondern ebenso eine denkerisch-reflexive. Das philosophische Denkbild ist analog zum künstlerischen Körperbild ein verletzbares, das nicht primär erklärt und urteilt, sondern offen und öffnend wahrnimmt und diese Wahrnehmung für ein ebenso öffnendes Denken nutzt. Verletzbarkeit verteidigt zunächst den Anspruch, die in unserer Sprache und Wahrnehmung tief verankerten Denkdualismen, wie zum Beispiel schön und hässlich, zu unterlaufen. Im Gegensatz dazu stärkt die »Wahrnehmungskategorie« der Verletzbarkeit eine nicht auf Dichotomien basierende Denkfigur. Das Entkräften der Dichotomie kann wie folgt gedacht werden: Das Derivationssuffix »-bar« als Anhang an das transitive Verb »jemanden verletzen« verdeutlicht, dass es nicht primär um den *verletzten* Körper geht, womit angedeutet wird, dass zwar Darstellung von Verletzungen Bestandteil der Verletzbarkeit sein können, diese jedoch nicht im psychologischen Sinne als Verarbeiten von Trauma und Trauer dargestellt werden. Darstellerisch gesehen eröffnet die Bezugsgröße viel mehr einen Blickwechsel, der impliziert, dass das Publikum nicht einfach *auf etwas schaut*, sondern *in sich selbst* und damit die Verletzbarkeit zwischen Darstellenden und Rezipierenden betont. Damit eröffnet sich ein Raum, der eine spezifische Art der Gemeinschaft stiftet, in dem Gemeinsamkeit trotz Differenz hergestellt wird. Im Gegensatz zum transitiven Verb »verletzen«, das eine klare Richtungsanweisung von Subjekt zu Objekt vorgibt (ich verletze jemanden), verändert das Suffix »-bar« diese Richtung, indem es in alle Richtungen wirkt. Mit diesem Involviertsein aller ist der entscheidende Punkt angesprochen, denn verletzbar und damit gefährdet sind alle Körper, weshalb das Bewussthalten dieser ästhetischen Kategorie den ethischen Appell der Achtung körperlicher Integrität in sich trägt. Im Bezugsnetz der Verletzbarkeit kann niemand den erhöhten Standpunkt übernehmen und entscheiden, welcher Körper als schön, begehrens- und lebenswert und welcher als hässlich, nicht begehrens- und lebensunwert eingestuft wird. Viel eher wird ein korrespondierendes Verhältnis etabliert, das jeden Einzelfall in Hin- und Rücksprachen *zu*einander reflektiert.

Verfolgt man die Bezugsgröße der Verletzbarkeit als zusammengesetztes Adjektiv in der deutschen Sprache, dann lässt sich eine aufhorchend machende Verschiebung vom substantivischen zum verbalen Gebrauch feststellen, wodurch der Verletzbarkeit die prozesshafte Bewegung bereits inhärent ist. Diese Verschiebung zeigt sich in einer Entwicklung vom festgeschriebenen substanziellen Charakter hin zum tätigen, sich ständig in Veränderung befindenden verbalen Gebrauch. »Bar« signalisiert einerseits, dass man mit etwas etwas ganz bestimmtes tun kann. In diesem Sinne erschien das Suffix überwiegend im Zusammenhang mit Substantiven (aus »*Frucht* tragend« wurde »fruchtbar«, aus »Abbild« wurde »abbildbar«); diese Kombinationen nahmen im Laufe der Sprachgeschichte ab, weshalb wir das Suffix »-bar« heute häufiger an Verben hängen, woraus der Gebrauch von Adjektiven wie »hörbar«, »fühlbar«, »sichtbar« etc. resultiert. Im Rahmen dieser verborientierten Konstruktionen kennen wir wiederum Formulierungen wie »etwas ist verfügbar, herstellbar oder heilbar«. »Bar« wird in diesen Fällen an Verben des Gelingens – hier verfügen, herstellen, heilen – gehängt und zielt darauf, etwas Tragfähiges auszudrücken. Üblicherweise wird also aus einem Verb des Gelingens mithilfe des Suffix' ein Adjektiv, das ein Versprechen auf Solidität und Stabilität ausdrückt. Dieses Versprechen stellt die Möglichkeit der Anpassung an eine Norm zumindest in Aussicht.

Anders verhält es sich, wenn »-bar« an das Verb verletzen gehängt wird, weil man damit die paradoxe Situation eröffnet, etwas Brüchiges tragfähig zu machen. In diesem Fall ist das Verb keines, das in erster Assoziation auf Stabilität, sondern auf Fragilität hinweist. Das Wort »Bahre« als tragfähiger, stabiler Gegenstand der Rettung und Heilung, auch als Ort, an dem die Toten ein letztes Mal anzusehen sind, kann dem Suffix »-bar« also ebenfalls zugrunde liegen. »Bahre« wiederum verweist etymologisch noch auf einen ganz anderen Zusammenhang – auf denjenigen der Bürde, der auf Entbehren, Enthalten oder gar Entsagen anspielt. Eine Bürde kann im eher negativen Sinne mit dem Ertragen seelischer Last, dem Kummer und der Mühe in Verbindung gebracht werden: Dann bürdet man sich etwas auf, bricht gar unter einer Bürde zusammen. In der christlichen Tradition wurde der menschliche Körper entsprechend auch als leidender, schwacher, irdischer Körper dem allzeit starken, göttlichen Körper entgegengesetzt. Jüngere theologische Theorieansätze kritisieren jedoch diesen Ansatz, der den menschlichen Körper vor allem als leidenden Körper versteht. Vor allem in der theologischen Anthropologie und Ethik überdenkt man inzwischen diese Prämissen, indem der verletzbare Körper als etwas verstanden wird, das die traditionelle Dyade zwischen beseeltem Leib und von der Materie her definiertem Körper aufbricht:

»Der Körper ist mehr als nur beseelter Leib, mehr als nur eine biologische Maschine, mehr als dasjenige organische Material, dessen wir uns als Körper bewusst sind. Der Körper ist nicht nur Objekt, sondern auch Subjekt derjenigen medizinischen-biologischen-psychologischen Prozesse, die wir Leben nennen.« (Vögele 2001: 6)

Aufgebrochen wird auch hier die klare Trennung zwischen dem Körper als Objekt oder Subjekt. Stattdessen wird ein Möglichkeitsraum als gemeinsamer Aktionsraum eröffnet, in dem die klare Unterscheidung und Positionierung von Normalem und demjenigen, das von der Norm abweicht, unterlaufen wird, denn »der Stigmatisierte und der Normale sind Teil voneinander; wenn jener sich als verletzbar erweisen kann, ist zu erwarten, dass es bei diesem nicht anders ist« (Goffman 1975: 49).

Ausblick: Die ethische Dimension des Ästhetischen

Der verletzbare Ort ist ein ästhetischer Knotenpunkt, an dem sich neue Blickverhältnisse und damit Repräsentationskritik, Möglichkeiten der Selbstbeobachtung, die eben jenem spezifischen verletzbaren Subjekt- und Objektverständnis zugrunde liegen, und politische Manifestation einstellen. Als Denkfigur geht die Dimension des Verletzbaren jedoch weit über das Feld des Körpers hinaus[12] und verweist damit auf eine generellere ethische Dimension des Ästhetischen. Verletzbarkeit schwächt die Rolle des Urteilenden, die es vorsah, aus einer sicheren Distanz heraus *über* etwas zu urteilen. Diesen Standpunkt verkörpert traditionell der Philosoph, der dem Schiffbruch der Anderen zuschaut. Das ist *die* Prätention des Unberührbaren, der

12 Als Reaktion auf die Geschehnisse des 11. Septembers 2001 veröffentlichte Judith Butler jüngst Aufsätze, die den Titel *Precarious Life. The Politics of Mourning and Violence* tragen. Darin reflektiert sie den Zustand des Gefährdetseins, der, auch wenn sie sich dabei nicht auf das Themenfeld der Körperbehinderung bezieht, meinem Verständnis des verletzbaren Körpers sehr nahe kommt. Mit Rekurs auf Emmanuel Lévinas' Schriften zum Gesicht schreibt sie: »Auf das Gesicht zu reagieren, seine Bedeutung zu verstehen heißt, wach zu sein für das, was an einem anderen Leben gefährdet ist, oder vielmehr wach zu sein für die Gefährdetheit des Lebens an sich.« (Butler 2005, 160) Auch Samuel Weber macht auf den Zusammenhang von Verletzbarkeit und 11. September aufmerksam: »September 11 has revealed the *vulnerability* of the most powerful political and economic structures, *in both literal and figurative senses.*« (Weber 2001: 344; Hervorhebungen G.Z.)

jenseits der Fährnisse des Lebens auf festem Grund steht, während die Unkundigen dahinschippern, auf Grund laufen und untergehen. Der verletzbare Blick schwächt diesen Standpunkt und fordert stattdessen auf, wach zu sein für die Verletzbarkeit des Lebens, was bedeutet, eine ethische Haltung einzunehmen, die niemals nur auf das eigene Leben ausgerichtet ist, sondern immer auch dasjenige der anderen einschließt. Die Schutzlosigkeit des Körpers produziert Aufmerksamkeit und Sorgsamkeit und appelliert daran, das eigene Verlangen nach Dominierung des Schwachen zugunsten einer nicht anzutastenden körperlichen Integrität des anderen zu verändern. Verletzbarkeit eröffnet einen Möglichkeitsraum, der darauf verweist, dass alle an diesem Raum teilhaben und das Risiko unvorhersehrbarer Ereignisse teilen. Das Potenzial dieser Bezugsgröße liegt genau darin, dass sie sich nicht über die üblichen Dichotomien konstituiert, sondern quer zu diesen eine Interpendenz zwischen dem einen und dem anderen hervorhebt, zwischen Norm und Nicht-Norm, zwischen dem Eigenen und dem Fremden. Beide hängen voneinander ab, sind ohne einander nicht zu denken und zu leben – sie sind existenziell aufeinander verwiesen. Der verletzbare Ort hat in der Wissenschaft als Terminus keine explizite Tradition, kein Eintrag erscheint in einer Enzyklopädie oder einem kanonisierenden Nachschlagewerk. Implizit ist er jedoch nicht übersehbar und ist vor allem in der ästhetischen Reflexion präsent, weil diese wie kaum eine andere philosophische Disziplin die »untere Erkenntnislehre« (Baumgarten 1988: 3)[13] stark macht und genau damit der Verletzbarkeit dessen, was wir Erkenntnis oder Wissen nennen, einen Ausdruck gibt. Einschneidende ästhetische Ereignisse geschehen an den verletzbaren Orten, weshalb wir in der Körperkunst häufig radikale Darstellungen der Verletzbarkeit des Körpers finden, denen eine singuläre Brüchigkeit der Physis eingeschrieben ist. Die ethische Dimension des Ästhetischen ist damit meistens schon formuliert. Aber auch die philosophische Ästhetik als Disziplin bietet Möglichkeiten, sich der Brüchigkeit anzunähern und die Begriffe nicht primär auf ihre grenzziehenden Hoheitsansprüche hin zu definieren, sondern sie mit einer Offenheit zu betrauen, welche eben gerade die Verletzbarkeit jeglicher Grenzziehung betont.

13 Alexander G. Baumgarten, der mit seinem Werk *Aesthetica* der Ästhetik 1750 ihren Namen gab, unterteilt diese in den Prolegomena der *Theoretischen Ästhetik* in folgende Abschnitte: »§ 1 Die Ästhetik (als Theorie der freien Künste, als untere Erkenntnislehre, als Kunst des schönen Denkens und als Kunst des der Vernunft analogen Denkens) ist die Wissenschaft der sinnlichen Erkenntnis.« (Baumgarten 1988: 3) Er stärkt damit die Ästhetik als Disziplin der »unteren Erkenntnislehre« und ordnet dieser ihren spezifischen Doppelcharakter zu, indem er sie als Wissenschaft (*scientia*) und Kunst (*ars*) gleichermaßen versteht.

Künstlerische Tendenzen stehen immer in Verbindung mit gesellschaftlichen Entwicklungen. Deshalb schließe ich mit einem Beispiel aus dem Bereich des Tanzes, das die vorgeschlagene verletzbare Denk- und Körperfigur und das Problem der Formulierung von Menschenrechten nochmals konkret aufeinander bezieht. Der Jurist Kendall Thomas und der Choreograf William Forsythe brachten im Jahre 2005 ein Stück mit dem geradezu genialen Titel *Human Writes* zur Uraufführung. Die Anlage der Choreografie ist denkbar einfach und überzeugend: In einem Raum, in dem sich das Publikum frei bewegen kann, stehen lange Tische, auf deren Tischplatten die Tänzerinnen und Tänzer verzweifelt und komisch versuchen, zentrale Artikel der 1948 von den Vereinten Nationen erlassenen Menschenrechtsdeklaration zu Papier zu bringen. Unter Einbezug des Publikums müssen sie die Artikel niederschreiben, ohne die Hände dabei in herkömmlicher Weise zu benutzen. Schmerzhaft virtuos stellen die Tänzerinnen und Tänzer ihre Schwierigkeiten dar, den Schreibakt, der beispielsweise Sätze wie »Die Würde des Menschen ist unantastbar« hervorbringen soll, klar und deutlich auszudrücken. Mit aller körperlicher Ernsthaftigkeit setzen sie zu dieser für sie existenziell wichtigen Äußerung an und werden doch immer wieder daran gehindert, eindeutig und sauber das Recht auf Menschsein zu verschriftlichen. Dabei werden sie nicht nur von anderen gehindert, sie stehen sich selber im Weg, der Körper treibt an und behindert gleichzeitig, sperrige Dinge blockieren ihre Tätigkeiten, die Anwesenheit des Publikums hilft und stört in einem – die Lage scheint niemals aussichtslos, aber immer äußerst prekär. Der Schreibakt wird zur physischen Qual; körperliche Pein verhindert menschliche Würde. Bis zur Erschöpfung traktieren die Darstellenden ihre Körper und verdeutlichen damit die anhaltenden Widerstände internationaler Achtung und gerichtlicher Durchsetzung der Menschenrechte. Gleichzeitig zeigen sie die existenzielle Notwendigkeit und Unverdrossenheit, mit der sie zum Schreibakt ansetzen.

Verletzbar und schwach sehen die Darstellenden aus, wenn sie, durch ein Gummiband gefesselt, einer Besucherin Anweisungen geben, wie sie den Stift zu führen habe. Oder wenn sie verborgen auf dem Rücken liegen, die Hände mit der Schreibkohle hinter den Ohren verschränkt und versuchen mit dem Kopf selbst zu schreiben. Der Satz »Die Würde des Menschen ist unantastbar« ist am Ende, wenn auch schwach sichtbar so doch lesbar, schwarz auf weiß geschrieben. Zurück bleibt das Wissen um die Verletzbarkeit der Darstellung dieses Satzes.

Literatur

Baumgarten, Alexander Gottlieb (1988), *Theoretische Ästhetik. Die grundlegenden Abschnitte aus der ›Aesthetica‹* (1750/58), hg. v. Hans Rudolf Schweizer, Hamburg.

Boenisch, Peter M. (2004), *Verletzbarkeit – Verstören – Verschwinden. Choreografierte Körper-Gesten auf den Tanzbühnen der Gegenwart,* Vortragskript.

Butler, Judith (1997), *Körper von Gewicht. Die diskursiven Grenzen des Geschlechts,* Frankfurt am Main.

Butler, Judith (2005), *Gefährdetes Leben. Politische Essays,* Frankfurt am Main.

Fiedler, Konrad (1991), »Über den Ursprung der künstlerischen Tätigkeit«, in: Gottfried Boehm (Hg.), *Schriften zur Kunst.* Bd. 1, München.

Garland Thomson, Rosemarie (1996), »Introduction: From Wonder to Error – A Genealogy of Freak Discourse in Modernity«, in: dies. (Hg.), *Freakery. Cultural Spectacles of the Extraordinary Body,* New York, S. 1–19.

Garland Thomson, Rosemarie (2001), »Seeing the Disabled. Visual Rhetorics of Disability in Popular Photography«, in: Paul K. Longmore/Lauri Unmansky (Hg.), *The New Disability History, American Perspectives,* New York, S. 335–374.

Gilman, Sander L. (2005), »Glamour and Beauty – Imagining Glamour in the Age of Aesthetic Surgery«, in: Jörg Huber (Hg.), *Einbildungen,* Zürich/Wien/New York.

Goffman, Erving (1975), *Stigma. Über Techniken der Bewältigung beschädigter Identität,* Frankfurt am Main.

Huschka, Sabine (2002), *Moderner Tanz. Konzepte, Stile, Utopien,* Hamburg.

Kolesch, Doris (2005), »Imperfekt. Zur Ästhetik anderer Körper auf der Bühne«, in: Jörg Huber (Hg.), *Einbildungen,* Zürich/Wien/New York.

Lacan, Jacques (1991), »Das Spiegelstadium als Bildner der Ichfunktion wie sie uns in der psychoanalytischen Erfahrung erscheint. Bericht für den 16. Internationalen Kongreß für Psychoanalyse in Zürich am 17. Juli 1949«, in: ders., *Schriften 1,* hg. v. Norbert Haas, Weinheim/Berlin, S. 63–70.

Osten von, Marion (Hg.) (2003), *Norm der Abweichung,* Zürich/Wien/New York, S. 7–16.

Ploebst, Helmut (2001), *no wind no word. Neue Choreographie in der Gesellschaft des Spektakels,* München.

Tervooren, Anja (2000), »Der ›verletzliche Körper‹ als Grundlage einer pädagogischen Anthropologie«, in: Doris Lemmermöhle/Dietlind Fischer/Dorle Klika/Anne Schlüter (Hg.), *Lesarten des Geschlechts. Zur De-Konstruktionsdebatte in der erziehungswissenschaftlichen Geschlechterforschung,* Opladen, S. 245–255.

Tervooren, Anja (2002), »Von Sonnenblumen und Kneipengängern. Repräsentation von geistiger Behinderung in Bild und Performance«, *Forum kritische Psychologie* 44, S. 14–21.

Vögele, Wolfgang (Hg.) (2001), *Verletzbarer Körper – Begnadeter Mensch. Vom Körperverständnis in Medizin und Theologie,* Loccum.

Weber, Samuel (2004), »Stages and Plots: Theatricality after September 11, 2001. A Discussion with Simon Morgan Wortham and Gary Hall«, in: ders, *Theatricality as Medium*, New York, S. 336–364.

Neuzeitliche Subjektkonzepte: Recht, Politik, Körper

Zwei Wege der Begründung von Menschenrechten: Überlegungen am Beispiel des elementaren Rechts auf körperliche Unversehrtheit[1]

Bernd Ladwig

»Geändert hat sich nichts;
Der Körper ist schmerzempfindlich,
muß essen, atmen und schlafen,
unter der dünnen Haut fließt das Blut,
er hat einen ziemlichen Vorrat an Zähnen und Nägeln,
sein Knochengerüst ist brüchig, die Gelenke sind streckbar.
Das alles wird bei der Folter beachtet.«
(Erste Strophe des Gedichts »Folter« von Wislawa Szymborska)

1. Widerstreitende Vermutungen

Das Recht auf körperliche Unversehrtheit scheint ein elementares Menschenrecht im folgenden Sinne zu sein: Wer überhaupt glaubt, dass wir Menschenrechte haben, glaubt, dass wir ein Recht auf körperliche Unversehrtheit haben. Wer Folter und das Verstümmeln lebender Menschen nicht als gravierende Rechtsverletzungen ansieht, versteht überhaupt nicht, was mit Menschenrechten gemeint ist. Man könnte sagen, er verfehlt schon das Konzept und nicht erst eine besondere Konzeption von Menschenrechten.[2] Seine Verfehlung ist eine des begrifflichen Kerns von Menschenrechten. Wir halten ernsthafte Angriffe auf die körperliche Integrität menschlicher Wesen für so erheblich, dass wir keine Auffassung von Menschenrechten gelten lassen, die uns diese Erheblichkeit nicht erklären kann. Darin sehen wir geradezu eine Adäquatheitsbedingung für eine stimmige und umfassende Expli-

1 Für wertvolle Hinweise danke ich Robin Celikates, Dirk Jörke, Mattias Iser, Klaus Roth und David Strecker.

2 Entsprechend der Unterscheidung von John Rawls. Ein Konzept – oder Begriff – ist das Verbindende in der Vielfalt der korrekten Verwendungen eines Wortes. Eine Konzeption ist eine besondere Vorstellung, die von dem Konzept logisch weder vorgeschrieben noch ausgeschlossen wird.

kation des mit »Menschenrechten« Gemeinten. Jedenfalls sind »westliche« Anhänger der menschenrechtlichen Idee geneigt, es so zu sehen.

Aber nicht alle scheinen diese Sichtweise zu teilen: Einige der heftigsten Kontroversen um die Menschenrechte drehen sich heute – und nicht erst *seit* heute – um Fragen der körperlichen Unversehrtheit. Das gilt zum einen für Menschenrechtserklärungen und Praktiken, die mit dem Anspruch auftreten, nichtwestliche Wertvorstellungen zu entfalten. Neben der Benachteiligung von Frauen und Einschränkungen der Religionsfreiheit sind es vor allem Körperstrafen, die von einigen als menschenrechtskonforme Abweichungen vom »Menschenrechtsimperialismus des Westens« verteidigt, von anderen als kulturalistisch verbrämte Rechtsverletzungen verurteilt werden. Zum anderen zeigt sich durchaus auch »der Westen« in Fragen der körperlichen Unversehrtheit gespalten: Ein verbreitetes Gefühl von Gefährdungen, die nicht vom Staat, sondern von der Gesellschaft ausgehen, hat die liberalen Verteidiger absoluter Verbotsnormen gegen staatliche Übergriffe in die Defensive gedrängt. Wahrhaft zivilisationsfeindliche Terroristen, ja womöglich schon ruchlose Entführer könnten Notstände heraufbeschwören, welche die Androhung und vielleicht auch die Zufügung körperlicher Schmerzen durch Vertreter des Staates rechtfertigen mögen.

So fraglos akzeptiert, wie es uns zunächst scheinen mochte, ist das Recht auf körperliche Unversehrtheit demnach nicht. Zumindest über legitime Ausnahmen von seiner Beachtung wird durchaus gestritten – und das bis in den vermeintlich harten Kern des Folterverbots hinein. Was also ist am Recht auf körperliche Unversehrtheit zu Recht relativierbar, was sollte als unaufgebbar gelten? In welcher besonderen Beziehung steht das Schutzgut körperlicher Unversehrtheit zum Zweck von Menschenrechten überhaupt und damit zu ihrem begrifflichen Kern?

2. Menschenrechtliche Prinzipien

Zu diesem Kern gehört die *Fundamentalität*:[3] Menschenrechte sind grundlegende Rechte im zweifachen Sinne: Sie schützen grundlegende Güter, und

3 Weitere begriffliche Merkmale sind: Universalität (alle Menschen haben Menschenrechte), Egalität (alle zählen menschenrechtlich als Gleiche) und Unbedingtheit (Menschenrechte müssen weder eigens erworben werden, noch sind sie verlierbar). Umstrittener, aber meines Erachtens ebenfalls zutreffend, sind die Merkmale der Individualität (zumindest

sie sind grundlegend für die Legitimität zwangsbewehrter Ordnungen. Die beiden Aspekte hängen zusammen: Weil Menschenrechte um fundamentaler Güter willen da sind, ist ihre Beachtung ein Minimalgebot der Legitimität. Kantisch gesprochen: Kennzeichen einer zustimmungswürdigen Ordnung ist die unbedingte und effektive Bindung ihrer politischen Gewalten an die Zwecke aller einzelnen Gewaltunterworfenen, so dass diese (in) der Ordnung immer auch als Zwecke gelten. Entfällt die Bindung systematisch,[4] so wird der Glaube wenigstens einiger Gewaltunterworfener gegenstandslos, die Ordnung sei auch um ihretwillen da.

Dafür ist ersichtlich nicht jedes noch so geringe Opfer relevant: Wer den Vorwurf einer Menschenrechtsverletzung erhebt, tut dies gemeinhin im Modus der Empörung und gibt damit zu erkennen, für wie erheblich er die Verletzung hält. Mehr noch: Der Streit um die Menschenrechte steht im Horizont eines Rechts auf Widerstand (so Somek 1995). Ihre systematische Verletzung enthebt die Opfer der moralischen Pflicht zum Gesetzesgehorsam.[5]

Fundamentale Fragen der Legitimität fallen nicht nur, aber auch in die Zuständigkeit der Philosophie. Philosophische Überlegungen gelten vor allem den Prinzipien, in deren Licht wir die Auseinandersetzung um besondere Menschenrechte sehen sollten. Damit soll nicht bestritten werden, dass in jeden solchen Konflikt Gründe hineinspielen, für die Philosophen nicht zuständig sind. Menschenrechte sind auf »Wiederholbarkeit« angelegte Antworten auf je besondere Herausforderungen (vgl. Walzer 1996). Geschichtlich betrachtet, sind sie stets aus Kämpfen gegen Grausamkeit, Demütigung, Unterdrückung und Ungerechtigkeit hervorgegangen. Verfassungstexte, menschenrechtliche Interpretationen und Empfindlichkeiten geben gewöhnlich den Boden von Erfahrungen, aus dem sie erwachsen sind, noch zu erkennen. Aber sie bringen zugleich allgemeine Begriffe zur Geltung, die der philosophischen Aufklärung bedürfen: »Menschenwürde« ist der wohl pro-

---

die primären Subjekte von Menschenrechten sind stets einzelne Menschen, nicht Gruppen als solche) und der Moralität (Menschenrechte sind im Grunde moralische Rechte; sie gelten normativ gesehen auch dann, wenn sie nicht positiviert sind). Siehe dazu Wildt (1998) und Alexy (1998).

4 Also nicht nur in einzelnen Fällen, sondern über einen Schwellenwert hinaus, bis zu dem Menschenrechtsverletzungen auch in menschenrechtlich akzeptablen Ordnungen realistischerweise zu erwarten sind; dazu Pogge (1997).

5 Dabei kann offen bleiben, ob die Beachtung von Menschenrechten bereits hinreicht, um von einer Pflicht der Adressaten zur Befolgung staatlicher Gebote zu sprechen. Eine notwendige Bedingung ist sie jedenfalls.

minenteste Fall; »Freiheit«, »Gleichheit« und das »Streben nach Glück« sind weitere.

Philosophen haben vor allem versucht, solche allgemeinen Begriffe zu übergreifenden Prinzipien zu verbinden.[6] Beispiele für philosophisch beglaubigte Menschenrechtsprinzipien sind

- das Recht auf »Eigentum« (John Locke; Robert Nozick);
- das Recht auf allgemeine und gleiche äußere Freiheit (Immanuel Kant);
- das Recht auf Rechte (Hannah Arendt);
- das Recht auf gleiche Achtung und Berücksichtigung (Ronald Dworkin);
- das Recht auf Respekt (Tom Regan);
- das Recht auf Anerkennung als autonome Person (Axel Honneth);
- das Recht auf Rechtfertigung (Rainer Forst).

Ich habe nun natürlich nicht vor, jedes einzelne jemals von Philosophen vorgeschlagene Menschenrechtsprinzip zu diskutieren. Vielmehr will ich mich damit begnügen, einige besonders einflussreiche Vorschläge zu zwei Gruppen zusammenzufassen. In der einen werden sich Sichtweisen finden, wonach alle oder jedenfalls alle elementaren Menschenrechte Freiheitsrechte sind (etwa Alexy 1994; Bielefeldt 1998; Schwardtländer 1981). Die von mir erwogene und im Ergebnis vorgezogene Alternative besteht darin, Menschenrechte als Institutionen zum Schutz und zur Förderung fundamentaler Interessen zu verstehen. Bei der Betrachtung beider Sichtweisen werde ich von den Besonderheiten des Rechts auf körperliche Unversehrtheit zunächst absehen. Die Ergebnisse sollen mir jedoch dazu dienen, ein angemessen differenziertes Verständnis unseres Interesses an körperlicher Unversehrtheit zu gewinnen. Davon handelt der Schlussteil des Textes.

6 Auch wer, wie Michael Walzer (1996), eine hermeneutische oder, wie Richard Rorty (2000), eine pragmatistische Auffassung von Menschenrechten vertritt, sollte den philosophischen Gehalt nicht übersehen, ohne den Menschenrechte nicht angemessen verstanden werden können. Selbst die motivationale Kraft der menschenrechtlichen Idee, an der sich Rorty allein interessiert zeigt, dürfte ohne Rücksicht auf ihre philosophische Überzeugungskraft nicht völlig verständlich werden.

3. Menschenrechte als Freiheitsrechte?

Dreierlei darf wohl als herrschende Meinung gelten: Das Menschenrecht auf körperliche Unversehrtheit gehört zu den Rechten auf negative Freiheiten; diesen entsprechen in erster Linie Unterlassungspflichten; primäre Pflichtadressaten sind die Staaten. So lässt sich unschwer nachvollziehen, warum das Recht auf körperliche Unversehrtheit als elementares Menschenrecht gilt. Es gilt als elementar, weil es zu den Freiheitsrechten zählt.

Aber ist das plausibel? Ist etwa das Recht, von körperlicher Peinigung verschont zu bleiben, allein oder auch nur vor allem hinsichtlich unserer Freiheiten bedeutsam? Haben wir nicht auch ein unabhängiges Interesse an der Vermeidung erheblicher Schmerzen; ein Interesse, das eher eines an (Bedingungen von) Wohlergehen ist als eines an (Bedingungen von) Freiheiten? Und zählt nicht auch die körperliche Unversehrtheit solcher Menschen, die noch nicht, nicht mehr oder überhaupt nicht zu einer freien Lebensführung imstande sind? Ich halte diese Zweifel für wohlbegründet. Das soll aber keine bloß intuitive Behauptung bleiben. Daher will ich zunächst prüfen, was überhaupt für einen generellen Vorrang von Freiheitsrechten sprechen könnte.

Die philosophische Identifizierung von Menschenrechten mit Freiheitsrechten tritt in zweieinhalb Varianten auf, einer starken und einer in sich verzweigten schwachen. Der starken Auffassung zufolge kommen allein Freiheitsrechte als Menschenrechte in Frage. Ein Freiheitsrecht zu sein ist demnach eine notwendige Bedingung dafür, ein Menschenrecht zu sein. Eine schwache Auffassung besagt, dass nur Freiheitsrechte *sowie freiheitsfunktional begründete Rechte* als Menschenrechte in Betracht kommen. Einige Rechte könnten relativ zu den direkt begründeten Freiheitsrechten einer indirekten Begründung fähig sein. Soziale Rechte etwa sind mit diesem Menschenrechtsverständnis vereinbar, soweit wir sie brauchen, um Freiheitsrechte faktisch wahrnehmen zu können (so Alexy 1994: 458).

Die andere Spielart der schwachen Auffassung besteht darin, allein Freiheitsrechte als *elementare* Menschenrechte gelten zu lassen. Das impliziert eine Unterscheidung innerhalb der Menschenrechte: Einige sind schlechthin zentral für das mit Menschenrechten Gemeinte und daher unaufgebbar, wenn wir überhaupt an Menschenrechten festhalten wollen; andere mögen, obwohl zu den Menschenrechten zählend, in Kollisions- und Streitfällen eher verzichtbar sein. Für eine solche Abstufung spricht sicher etwas: Das Recht auf periodischen und bezahlten Urlaub in der *Allgemeinen Erklärung der Menschenrechte* (Art. 24) hat gewiss nicht das gleiche Gewicht wie das Folterverbot oder das Lebensrecht. Und vielleicht wiegen Verletzungen von Freiheitsrechten immer schwerer als Verletzungen anderer Rechte.

Was spricht für eine Privilegierung von Freiheitsrechten, wie stark auch immer sie verstanden wird? Ich will vier Argumentationsweisen knapp betrachten: eine begriffliche, eine vertragstheoretische, eine reflexive und eine interessenbezogene. Die letzte Argumentationsweise gehört im Grunde schon zur Gegengruppe, die Menschenrechte als Institutionen zum Schutz und zur Förderung fundamentaler Interessen ansieht.

3.1 Ein begriffliches Argument

Einen begrifflichen Zusammenhang von subjektiven Rechten und Freiheiten behauptet Jürgen Habermas (1994: 151): »Das Rechtsmedium als solches setzt Rechte voraus, die den Status von Rechtspersonen als Trägern von Rechten überhaupt definieren. Diese Rechte sind auf die Willkürfreiheit von typisierten und vereinzelten Akteuren zugeschnitten, d.h. auf subjektive Handlungsfreiheiten, die konditional eingeräumt werden.« Rechte haben den Sinn, Personen von Pflichten zu entbinden; darin besteht Habermas zufolge ihre spezifische Differenz zur kantisch verstandenen Moral. Warum aber soll der Status von Rechtspersonen gerade durch Rechte auf subjektive Handlungsfreiheiten definiert sein? Denken wir an die klassischen Habeas-Corpus-Rechte: Sie hatten vor allem die Funktion des Schutzes vor willkürlicher Behandlung. Auch für soziale Rechte leuchtet nicht ein, dass sie in erster Linie Rechte auf Handlungsfreiheiten sein sollen. Nun kann man natürlich Rechte so *definieren*, dass Schutz- und Leistungsrechte nur relativ zu Rechten auf Handlungsfreiheiten überhaupt ins System der Rechte einfließen; und genau das scheint Habermas zu tun. Das ist aber keine Begründung für einen Vorrang der letzteren, sondern setzt ihn voraus.

Um die Frage nicht vorab zugunsten von Freiheitsrechten zu entscheiden, sollten wir »subjektives Recht« möglichst formal definieren: als gültigen Anspruch eines Subjekts – des Rechtsträgers – auf etwas – ein Gut – gegen jemanden – einen Pflichtadressaten (ähnlich Feinberg 1980a: 159f.). Zum Rechtsbegriff gehört auch, dass das Subjekt seinen Anspruch in eigenem Namen vorbringen kann. Wer ein Recht auf X hat, kann andere mit Bezug auf X um seinetwillen in die Pflicht nehmen. Das »Können« impliziert, dass ein Rechtssubjekt sein Recht nicht wahrnehmen muss: Es ist frei von der Pflicht zum Gebrauch des Rechts.[7] Insofern besteht ein begrifflicher Zusammenhang zwischen »Recht« und »Freiheit«. Der Zusammenhang handelt von der Art und Weise des Gebrauchs von Rechten. Er gibt aber nicht vor, worauf wir Rechte haben: ob auf Spielräume der Willkürfreiheit, auf Schutz vor Schmerzzufügung, auf Subsistenzgüter oder was auch immer.

Wer Rechte hat, hat Freiheiten mit Bezug auf Güter. Nicht alle Rechtsgüter müssen deshalb selbst Freiheiten oder auf solche bezogen sein. Wir sollten daher unterscheiden zwischen dem *Modus der Wahrnehmung* und dem *Inhalt* eines Rechts. Nur letzteres ist für die Frage nach einem Vorrang der Freiheitsrechte relevant. Habermas scheint diese Unterscheidung zu verwischen. Die These, dass die grundlegenden subjektiven Rechte schon begrifflich Rechte auf Handlungsfreiheiten seien, kann er so nicht begründen.

3.2 Vertragstheoretische Argumente

Vertragstheoretische Begründungen (rechts-)moralischer Normen sind auf rationale Akteure zugeschnitten, die einander wechselseitig Gründe für Normen geben und sich auch selbst an sie halten können. Sie werden Regeln, die ihre Freiheiten einschränken, nur akzeptieren, soweit sie im aufgeklärten Interesse jedes einzelnen liegen.

Angenommen, die Akteure sind ausschließlich egozentrisch motiviert, und sie sind über die Kräfteverhältnisse im Bilde: Eine von allen mitgetragene Regelung kann dann nur eine sein, die auch die Stärksten besser stellt, als sie ohne Vereinbarung dastünden. Die Stärksten werden nur einer Ordnung von Normen zustimmen, die ihnen ein absolutes Minimum an Freiheitseinschränkungen und nicht mehr zumutet. Nichts garantiert, dass das überhaupt eine menschenrechtliche Ordnung und nicht eine für die Unterlegenen in Anbetracht ihrer Schwäche gerade noch hinnehmbare Form von Sklaverei sein wird (so ehrlicherweise Buchanan 1975). Doch angenommen, es wäre eine menschenrechtliche Ordnung: So könnten die Stärksten mit einem Regime rein negativer Freiheiten gut leben, auch wenn alle anderen in drückende Abhängigkeiten gerieten (so Tugendhat 1998: 57). Die ökonomisch Schwächsten müssten etwa den ökonomisch Mächtigsten für die

7 Möglich ist allerdings, dass ein Gut für ein und dasselbe Subjekt *zugleich* Gegenstand eines Rechts und einer Pflicht ist. Beispielhaft: Ein kleines Kind hat das Recht auf Bildung und unterliegt der Schulpflicht. In einem solchen Fall kann nur die Pflicht nicht aus dem Recht abgeleitet werden; sie bedarf einer anderen Begründung (vgl. Merkel 2001: 397).

niedrigsten Arbeiten zur Verfügung stehen und ihnen für die geringsten Löhne – oder gänzlich freiwillige Hilfen – noch dankbar sein.

Wäre das überhaupt eine *moralisch* begründete Ordnung? Sie spiegelte ja nur die Kräfteverhältnisse zum Zeitpunkt des Vertragsschlusses wider. Nicht alle Philosophen, die sich zu einer Spielart der Vertragstheorie bekennen, halten eine solche Quasi-Moral für hinreichend. Eine vertragstheoretische Alternative besteht in der Einschränkung der Informationsgrundlage (dazu Koller 1987). Je mehr schließlich die Vertragsparteien über ihre tatsächliche Stärke wissen, desto besser können sie die Normen auf ihre besonderen Interessen zuschneiden. Ein »Schleier des Nichtwissens« (Rawls 1975: 159ff.) schränkt die Möglichkeiten, Verhandlungsmacht zu entfalten, ganz oder teilweise ein. Hinter einem besonders dichten Schleier werden rationale Akteure sich kaum mit Sicherungen für negative Freiheiten begnügen. Sie werden sicher gehen wollen, dass auch die am schlechtesten Gestellten noch selbstbestimmt leben können. Sie werden einige Freiheiten im Sinne faktischer Fähigkeiten zu sichern suchen. So kommen wir zu einer freiheitsfunktionalen Begründung sozialer Rechte.

Verstanden als Spielart einer Unparteilichkeitsmoral, wird das vertragstheoretische Begründungsmodell durch Einschränkung der Informationsgrundlage gewiss verbessert. *Eine* Parteilichkeit aber scheint von der Vertragstheorie als solcher verlangt zu werden: die Parteilichkeit zugunsten der Vertragsfähigen. Geben wir diese auf, so verlassen wir jeden spezifisch vertragstheoretischen Boden. Bei Rawls zeigt sich diese Restriktion in der Beschränkung seiner Gerechtigkeitstheorie auf kooperationsfähige Personen mit einem Sinn für Gerechtigkeit (dazu Regan 2001: 166ff.). Kleine Kinder und geistig schwer Behinderte sind als solche in seiner Theorie nicht vorgesehen; die einen wenigstens noch nicht (da sie Kooperationsfähigkeit und einen Gerechtigkeitssinn allenfalls einmal erwerben werden), die anderen grundsätzlich nicht (da sie beides nie besaßen und nie besitzen werden). Für eine Vertragstheorie ist die Möglichkeit der Wechselseitigkeit des Verhandelns und/oder Argumentierens zweifach konstitutiv: mit Bezug auf die Begründung von Normen wie mit Bezug auf die Reichweite ihrer direkten Nutznießer. Allenfalls sekundär und indirekt – nämlich vermittelt durch die Vorlieben vertragsfähiger Personen – könnten auch Unmündige in sie Eingang finden.

Menschenrechtlich ist das alles andere als befriedigend: Menschenrechte kommen allen Menschen zu, auch kleinen Kindern und geistig Behinderten. Eine Konzeption der Menschenrechte sollte zu einer möglichst direkten Einbeziehung auch und gerade der Schwächsten imstande sein. Das aber sind Menschen, denen selbst eine freiheitsfunktionale Begründung sozialer Rechte nicht gerecht wird, weil sie vor allem auf Fürsorge angewiesen sind. Rechte auf Fürsorge sind aber keine Freiheitsrechte (vgl. Tugendhat 1998: 55ff.).

3.3 Reflexive Argumente

Die Wechselseitigkeit der Begründung von Menschenrechten bildet auch den Ansatzpunkt reflexiver Argumente. Menschenrechte gäbe es nicht ohne autonome Begründung. Wir haben sie nicht vom Berge Sinai herab empfangen; wir müssen sie untereinander rechtfertigen und auch beachten. Eine autonome Begründung von Rechten scheint nun der Autonomie eine herausgehobene Stellung auch als Rechtsgut einräumen zu müssen; darin besteht der reflexive Zug der Argumentation. Sie existiert in eher liberalen und in eher republikanischen Spielarten. Liberale sehen Menschenrechte im letzten Grunde aus moralischer, Republikaner aus politischer Autonomie hervorgehen (dazu Lohmann 1998). Gemeinsam ist ihnen aber der folgende Gedanke: In Freiheit begründete Rechte müssen zuallererst jene Freiheiten sichern, ohne deren Gebrauch es – jedenfalls in einem praktisch relevanten Sinne – überhaupt keine Menschenrechte gäbe. Autonomie ist nicht irgendein, sie ist das für Menschenrechte schlechthin konstitutive Gut. Stefan Gosepath drückt es so aus: »Autonomie darf (und braucht) dabei nicht in einem essentiellen Bedürfnis fundiert (zu) werden. Statt dessen ist Autonomie der letzte moralische Wert, weil die individuelle Autonomie die letzte Instanz jeder möglichen Rechtfertigung ist« (Gosepath 1998: 162).

Einer direkten Begründung dieses reflexiven Typs sind indes nur solche Freiheitsrechte fähig, die tatsächlich für eine autonome Begründung von Menschenrechten unabdingbar sind. Für alle anderen Freiheiten der Person scheint damit noch nichts gewonnen zu sein. Nicht alle Freiheiten, die wir menschen- und auch grundrechtlichen Schutzes für wert befinden – denken wir an die Freiheiten der Berufswahl oder der Wahl des Lebenspartners –, dürften für eine Rechtfertigung von Menschenrechten unverzichtbar sein.

Vor allem aber sollten wir Fragen der *Epistemologie* von Menschenrechten nicht mit Fragen ihrer *Axiologie* kurzschließen (zu dieser Unterscheidung Ach 1999: 39ff.). Es ist zweierlei, welche Freiheiten für ein Erkennen oder dialogisches Hervorbringen von Menschenrechten unbedingt erforderlich und welche für die Rechtsempfänger besonders wertvoll sind. Die Unterscheidung ist auch hilfreich hinsichtlich eines Ausschlussproblems, das ähnlich schon bei den Vertragstheorien aufgetreten war: Gemeint ist der drohende Ausschluss solcher Menschen, die nicht selbst zur Begründung (und Beachtung) von Menschenrechten imstande sind. Eine reine Diskurstheorie der Menschenrechte scheint dieses Problem ebenso zu haben wie eine reine Vertragstheorie: Was dieser die Vertrags-, sind jener die Rechtfertigungsunfähigen. Sie scheinen jeweils allenfalls auf dem Umweg über Erwägungen der genuinen Rechtssubjekte in der menschenrechtlichen Gemeinschaft Platz zu finden. Vertrags- wie Diskurstheorien scheinen die epistemologisch privilegierte Position rationaler und/oder vernünftiger Personen in die menschenrechtliche Axiologie hinein zu verlängern: Nur Subjekte (der Begründung) von Menschenrechten scheinen auch als ihre genuinen Nutznießer in Betracht zu kommen.

Einen grundsätzlichen Ausweg hat Martin Seel (1995: 319) gewiesen. Moralische Subjekte (bzw. Subjekte von Menschenrechten) müssen sich nur fragen, was *sie* als guten Grund für menschenrechtlichen Schutz ansehen. Als unparteilich Urteilende unterstehen sie einer Metaregel willkürfreier Rechtfertigung (dazu Ladwig 2005). Daher darf es sie nicht bekümmern, wer *außerdem* von ihrer Begründung profitiert. Allein der Inhalt des jeweiligen Grundes entscheidet über die Bedingung menschenrechtlicher Zugehörigkeit. Allein die Tatsachen entscheiden, wer die Bedingung erfüllt. Eingeschlossen sind alle, auf die ein Grund, den menschenrechtliche Subjekte als Grund für Menschenrechte ansehen, ebenso zutrifft wie auf die Subjekte selbst. Beispielhaft: Elektroschocks oder Handabhacken gelten unter menschenrechtlichen Subjekten als gravierende Rechtsverletzungen. Soweit nun geistig schwer Behinderte unter solchen Verletzungen ebenso litten wie rationale und vernünftige Personen, haben sie ebenso Anspruch auf menschenrechtlichen Schutz wie jene, die ihn begründen und gewähren können.

Allgemein gesagt: Nicht nur wer ein Interesse als menschenrechtlich erheblich *erkennen* kann, kann ein menschenrechtlich erhebliches Interesse *haben*. Für ersteres ist Rechtfertigungsfähigkeit Voraussetzung, für letzteres nicht unbedingt.[8] Die Hinsichten und Grade der Versehrbarkeit determinieren die Hinsichten und Grade der gebotenen Berücksichtigung. Das bedeutet etwa: Gleich starke Schmerzen zählen gleich, egal, wessen Schmerzen es sind.

8 Ich meine daher, dass nicht ein *Recht auf Rechtfertigung* (so Forst 1999), sondern ein *Recht auf Berücksichtigung* allen besonderen Menschenrechten zugrunde liegt. Auch wenn das eine äußerst formale Auskunft ist: Sie vermeidet wenigstens den Ausschluss Unmündiger.

3.4 Interessenbezogene Argumente

Damit bin ich bei einer interessenzentrierten Lesart der Menschenrechte. Das Beispiel Schmerzen weist auch schon auf menschenrechtlich erhebliche Interessen hin, die nicht unbedingt Interessen an Freiheiten oder jedenfalls freiheitsbezogene Interessen sind. Erhebliche Schmerzen sind nicht nur darum schlecht, weil sie uns am freien Urteilen und Handeln hindern. Sie sind *intrinsisch schlecht*, es sei denn, ein mündiger Mensch hat hinreichend starke Gegengründe, sie gleichwohl zu wollen.[9] Wollte man dennoch am generellen Vorrang der Freiheitsrechte festhalten, so müsste man zeigen, dass Interessen an Freiheiten alle anderen Interessen – nennen wir sie grob Interessen an Wohlergehen – in Konfliktfällen stets ausstechen. Dafür könnte der enge Zusammenhang von personaler Autonomie und Selbstachtung sprechen (dazu Rawls 1994; Gosepath 1998). Doch wiederum bedeutete dies eine Privilegierung von ohnehin relativ Privilegierten: Kleine Kinder, geistig schwer Behinderte und Altersdemente haben nicht so sehr eine aus Freiheitssinn fließende Selbstachtung zu verlieren als um Grundgüter zu fürchten, von denen einfachere Arten des Gedeihens, der Zufriedenheit und des Glücks abhängen. Und selbst achtungsbewusste Personen bleiben leidensfähige Kreaturen, die starke Schmerzen nicht nur meiden, weil sie um ihre Autonomie besorgt sind.

Ein genereller Vorrang unserer freiheitsbezogenen Interessen – selbst wenn wir darunter Interessen an personaler Autonomie und mit ihr verbundener Selbstachtung fassen – versteht sich also keineswegs von selbst. Wir brauchen ein reicheres Verständnis der möglichen menschenrechtlich erheblichen Interessen. Dazu will ich einige allgemeine Überlegungen vorstellen, um sie abschließend auf das Gut der körperlichen Unversehrtheit anzuwenden.

9 Kleine Kinder und geistig schwer Behinderte sind zu solchem Wollen außerstande. Das *erleichtert* ihre Einbeziehung in die menschenrechtliche Gemeinschaft jedenfalls in dieser einen Hinsicht.

4. Menschenrechte als Institutionen zum Schutz und zur Förderung fundamentaler Interessen

4.1 Rechte und Interessen

Schon begrifflich liegt es nahe, Rechte an Interessen zu binden (so klassisch Nelson 1932; ebenso Feinberg 1980a; Tooley 1983): Rechte schützen Güter, von denen die Rechtssubjekte selbst etwas haben (könnten). Um ein genuines Rechtssubjekt zu sein, muss es für ein Wesen *irgendwie sein*, dieses zu haben oder jenes zu missen. Es muss für die Qualität seines Erlebens belangvoll sein. Die Besonderheit einer interessenzentrierten Position besteht indes erst darin, menschenrechtliche Inhalte mit fundamentalen Interessen *zu begründen*. Die letzte Rechtfertigung für ein beliebiges Menschenrecht lautet, dass Menschen es unbedingt brauchen. Diese Art der Begründung setzt gewissermaßen nachfrage- und nicht angebotsseitig an: Sie geht nicht von unserer *Fähigkeit* zur Begründung und Beachtung von Menschenrechten aus, sondern von unserer Menschenrechts*bedürftigkeit*. Darum ist sie von vornherein inklusiver als eine akteurszentrierte Konzeption. Begründung und Beachtung von Menschenrechten beziehen sich auf eine Bedürftigkeit, die nicht in allen Hinsichten nur eine von begründungs- und beachtungsfähigen Personen ist.

Der Interessenbegriff ist allerdings zweideutig. Wir sagen manchmal, dass wir an etwas interessiert sind, indem wir es *wünschen*. Wir sagen aber auch, dass etwas in unserem Interesse liegt, weil es *gut für uns ist*. In dieser zweiten Verwendung ist »Interesse« logisch unabhängig von »Wunsch«. Wir wünschen manchmal etwas, ohne dass es für uns gut ist, und wir wünschen manchmal etwas nicht, obwohl es für uns gut wäre. Im Folgenden gehe ich davon aus, dass die zweite Verwendung die moralisch ausschlaggebende ist: Es leuchtet eher ein, dass etwas rechtlich geschützt werden sollte, weil ein Subjekt Grund hat, es zu schätzen, als darum, weil ein Subjekt es wünscht. Rationale und verständige Personen sind schließlich nicht an ihren Wünschen als solchen interessiert, sondern daran, dass die Wunschgegenstände es wert sind, gewünscht zu werden.[10] An diesem Punkt scheint mir Aristoteles

10 Gewiss kann man Wünsche qualifizieren, etwa nach Maßgabe idealer Überlegungsbedingungen (so Griffin 1986: 11ff.; Lewis 2000). Doch das löst das eigentliche Problem nicht auf. Meines Erachtens lässt sich nicht einmal zureichend spezifizieren, was Überlegungsbedingungen ideal macht, wenn man nicht ein Vorverständnis des Guten hat, um das es geht. Und es ist das Gute, um dessentwillen wir überlegen, nicht der Wunsch als solcher.

gegen den neuzeitlichen Subjektivismus, etwa eines David Hume, recht zu behalten: Alles verständige Streben geht aus auf ein Gutes (das indes nicht für alle dasselbe sein muss und zu dem *reflexiv* auch die Freiheit des Wollens selbst gehören kann).

Ich definiere daher: (Der Zugang zu) X liegt in unter sonst gleichen Umständen in meinem Interesse, wenn ich wenigstens einen rechtfertigenden Grund habe, (den Zugang zu) X zu schätzen, wenn es also *ceteris paribus* für mich gut ist oder wäre, (Zugang zu) X zu haben.

Welche Arten von Interessen kommen als menschenrechtlich erheblich in Frage? Dafür müssen drei Bedingungen erfüllt sein, die mir zusammen auch schon hinreichend scheinen: Verallgemeinerbarkeit (was inhärent unmoralische Interessen etwa an Vergewaltigung oder Entrechtung anderer ausschließt), Dringlichkeit (was triviale oder Luxusanliegen ausschließt) sowie die Möglichkeit der Verpflichtung Dritter (was Interessen wie das an echter Liebe ausschließt, deren Befriedigung nur als Geschenk denkbar ist).[11] Noch so erhebliche Güter begründen Pflichten nur relativ zu unseren individuellen und gemeinschaftlichen Handlungsmöglichkeiten. In Konfliktfällen geht ein dringlicheres Interesse einem weniger dringlichen *ceteris paribus* vor und ebenso ein leichter zu befriedigendes einem schwerer zu befriedigenden. Menschenrechtliche Pflichten können daher als Funktion zweier Variablen verstanden werden: der Dringlichkeit verallgemeinerbarer Interessen und der Kosten ihrer Beachtung.

Statt von der Dringlichkeit eines Interesses könnten wir auch von einem *Bedürfnis* sprechen. So vermieden wir womöglich den Eindruck bloß subjektiver Relevanz, der sich mit »Interesse« schnell verbindet. Ein Bedürfnis ist ein Interesse, das durch intersubjektiv nachvollziehbare Dringlichkeit gedeckt ist. Andererseits ist auch die Rede von Bedürfnissen gegen den Subjek-

---

Alle noch so raffinierten Wunschkonzeptionen des Guten stellen dieses Verhältnis auf den Kopf.

11 Was die dritte Bedingung angeht, können wir zwischen zwei Stufen von Pflichten unterscheiden. Auf der ersten Stufe stehen Pflichten, die sich direkt auf ein menschenrechtliches Gut beziehen – etwa die Pflicht, von Verletzungen abzusehen oder das Gut anzubieten. Auf der zweiten Stufe stehen Pflichten, die sich auf Voraussetzungen für die Erfüllung der ersten Art von Pflichten beziehen – etwa die Pflicht, Institutionen zu schaffen, damit ein Rechtsgut gleichmäßig und verlässlich angeboten werden kann. So lässt sich der Einwand abschwächen, dass einige Menschenrechte bloße »Manifestrechte« seien, da kein Adressat korrespondierender Pflichten existiere (dazu Feinberg 1980). Soweit wir die Möglichkeit haben, einen solchen Adressaten durch kooperatives Handeln aufzubauen, und soweit wir zu kooperativem Handeln in der Lage sind, haben wir die Pflicht zweiter Stufe, dafür zu sorgen, dass das Recht kein bloßes Manifestrecht bleibt.

tivismusverdacht nicht gefeit (dazu Griffin 1986: 42ff.; Gosepath 1998: 167ff.): Zumindest oberhalb der bloßen Überlebenserfordernisse betreten wir schnell umstrittenes Gebiet. Die Rede von »Interessen« hat den Vorzug, dass sie keine Naturalisierbarkeit suggeriert, wo es um deutungsbedürftige Ansprüche geht. Lässt sich aber über menschenrechtlich erhebliche Interessen etwas sagen, das weder trivial noch bloß partikular ist?

4.2 Dimensionen menschenrechtlicher Interessen

Eine mögliche Antwortstrategie haben wir schon kennen gelernt: die reflexive. Sie besteht darin, menschenrechtlich erhebliche Interessen über Bedingungen der Möglichkeit zu identifizieren, beliebige Menschenrechte zu begründen und zu beachten. Unbefriedigend an dieser Strategie sind der Kurzschluss zwischen Fragen der Epistemologie und solchen der Axiologie sowie das damit verbundene Problem des Ausschlusses Unmündiger. Aber wir können die Begründung verbessern, wenn wir bedenken, dass Subjekte menschenrechtlicher Ansprüche nicht nur hinsichtlich ihrer Moralfähigkeit menschenrechtsbedürftig sind. Soweit sie als *moral agents* auf Interessen Bezug nehmen, die sie mit unmündigen Menschen teilen, können sie diesen den Status als Empfänger menschenrechtlicher Rücksicht so wenig absprechen wie sich selbst.

Welche Interessen könnten das sein? Sie müssten so allgemein sein, dass sich Menschen mit den unterschiedlichsten Vorstellungen von einem guten Leben auf sie einigen können. Es müsste sich um Voraussetzungen oder Grundbestandteile eines gelingenden Lebens überhaupt handeln (so Wolf 1990: 90). Mit ihnen stünde nicht direkt ein gutes, sondern »nur« ein menschliches und menschenwürdiges Leben auf dem Spiel.[12] Auch sollten wir bedenken, dass zu einem solchen Leben sowohl Handeln als auch Erleiden gehören und dass menschenrechtliche Akteure überdies ein moralisch gehaltvolles Selbstverständnis haben, das eine eigene Hinsicht der Verletzbarkeit bilden könnte.

Ich schlage vor, die Voraussetzungen und Grundbestandteile eines guten menschlichen Lebens in vier Dimensionen auseinanderzulegen. Die vier Dimensionen sind: Existenz (1), Selbstbestimmung (2), Wohlbefinden (3) und moralischer Status (4). Subjekte menschenrechtlicher Ansprüche wollen als

12 Das gute Leben selbst hängt von Leistungen und auch Widerfahrnissen ab, die das Anspruchsniveau der Menschenrechte übersteigen.

Menschen existieren, dabei in aktiver (Selbstbestimmung), passiver (Wohlbefinden) und reflexiver Hinsicht (moralischer Status) mit unbedingter Rücksicht rechnen dürfen.

(1) Was heißt es, *als Mensch zu existieren*? Es heißt gewiss, biologisch am Leben zu sein. Biologisches Überleben ist jedoch auch ohne Bewusstheit und ohne allen intrinsischen Wert möglich. Das biologische Menschsein allein gibt deshalb keine menschenrechtlichen Inhalte her. Zu ihnen gelangen wir erst mit Hilfe eines minimal normativen Menschenbildes. »Mensch« ist schließlich nicht nur ein Begriff der Biologie. In der Philosophie und im Alltag findet er als »dichter Begriff« mit zugleich und irreduzibel beschreibendem und werthaftem Gehalt Verwendung.

Wenn wir in diesem Sinne vom »Menschen« reden, meinen wir etwa folgendes: Menschen sind Tiere, die zu ihrem Leben Stellung nehmen. Als Tiere leben sie bewusst, als Stellung nehmende Tiere überdies selbstbewusst und wenigstens gelegentlich aus rechtfertigenden Gründen heraus. Wir nehmen unser Erleben und Wollen nicht einfach hin. Vielmehr bilden wir Meinungen über ihre Bedeutung und mögliche Angemessenheit, die unsere Einstellungen bestimmen sollen. Dabei beziehen wir wenigstens implizit die verschiedenen Episoden und Stationen unseres Lebens auf ein Lebensganzes, an dessen Gelingen uns liegt – vorreflexiv in Gestalt von Stimmungen, reflexiv in Gestalt umfassender Urteile ethischer (»Wie gut gerät mein Leben?«) und/oder moralischer Art (»Wie gut bin ich als Mensch?«).

Diese Urteilsfähigkeit unterscheidet uns von (anderen) Tieren, da wir jedenfalls die anspruchsvolleren Formen ihrer Ausübung unserer propositional gegliederten Sprache verdanken. Diese wiederum erwerben wir im Austausch mit anderen Begriffsbenutzern, die uns zunächst recht einseitig angesprochen haben müssen, ehe wir ihnen sukzessive zu antworten lernen. So werden wir in einen Bedeutungsraum eingeführt, der uns Hinsichten und Standards des Bewertens gibt. Kurz: Menschen sind selbstbewusst wertende und handelnde Lebewesen, die in intersubjektiv gebildeten Bedeutungsräumen und aus ihnen heraus Orientierung suchen.

Zur Existenzdimension gehören nun alle Interessen, die erfüllt sein müssen, damit ein Mensch als selbstbewusst wertendes und handelndes Lebewesen in Erscheinung treten kann. Sie begründen schlechthin elementare Ansprüche: auf Leben, auf minimale leibliche und seelische Gesundheit einschließlich der Freiheit von unerträglichen Schmerzen, auf minimale Spielräume des Handelns, auf minimale Zuwendung und Fürsorge sowie auf minimale Bildung, deren Elementarstufe die Einführung in einen sprachlich gestifteten Raum der Gründe ist (McDowell 1998). Minimal ist all dies, weil nicht jede Erkrankung, jede räumliche Beengung, jede Kontaktarmut, jeder Mangel an Begriffen und wertvollen Informationen uns als Teilnehmer an der menschlichen Lebensform bereits auslöscht.

(2) Selbstbewusst wertende und handelnde Lebewesen sind Personen. Wer nun reflexiv sein Personsein wertschätzt, gewahrt ein Interesse höherer Ordnung an einer verantwortlich übernommenen Lebensführung. Er möchte nach Gründen handeln, die ihm selbst als gut gelten. Zumindest wollen mündige Menschen für jene Projekte und Prinzipien, die ihr Selbstverständnis bestimmen, selbst einstehen können (vgl. Ladwig 2000: Kapitel III). Bloße Handlungsfähigkeit und lokales Überlegen wurde auch Sklaven und Leibeigenen zugestanden. Verwehrt blieb ihnen aber die Aussicht auf ein *selbstbestimmt* gelingendes Leben. An dieser Aussicht ist selbstbewussten Personen vor allem gelegen.

(3) Dabei behält jedoch die *Leidensfähigkeit* ein eigenes Gewicht. Zum Gelingen eines Lebens gehört die passive Seite angenehmer Empfindungen und positiver Erfahrungen. Es ist falsch, diese Seite ganz der Autonomiedimension zuzuschlagen. Erhebliche Schmerzen und andere unangenehme Empfindungen bleiben intrinsisch schlecht, auch unabhängig von ihren Auswirkungen auf die Freiheitsfähigkeit. Gewiss können autonome Personen sie hinnehmen oder sogar bewusst suchen, wenn hinreichend gewichtige Güter dies zu rechtfertigen scheinen. Doch auch wenn wir in Freiheit zu unserem Wohlergehen Stellung nehmen, reduzieren wir darum nicht alle wohlfahrtsrelevanten Güter auf Bestandteile oder Voraussetzungen dieser Freiheit. Auch oberhalb der Existenzdimension bleibt Wohlergehen im engeren Sinne vorteilhaften Empfindens ein irreduzibler Grundbestandteil gelingenden Lebens. Überdies stehen einzelne Leidenserfahrungen nicht isoliert nebeneinander. Sie fügen sich zu einem Gesamtbefinden, das sich in Stimmungen zeigt und Erinnerungen und Erwartungen bestimmt (so Wolf 1986; dies. 1990: 89).

(4) Nicht Menschen oder Personen überhaupt, jedoch Subjekte menschenrechtlicher Ansprüche legen Wert auf ihren *moralischen Status* als Gleiche unter Gleichen. Sie fügen die Grundnorm einer Moral gleicher Achtung und Rücksicht in ihr Selbstverständnis ein. Eine solche Moral lässt angeborene Wertunterschiede zwischen den Menschen nicht zu. Wer sie einmal verinnerlicht hat, will seine fundamentalen Interessen ebenso berücksichtigt wissen wie die eines beliebigen anderen. Für Subjekte menschenrechtlicher Ansprüche ist diese Art der *moralischen Selbstachtung* konstitutiv. Negato-

risch heißt das: Moralische Subjekte sind Tiere, die auch symbolisch verletzt werden können: indem man ihnen zu verstehen gibt, dass sie nicht als Freie und Gleiche gelten. Wer ein moralisch gehaltvolles Selbstverständnis hat, kann *gedemütigt* werden, weil er seine Selbstachtung zu verlieren hat (dazu Rorty 1989: 158; Honneth 1992: 215ff.; Margalit 1997).[13]

Soviel zu den vier Interessendimensionen. Unter ihnen kommt den Interessen in der Existenzdimension ein *genetischer Vorrang* zu: Ohne ihre hinreichende Befriedigung können Menschen weder anspruchsvollere Interessen verfolgen noch Rechte zu deren Schutz und Förderung verwenden. Insofern können wir Interessen in der Existenzdimension »transzendental« nennen[14] und die auf sie bezogenen Rechte als *basic rights* (im Sinne von Shue 1980) bezeichnen. Diesem genetischen Vorrang muss aber kein *normativer* entsprechen. Es ist zumindest nicht ausgemacht, ob das »transzendentale Interesse« an Leben immer wichtiger ist als die Interessen an Freiheit von Sklaverei oder von ständig wiederkehrenden Erstickungsanfällen (etwa infolge einer Lateralsklerose). Es erscheint nicht von vornherein irrational, solche Bürden auch dann los sein zu wollen, wenn man dafür mit dem Leben bezahlen müsste.

In der Existenzdimension sind Interessen an elementaren Freiheiten mit solchen an elementarem Wohlbefinden verschränkt. In der Selbstbestimmungs- und der Wohlbefindensdimension treten sie jeweils eigenständig und irreduzibel zutage. Die Dimension des moralischen Status schließlich baut insofern auf den übrigen Dimensionen auf, als Menschen mit einem

13 In der Einbeziehung dieser reflexiven Dimension sehe ich den spezifischen Beitrag von *Theorien der Anerkennung* zum Verständnis moralisch relevanter Verletzungen. Der Gegenbegriff zu »Anerkennung« ist »Missachtung«, verstanden als Angriff auf das moralisch gehaltvolle Selbstverständnis einer Person. Axel Honneth neigt allerdings dazu, den Anerkennungsbegriff und den komplementären der Missachtung zu überdehnen, indem er *sämtliche* moralisch erheblichen Verletzungen als Fälle von Missachtung – oder als durch solche bedingt – zu entschlüsseln versucht. Bei diesem Versuch fließen meines Erachtens zwei Konzepte von »Missachtung« ineinander: das eben erwähnte spezifische und ein unspezifisches, dem zufolge jede Verletzung eines wie auch immer begründeten moralischen Anspruches eine Missachtung darstellt (siehe dazu die Beiträge in Fraser/Honneth 2003 sowie die erhellende Kritik von Iser 2005).

14 In Anlehnung an Höffe (1996: 67ff.; 1998). Höffe versteht darunter Interessen mit Bezug auf Anfangsbedingungen, die den Menschen als Menschen, das heißt für Höffe: als soziales und kooperatives, sprach- und vernunftfähiges Leib- und Lebewesen, allererst möglich machen. Höffe meint, dass alle menschenrechtlich erheblichen Interessen in diesem Sinne transzendental seien. Mir hingegen scheint dies nur für die Interessen in der Existenzdimension zu gelten. In dieser Dimension gehen unsere menschenrechtlich erheblichen Interessen aber nicht auf.

moralischen Selbstverständnis Interessenverletzungen in einer der anderen Dimensionen immer auch *im Modus der Missachtung* wahrnehmen können (ähnlich Iser 2005: 114). Wer mich grundlos schlägt, fügt mir nicht lediglich einen physischen Schmerz zu. Zugleich missachtet er mein Recht, nicht grundlos geschlagen zu werden. Da ich um dieses Recht weiß, kann ich seine Handlung als einen Anschlag auf meinen moralischen Eigenwert ansehen, was mich zusätzlich verletzen mag.

Einige Handlungsweisen können sogar nur dann als Interessenverletzungen erlebt werden, wenn der Angegriffene einen Begriff von seinem moralischen Stellenwert hat. Manche Angriffe zielen direkt auf die Selbstachtung. Sie sind nicht physisch, wohl aber symbolisch verletzend. Sie sind Weisen, einem anderen zu bedeuten, dass ihm keine Achtung als freies und gleiches Gegenüber gebühre. Paradigmatisch hierfür sind willkürliche Ungleichbehandlung und Befehle, die einzig den Sinn haben, den Adressaten als machtlos zu erweisen. Solche Praktiken sind würdeverletzend im engen Sinne: Sie sind demütigend.

Wenn aber die vier Dimensionen menschenrechtlicher Interessiertheit zusammengehören, stehen wir dann nicht einmal mehr vor dem Exklusionsproblem? Zumindest Interessen an Selbstbestimmung sowie an moralischer Anerkennung sind ja Interessen allein von Personen im engeren Sinne des Wortes: von Menschen, die zu einer selbstbestimmten Lebensführung und zu einem moralischen Selbstverständnis grundsätzlich imstande sind. Und bereits das minimal normative Menschenbild scheint nicht minimal genug zu sein: Nicht einmal alle geborenen Mitglieder unserer Spezies sind auch nur der Möglichkeit nach selbstbewusst wertende und handelnde Lebewesen. Ist eine derart voraussetzungsvolle Bestimmung menschenrechtlicher Inhalte nicht automatisch diskriminierend?

Nicht, wenn wir bedenken, dass moralische Rücksicht »verdient«, wer immer mit moralisch verpflichtungsfähigen Akteuren ein Interesse teilt, das unter moralischen Akteuren als berücksichtigenswert gilt (siehe 3.3). Dazu aber gehören in jedem Fall auch Interessen in der Existenz- sowie in der Wohlbefindensdimension. Sie bilden eine Brücke zwischen selbstbewussten und moralfähigen Personen auf der einen und allen übrigen erlebensfähigen Menschen auf der anderen Seite. Das minimal normative Menschenbild ist nicht dazu da, den zur Mündigkeit unfähigen Mitgliedern unserer Spezies das Menschsein abzusprechen. Es dient der Erschließung eines hinreichend breiten Spektrums menschenrechtlicher Inhalte. Soweit ein Mensch auch nur eines dieser Interessen hat, gehört er in der betreffenden Hinsicht als

Gleicher zur menschenrechtlichen Gemeinschaft. Nicht erforderlich ist, dass er in *jeder* menschenrechtlich erheblichen Hinsicht eigene Interessen hat.

5. Warum und in welchen Hinsichten ist das Recht auf körperliche Unversehrtheit elementar?

Was folgt aus all dem für das Recht auf körperliche Unversehrtheit? Wie ich abschließend zeigen will, kann sich dieser Anspruch auf den anthropologisch grundlegenden Umstand stützen, dass wir zugleich einen Körper haben und unser Leib sind (5.1). Dieser Umstand wirkt in alle vier Dimensionen menschenrechtlicher Interessen hinein, und darin sehe ich den wichtigsten Grund, warum das Recht auf körperliche Unversehrtheit ein *elementares* Menschenrecht ist. Dieselbe Mehrdimensionalität spricht dagegen, es nur als Freiheitsrecht anzusehen. Das Recht auf körperliche Unversehrtheit ist komplexer, als die vorherrschende Ansicht vermuten lässt (5.2). Es schützt uns nicht zuletzt in Hinsichten, die über die menschliche Gemeinschaft hinausreichen. Das Recht auf körperliche Unversehrtheit eignet sich daher exemplarisch, die Beschränkung grundlegender Rechte allein auf Menschen als willkürlich zu erweisen (5.3).

5.1 Leibsein und Körperhaben

Warum ist uns körperliche Unversehrtheit menschenrechtlich gesehen so wichtig? Ausgangspunkt einer Antwort könnte die von Helmuth Plessner (1981) analysierte »exzentrische Position« des Menschen sein: Wir verhalten uns zu einem Körper, der wir als Leib zugleich sind. Der eigene Körper als Gegenstand intentionaler Bezugnahmen und bewussten Gestaltens ist auch der »Nullpunkt« des Leibes, von dem alle Bezugnahme und Gestaltung ausgeht. Dieses Verhältnis von Leibsein und Körperhaben prägt unser Interesse an körperlicher Unversehrtheit in mehr als einer Hinsicht. Ich unterscheide deren vier (die sich nicht mit den oben unterschiedenen Interessendimensionen decken müssen; dazu gleich mehr):

1. *Der Körper als Summe möglicher Handlungsressourcen.* Körperteile wie Arme, Beine, Hände und Füße, Organe und Funktionen wie Herz und Kreislauf sind hinsichtlich der unterschiedlichsten Ziele bedeutsam. Menschen haben für sich genommen um so mehr Möglichkeiten, je besser sie ihren Körper steuern und seine Funktionen kontrollieren können. Das ist ein zentraler Aspekt des von Plessner so genannten Körperhabens. Eine exemplarische Menschenrechtsverletzung wäre daher das Abhacken einer Hand durch einen Scharfrichter. Sie wäre auch dann menschenrechtlich unzulässig, wenn sie unter Narkose erfolgen und das weitere Erleben in keiner Weise beeinträchtigen würde (was freilich kaum je der Fall sein dürfte). Die wahrscheinlichen weiteren Folgen verweisen aber schon auf eine wichtige Grenze dieses ersten Gesichtspunktes: Wäre der Körper nur mit Blick auf die Brauchbarkeit seiner Teile und Funktionen als Ressourcen relevant, so unterschieden sich körperliche Verletzungen nicht grundsätzlich von einem Verlust äußerer Werkzeuge. Der Unterschied wird unter den folgenden drei Aspekten deutlich.
2. *Der Körper als Substrat der Empfindungsfähigkeit.* Der Kontroversen in der Philosophie des Geistes ungeachtet stimmen nahezu alle Philosophen überein, dass bestimmte physische Strukturen und Vorgänge für bestimmte Bewusstseinsphänomene nomologisch hinreichend sind (vgl. Birnbacher 2006: 285). Philosophisch unstrittig ist, dass einige körperliche Ereignisse das Erleben kausal beeinflussen. Wer einen erlebensfähigen Menschen heftig schlägt, tritt, sticht, ihn durchbohrt, umklammert oder an ihm zerrt, fügt ihm Schmerzen zu oder verursacht sonst ein Leiden (etwa Atemnot oder Beklemmung). Wer einige seiner Nerven tötet, macht ihn wenigstens punktuell empfindungsunfähig. Das ist ein wesentlicher Aspekt des von Plessner so genannten Leibseins.
3. *Der Körper als »Ort« eines vorreflexiven Ganzheitserlebens.* Der Verlust einer Hand, eines Armes oder einer Brust dürften wenigstens anfänglich immer auch das »Körpererleben« des Opfers beeinträchtigen (zu diesem Konzept Joraschky u.a. 2006). In diesem Erleben ist uns der eigene Körper als vorreflexive Ganzheit gegeben. In sie greift mehr oder weniger nachhaltig ein, wer einen anderen etwa einer Gliedmaße beraubt. Er nimmt dem Opfer nicht nur ein mögliches Werkzeug und/oder fügt ihm Schmerzen zu; er beschädigt dessen leibliche Integrität. Er beeinträchtigt oder entfernt nicht nur *etwas* am Opfer; er beeinträchtigt oder zerstört den anderen in der leiblichen Hinsicht seines Selbstverhältnisses.

4. *Der Körper als Kern der Intimsphäre.* Der Körper ist als Leib nicht einfach der meine, sondern ich existiere leiblich. Ein körperlicher Angriff geht mir daher nicht lediglich räumlich äußerst nahe. Vielmehr trifft er *mich* als physisch-psychische Einheit. Zugleich lässt er mich fühlen, wie sehr ein anderer jedenfalls situativ über mich verfügt – und das umso mehr, je zentraler der angegriffene Körperteil für mein Selbstverständnis und mein Empfinden von Selbstkontrolle ist.

Unter diesem Gesichtspunkt wird verständlich, warum schon geringfügige Eingriffe in die Körpersphäre menschenrechtlich bedenklich sein können. Denken wir an eine Regierung, die alle Staatsangehörigen zu einer gesundheitlich unbedenklichen Blutabnahme heranzieht, ohne deren Erforderlichkeit, etwa für die Linderung einer Notlage, nachweisen zu können. Unter dem Ressourcen-, dem Empfindungs- und dem Integritätsaspekt sähe ein solcher Eingriff wie eine Lappalie aus; und tatsächlich sind Umstände denkbar, unter denen die gleiche Maßnahme vollkommen gerechtfertigt wäre. Ihre menschenrechtliche Fragwürdigkeit liegt in der Verbindung des Willküraspektes mit dem der wie immer marginalen Fremdverfügung über Körperfunktionen. Der letzte Aspekt unterscheidet etwa eine willkürlich verfügte Blutabnahme von einem ebenso willkürlich verhängten Fahrverbot.

Der Körper ist sozusagen der innerste Bereich der Intimsphäre. Als solcher ist er gewiss *auch* ein kulturelles Konstrukt. Wir können daher hier besonders große Spielräume für interkulturelle Differenzen vermuten. Doch liegt auch die Vermutung nicht fern, dass unterschiedliche Konzeptualisierungen von Intimität im Phänomen des gleichzeitigen Leibseins und Körperhabens eine anthropologische Stütze finden, die sich nicht beliebig verschieben oder gar wegziehen lässt.

5.2 Ein komplexes Recht

Der Eleganz des Begründungsganges wäre nun außerordentlich gedient, könnten wir die vier Hinsichten des Interesses an körperlicher Unversehrtheit auf die zuvor unterschiedenen vier Dimensionen menschenrechtlicher Interessiertheit genau abbilden. Tatsächlich liegen einige Zuordnungen nahe: Für eine Zuordnung zur Dimension der *Selbstbestimmung* bietet sich vor allem der Ressourcenaspekt an. Ressourcen sind Mittel zur Erlangung von Gütern, und je mehr solcher Mittel ich habe, desto größer ist meine Freiheit des Zugangs zu Gütern. In dieser Hinsicht ist eine freiheitsfunktionale Begründung des Rechts auf körperliche Unversehrtheit besonders plausibel. Anders in der zweiten Hinsicht: Als Substrat der Empfindungsfähigkeit steht der Körper direkt mit unserem *Wohlbefinden* in Verbindung. Dessen Stellenwert als Gut geht aber, wie gezeigt, in möglichen Auswirkungen auf die Freiheit nicht auf.

Welcher menschenrechtlichen Interessendimension können wir den Intimitätsaspekt körperlicher Unversehrtheit (vor allem) zuordnen? Hier bietet sich die Dimension des *moralischen Status* an. Als Kern der Intimsphäre ist der Körper ein bevorzugter Angriffspunkt für symbolische Verletzungen, die direkt auf die Selbstachtung zielen.[15] Nichts führt einem Menschen so drastisch vor Augen, dass er fremder Willkür unterliegt, wie Eingriffe in seine Leiblichkeit, die er nicht abwehren kann. In meinem Beispiel der ungerechtfertigten Blutabnahme gibt der Staat seinen »Subjekten« mit einem körperlichen Eingriff zu verstehen, wie weit seine Verfügung über sie reicht.

Soweit scheint die Zuordnung *cum grano salis* zu funktionieren. Aber sie stößt zumindest an zwei Grenzen. Die eine bildet der Integritätsaspekt körperlicher Unversehrtheit. Offenbar macht sich ein vorreflexives Ganzheitserleben – oder seine Beeinträchtigung – auf der aktiven Seite des Lebens ebenso bemerkbar wie auf seiner passiven Seite; eben das macht es zum *Ganzheits*erleben. Es liegt daher quer zur Unterscheidung von Selbstbestimmung und Wohlbefinden.

Eine Alternative wäre, es der *Existenzdimension* zuzuordnen, in der ja ebenfalls Freiheits- und Wohlfahrtsaspekte verschränkt sind. Doch das wäre ein Kurzschluss: In die Existenzdimension fallen alle genetisch grundlegenden Interessen, deren Frustrierung Menschen daran hindert, als selbstbewusst wertende und handelnde Lebewesen in Erscheinung zu treten. Existenzbedrohend in diesem Sinne können nachhaltige und schwerwiegende Beschädigungen des Ganzheitserlebens sein, aber ebenso anhaltende und unerträgliche Schmerzen oder etwa schwere Verstümmelungen. Selbst symbolische Angriffe mögen so tief reichende und anhaltende Folgen zeitigen,

15 Eine besondere Rolle spielt dabei das Gesicht. Wie kein anderer Körperteil steht es für die Einzigkeit und Unvertretbarkeit eines Menschen und daher, normativ gesehen, für seine Unantastbarkeit (dazu, im Anschluss an Emmanuel Lévinas, Hauskeller 2001: 169ff.). Aus dem Gesicht heraus blickt ein anderer mich an; seinen Blick bemerkend, nehme ich ihn unmittelbar als beseelt wahr. Das Gesicht ist daher der ausgezeichnete Sitz der Subjektivität. Das erklärt, warum eine Ohrfeige auch ganz unabhängig von dem – vielleicht nur verschwindenden – körperlichen Schmerz wehtun kann. Der Geschlagene sieht sich wenigstens für den Moment in seiner Achtungswürdigkeit angegriffen. Er sieht sich als Subjekt, das moralisch zählt, in Frage gestellt.

dass das Subjekt an seinem In-der-Welt-Sein irre wird. Angriffe auf die körperliche Unversehrtheit können in jeder Hinsicht der Bedeutsamkeit dieses Rechtsgutes auf die Existenzdimension durchschlagen; und diese ist mit keiner von ihnen besonders verbunden.

Als paradigmatische Verletzung des Rechts auf körperliche Unversehrtheit, wenn nicht von Menschenrechten und Menschenwürde schlechthin, gilt die Folter, und meine Analyse sollte zum Verständnis beitragen, warum das so ist. Die verbreitete Ansicht, dass Folter schlechthin schlecht sei und daher Gegenstand einer absoluten Verbotsnorm bleiben müsse, wird durch die »Vierdimensionalität« der Verletzungen beglaubigt, die sie impliziert: Der Gefolterte leidet Qualen, seine Handlungsfähigkeit und sein Körpererleben nehmen womöglich irreversibel Schaden und ihm wird bedeutet, wie ausgeliefert und nichtswürdig er sei.

Gleichviel, ob der Folternde den Willen des Gemarterten brechen, ihm etwa ein Geständnis abzwingen, oder ob er ihn nur erniedrigen und leiden lassen will: Die Misshandlung trifft und versehrt das Opfer auch in der Dimension seines moralischen Selbstverständnisses. Der Gefolterte wird ja keineswegs wie ein bloßes Ding behandelt, vielmehr wie ein Mensch, der moralisch nicht zählt: dessen Anspruch auf Anerkennung bis in die intimsten Sphären seiner Verwundbarkeit hinein wertlos geworden ist (vgl. Pawlik 2003).

Folteropfer in diesem umfassenden Sinne des Wortes können nur moralisch selbstbewusste Personen sein. Aber die Schmerzen, die negativen Folgen für das Körpererleben und die Handlungsfähigkeit können ebenso Unmündige treffen. In jeder dieser Hinsichten wäre das Recht auf körperliche Unversehrtheit *prima facie* verletzt, auch unabhängig von möglichen Folgen für die Selbstbestimmung von Personen und ebenso unabhängig davon, ob das Opfer sagen und beklagen kann, dass es gerade eine Rechtsverletzung erleidet. Denken wir an schmerzhafte medizinische Versuche an einem geistig schwer Behinderten. Dieser mag nicht wissen, dass er gerade eine Rechtsverletzung erleidet. *Dass* er sie erleidet, folgt aber bereits aus dem Umstand, dass ihm intentional und ohne seine auch nur kontrafaktische Zustimmung Qualen bereitet werden. Es wäre absurd, wollten Ärzte die menschenrechtliche Verwerflichkeit solcher Versuche mit dem Argument bestreiten, dass das Opfer ja keinen Begriff von seinen Rechten habe, sondern »bloß« körperlich leiden könne.

Gewiss, geistig schwer behinderte Menschen haben keine spezifisch menschliche Freiheit zu reflektiertem Handeln und auch kein moralisches

Selbstverständnis zu verlieren, wohl aber ein leibgebundenes Wohlergehen. Und in dieser letzten Hinsicht sind wir alle versehrbar. Auch als Freiheitswesen sind wir nicht nur Freiheitswesen, sondern auch leidensfähige Kreaturen. Diesem Umstand wird die Deutung der Menschenrechte als Institutionen zum Schutz und zur Förderung fundamentaler Interessen besser gerecht als eine sei's auch abgeschwächte Freiheitsauffassung. Welche Interessen, die an Freiheit oder die an Wohlergehen, in Konfliktfällen schwerer wiegen, ist keineswegs *a priori* ausgemacht. Wiederum scheinen hier philosophisch schwer einschätzbare Spielräume für inter- und auch intrakulturelle Differenzen zu bestehen.[16]

Interessanterweise spricht die jüngere Entwicklung im Strafrecht gerade »westlicher« Gesellschaften *gegen* die Annahme eines generellen Vorranges von Freiheitsrechten: Wir halten Freiheitsstrafen für weniger problematisch als Körperstrafen, selbst wenn jene relativ drastisch sind und diese relativ begrenzt bleiben. Das Abschneiden eines Fingers erschiene uns eher grausam und unverhältnismäßig als eine fünfjährige Gefängnisstrafe. Die hier implizierte Regel des Vorziehens dürfte unverständlich bleiben, solange wir der körperlichen Unversehrtheit nicht eine von allen möglichen freiheitsrelevanten Folgen unabhängige Erheblichkeit zuerkennen. Die Wendung gegen Körperstrafen gibt eine der machtvollsten Bewegungen moralischen Fortschritts in der Moderne zu erkennen: Moderne Menschen verstehen sich als human, indem sie erhebliche Schmerzen anderer moralisch belangvoll finden.

5.3 Ein Ausblick über die Menschenrechte hinaus

Warum aber sollte diese Bewegung an der Gattungsgrenze Halt machen? Die nicht an spezifisch menschliche Freiheit gebundenen Aspekte unseres Interesses an körperlicher Unversehrtheit bilden schließlich eine Brücke nicht allein zu unmündigen Menschen, sondern ebenso zu nichtmenschlichen Tieren. Ist die Zufügung körperlicher Qualen *ceteris paribus* verwerflich, wenn sie einen beliebigen Menschen trifft, so auch, wenn sie ein beliebiges Tier trifft. Noch einmal: Moralische Rücksicht »verdient«, wer mit moralischen Subjekten ein Interesse teilt, das unter moralischen Subjekten als berücksichtigenswert gilt; und gleiche Interessen zählen gleich, egal, wessen Interessen

16 Unter dem Gesichtspunkt *demokratischer* Möglichkeiten der Rechtsverwirklichung ist das, solange es sich nur um innermenschenrechtliche Spielräume handelt, sogar von Vorteil.

es sind. Alles andere wäre willkürlich und kommt daher für moralische Subjekte nicht in Frage.

Menschenrechte sind folglich eine Teilklasse moralisch begründeter Rechte, die sich auf menschliche Wesen nur insoweit begrenzen lassen, als nur sie etwas von ihnen haben. Nur reflexionsfähige Personen haben etwas von Rechten, die dem Schutz und der Förderung ihrer Selbstbestimmung oder auch ihres moralischen Ansehens dienen. Alle empfindungsfähigen Wesen jedoch haben etwas von Rechten, die sie vor qualvollen medizinischen Versuchen in Schutz nehmen.

Diese für unsere eingespielten Praktiken des Umgangs mit Tieren wahrhaft umwälzenden Aussichten machen einmal mehr verständlich, warum so viele Philosophen bemüht waren und sind, Menschenrechte in der spezifisch menschlichen Fähigkeit zu einer reflektiert-freien Lebensführung zu verankern. Wenn ich Recht habe, sind alle solchen Versuche zum Scheitern verurteilt. Gerade am Recht auf körperliche Unversehrtheit lässt sich gut zeigen, warum das so ist. Es ist ein elementares Recht, weil die Interessen, für deren Schutz und Förderung es da ist, fundamental bedeutsam sind. Unter ihnen aber sind Interessen, die nicht allein für Wesen *wie uns* fundamental bedeutsam sind. Leiblich existierend, bleiben wir auch in moralisch relevanten Hinsichten dem Tierreich verhaftet. Was uns aus ihm heraushebt, ist nicht zuletzt die mögliche Einsicht in die moralischen Folgen dieser Verbundenheit. Sie aber haben wir uns bisher nur in Ansätzen klargemacht.

Literatur

Ach, Johann S. (1999), *Warum man Lassie nicht quälen darf. Tierversuche und moralischer Individualismus*, Erlangen.

Alexy, Robert (1994), *Theorie der Grundrechte*, Frankfurt am Main.

Alexy, Robert (1998), »Die Institutionalisierung der Menschenrechte im demokratischen Verfassungsstaat«, in: Georg Lohmann/Stefan Gosepath (Hg.), *Philosophie der Menschenrechte*, Frankfurt am Main, S. 244–264.

Birnbacher, Dieter (2006), »Hirngewebstransplantation und neurobionische Eingriffe – anthropologische und ethische Fragen«, in: ders., *Bioethik zwischen Natur und Interesse*, Frankfurt am Main, S. 273–293.

Bielefeldt, Heiner (1998), *Philosophie der Menschenrechte. Grundlagen eines weltweiten Freiheitsethos*, Darmstadt.

Buchanan, James M. (1975), *Die Grenzen der Freiheit. Zwischen Anarchie und Leviathan*, Tübingen.

Feinberg, Joel (1980), »The Nature and Value of Rights«, in: ders., *Rights, Justice, and the Bounds of Liberty*, Princeton, N.J., S. 143–158.

Feinberg, Joel (1980a), »The Rights of Animals and Unborn Generations«, in: ders., *Rights, Justice, and the Bounds of Liberty*, Princeton, N.J., S. 159–184.

Forst, Rainer (1999), »Das grundlegende Recht auf Rechtfertigung: Zu einer konstruktivistischen Konzeption von Menschenrechten«, in: Hauke Brunkhorst u.a. (Hg.), *Recht auf Menschenrechte. Menschenrechte, Demokratie und internationale Politik*, Frankfurt am Main, S. 66–105.

Gosepath, Stefan (1998), »Zu Begründungen sozialer Menschenrechte«, in: Stefan Gosepath/Georg Lohmann (Hg.), *Philosophie der Menschenrechte*, Frankfurt am Main, S. 146–187.

Griffin, James (1986), *Well-Being. Its Meaning, Measurement, and Moral Importance*, Oxford.

Habermas, Jürgen (1994), *Faktizität und Geltung. Beiträge zur Diskurstheorie des Rechts und des demokratischen Rechtsstaats*, Frankfurt am Main.

Hauskeller, Michael (2001), *Versuch über die Grundlagen der Moral*, München

Höffe, Otfried (1996), *Vernunft und Recht. Bausteine zu einem interkulturellen Rechtsdiskurs*, Frankfurt am Main.

Höffe, Otfried (1998), »Transzendentaler Tausch. Eine Legitimationsfigur für Menschenrechte?«, in: Stefan Gosepath/Georg Lohmann (Hg.), *Philosophie der Menschenrechte*, Frankfurt am Main, S. 29–47.

Honneth, Axel (1992), *Kampf um Anerkennung: Zur moralischen Grammatik sozialer Konflikte*, Frankfurt am Main.

Iser, Mattias (2005), »Gerechtigkeit und Anerkennung«, in: Matthias Möhring-Hesse (Hg.), *Streit um die Gerechtigkeit. Themen und Kontroversen im gegenwärtigen Gerechtigkeitsdiskurs*, Schwalbach/Taunus, S. 107–117.

Joraschky, Peter/Loew, Thomas/Röhricht, Frank (Hg.) (2006), *Köpererleben und Körperbild. Ein Handbuch zur Diagnostik*, Stuttgart.

Koller, Peter (1987), *Neue Theorien des Sozialkontrakts*, Berlin.

Ladwig, Bernd (2000), *Gerechtigkeit und Verantwortung: Liberale Gleichheit für autonome Personen*, Berlin.

Ladwig, Bernd (2005), »Begründung von Normen«, in: Sven-Uwe Schmitz/Klaus Schubert (Hg.), *Einführung in die Politische Theorie und Methodenlehre*, Opladen, S. 255–270.

Lewis, David (2000), »Dispositional theories of value«, in: ders., *Papers in ethics and social philosophy*, Cambridge UK, S. 68–94.

Lohmann, Georg (1998), »Menschenrechte zwischen Moral und Recht«, in: Stefan Gosepath/Georg Lohmann (Hg.), *Philosophie der Menschenrechte*, Frankfurt am Main, S. 62–95.

Margalit, Avishai (1997), *Politik der Würde. Über Achtung und Verachtung*, Berlin

McDowell, John (1998), *Geist und Welt*, Paderborn u.a.

Merkel, Reinhard (2001), *Früheuthanasie. Rechtsethische und strafrechtliche Grundlagen ärztlicher Entscheidungen über Leben und Tod in der Neonatalmedizin*, Baden-Baden.

Nelson, Leonard (1932), *System der philosophischen Ethik und Pädagogik*, 3. Auflage, Hamburg 1970 (Gesammelte Schriften Bd. 5).

Pawlik, Michael (2003), »Deutschland, ein Schurkenstaat? Es gibt gute Gründe, Folter anzudrohen, und doch ist das Verbot absolut«, in: *Frankfurter Allgemeine Zeitung*, 1. März 2003.

Plessner, Hellmuth (1981), *Die Stufen des Organischen und der Mensch* (1927). Gesammelte Schriften, Band IV, Frankfurt am Main.

Pogge, Thomas (1997), »Lebensstandards im Kontext der Gerechtigkeitslehre«, in: *Zeitschrift für philosophische Forschung*, 57/1, S. 2–24.

Rawls, John (1975), *Eine Theorie der Gerechtigkeit*, Frankfurt am Main.

Rawls, John (1994), »Der Vorrang der Grundfreiheiten«, in: ders., *Die Idee des politischen Liberalismus. Aufsätze 1978–1989*, hg. v. Wilfried Hinsch, Frankfurt am Main, S. 159–254.

Regan, Tom (2001), »Case for Animal Rights«, in: Carl Cohen/Tom Regan, *The Animal Rights Debate*, Lanham u.a., S. 127–222.

Rorty, Richard (1989), *Kontingenz, Ironie und Solidarität*, Frankfurt am Main.

Rorty, Richard (2000), »Menschenrechte, Rationalität und Empfindsamkeit«, in: ders., *Wahrheit und Fortschritt*, Frankfurt am Main, S. 241–268.

Schwardtländer, Johannes (1981), »Staatsbürgerliche und sittlich-institutionelle Menschenrechte«, in: ders. (Hg.), *Menschenrechte und Demokratie*, Kehl am Rhein – Straßburg, S. 77–95.

Seel, Martin (1995), *Versuch über die Form des Glücks: Studien zur Ethik*, Frankfurt am Main.

Shue, Henry (1980), *Basic Rights: Subsistence, Affluence, and U.S. Foreign Policy*, Princeton.

Somek, Alexander (1995), »Die Moralisierung der Menschenrechte«, in: Christoph Demmerling/Thomas Rentsch (Hg.), *Die Gegenwart der Gerechtigkeit: Diskurse zwischen Recht, praktischer Philosophie und Politik*, Berlin, S. 48–56.

Tooley, Michael (1983), *Abortion and Infanticide*, Oxford.

Tugendhat, Ernst (1998), »Die Kontroverse um die Menschenrechte«, in: Stefan Gosepath/Georg Lohmann (Hg.), *Philosophie der Menschenrechte*, Frankfurt am Main, S. 48–61.

Walzer, Michael (1996), *Lokale Kritik – globale Standards: Zwei Formen moralischer Auseinandersetzung*, Hamburg.

Wildt, Andreas (1998), »Menschenrechte und moralische Rechte«, in: Stefan Gosepath/Georg Lohmann (Hg.), *Philosophie der Menschenrechte*, Frankfurt am Main, S. 124–145.

Wolf, Ursula (1986), »Was es heißt, sein Leben zu leben«, in: *Philosophische Rundschau* 33, S. 242–265.

Wolf, Ursula (1990), *Das Tier in der Moral*, Frankfurt am Main.

Ein Recht auf Unversehrtheit? Skizze einer Phänomenologie moralischer Integritätsverletzungen

Arnd Pollmann

Einleitung

Durch den bioethischen Diskurs unserer Tage »geistert« ein neues psychiatrisches Krankheitsbild: *Body Integrity Identity Disorder* (BIID). Dabei geht es um Patienten, die zwar äußerlich vollkommen gesund wirken, die aber seelisch unter dem als überwältigend empfundenen Wunsch leiden, sich durch eine fundamentale und irreparable Beschädigung des eigenen Körpers eine »neue« Identität zu verschaffen (First 2005). Dieser Patientenwunsch bezieht sich in der Regel auf die Amputation eines Arms oder Beins, weniger häufig auf mehrere Körperteile zugleich, in seltenen Fällen sogar auf die Herbeiführung einer Querschnittlähmung durch gezielte Durchtrennung des Rückenmarks. Die betroffenen Personen berichten von dem – augenscheinlich paradoxen – psychophysischen Schmerz, sich *ohne* die angezielte Versehrung nicht »intakt« zu fühlen. Ihnen geht es also um den verzweifelten und eben gewaltsamen Versuch, den vorhandenen Körper einem – aus fremder Sicht ganz offenbar versehrten, ja, gestörten, vom Patienten selbst aber gleichwohl idealisierten – Körperschema *mit Behinderung* anzupassen (Sullivan 2005).

Zwar soll es bereits einige Fälle von ärztlich durchgeführten Amputationen an BIID-Patienten gegeben haben, zum Beispiel in Schottland, und in der Tat berichten erste Untersuchungen von einer post-operativen Verbesserung der betreffenden seelischen Leiden (vgl. First 2005), doch die medizinrechtlichen Reglementierungen in den meisten Ländern dieser Welt machen es den Betroffenen bislang schwer möglich, ihren Wunsch nach einer von professioneller ärztlicher Hand durchgeführten Operation Wirklichkeit werden zu lassen. Doch ist das bizarre Selbstverstümmelungsverlangen der Patienten mitunter derart stark, dass es zu eigenhändig durchgeführten Amputationen mit Hilfe von Messern, Sägen, Schusswaffen oder ähnlichen Werkzeugen kommt. Angesichts der gesundheitlichen Folgen, aber auch der psychophysischen Leiden, die solchen schweren Selbstverletzungen vorhergehen, erscheint es manchen Bioethikern inzwischen ratsam, die ethisch-moralische Legitimität und auch die rechtliche Möglichkeit entsprechender Eingriffe zu erwägen (Bayne/Levy 2005).

Doch soll es an dieser Stelle weder um eine normative Bewertung (vgl. Schramme 2006) noch um eine rechtliche Reglementierung solcher Selbstverstümmelungspraktiken gehen. Die zweifellos extreme und sicherlich von den meisten Menschen als geradezu irrwitzig eingestufte Persönlichkeitsstörung BIID soll hier zunächst nur auf einen wichtigen, ja, elementaren Zusammenhang von Fragen *körperlicher Integrität* einerseits, *personaler Identität* andererseits verweisen, der im gemeinten Fall einer schwerwiegenden Störung des Körperselbstbildes geradezu auf den Kopf gestellt ist. Ganz gleich nämlich, wie objektiv »intakt« oder aber »versehrt« der menschliche Körper ist: Dessen von den Betroffenen *gewünschte* Beschaffenheit ist aufs engste mit Fragen eines gelingenden personalen Selbstseins verknüpft (vgl. Gerisch 2006). Bereits im Namen des Krankheitsbildes »Body Integrity Identity Disorder« klingt eben jene These an, um die es im Folgenden gehen soll: Wie immer idiosynkratisch die subjektive Wunschvorstellung vom eigenen Körper sein mag, mit dessen Integrität steht zugleich auch die Identität der betreffenden Personen auf dem Spiel.

Diese These wird hier zunächst anhand weit weniger bizarrer Beispiele überprüft werden. Auch wenn ich am Ende meiner Überlegungen auf autodestruktive Tendenzen einer freiwilligen Selbstverstümmelung zurückkommen werde, soll es zunächst allein um solche Verletzungen gehen, die einer Person ungewollt von *anderen* zugefügt werden. Eine genauere Analyse spezifisch moralischer, d.h. interpersonaler Verletzungen wird den Zusammenhang von körperlicher Intaktheit bzw. Versehrtheit einerseits, personaler Identität bzw. Desintegration andererseits noch etwas deutlicher hervortreten lassen. Klärt man die Wechselbezüge dieser beiden Dimensionen und blendet letztere dann ineinander, so tritt ein umfassenderes Konzept »personaler Unversehrtheit« vor Augen, für das die Idee körperlicher Intaktheit zwar eine unverzichtbare, elementare Bedingung darstellt, das aber eben zugleich auch mehr meinen wird: ein in physischer *und* psychischer Hinsicht weitgehend intaktes, ethisch-existenzielles Selbst- und Weltverhältnis.

Ein derart umfassendes Konzept personaler Unversehrtheit, so soll sich zeigen, wird allerdings erst dann handhabbar, wenn man den eben bereits mehrfach genannten Begriff der »Integrität« einer genaueren philosophischen Analyse unterzieht (vgl. Pollmann 2005). Denn dieser Terminus kommt dem angestrebten Konzept personaler Unversehrtheit mit einer produktiven

Doppeldeutigkeit entgegen: Der Integritätsbegriff kursiert in – mindestens – zwei sehr unterschiedlichen Verwendungsweisen, von denen auf Anhieb fraglich sein muss, ob ihr terminologischer Zusammenhang mehr als nur lose gestrickt ist. Zu der bereits genannten Begriffsverwendung im Sinne der »Unversehrtheit« gesellt sich rasch eine mindestens ebenso geläufige zweite Bedeutung von Integrität hinzu, die man im Deutschen häufig mit dem Adjektiv »integer« zum Ausdruck bringt und die sich als ethisch-existenzielle »Selbsttreue« rekonstruieren lässt (1). Auf der Suche nach Gemeinsamkeiten zwischen diesen beiden zunächst disparat anmutenden Wortbedeutungen wird zwischen einer »begrifflichen« und einer »phänomenalen« Verquickung zu unterscheiden sein. Zunächst werden *begriffssystematische* Anhaltspunkte dafür gesammelt, dass die beiden genannten Wortbedeutungen bereits auf Ebene ihrer jeweiligen Verwendung weit mehr miteinander zu tun haben, als man auf Anhieb glauben mag. Daraus wird eine komplexe Bestimmung »integren Personseins« resultieren: Personen, so wird sich zeigen, lassen sich definieren als Menschen, denen bewusst, und zwar in einem doppelten Sinn, an Integrität gelegen ist (2). Erst anschließend wird ein Vergleich des jeweiligen *Phänomengehalts* beider Begriffsverwendungen, und zwar anhand von prototypischen Integritätsverletzungen, deutlich machen, in welchen Hinsichten genau wir uns Personen als im doppelten Sinne versehrbar vorzustellen haben (3). Ergeben sich daraus strikte moralische Rechte? Die klärungsbedürftige Antwort wird lauten: Menschen haben zwar kein Recht »auf« Integrität, wohl aber ein universelles »Recht auf Schutz« ihrer Integrität (4).

1. Dimensionen personaler Integrität: Unversehrtheit und Selbsttreue

Nicht nur in alltagssprachlichen Zusammenhängen, auch in philosophischen Fachdebatten geht man gemeinhin davon aus, den Begriff der Integrität auf eher unproblematische Weise gebrauchen zu können. Wer etwa die Gefahr einer illegitimen Verletzung der »Integrität von Leib und Leben« heraufbeschwört, wird sich darauf verlassen können, keine weiteren normativen Argumente mehr anfügen zu müssen. Natürlich *kann* man bestreiten, dass die Integrität von Personen ein hohes Gut darstellt, doch schert man damit aus dem grund- und menschenrechtlichen Konsens aus. Zweifelsohne haben wir es bei der Integrität mit einem fundamentalen Bedürfnis und – daraus abgeleitet – mit einem ebenso fundamentalen Schutz- und Menschenrecht zu tun, von dem wir annehmen, dass es auf weitgehend unproblematische Weise jedem einzelnen Menschen zuzuschreiben ist.[1] Aber ist dem tatsächlich so?

In der Folge des Umstandes, dass die Integritätskategorie bislang kaum strittig anmutet, ist nicht nur festzustellen, dass der Begriff nur selten einmal einer genaueren philosophischen Untersuchung unterzogen worden ist. Überdies ist die verwirrende Beobachtung zu machen, dass sein Gebrauch insgesamt äußerst uneinheitlich ausfällt: Zu der in unserem Zusammenhang zunächst nahe liegenden Begriffsverwendung im Sinne physischer, aber auch psychischer »Unversehrtheit« kommt sogleich eine mindestens ebenso geläufige zweite Bedeutung hinzu. Wenn von einer Person behauptet wird, sie sei »integer«, dann haben wir einen Menschen vor Augen, der »unbestechlich« ist, der feste Werte und Grundüberzeugungen hat, von denen er sich nicht leicht wird abbringen lassen. Eine integre Person besitzt »Charakter« in dem Sinne, dass sie, auch gegen Widerstände, an ihren Selbstverpflichtungen und Grundüberzeugungen festzuhalten gewillt ist; sie ist und bleibt sich »treu« (Williams 1984). Ob und wie eng diese beiden auf den ersten Blick recht heterogen wirkenden Integritätsbedeutungen miteinander verwandt sind, ist philosophisch umstritten.[2] An dieser Stelle sollen daher zunächst einige Indizien dafür gesammelt werden, *dass* die beiden Begriffsverwendungen in jeweils zentralen Hinsichten aufeinander verweisen. Die These wird lauten: Die Termini »Unversehrtheit« und »Selbsttreue« benennen nicht etwa unterschiedliche *Begriffe* von Integrität, deren Zusammenhang eher unverbindlich wäre. Vielmehr handelt es sich um zwei sich wechselseitig ergänzende *Dimensionen* ein und derselben personalen Angelegenheit (vgl. auch Pollmann 2006a).

1 Dazu exemplarisch die rechtsphilosophischen Überlegungen von Höffe (2002), Abschnitt 3.3.1. – Auch in Artikel 2, Absatz 2 des *Grundgesetzes* wird bekanntlich auf ein »Recht auf Leben und körperliche Unversehrtheit« Bezug genommen. In rechtsdogmatischen Kommentaren wird dies häufig unmittelbar in ein »Recht auf Schutz der Integrität« übersetzt.

2 Siehe dazu auch meinen eigenen ausführlichen Vermittlungsversuch (Pollmann 2005), der noch weitere, gemeinhin ebenfalls mit dem Integritätsbegriff assoziierte Charakterattribute umfasst: u.a. »Rechtschaffenheit«, »Unbescholtenheit« und »Integriertheit«.

a) Unversehrtheit

Betrachten wir zunächst den Aspekt der Unversehrtheit. Hier kommt dem Integritätsbegriff augenscheinlich ein eher *defensiver* Charakter zu. Es wird auf den Umstand rekurriert, dass die Integrität von Personen in physischer und psychischer Hinsicht verletzbar ist und von einem schonenden Umgang der betroffenen Personen untereinander abhängt. Wenn von der Schutzbedürftigkeit personaler Integrität die Rede ist, dann soll dabei offenkundig auf eine zugleich seelische und leibliche Minimalgrenze angespielt werden, von der behauptet wird, dass sie von anderen Menschen übertreten und verletzt werden kann. Demnach ist die Integrität einer Person nur dann vorhanden, wenn diese Person sich in Abgrenzung zu ihren Mitmenschen als psychophysisch »intakt«, »eins« oder »unteilbar« erfährt – in etwa so wie ein Staat, dessen territoriale Integrität von der Unversehrtheit seiner Grenzen gegenüber anderen Staaten abhängt. Diese für personale Integrität maßgebliche Unterscheidbarkeit kann als eine psychophysische *Ganzheitserfahrung* interpretiert und dabei in mindestens vier Aspekte aufgefächert werden: Zunächst ist der basale Umstand zu bedenken, dass jeder Mensch einen eigenen psychophysischen Organismus, eine Entität, darstellt und daher schon in dieser objektiv beobachtbaren Hinsicht von anderen Menschen unterschieden werden kann. Daraus folgt, zweitens, dass jeder Mensch *subjektive*, d.h. ganz eigene Erfahrungen sammelt, die sich mit seinen Mitmenschen nicht im buchstäblichen Sinn »austauschen« lassen. Zu berücksichtigen ist, drittens, dass jedes personale Leben *Selbstbewusstsein* aufweist, d.h. eine mehr oder weniger reflektierte Einstellung zu eben jenem subjektiven Erfahrungszusammenhang. Schließlich muss jede Person, viertens, insofern als »unvertretbare Einzelne« aufgefasst werden, als sie sich die Verantwortung für ihre jeweils eigenen Äußerungen und Handlungen letztlich von niemandem abnehmen lassen kann.[3]

Mit eben diesen vier Charakteristika – Objektivität physischen Daseins, Subjektivität der Erfahrungen, Selbstbewusstsein und Unvertretbarkeit – sind psychophysische Minimalbedingungen personaler Integrität, ja, des Personseins überhaupt benannt. Sie formen das reflexive Bewusstsein von Personen, eine existenzielle Einheit darzustellen, deren Grenzen weithin unangetastet bleiben müssen, damit ihr Bewusstsein, Person zu sein, aufrechterhalten werden kann. Ob aber diese psychophysischen Grenzen tatsächlich

3 Dazu Flanagan (1991: 61f.). Dort sind allerdings nur die ersten drei Merkmale benannt. Die Idee der »Unvertretbarkeit« findet sich bei Wingert (1993).

intakt oder unversehrt sind, wird nicht zuletzt davon abhängen, ob die betreffende Person in ihrer Umwelt günstige Lebensbedingungen vorfindet. Störungen in der Wahrnehmung der eigenen Integritätsgrenzen werden vor allem durch Angriffe und Verletzungen von außen, d.h. von Seiten anderer Menschen hervorgerufen. Selbstredend wird kaum ein Mensch in psychophysischer Hinsicht als *vollständig* intakt gelten können. Dennoch ist mit dem Integritätsaspekt der psychophysischen Unversehrtheit ein in defensiver Hinsicht empfindlicher, ja, vielleicht der empfindlichste Punkt markiert, an dem die Integrität einer Person verloren gehen kann. Von der Integrität einer Person im Sinne der Unversehrtheit kann also nur dann gesprochen werden, wenn keine derart gravierenden psychischen oder physischen Verletzungen feststellbar sind, dass die Person die existenzielle Gewissheit einbüßt, eine überwiegend intakte Einheit zu sein. Entsprechend sind Verletzungen personaler Integrität überall dort festzustellen, wo die fragilen psychophysischen Grenzen der Person fundamental angetastet werden. Kurz: Mit dem Integritätsaspekt der Unversehrtheit ist eine Minimalgrenze intakten Personseins benannt, die von außen, zumindest weitgehend, unberührt sein muss, damit ein Mensch sich überhaupt um sein weiteres Wohlergehen kümmern kann (vgl. Wingert 1993: 163).

b) Selbsttreue

Wenn der Integritätsbegriff hingegen »Selbstreue« meint, dann geht es um die ethisch-existenzielle Selbst-Identität oder besser: um den *Charakter* einer Person. Dieser setzt sich, nach Williams (1984, Kap. 1–3), aus wertbehafteten »Grundvorhaben« und »Selbstverpflichtungen« zusammen. Gemeint sind jeweils zentrale Anliegen und Projekte im Leben, die besonders tief im Selbstverständnis der betreffenden Person verwurzelt sind und die insofern als identitätsstiftend und subjektiv verbindlich angesehen werden müssen, als der Person die Sinnhaltigkeit des eigenen Lebens abhanden käme, wenn ihr diese wichtigen und dringlichen Grundvorhaben und Selbstverpflichtungen abhanden kämen. Es ist demnach der Wunsch nach Integrität im Sinne einer *Treue zu sich selbst*, d.h. nach einem Leben in Einklang mit den je eigenen Werten und Idealen, der uns solche »unbedingte Verpflichtungen« gegenüber uns selbst erkennen lässt (vgl. McFall 1987). Mit diesen existenziellen Grundüberzeugungen und Selbstverpflichtungen nimmt das substanzielle ethische Selbstbild einer Person Konturen an – wobei mit diesen Konturen zugleich aber auch die *Grenzen* markiert sind, die unter keinen Umständen verletzt werden dürfen, wenn die Person ihren individuellen Persönlichkeitskern und damit auch den Sinn ihrer Existenz nicht verfehlen will. Während man auf die Befriedigung so mancher seiner alltäglichen Präferenzen und Bedürfnisse notfalls auch verzichten kann, hörte eine Person auf, diejenige zu sein, für die sie sich hält, wenn sich ihre zentralen Grundvorhaben und Selbstverpflichtungen verflüchtigen würden. Ihr käme die ethisch-existenzielle Grundorientierung im Leben und damit eben zugleich auch, so Williams, ihre Integrität als Person abhanden.

Daher sind die gemeinten Selbstverpflichtungen und Grundvorhaben nicht nur als ein wichtiger Bestandteil personaler Integrität zu deuten, sondern zugleich auch als das sich von der Person selbst gegebene Versprechen, diese Ideale nicht unnötig zu betrügen. Wenn die Person diese sich selbst gesetzten Grenzen überschreiten und ihre Überzeugungen mutwillig korrumpieren würde, wäre sie nicht länger das, was sie zu sein wünscht (vgl. Korsgaard 1996: 102). Insofern ist mit diesen integralen Selbstverpflichtungen eine, wie Frankfurt (1988) betont, »volitionale Notwendigkeit« gesetzt: Aus der Binnenperspektive einer mit existenziellen Entscheidungssituationen konfrontierten Person geht von eben diesen Überzeugungen ein merkwürdig »zwangloser Zwang« aus, der von der Betroffenen weniger als Unfreiheit denn vielmehr als Freiheit empfunden wird. Die lebenspraktische Orientierung an einem Kurs in steter Übereinstimmung mit dem, was der Person wichtig ist, wird von dieser als ein zwangloses *Müssen* erkannt, das ihr, und zwar insbesondere angesichts von – inneren und äußeren – Widerständen oder auch »Versuchungen«, die Richtung weist. In ethischen Konfliktsituationen wird sich die integre Person gegenüber etwaigen Handlungsalternativen, die einen existenziellen Kurswechsel mit sich brächten, in aller Regel ablehnend verhalten. Eine integre Person demonstriert Selbsttreue, wenn sie standhaft und unbestechlich ist, d.h. wenn sie sich von ihrem ethisch-existenziellen Kurs nicht einfach abbringen lässt. Dagegen werden Personen sich selbst untreu und büßen an Integrität ein, wenn sie ihre identitätsstiftenden Grundüberzeugungen korrumpieren.

2. Der Begriffszusammenhang: Personalität und Integrität

Fraglich ist nun, ob und gegebenenfalls wie diese beiden sehr unterschiedlichen Bedeutungen des Integritätsbegriffes – Unversehrtheit und Selbsttreue – so aufeinander bezogen werden können, dass sie sich nicht als unterschiedliche *Begriffe*, sondern als zwei sich wechselseitig ergänzende *Dimensionen* einer einzigen Konzeption verstehen lassen. Ein derart integrierter Begriffszusammenhang (Pollmann 2005) kann hier, in dieser Kürze, lediglich zur Andeutung kommen. Zunächst ist darauf hinzuweisen, dass sich Personen wahlweise »von außen« oder aber »von innen« Integrität attestieren bzw. absprechen und dabei auf jeweils unterschiedliche Grenzen des Personseins stoßen: *Von außen* werden eher objektive Konturen psychophysischer Intaktheit (Unversehrtheit) erkennbar, *von innen* kommen primär introspektiv zugängliche Grenzbereiche ethischer Selbstverpflichtungen (Selbsttreue) in den Blick. In beiden Fällen handelt es sich insofern um »Grenzen« personaler Integrität, als den Betroffenen jeweils ein Integritätsverlust drohte, wenn diese Schranken durchbrochen werden würden.

Dies vorausgesetzt, lässt sich ein wechselseitiger begriffssystematischer Verweisungszusammenhang zwischen den Aspekten Unversehrtheit und Selbsttreue behaupten, der erkennbar werden lässt, dass ein Mensch Integrität in einem *umfassenden* Sinn dann und nur dann besitzt, wenn er sich *zugleich* als weitgehend unversehrt und selbsttreu erlebt: Auf der einen Seite werden Personen, zumindest annähernd, psychophysisch unversehrt sein müssen, um ein Leben zugleich auch in Selbsttreue führen zu können. Ja, die Gewissheit, psychophysisch hinreichend intakt zu sein, scheint geradezu *Bedingung* einer selbstbestimmten Realisierung dessen zu sein, was die Person zu derjenigen Person macht, als die sie sich sieht. Anders gesagt: Ein Leben, das in zentralen Hinsichten ungewollt psychophysische Verletzungen erleidet, kann schwerlich als ein selbstbestimmtes Leben in Selbsttreue bezeichnet werden. Opfer zum Beispiel von Unfällen oder Gewaltverbrechen erleben ihre psychophysische Versehrtheit nur zu oft als einen geradezu demütigenden Kontrollverlust, der ihre Selbstbestimmung unterminiert (vgl. Abschnitt 3). Auf der anderen Seite gilt aber ebenso das umgekehrte Bedingungsverhältnis: Nur wenn ein Mensch ein Leben in Selbsttreue führt, zumindest weitgehend, wird man zugleich auch die existentielle Gewissheit annehmen können, dass die Person ihr Leben als eine insgesamt intakte Existenz erfährt. Demgegenüber gerät eine Person, die sich in fundamentalen Hinsichten untreu wird, etwa indem sie ihre wichtigsten Grundüberzeugungen korrumpiert oder aber weil äußere Umstände sie dazu nötigen, in die Gefahr, das eigene Leben fortan als versehrt empfinden zu müssen. Nicht selten haben diese Menschen dann später mit der bitteren Einsicht zu kämpfen, dass die einstige Preisgabe ihrer Wertüberzeugungen einen tiefen Riss im Leben bewirkt hat, der sich niemals wieder ganz hat reparieren lassen.

Dieser wechselseitige systematische Verweisungszusammenhang gewinnt weiter an Plausibilität, wenn man ihn zum Begriff der Person in Beziehung setzt: Personen, so lässt sich das bisher Erörterte zusammenfassen, besitzen Integrität in einem umfassenden Sinne dann und nur dann, wenn es ihnen möglich ist, von inneren und äußeren Zwängen relativ unversehrt, ein Leben in Einklang mit dem eigenen standhaltenden Wollen zu führen. Anders gesagt: Aus Sicht der jeweils Betroffenen geht personale Integrität mit einer psychophysischen Stimmung der Intaktheit einher, die geradezu untrennbar mit der Gewissheit verknüpft ist, ein Leben in selbstverantworteter Selbsttreue zu führen. Vergleicht man genau diese Definition der Integrität mit herkömmlichen Theorien des Personseins,[4] so wäre zu fragen, was letztere dem Integritätsbegriff hinzufügen. Vielmehr ist zu vermuten, was allerdings einer eingehenderen Untersuchung bedürfte, dass mit dem Inhalt des Strebens nach Integrität genau jene ethisch-existenzielle Hinsicht umrissen ist, auf die auch der philosophische Begriff der Person substanziell bezogen ist (vgl. Pollmann 2006a). Zwar nicht in dem Sinn, dass jede Person immer schon Integrität *besitzen* würde, sondern in Gestalt eines doppelten Strebens, dem jeder Mensch, wenn er Person ist, *folgt*. In dieser Hinsicht verhalten sich die Begriffe »Person« und »Integrität« komplementär zueinander: Keiner ist ohne den anderen sinnvoll explizierbar. Kurzum: Personen lassen sich definieren als Menschen, denen bewusst an Integrität *gelegen* ist.

An dieser Stelle sind jedoch sogleich zwei wichtige konzeptionelle Vorbehalte anzumelden: Zum einen sollte man sich personale Integrität nicht so sehr als eine *Eigenschaft* vorstellen, die Personen entweder haben oder aber vermissen lassen, sondern als einen in Realisierung begriffenen *Anspruch* an sich selbst und andere. Als Personen, so die Einsicht, die im nächsten Abschnitt noch etwas anschaulicher werden und sich am Ende dann auch als moraltheoretisch nützlich erweisen soll, besitzen Menschen immer schon »mehr oder weniger« Integrität. Kaum ein Mensch wird in beiden Hinsichten – Unversehrtheit und Selbsttreue – als *vollständig* intakt gelten können. Und Verletzungen der Integrität müssen nicht immer schon zu einem Gesamtverlust der Integrität führen. Vielmehr ist es angebracht, zwischen einem mög-

4 Dazu etwa die Beiträge in: Sturma (2001).

lichen Verlust »an« und einem Verlust »der« Integrität zu unterscheiden: Ein Verlust *an* Integrität liegt dort vor, wo die Integrität einer Person in einer der Dimensionen Unversehrtheit und Selbsttreue ernsthaft Schaden nimmt, ohne jedoch ganz verloren zu gehen. Von einem Verlust *der* Integrität wird allerdings dann die Rede sein können, wenn, wie das zum Beispiel bei einem Gewaltverbrechen der Fall sein kann, der gesamte psychophysische bzw. ethisch-existenzielle Lebenszusammenhang zusammenbricht.

Der zweite konzeptionelle Vorbehalt betrifft noch einmal das Wechselverhältnis der Integritätsaspekte Unversehrtheit und Selbsttreue. Mit Blick auf die Frage, was eine Person zu einer Person macht, lässt dieses Wechselverhältnis aufschlussreiche Ausnahmen zu: Es sind Fälle denkbar, in denen sich eine besonders charakterfeste Person dazu gezwungen sehen mag, erhebliche psychophysische Verletzungen, ja, sogar den eigenen Tod in Kauf zu nehmen, nur um ihre Selbsttreue zu *bewahren.*[5] Andere mögen sich in Ausnahmesituationen – umgekehrt – dazu genötigt sehen, Aspekte ihrer Selbstreue zu opfern, um eben dadurch ihre »Haut«, ihre Unversehrtheit zu retten.[6] In derart dramatischen Fällen wird jeweils ein Aspekt der eigenen Integrität aufgegeben, um dadurch den jeweils anderen Integritätsaspekt zu bewahren. Beide Male ist die Integrität allein dadurch zu retten, dass sie beschädigt wird. Wie immer kompliziert es sein mag, die genauen Grenzen dieser dialektischen Bewegung zu bestimmen, deutlich wird dabei das Folgende: Die Integritätsaspekte Unversehrtheit und Selbsttreue mögen zwar wechselseitig aufeinander verweisen, sie besitzen jedoch zugleich auch eine gewisse analytische und auch empirische Unabhängigkeit voneinander. Sie dürfen daher weder als begriffliche *Äquivalente* noch als gänzlich differente *Begriffe* von Integrität missverstanden werden. Es handelt sich vielmehr um jeweils irreduzible und doch miteinander eng verknüpfte, um relativ unabhängige und doch sich wechselseitig ergänzende *Dimensionen* ein und derselben Integritätsidee. Unversehrtheit und Selbsttreue sind zwei Seiten derselben Medaille. Eine komplexe Zuschreibung bzw. Aberkennung personaler Integrität *integriert* daher die objektivierende Perspektive auf das an psychophysischer Intaktheit interessierte Leben mit der ethisch-existenziellen Sicht auf die nach Selbsttreue strebende Person.[7]

---

5 Hier darf wohl Sokrates, aus philosophischer Sicht, als prominentestes Beispiel gelten (vgl. Kateb 1998).

6 Man denke an einen politischen Gefangenen, der seine Überzeugungen widerruft, um vor Gericht der sicheren Todesstrafe zu entgehen.

7 An dieser Stelle muss aus Platzgründen die wichtige Einsicht ausgeklammert bleiben, dass die Aspekte Unversehrtheit und Selbsttreue zur vollständigen Bestimmung von Integrität

3. Der Phänomenzusammenhang: typische Integritätsverletzungen

Gleichwohl vermag dieser bislang noch recht abstrakte begriffliche Zusammenhang erst dann wirklich einsichtig zu werden, wenn wir uns eingehender mit der konkreten Versehrbarkeit integren Lebens beschäftigen, die nach dem bisher Erörterten eine *doppelte* Verletzbarkeit sein und ein ebenso doppeltes Begehren nach existenzieller Schonung nach sich ziehen muss. Jeweils besonders typische interpersonale Übergriffe auf das Leben in Unversehrtheit und Selbsttreue sollen hier zur Darstellung kommen (vgl. auch Pollmann 2005: Kap. 4).

a) Angriffe auf die Unversehrtheit einer Person

Nehmen wir zum Beispiel das deutsche *Strafrecht* (StGB)[8] zur Hand und fragen nach der wohl greifbarsten Form verletzender Eingriffe in den ethisch-existenziellen Lebenszusammenhang von Personen, so stoßen wir im Abschnitt über »Straftaten gegen die körperliche Unversehrtheit« unweigerlich auf das Delikt der »Körperverletzung«.[9] Nach § 223 StGB kommt es zu einer Körperverletzung, wenn der Täter sein Opfer vorsätzlich körperlich schädigt oder dessen Gesundheit anderweitig beeinträchtigt. Als – darüber hinaus – »schwer« ist eine Körperverletzung dann einzustufen, wenn das Opfer lebensgefährlich verletzt wird oder wenn es ein wichtiges Körperteil bzw. eine

nicht ausreichen. So mag zum Beispiel ein »Mafioso« beides aufweisen: Unversehrtheit und Selbsttreue. Dennoch würden wir aufgrund seiner verbrecherischen Verwicklungen zögern, ihm Integrität auch im *moralischen* Sinn zuerkennen zu wollen. Damit ist das schwierige Verhältnis von Integrität und moralischer »Rechtschaffenheit« angesprochen, das ich an anderer Stelle zu erhellen versucht habe (Pollmann 2005: Kap. 2 u. 4).

8 Der Rückgriff auf das StGB folgt der Annahme, dass die mit einer historisch weit zurückreichenden Tradition versehene Strafrechtsdogmatik einen – immer wieder mit der Zeit gehenden – Katalog schwerwiegender zwischenmenschlicher Verletzungsakte zusammengetragen hat, der sich anhand des Integritätsvokabulars philosophisch anschlussfähig halten lässt.

9 Folgendes muss hier vorangeschickt werden: Zweifelsohne setzen »Straftaten gegen das Leben« (§§ 211–222 StGB) auf einer noch tieferen Ebene als die in diesem Abschnitt diskutierten Fälle an, da sie, wie etwa die Delikte »Mord« und »Totschlag«, die Aussicht auf ein Leben in Integrität nicht nur verschlechtern, sondern zunichte machen. Im Folgenden soll jedoch allein von solchen Integritätsverletzungen die Rede sein, mit denen das Opfer buchstäblich »leben« muss.

wichtige Körperfunktion einbüßt. Bekommt zum Beispiel ein Nebenbuhler Faustschläge ins Gesicht oder wird gar gezielt mit dem Auto angefahren und verliert dabei ein Bein, dann hat man es mit unterschiedlich schwerwiegenden Fällen von Körperverletzung zu tun, die schon deshalb als gravierende Integritätsverletzungen einzustufen sind, weil mit der körperlichen »Hülle« integren Lebens zugleich auch dessen biologisch-existenzielle Grundlage angetastet wird.

Doch Akte der Körperverletzung wiegen zugleich auch schwerer: Personen, so wurde oben behauptet, müssen sich, und zwar nicht zuletzt in Abgrenzung zu anderen, als annähernd unversehrte »Einheiten« erfahren können. Personen jedoch, die einer körperlichen Gewalttat zum Opfer fallen, machen die Erfahrung, dass mit dem feindlichen Übergriff nicht nur eine *physische* Verletzung, sondern, davon nahezu unablösbar, auch ein spezifisch *psychisches* Leiden einhergeht (vgl. Scarry 1992). Der tätliche Angriff eines feindlich gesinnten Gegenübers wird als ein gewaltsamer und zumeist auch demütigender Kontrollverlust erfahren, der einen Bruch mit der sozialen Realität bewirkt, von dem das »Urvertrauen« in die Welt erschüttert wird. Für die Körperverletzung, zumindest für die vorsätzliche[10], ist demnach ein überaus enger Zusammenhang von physischer Einwirkung und psychischer Schädigung charakteristisch, der das personale Einheitsempfinden massiv antastet oder gar zerschlägt.

Ähnlich verhält es sich bei einem zweiten Typus psychophysischer Versehrung: in Fällen des in den §§ 174ff. StGB geregelten »Missbrauchs«. Unter diesen Straftatbestand werden gemeinhin solche Delikte subsumiert, in denen so genannte einwilligungsunfähige Schutzbefohlene, zum Beispiel Kinder oder geistig Behinderte, von Erwachsenen bzw. Älteren unter Ausnutzung eines bestehenden Abhängigkeitsverhältnisses sowie unter Einsatz körperlicher und geistiger Überlegenheit zu sexuellen Handlungen »verführt« oder gedrängt werden. Der leibliche und seelische Schaden, den Missbrauchsopfer davontragen, kann bekanntlich immens sein. Er reicht von akuten körperlichen Symptomen, zum Beispiel Geschlechtskrankheiten oder Fällen ungewollter Schwangerschaft, über psychosomatische Erkrankungen –

10 Zu unterscheiden sind Fälle »fahrlässiger«, d.h. versehentlicher Körperverletzung nach § 229 StGB. Der körperliche Schmerz wird zwar bei vergleichbarem physischen Schaden derselbe sein, die psychische Verletzung jedoch mag dabei geringer ausfallen, wenn der Aspekt gewaltsamer Erniedrigung ausbleibt (vgl. List 1999). Gleiches gilt für Verletzungen, an denen überhaupt gar keine andere Person, sondern lediglich äußere Umstände (zum Beispiel ein Unwetter) schuld sind.

schwere Allergien etwa oder auch Essstörungen –, die im späteren Leben oftmals ungeklärt bleiben, bis hin zur Suizidneigung (vgl. Bange/Körner 2002).

So unbestritten diese Erkenntnisse auch sind, mit Blick auf die Integritätsproblematik ist es angezeigt, den strafrechtlichen Fokus der sexuellen Missbrauchsproblematik zu erweitern und einen breiter gefassten Begriff psychophysischer Misshandlung zu umreißen: Versteht man unter Missbrauch *jegliche* Form einer bedrängenden Annäherung und Ausbeutung, bei der es unter Ausnutzung eines Liebes-, Vertrauens-, Betreuungs-, Ausbildungs-, Arbeits- oder sonstigen Abhängigkeitsverhältnisses zu Akten einer psychophysischen Instrumentalisierung und Schädigung kommt, die allein dem Ziel einer Triebbefriedigung des Täters dient, so wird rasch deutlich, dass entsprechende Verletzungserfahrungen keineswegs auf die Erfahrungswelt sexuell misshandelter Menschen beschränkt sind. Denn nicht nur Bedürfnisse nach sexueller Befriedigung, sondern zum Beispiel auch Neid, sadistische Aggressionsschübe, brennender Hass, pathologischer Geltungsdrang, krankhafter Machtwahn oder ökonomische Habgier können Ursachen für moralisch relevante Missbrauchsdelikte sein. Diese zeichnen sich allesamt dadurch aus, dass die auf der Opferseite bewirkten Integritätsverletzungen retrospektiv als ein komplexes und nicht selten niederschmetterndes Erfahrungsgemisch aus Angst, Vertrauensverlust, Ohnmacht, Erniedrigung, Wut, Verzweiflung, ja, sogar Scham und Schuld durchlitten werden, wenn das Opfer sich retrospektiv auf seltsame Weise als »Mittäter« erfährt oder dazu gemacht wird (Reher 1995). Missbrauchserfahrungen führen zu einem Bruch im Selbst- und Weltverhältnis der betroffenen Personen, der so gravierend sein kann, dass ihnen sowohl die Fähigkeit zu intimen und vertrauensvollen Sozialbeziehungen als auch das Vermögen zu einem ungestörten Selbstsein dauerhaft abhanden kommen.

Besonders offenkundig wird dieser auf elementarster psychophysischer Ebene bewirkte Entzug »ontologischer Sicherheit« (Laing 1972: Kap. 3) in Akten der »Vergewaltigung«. Aus strafrechtlicher Sicht fügen Vergewaltigungsdelikte dem Tatbestand sexuellen Missbrauchs den Aspekt »gewaltsamer Nötigung« hinzu. Laut § 178 StGB liegt ein Fall von Vergewaltigung dann vor, wenn der Täter durch Androhung oder Anwendung von Gewalt sein Opfer gegen dessen Willen zu sexuellen Handlungen zwingt. Wer in der kalkulierten Unsichtbarkeit des nächtlichen Stadtparks oder auch des heimischen Wohnzimmers vergewaltigt wurde, so wird berichtet, hat erfahren müssen, dass die intime körperliche Invasion über die rein physischen Schmerzen hinaus als ein ganzheitlicher Verlust an Selbstbestimmung und

Selbstkontrolle durchlitten wird, der mit einer tiefgreifenden Einbuße an Selbst- und Weltvertrauen einhergeht. Auch noch im Nachhinein erwächst diese schmerzvolle Verunsicherung der Erinnerung, schutz- und wehrlos dem niederträchtigen Trieb und Willen eines anderen Menschen ausgeliefert gewesen zu sein (Burgess-Jackson 1999).

In eben dieser Hinsicht ähneln Vergewaltigungsfälle dem vierten Typus von Angriffen auf die Unversehrtheit der Person: Akten der »Folter«. Auch im Zuge einer Folterung soll ein Mensch mit äußerster Gewalt dazu gebracht werden, etwas zu tun, was er ansonsten niemals tun würde. Auch hier droht das Opfer an einem zugleich körperlichen wie seelischen Übergriff zu zerbrechen. Doch von den drei zuletzt genannten Verletzungsarten, selbst noch von der Vergewaltigung, unterscheidet sich dieser –vielleicht grausamste – Übergriff dadurch, dass im Zentrum der Täterintentionen gerade die langfristig ausgerichtete »Brechungsfunktion« der Folter steht (Rorty 1989: Kap. 8; vgl. Scarry 1992). Das Folteropfer soll nicht nur gequält und im Zuge dessen dazu gebracht werden, einen ganz bestimmten Sachverhalt zu gestehen oder einer Überzeugung abzuschwören; es soll vielmehr so fundamental verletzt, ja, ruiniert werden, dass es selbst noch lange nach dem Martyrium nicht mehr »zu sich selbst« zurückzufinden vermag. Im Zentrum der sadistischen Folterabsicht steht also weniger der physische Schmerz als vielmehr die psychische Qual des Opfers, die nicht zuletzt darin besteht, mit der Erinnerung an die vernichtende Erniedrigung erneut in die Welt entlassen zu werden, wo sich die Betroffenen dann kaum mehr zurechtfinden werden. Beispiele von Folter, so Rorty, machen deutlich,

> »daß es noch Schlimmeres gibt, als Menschen so zu peinigen, daß sie vor Qual schreien: man kann die Qual so ausnutzen, daß die Gepeinigten auch dann, wenn die Qual vorbei ist, nicht wieder zu sich finden können. Man erreicht das dadurch, daß man sie dazu bringt, Dinge von einer Art zu tun oder zu sagen – möglichst auch zu glauben, zu wünschen, zu denken –, die es den Gequälten unmöglich macht, sich jemals damit abzufinden, daß sie dazu fähig waren« (Rorty 1989: 287f.).

b) Angriffe auf die Selbsttreue einer Person

Nach diesen dramatischen Integritätsverletzungen mögen die nun folgenden Übergriffe vergleichsweise harmlos wirken. Sie sind es jedoch keineswegs. Fragt man nach Verletzungen der Selbsttreue einer Person, so wie sie von anderen Menschen[11] begangen werden, dann treten vornehmlich solche Übergriffe auf den ethisch-existenziellen Lebensvollzug vor Augen, mit denen die betreffenden Personen davon abgehalten werden sollen, in Übereinstimmung mit ihren integralen Selbstverpflichtungen zu leben. Als ein eher minder schwerer, wenn auch typischer Fall darf der Tatbestand der »Bestechung« gelten, wie er in § 334 StGB geregelt ist. Durch die Offerte von Geld oder sonstigen Vergünstigungen soll eine Person insoweit von ihrem ethisch-existenziellen Kurs abgebracht werden, dass sie ihr Verhalten zugunsten desjenigen ändert, der den Bestechungsversuch unternimmt; man nehme das Beispiel eines privat verschuldeten Beamten, der einer Baufirma gegen Schmiergeldzahlung lukrative städtische Aufträge zuschanzt. Fälle von Bestechung sind mit Blick auf die Integritätsproblematik vor allem deshalb als eher harmlose Angriffe einzustufen, weil sie den betroffenen Personen in der Regel die Freiheit lassen, das »unmoralische Angebot« abzulehnen, ohne dadurch einen ethisch-existenziellen Verlust zu erleiden – von der ihnen dadurch entgehenden Vergünstigung einmal abgesehen.

Massivere Akte einer illegitimen Willensmanipulation kommen hingegen dann in den Blick, wenn man sich einen berühmten Mafia-Filmklassiker ins Gedächtnis ruft und bedenkt, dass es Angebote gibt, die man »nicht ablehnen kann«[12]. Geht mit dem Versuch einer Einflussnahme, wie es in § 240 StGB heißt, die »Drohung mit einem empfindlichen Übel« einher, so hat man es mit einem Fall der »Nötigung« zu tun. Dabei soll die betroffene Person nicht etwa durch das Angebot von Geld oder sonstigen Verlockungen, sondern schlicht durch die Androhung von Gewalt oder einem ähnlichen Übel zu einer »Handlung, Duldung oder Unterlassung« gedrängt werden. Wenn also dem eben bereits erwähnten Beamten glaubhaft vorausgesagt wird, sein eben erst erbautes Haus oder gar Mitglieder seiner Familie würden ernsthaft Schaden nehmen, wenn er sich nicht gefügig zeige, so mag sich der Familienvater dazu gezwungen sehen, von seinen – ansonsten festen – Prinzipien abzurücken, um drohendes Unheil von sich und seiner Familie abzuwenden.

Ähnlich geartet ist auch der dritte Typus von Angriffen auf die Selbsttreue einer Person, und zwar die in § 253 StGB geregelte »Erpressung«. Auch hier wird einer Person mit Gewalt oder einem ähnlichen empfindlichen Übel ge-

11 Dass die Selbsttreue einer Person auch von dieser *selbst* verletzt werden kann, muss ich an dieser Stelle außen vor lassen; dazu Pollmann (2005: Kap. 3).

12 Don Vito Corleone, die Titelfigur aus *Der Pate* (1971, Regie: Francis Ford Coppula), verspricht: »Ich mache ihm ein Angebot, das er nicht ablehnen kann!«

droht, um sie zu einer Handlung, Duldung oder Unterlassung zu drängen. Von Fällen der Nötigung unterscheiden sich Erpressungen jedoch dadurch, dass der Täter mit dem Vorsatz handelt, sich an dem Besitztum seines Opfers zu bereichern. Hat etwa eine Büronachbarin des verschuldeten Beamten zufällig mitbekommen, dass dieser sich von der Bauindustrie »schmieren« lässt, dann mag auch sie eine Chance zur Aufbesserung ihrer finanziellen Lage wittern. Vielleicht wird sie dem Kollegen drohen, ihn bei der Polizei anzuzeigen, falls er ihr nicht pünktlich jeden Monat eine fest verabredete Summe zahlt. Während es Fälle von Erpressung, aber auch von Nötigung bei der *Androhung* von Gewalt zunächst bewenden lassen, nimmt der mit ihnen verknüpfte Versuch einer gezielten Willensmanipulation seine direkteste Form an, wenn es tatsächlich zur Anwendung *unmittelbarer Gewalt* kommt, d.h. wenn das zuvor angedrohte »empfindliche Übel« eintritt. In Fällen dieser Art ziehen Akte der Erpressung, Nötigung, aber auch der Bestechung weitere Einzelstraftaten nach sich, die sich unter den Topos gewaltsamen »Zwangs« bringen lassen: zum Beispiel Sachbeschädigung (§ 303), Diebstahl (§ 242), Freiheitsberaubung (§ 239), Körperverletzung (§ 223), unter Umständen sogar Mord (§ 211) und Totschlag (§ 212). Gewaltsamer Zwang lässt den Betroffenen kaum eine Wahl[13], und insbesondere dann, wenn es zu Schäden an Leib und Leben kommt, wird die Verletzung oder gar Vernichtung integren Lebens – und mithin der sogleich noch näher zu beleuchtende Wechselbezug zu Angriffen auf die Unversehrtheit einer Person – in einem ganz basalen Sinn offenkundig.[14]

Typisch für alle vier der zuletzt genannten Integritätsverletzungen ist das Folgende: Die mal subtile, mal offene Gewalt, die mit ihnen einhergeht, wirkt sich doppelt schädlich auf die Integrität der betroffenen Personen aus. Als Bedingung der Selbsttreue ist oben (Abschnitt 1b) das Vermögen ausgezeichnet worden, einen selbstbestimmten Willen auszubilden *und* in Übereinstimmung mit diesem Willen zu leben. Der Druck, den Bestechungen, Nötigungen, Erpressungen oder gar direkte Gewalt ausüben, verhindert nicht nur die freie Übereinstimmung von ethisch-existenziellem Selbstbild und praktischem Lebensvollzug, sondern setzt tiefer bzw. früher an: »Angriffe gegen die freie Willensbildung«, wie es in einschlägigen Kommentaren zum StGB oft heißt, sabotieren bereits jene Selbstverständigungsprozesse, in denen sich

13 Auf den beängstigenden Umstand, dass der Täter *umso mehr* Gewalt wird ausüben müssen, *je stärker* die Selbsttreue einer integren Person ist, kann ich hier nicht näher eingehen.

14 Vgl. Fußnote 9.

ein eigenes ethisch-existenzielles Selbstbild zuallererst herausbilden muss. Wird eine Person bestochen, genötigt, erpresst oder mit Gewalt zu etwas gezwungen, so kann von einem »freien Willen« kaum mehr die Rede sein.

Dabei muss es sich nicht einmal um einen vorsätzlichen, d.h. um einen gezielt unternommenen Repressionsversuch von Seiten einzelner Mitmenschen handeln. Wenn man die strafrechtliche und moralische Problematik solcher Integritätsverletzungen sozialphilosophisch wendet, geraten neben Formen einer direkt interpersonalen Gewaltausübung auch »strukturelle« Zwänge des gesellschaftlichen Lebens in den Blick, deren Mechanismen eher indirekt und hinter dem Rücken der beteiligten Akteure wirken, als dass dabei stets ein klarer Aggressor auszumachen wäre.[15] Ein solcher strukturbedingter *Paternalismus* kann vom »sanften« Zwang demokratischer Wohlfahrtsstaaten über die »normative Kraft« spätkapitalistischer Fakten bis hin zur offenen Gewalt autoritärer Regime reichen. Die Erfahrung, sich von den herrschenden Lebensbedingungen bestochen, genötigt, erpresst oder auch gezwungen zu fühlen, dürfte im Alltagsleben durchaus vieler Menschen ein vertrautes Phänomen darstellen. Eine Person kann sich in ein Zwangskorsett sozialer, ökonomischer, kultureller, religiöser, geschlechtsspezifischer, politischer oder beruflicher Verhaltenserwartungen eingepfercht und von ihren Lebensumständen derart korrumpiert fühlen, dass sie gar nicht mehr die Möglichkeit sieht, einen selbstbestimmten, freien Willen auszubilden und sich entsprechend treu zu bleiben – ein Phänomen, das von der Soziaphilosophie häufig als »Entfremdung« thematisiert wird (Jaeggi 2005).

Doch fassen wir zusammen: Gewalttätige Angriffe auf die Unversehrtheit einer Person – Körperverletzung, Missbrauch, Vergewaltigung und Folter – greifen derart tief und offenbar nicht nur auf körperlicher Ebene in den ethisch-existenziellen Lebenszusammenhang der Opfer ein, dass die für personale Integrität so wichtige Gewissheit, im Ganzen intakt zu sein, bereits auf elementarster Ebene in Frage steht. Angriffe auf die Selbsttreue hingegen – Bestechung, Nötigung, Erpressung und Zwang – forcieren Kursabweichungen des Handelns, bis sich die Betroffenen am Ende selbst »fremd« vorkommen und sich nicht länger mit einem »eigenen« ethisch-existenziellen Lebensvollzug identifizieren können. Für alle acht dieser typischen Integritätsverletzungen muss aber festgehalten werden: Sie sollten nicht als gänzlich voneinander zu trennende Phänomene aufgefasst werden. Zu bedenken ist, erstens, dass entsprechende Übergriffe zumeist nicht nur auf jeweils einen

15 Die Unterscheidung »personale« und »strukturelle Gewalt« hat Galtung (1975) populär gemacht.

der beiden Integritätsaspekte beschränkt sind. Beispiele von Folter zum Beispiel zeigen, dass ein Verlust an psychophysischer Ganzheit unmittelbar mit einer Einbuße an Selbsttreue einhergehen kann, wenn das Folteropfer angesichts der körperlichen Qual mit dem Verlust seiner Ganzheit zugleich auch einen vehementen Kontrollverlust erleidet und seine Selbsttreue einbüßt, und zwar dadurch, dass sich die betroffene Person zu einem folgenreichen Verrat an sich selbst oder auch an einem Mitmenschen gezwungen sieht. Opfer einer durch Bestechung, Nötigung, Erpressung oder Zwang korrumpierten Willensbildung hingegen können den Verlust ihrer Selbsttreue zugleich auch als Anzeichen eigener Entfremdung und damit als Verlust psychophysischen Ganzheit erleben. Darüber hinaus ist, zweitens, festzustellen, dass die empirischen Übergänge zwischen den einzelnen Phänomenen mitunter fließend sind und Personen gleichzeitig mehrere typische Verletzungen – gewissermaßen »in Tateinheit« – erleiden können: Folter geht dann zum Beispiel mit Vergewaltigung einher, Erpressung mit Körperverletzung, Bestechung mit Zwang, Missbrauch mit Nötigung etc. Kurz: Die acht oben aufgeführten Integritätsverletzungen sind als analytische *Typen* zu verstehen, die sich jeweils *primär* auf eine der beiden Integritätsdimensionen auswirken, die in der unmoralischen oder verbrecherischen »Praxis« aber keineswegs unabhängig voneinander auftreten müssen.

4. Gibt es ein universelles Recht auf Schutz der Integrität?

Es erscheint unmittelbar selbstverständlich, dass Integritätsverletzungen der skizzierten Art nicht sein sollen. Warum aber? Wie lässt sich ein etwaiges Verbot derart massiver Übergriffe begründen? Will man von »illegitimen« Integritätsverletzungen sprechen, so wäre zunächst zu klären, auf welchem Wege sich aus dem hier skizzierten Integritätsbegriff ein spezifisch *moralisch-rechtlicher* Kritikmaßstab gewinnen lässt. Denn nur weil Personen nach Integrität streben, muss das ja nicht schon bedeuten, dass sie auch ein entsprechendes Recht auf Integrität beanspruchen dürfen. Der Mensch strebt bekanntlich nach vielem, zum Beispiel nach Liebe, Anerkennung, Macht oder Geld, auch ohne dass es prinzipiell illegitim wäre, wenn andere es ihm versagten. Gibt es also ein striktes, kategorisches Recht auf Schutz der Integrität?

Zunächst: Personen, so wurde behauptet, besitzen Integrität in einem umfassenden Sinn dann und nur dann, wenn es ihnen möglich ist, von inneren und äußeren Zwängen relativ unversehrt, ein Leben in Einklang mit dem eigenen standhaltenden Wollen zu führen. Anders ausgedrückt: Aus Sicht der Betroffenen geht personale Integrität mit einer psychophysischen Stimmung der Unversehrtheit einher, die mit der Gewissheit verknüpft ist, ein Leben in selbstverantworteter Selbsttreue zu führen. Entsprechend waren Personen als Menschen definiert worden, die Integrität zwar nicht immer schon »besitzen«, die aber gleichwohl – in einem doppelten Sinn – nach Integrität »streben«. Daher konnte festgestellt werden: Angriffe auf die Integrität einer Person verletzen sowohl innere als auch äußeren »Grenzen« des Personseins. Daraus nun lässt sich das folgende moraltheoretische Argument ableiten: Aus Sicht einer an Integrität, d.h. an psychophysischer Unversehrtheit und existenzieller Selbsttreue, interessierten Person zielt die gemeinhin mit der Moral assoziierte Idee einer »unparteilichen« Berücksichtigung aller auf eine anthropologisch tief ansetzende Gleichstellung versehrbarer Menschen durch ein »gleiches Recht auf Schutz der Integrität unvertretbarer Einzelner« (Wingert 1993: 253). Das Bedürfnis des Menschen nach einem Leben in Integrität gibt gewissermaßen den *materialen Bezugspunkt* moralischen Handelns ab. Und insofern wir jedem Menschen, zumindest allen Personen, ein solches Bedürfnis nach Integrität unterstellen können, ist zugleich auch ein *allgemeines Interesse* an deren sozialen Ermöglichungsbedingungen zu konstatieren: Der Mensch muss geeignete Lebensbedingungen vorfinden, um ein Leben in Integrität führen zu können. Weil sich dieses gemeinsame Interesse jedoch allein in *Wechselseitigkeit* als ein »universelles« Interesse wird realisieren lassen, da jeder Mensch die für seine persönliche Integrität erforderlichen »Sozialleistungen« – zum Beispiel den Verzicht auf verletzende Übergriffe – nur unter der Bedingung entsprechender Gegenleistungen wird erwarten können, lässt sich ein universelles und wechselseitiges *Recht auf Schutz* eben dieser sozialen Ermöglichungsbedingungen integren Lebens konstatieren (vgl. Höffe 2002: Kap. 3.3.1).

Gleichwohl sind in diesem moraltheoretischen Zusammenhang sogleich vier wichtige methodische Einschränkungen vorzunehmen: Zunächst muss begrifflich sorgfältig zwischen einem »Recht auf Schutz« der Integrität und einem Recht »auf« Integrität unterschieden werden: Das erstere Recht darf behauptet werden, und zwar als ein Recht auf Schutz von Freiräumen integren Lebens, das letztere hingegen nicht. Da nämlich die Integrität einer Person nicht nur durch andere Personen, sondern auch durch die betreffende Person selbst geschädigt werden kann – durch gesundheitsgefährdendes Verhalten etwa oder durch ein Handeln, das die eigene Selbstverpflichtungen korrumpiert –, ist es den Menschen schlicht unmöglich, sich ihre Integrität *als solche* wechselseitig zu garantieren. Sie können sich allenfalls deren bestmögliche soziale und rechtliche Absicherung versprechen. Wer also ein diesbezügliches moralisches Recht behauptet, will eben diesen Schutz von Freiräumen, in denen der Mensch ein integres Leben – frei von verletzenden Übergriffen – zu führen vermag, und nicht schon die Integrität selbst erzwingen.

Daran hat, zweitens, die Einsicht anzuschließen, dass dieses moralische Recht selbstredend nicht nur denen zukommen darf, die Integrität bereits *besitzen*. Vielmehr muss zwischen dem »Schutz« und dem »Besitz« von Integrität unterschieden werden. Zwar haben nicht alle Menschen und nicht einmal alle Personen Integrität im vollen Sinn, doch wir können ihnen allen – advokatorisch – unterstellen, dass ihnen an einem Leben in Integrität gelegen ist. Eben deshalb besitzen sie alle das gleiche universelle Schutzrecht. Ja, es wäre gänzlich widersinnig, ein solches Recht nur denen zuzuerkennen, die bereits ein Leben in Integrität führen. Diese Menschen brauchen ein derartiges Recht vielleicht am wenigsten. Aus moralischer Sicht haben *alle* Menschen ein Recht auf Schutz, gerade *weil* sie, zum Beispiel aufgrund von Verletzungen, nur in jeweils unterschiedlichem Ausmaß Integrität verkörpern. Vielmehr muss dieser moralische Schutz jenen ganz besonders zukommen, deren Integrität akut gefährdet oder gar abhanden gekommen ist.

Im Zuge der Erläuterung entsprechender Versehrtheitserfahrungen sollte man allerdings, drittens, auch eine weitere wichtige Einsicht stets im Hinterkopf behalten: Gänzlich *ohne* soziale Konflikte und damit auch ohne Verletzungen wird personale Integrität vermutlich gar nicht »zu haben« sein. Denn solche Erfahrungen sind auf Dauer nicht nur unausweichlich, sie müssen geradezu als Bedingung der Möglichkeit gelingender Persönlichkeitsentwicklung verstanden werden. Das Bedürfnis nach Integrität, d.h. der Wunsch nach einem insgesamt intakten Lebensvollzug, kann dem Menschen überhaupt erst in solchen Momenten zu Bewusstsein kommen, in denen ihm konkrete Versehrtheiten drohen. Anders gesagt: Gäbe es keine solchen Verletzungen, gäbe es auch kein entsprechendes *Bedürfnis* nach Integrität. Die Betroffenen würden immer schon in Integrität leben – ohne es zu wissen. Demnach muss sich die Integrität einer Person nicht als ein völliges Unberührtsein von jeglicher Art verletzender Übergriffe erweisen, sondern als die Art und Weise, wie die betroffene Person ihre lebensgeschichtlich unvermeidlichen Versehrtheiten durchsteht, überlebt und ausheilt. Stellt Integrität sich lebensgeschichtlich ein, so handelt es sich also in aller Regel um deren

*Wieder*herstellung. Daher ist mit Blick auf das mit personaler Integrität assoziierte Intaktheitsbedürfnis eine Art Dialektik von Besitz, Verlust und Wiedergewinnung der Integrität zu konstatieren.[16]

Das führt schließlich zur vierten und letzten Einschränkung – und damit auch zu dem ganz zu Anfang diskutierten Phänomen freiwilliger Selbstverstümmelung zurück. Es ist zu vermuten, dass manche Menschen offenbar nicht an einem »Zuviel« an Verletzung leiden, sondern auf – grausame Weise – an einem »Zuwenig«: Personen, die sich gezielt selbst schädigen, geht es vermutlich darum, die psychophysischen Grenzen der eigenen Integrität *spürbar* werden zu lassen (vgl. Pollmann 2006b). Anders gesagt: Derart brutale Grenzziehungen und Grenzüberschreitungen werden vorgenommen, um sich der eigenen Integritätsgrenzen, die stets aufs Neue zu verblassen drohen, zu *versichern*. Vermutlich also lässt autodestruktives, selbstschädigendes Verhalten in nicht seltenen Fällen auf eine existenzielle Schwierigkeit der Betroffenen schließen, der eigenen Existenz Form und Grenzen zu geben. Nach Ansicht einschlägiger Psychologinnen und Psychologen können auch psychopathologische »Modekrankheiten« wie Bulimie und Anorexie ebenso wie das autodestruktive »Ritzen«, bei dem sich Kinder und Jugendliche Schnittwunden am eigenen Leib zufügen, entsprechend als »Identitätsarbeit am eigenen Fremdkörper« interpretiert werden (Mertz 2000: 229ff., Gerisch 2006). Schmerzhafter Körperschmuck, exzessive Schönheitschirurgie, sadomasochistische Sexualpraktiken und Extremsport sind weitere drastische Beispiele für einen gegenwärtigen Zuwachs an Körpertechniken, mit denen eine modische Grauzone zwischen Selbstkonstitution und Selbstverstümmelung betreten ist.[17]

Auch wenn an dieser Stelle keine zeitdiagnostische Erklärung für eine deutliche Zunahme solcher Praktiken gegeben werden kann (vgl. Pollmann 2006b), wird man daraus folgende moraltheoretische Konsequenz ziehen müssen: Typische Integritätsverletzungen kommen nicht immer nur von außen und wirken sich destruktiv aus, sie können durchaus auch »autonom« und in produktiver Absicht vorgenommen werden – dann nämlich, wenn der Verlust der »alten« Integrität zu einer »neuen«, einer »gewünschten« Integrität beitragen soll. Dabei jedoch kommt es unausweichlich zu einem moralischen Konflikt nicht *mit*, sondern *innerhalb* der doppelten Integritäts-

---

16 Dass menschliches In-der-Welt-Sein von vornherein mit einer äußerst gravierenden Verletzung der Integrität einsetzt, habe ich an anderer Stelle (Pollmann 2005: *Rekurs*) zu zeigen versucht.

17 Zum Phänomenbereich insgesamt siehe die Beiträge in: Ach/Pollmann (2006).

idee: Die eigenen Unversehrtheit wird geopfert, um ein ersehntes, ganz neues Gefühl von Selbsttreue zu erlangen. Aus moraltheoretischer Sicht, so scheint es, ist man damit vor eine schwerwiegende Entscheidung gestellt: Entweder man akzentuiert den Aspekt der Unversehrtheit und behauptet ein entsprechendes, universelles Schutzrecht, in dessen Verlust nicht einmal die Betroffenen selbst einwilligen können; das also notfalls auch gegen deren Willen durchgesetzt werden muss. Dann wird man – paternalistisch – für ein Verbot entsprechender Integritätsverletzungen plädieren und diese Menschen von selbstschädigendem Verhalten tatkräftig abhalten müssen. Oder aber man setzt auf den Aspekt der Selbsttreue und respektiert das standhaltende Wollen integrer Personen selbst dann, wenn es autodestruktives Verhalten einschließt. Man wird dann zwar an einem moralischen Verbot *ungewollter* Übergriffe seitens fremder Personen festhalten können, *freiwillige* Selbstverstümmelung jedoch hätte als Ausdruck von Selbsttreue legitim und möglich zu sein. Ist dies am Ende aber wirklich die einzige moraltheoretische Alternative? Diese Frage wird sich vermutlich an der weiteren entscheiden, ob und inwiefern Praktiken einer freiwilligen Selbstverstümmelung tatsächlich »freiwillig« genannt zu werden verdienen.

Literatur

Ach, Johann S./Pollmann, Arnd (Hg.) (2006), *no body is perfect. Baumaßnahmen am menschlichen Körper*, Bielefeld.

Bange, Dirk/Körner, Wilhelm (Hg.) (2002), *Handwörterbuch sexueller Mißbrauch*, Göttingen u.a.

Bayne, Tim/Levy, Neil (2005), »Amputees By Choice. Body Integrity Identity Disorder and the Ethics of Amputation«, in: *Journal of Applied Philosophy*, Jg. 22, H. 1, S. 75–86.

Burgess-Jackson, Keith (Hg.) (1999), *A Most Detestable Crime. New Philosophical Essays on Rape*, New York/Oxford.

First, Michael B. (2005), »Desire for Amputation of a Limb. Paraphilia, Psychosis, or a New Type of Identity Disorder«, in: *Psychological Medicine*, Jg. 35, H. 6, S. 919–928.

Flanagan, Owen (1991), *Varieties of Moral Personality*, Cambridge/London.

Frankfurt, Harry G. (1988), *The Importance of What We Care About*, Cambridge.

Galtung, Johan (1975), *Strukturelle Gewalt*, Reinbek bei Hamburg.

Gerisch, Benigna (2006), »Keramos Anthropos. Psychoanalytische Betrachtungen des Körperselbstbildes und dessen Störungen«, in: Ach/Pollmann (2006), S. 131–161.

Höffe, Otfried (2002), *Demokratie im Zeitalter der Globalisierung*, München.

Jaeggi, Rahel (2005), *Entfremdung. Zur Aktualität eines sozialphilosophischen Problems*, Frankfurt am Main/New York.

Kateb, George (1998), »Socratic Integrity«, in: Shapiro, Ian/Adams, Robert (Hg.), *Integrity and Conscience*, New York/London, S. 77–112.

Korsgaard, Christine M. (1996), *The Sources of Normativity*, Cambridge.

Laing, Ronald D. (1972), *Das geteilte Selbst*, Köln.

List, Elisabeth (1999), »Schmerz – Manifestationen des Lebendigen und ihre kulturellen Transformationen«, in: *Deutsche Zeitschrift für Philosophie*, Jg. 47, H. 5, S. 763–779.

McFall, Lynne (1987), »Integrity«, in: *Ethics*, Jg. 98, Heft 1, S. 5–20.

Mertz, J. Erik (2000), *Borderline. Weder tot noch lebendig*, Stuttgart.

Pollmann, Arnd (2005), *Integrität. Aufnahme einer sozialphilosophischen Personalie*, Bielefeld.

Pollmann, Arnd (2006a), »Die Integrität der Person. Plädoyer für ein erweitertes Personenkonzept aus Anlass der Debatten um Embryonenschutz und Hirnforschung«, in: Hübner, Diemar (Hg.), *Dimensionen der Person. Genom und Gehirn*, Paderborn, S. 103–127.

Pollmann, Arnd (2006b), »Hart an der Grenze. Skizze einer Anamnese spätmodernen Körperkults«, in: Ach/Pollmann (2006), S. 307–324.

Reher, Bettina S. (1995), *Schamgefühle von sexuell mißbrauchten Mädchen und Frauen*, Frankfurt am Main u.a.

Rorty, Richard (1989), *Kontingenz, Ironie und Solidarität*, Frankfurt am Main.

Scarry, Elaine (1992), *Der Körper im Schmerz*, Frankfurt am Main.

Schramme, Thomas (2006), »Freiwillige Verstümmelung. Warum eigentlich nicht?«, in: Ach/Pollmann (2006), S. 163–184.

Sturma, Dieter (Hg.) (2001), *Person*, Paderborn.

Sullivan, Nikki (2005), »Integrity, Mayhem, and the Question of Self-demand Amputation«, in: *Journal of Media & Cultural Studies*, Jg. 19, H. 3, S. 325–333.

Williams, Bernard (1984), *Moralischer Zufall*, Königsstein/Ts.

Wingert, Lutz (1993), *Gemeinsinn und Moral*, Frankfurt am Main.

Der Schutz körperlicher Unversehrtheit im Menschenbild der Menschenrechte

Winfried Brugger

I. Skizze des Schutzes von Leib und Leben in Geschichte und Gegenwart

Die Bedeutung von Leib und Leben als Schutzgüter lässt sich positivrechtlich leicht belegen. Die meisten modernen Grundrechts- und Menschenrechtskataloge enthalten Rechte auf das Leben und die körperliche Unversehrtheit, die die Bürger gegen überzogene staatliche Maßnahmen in Anspruch nehmen können.[1] Ferner ergibt sich aus dem Staatsziel Sicherheit und den einschlägigen Grundrechten, dass die Staaten das Leben und die körperliche Unversehrtheit gegen Angriffe auch von Seiten Dritter, also gegen Privat- oder Gruppengewalt, zu sichern haben.[2] Man kann die moderne Rechtsentwicklung dadurch kennzeichnen, dass in ihr trotz immer wiederkehrender Verletzungen eine zunehmende Tendenz zur Achtung und Anerkennung der körperlichen Integrität der Menschen wirksam wird.[3]

---

1 Siehe Lorenz (2001: § 128 Rn. 2); Schulze-Fielitz (2004: Art. 2 II Rn. 1ff.) mit zahlreichen supranationalen und rechtsvergleichenden Hinweisen, und repräsentativ etwa Art. 3, 4, 5 der UN-Menschenrechtserklärung von 1948, Art. 6, 7, 8 des Internationalen Paktes über bürgerliche und politische Rechte von 1966, Art. 2, 3, 4 der Europäischen Menschenrechtskonvention von 1950, Art. 30 EGV.

2 Grundrechtlich gilt dies jedenfalls für Staaten, deren Verfassungsrechtsdogmatik eine objektivrechtliche Förderungsdimension kennt, wie das z. B. in Deutschland der Fall ist. Siehe repräsentativ Amtliche Entscheidungssammlung des Bundesverfassungsgerichts Band (im folgenden abgekürzt BVerfGE) 46, 160, 164: »Art. 2 Abs. 2 i.V.m. Art. 1 Abs. 1 Satz 2 GG verpflichtet den Staat, jedes menschliche Leben zu schützen. Diese Schutzpflicht ist umfassend. Sie gebietet dem Staat, sich schützend und fördernd vor dieses Leben zu stellen; das heißt vor allem, es auch vor rechtswidrigen Eingriffen anderer zu bewahren (BVerfGE 39, 1, 42). An diesem Gebot haben sich alle staatlichen Organe, je nach ihren besonderen Aufgaben, auszurichten. Da das menschliche Leben einen Höchstwert darstellt, muss diese Schutzverpflichtung besonders ernst genommen werden.« Die Förderungsverpflichtung gilt auch für den Bereich der Europäischen Menschenrechtskonvention; siehe Schulze-Fielitz (2001: §128 Rn. 10).

3 So Schulze-Fielitz (2001: § 128 Rn. 2).

Lässt man den rechtsgeschichtlichen Blick weiter zurück schweifen, so ergibt sich ein ähnliches Bild: Der römische Jurist Ulpian sieht das Recht geprägt durch die Maximen »*honeste vivere, neminem laedere, suum cuique tribuere*«.[4] In »*neminem laedere*« zeigt sich die generelle Erfahrung der Menschen von der Bedrohtheit in ihrer körperlichen Unversehrtheit, die die meisten Rechtsperioden geprägt hat, sei die Gefahr für Leib und Leben von privater Gewalt und Anarchie oder herrschaftlichen Bedrohungen und Kriegen ausgegangen. Nicht von ungefähr erstreckt etwa Jean Bodin in den *Sechs Büchern über den Staat* von 1576 die herrschaftliche Schutzpflicht

»ganz allgemein genommen auf alle Untertanen, die einem Fürsten oder einer souveränen Herrschaft unterstehen [...] der Fürst [hat] die Pflicht, mit Mitteln der Waffengewalt und der Gesetzgebung die Sicherheit von Leib und Leben, Eigentum und Familie seiner Untertanen zu gewährleisten und umgekehrt [schuldet] der Untertan seinem Fürsten Treue, Ergebenheit, Gehorsam, Unterstützung und Hilfe [...]« (Bodin 1576: 1. Buch, 7. Kapitel, 187).[5]

An der Wichtigkeit und Verletzbarkeit der genannten Schutzgüter, Leib und Leben unter ihnen, hat sich in der Folgezeit nichts geändert; die Liste wichtiger Schutzgüter ist höchstens länger geworden.[6] Geändert hat sich allerdings der grundlegende Status zwischen Herrscher und Volk. Die Untertanen werden zu Bürgern und Wählern, feudal und ständisch geordnete Ungleichheitsordnungen werden zu Ordnungen rechtlicher Gleichheit ohne vorgegebene Asymmetrien von Berechtigung und Verpflichtung. Aus den unterschiedlichen Freiheiten der Feudalgesellschaft wird die eine allgemeine Freiheit aller Menschen und Bürger in einem Staat. Am prägnantesten wird dies durch die einzelnen Stadien der Gesellschaftsvertragstheorie von Hobbes bis Kant belegt. Diese brachte weniger eine Änderung in den Schutzgütern der Menschen im Sozialverband mit sich als eine Umkehrung der Ordnungsvorstellung: statt einer von Gott, der Natur oder der Tradition vorgegebenen, im wesentlichen unabänderlichen Ordnung eine allen Menschen in Freiheit und Gleichheit aufgegebene Ordnung legitimer politischer Verfasstheit. Mensch steht nun vor Staat, Autonomie vor Heteronomie, sub-

4 »Juris praecepta sunt haec: honeste vivere, alterum non laedere, suum cuique tribuere.« (Dig. 1, 1, 10 § 1, hier zitiert nach Lateinische Rechtsregeln und Rechtssprichwörter 1991: J Nr. 177.)

5 Siehe auch S. 188, wo zusätzlich die Ehre als Schutzgut genannt wird: »Kein Versprechen ist aber ernster zu nehmen als das, Eigentum, Leben und Ehre des Schwachen gegen den Stärkeren, des Armen gegen den Reichen, des notgepeinigten Rechtschaffenen gegen die Willkür des Schurken zu verteidigen.«

6 Zu alledem siehe Brugger (2004: insbes. Abschnitt II und III).

jektive Rechte der Menschen und Bürger vor nur objektiven Verpflichtungen der Staatsgewalt. Die Aufgabe bleibt aber die gleiche: Die politische Organisation hat, nunmehr von unten nach oben statt von oben nach unten, eine Rechtsordnung hervorzubringen, in der Leben, Freiheit und Eigentum bzw. auch Brüderlichkeit und soziale Chancengleichheit zur Geltung kommen. Daneben stehen Schützgüter wie Ehre und Familie, in denen sozusagen ein Schritt von der physischen Integrität der Einzelperson (»Leib und Leben«) zur psychischen Integrität oder Anerkennung (Ehre, Gleichheit) und zur Integration in Gemeinschaften anklingt (ein kommunitaristisches Motiv). Auch das Recht, einem Beruf nachgehen zu können, wird oft genannt.

II. Einige Begründungsansätze

Blicken wir einen Moment auf philosophische Reflexionen jenseits der Gesellschaftsvertragstheorie, die für die Bestimmung der Gewichtigkeit von körperlicher Unversehrtheit erhellend sind.

Das negative Naturrecht, das von Ernst-Joachim Lampe in seinem Buch *Grenzen des Rechtspositivismus* entwickelt wurde, geht von der anthropologischen Bedürfnis- und Interessenstruktur des Menschen aus, die eine jede Rechtsordnung jedenfalls im Großen und Ganzen respektieren muss, wenn sie sich auf Dauer halten und als legitim darstellen will (vgl. Lampe 1988: 42ff). Zu den Grundbedürfnissen aller Menschen zählen, so Lampe nach Durchsicht der einschlägigen anthropologischen Literatur,[7] unter anderem das Selbsterhaltungsbedürfnis und das Sicherheitsbedürfnis. Beide sind Voraussetzung dafür, dass weitere Grundbedürfnisse wie etwa nach Liebe, Familie, Freiheit und Schaffen, Gesellung, Geltung und Macht verwirklicht werden können.

Eine verwandte Sicht, die von Herbert Hart in seinem Buch *Der Begriff des Rechts* entwickelt worden ist, geht zunächst vom Überlebensschutz als empirisch unbestreitbarem Naturrechtskern aus (Hart 1973: 263). Hart kennzeichnet darüber hinaus aber auch »gewisse Verhaltensregeln […], die jede soziale Organisation enthalten muss, wenn sie sich am Leben erhalten will.« (Hart 1973: 265f.) Die einschlägigen Verhaltensregeln entwickelt Hart aus fünf kaum bestreitbaren menschlichen Grunddaten. Deren erste ist die

7 Lampe (1988: 25f.) mit einer Liste von 17 Grundbedürfnissen.

»menschliche Verletzbarkeit« insbesondere in Leib und Leben, woraus die Notwendigkeit sozialer und rechtlicher Regeln gegen solche Verletzungen etwa durch Gewaltverbote rekurriert.[8]

Eine weitere, von John Rawls entwickelte Sicht analysiert natürliche und gesellschaftliche Grundgüter, an deren Existenz oder Zurverfügungstellung alle Individuen ein Interesse haben, wie unterschiedlich ansonsten die Lebenspläne auch sein mögen.[9] Hier wird also zusätzlich zu den bisher genannten Gesichtspunkten der anthropologischen Bedürfnisstruktur sowie den Grunddaten menschlicher Existenz eine auf Gleichheit in Diversität genannte Überlegung vorgebracht. Zu den natürlichen Grundgütern zählt Rawls Gesundheit und Lebenskraft, Intelligenz und Phantasie, aber natürlich muss man dazu auch die körperliche Unversehrtheit an Leib und Leben allgemein zählen, nicht nur Gesundheit. Dass dies so ist, wird auch aus dem gesellschaftlichen Grundgut »Rechte und Freiheiten« deutlich, denn wenn Leib und Leben nicht durch Recht gesichert sind, wird der Mensch von seinen Freiheiten nicht sinnvoll Gebrauch machen können. Man sieht leicht, dass von diesen neueren Ansätzen aus Brücken zu schlagen sind zu der kurz angesprochenen klassischen Natur- und Vernunftrechtlehre, die ja ebenfalls schon in leicht wechselnder Gestalt und Betonung auf Leben, Freiheit und Eigentum als Fundamentalinteressen hingewiesen hatte (vgl. hierzu Bielefeldt 1990).

Von all diesen Bestimmungen fundamentaler Menschheitsinteressen lassen sich Brücken schlagen zur Wichtigkeit des Schutzes von Leib und Leben, neben anderen Schutzgütern. Hier soll jedoch ein etwas anderer Weg vorgeschlagen werden, der die Berechtigung der genannten Theorien zur Bestimmung fundamentaler Interessen nicht leugnet, diese jedoch noch einmal in eine Menschenbildformel einstellen und dadurch »vermenschlichen« will. Das Verfahren zu dieser Bestimmung des Menschenbildes der Menschenrechte ist dabei angelehnt an die Rechtsprechung des Bundesverfassungsgerichts, das in Bezug auf das Grundgesetz öfters vom Menschenbild des Grundgesetzes gesprochen hat, um eine konkrete grundrechtliche Abwägung zwischen Staat und Bürger oder zwischen Bürgern noch einmal überschlägig zu rechtfertigen.

8 Hart (1973: 268). Die weiteren Grunddaten sind: approximative Gleichheit, begrenzter Altruismus, begrenzte Mittel, begrenztes Verstehen und begrenzte Willensstärke.

9 Vgl. Rawls (1979: Nr. 11, 83, Nr. 15, 111ff). Rawls zählt natürlich zu den modernen Gesellschaftsvertragstheoretikern, der hier genannte Argumentationstopos kann freilich auch außerhalb einer solchen Theorie verwendet werden.

Die spezifische Abwägungsaufgabe für das Bundesverfassungsgericht besteht in der Auflösung der Spannung zwischen dem sich auf ein Grundrecht berufenden Bürger und dem in dieses Grundrecht eingreifenden Staat; dieser darf in das Grundrecht eingreifen, wenn er die dem jeweiligen Grundrecht angefügte Grundrechtsschranke beachtet; tut er dies nicht, wird aus dem Grundrechtseingriff eine verfassungswidrige Grundrechtsverletzung, die das Gericht aufhebt. Im Fall des Konfliktes zwischen zwei Bürgern, die sich beide auf eine Grundrechtsverletzung berufen, ist die Grundrechtskollision über eine verhältnismäßige Bestimmung und Begrenzung der einschlägigen Grundrechte aufzulösen. Wenn das Bundesverfassungsgericht sich in solchen Fällen auf das Menschenbild des Grundgesetzes beruft, so will es damit die Gesamtabwägung veranschaulichen, personalisieren und den Betroffenen vor Augen führen: »Für Menschen dieser Art besteht die Möglichkeit, unsere Abwägung nachzuvollziehen und zu akzeptieren.« Dazu nimmt das Gericht die Gesamtheit der grundrechtlichen Schutzbereiche wie auch der jeweiligen im öffentlichen Interesse vorgesehenen Beschränkungsvorbehalte in den Blick und formuliert das dieser Gesamtsicht entsprechende Bild des Menschen.

Repräsentativ ist etwa folgende Formulierung: »Das Menschenbild des Grundgesetzes ist nicht das eines isolierten Individuums; das Grundgesetz hat vielmehr die Spannung Individuum-Gemeinschaft im Sinne der Gemeinschaftsbezogenheit und Gemeinschaftsgebundenheit der Person entschieden, ohne dabei deren Eigenwert anzutasten« (BVerfGE 4, 7, 15 f.).[10]

Diese Methode der Reflexion lässt sich auch für die Analyse des Menschenbildes der Menschenrechte fruchtbar machen. Sie schließt an die Skizze der historisch wichtigsten Schutzgüter im politischen Verband an, die, wie gesehen, über große Zeiträume sich nicht wesentlich geändert haben. Wohl aber hat sich der Modus der Schutzverpflichtung und des Schutzes geändert: von moralischer oder göttlicher Fürstenpflicht über objektive Rechtsverpflichtung bis zu subjektiven Rechten auf Schutz von Leib und Leben über Grundrechts- und Menschenrechtskataloge. Das Menschenbild der Menschenrechte schließt an diese modernen Rechtsinstrumente an und nimmt die Gesamtheit der Menschenrechte ins Blickfeld. Damit wird es auch möglich, den Platz von Leib und Leben bzw. körperlicher Unversehrtheit im Rahmen der grund- und menschenrechtlichen Schutzgüter zu bestimmen, denn der geschichtliche Überblick und die kurze Skizze einiger philosophischer Ansätze haben gezeigt, dass Leib und Leben zwar wichtige, aber bei

10 Ständige Rechtsprechung, vgl. BVerfGE (65, 1, 44), und ausführlich hierzu Häberle (2005).

weitem nicht die einzigen schutzwürdigen Güter und subjektiven Rechte sind.

Diese Methode der Reflexion kann aber auch die Spannungen zwischen konkurrierenden Menschenrechtsansprüchen und die Notwendigkeit, manchmal zugunsten von überwiegenden Gemeinwohlinteressen in Individualrechte eingreifen zu müssen, thematisieren.[11] Ferner steht sie der Arbeitsweise des Juristen nahe, der mit positivierten Menschenrechten zu tun hat und auf eine philosophische Klärung des Grundanliegens der Menschenrechte angewiesen ist. Die Aufgabe der Reflexion ist auch hier, im Blick auf alle Schutzbereiche und alle Schranken der Menschenrechte eine Formel zu entwickeln, die einerseits möglichst alle Rechtspositionen abdeckt, andererseits aber doch auch so kurz und präzise ist, dass sie als philosophische Formel und nicht bloß als aggregierende Formulierung erkennbar und benutzbar ist. Zu kurz darf sie aber auch nicht sein, denn wollte man die vielen Menschenrechte auf eine einzelne Position wie etwa »Freiheit« verkürzen, wäre ein Grad der Abstraktion erreicht, bei dem kaum noch Argumente gegen eine ideologische Instrumentalisierung verfügbar wären: Hier stünden dann etwa liberales Freiheitsverständnis gegen sozialistisches Freiheitsverständnis oder westlicher Individualismus gegen traditionsgebundene afrikanische und asiatische Vorstellungen von Persönlichkeitsentfaltung.

III. Das Menschenbild der Menschenrechte

Mein Vorschlag ist, das Menschenbild der Menschenrechte zu bestimmen als eigenständige, sinnhafte und verantwortliche Lebensführung.[12] Diese Formel hat fünf Elemente, die im Folgenden kurz erläutert werden, auch im Hinblick auf die Bedeutung des Schutzes von Leib und Leben.

1. *Eigenständigkeit:* Damit ist die Möglichkeit des Menschen bezeichnet, sich Ziele zu setzen, einen individuellen Lebensplan zu entwickeln, zu verfolgen und argumentativ zu verteidigen. Dieser Lebensplan wird bis zu einem

11 Die meisten positivierten Menschenrechte enthalten Beschränkungsmöglichkeiten.

12 Vgl. zu früheren Darstellungen dieser Formel Brugger (1989a: 578ff.); Brugger (1992: 22ff.) für die Menschenrechtsproblematik; Brugger (1987a: § 37 III) für das Menschenbild der amerikanischen Verfassung; Brugger (1987b: 637f.) für das Menschenbild des Grundgesetzes; Brugger (1989b: 2433ff.) für das Menschenbild im modernen Verfassungsstaat, und Brugger (1995: 121ff.). Die meisten dieser Aufsätze sind in meinem Sammelband, Brugger (1999), enthalten.

gewissen Grad Ausdruck der empirischen Natur des Menschen sein, also auf Grundbedürfnisse wie Freiheit von Angst um Leib und Leben Rücksicht nehmen müssen.[13] Funktionale Imperative wie etwa der Trieb zum Überleben reichen aber nicht aus, um die Eigenständigkeit des Menschen zu thematisieren. In ihr geht es auch um die spezifische Art und Weise, in der der Mensch Stellung bezieht zu den der menschlichen Natur inhärenten Antrieben und Neigungen,[14] und diese Stellungnahme kann positiv, bestärkend wie negativ, beschränkend sein. Solche Stellungnahmen sind immer auch bedeutungsstiftend. Des Näheren lassen sich im Rahmen von Eigenständigkeit zwei Fallgruppen unterscheiden:

a. In der Zielgerichtetheit des Menschen kommt seine *Wahlfreiheit* zum Ausdruck. Bereiche, auf die sich die Wahlfreiheit erstrecken kann, reichen von Berufswahl und Religionswahl über die Güterwahl bis zur Partnerwahl und zur Wahl politischer Parteien.
b. Solche Wahlen sind dem einzelnen Menschen auch zuzurechnen. Das heißt: Der Mensch darf nicht nur die Vorteile seiner Lebensentscheidungen genießen; er ist auch für das Risiko des Scheiterns zuständig. Die *Selbstverantwortlichkeit* ist die Rückseite der Wahlfreiheit.

2. *Sinnhaftigkeit:* Dieses Element erinnert an die grundlegende anthropologische Tatsache, dass die individuelle wie gruppen-, volks- oder gattungsmäßige Entwicklung des Menschen und seiner Gemeinschaften von der jeweiligen Kultur getragen wird. Kultur ist die zweite Natur des Menschen. Die Menschen müssen sich wegen der Lockerung von biologischer Determination ihre Welt selbst entwerfen und bauen; sie müssen sich für ihr Leben selbst programmieren, und Programm – Anleitung für das Erstrebenswerte wie das zu Vermeidende – ist die jeweilige überkommene Kultur.[15] Sie enthält mehr oder weniger weitreichende und verbindliche Vorgaben sowohl für das »gute Leben« wie auch die Maßstäbe gerechter Verteilung von Vorteilen und Lasten. Sie enthält in ihren mehr oder weniger flüssigen oder verdichteten Symbolen, Narrationen, Normen und Werten das Moment von Affirmation (bis hin zur »philosophischen Begründung«) und Kritik (bis zur »philosophischen

13 Hierzu etwa die Arbeit von Lampe (1988).

14 Hierzu näher Selznick (1992: 91f., 97f., 102, 110, 112, 124, 130, 208). Es geht immer um den Schritt von »bare survival« über »well-being« zu »human flourishing« für einzelne wie ihre Gemeinschaften. Spätestens im 2. und 3. Stadium geht es um unterschiedliche Arten und Weisen von Organisation und Identität, die weit über den Kampf ums Überleben hinausreichen.

15 Vgl. neben Lampe (1988) Tenbruck (1990: Teil I).

Widerlegung«) des bedürfnishaften »Seins«, verbindet also sozusagen Sein und Sollen. Das meint nicht, dass Kultur den individuellen Menschen und seine Entfaltung notwendigerweise determiniert, wohl aber, dass die Kultur immer einen – engeren oder weiteren – Horizont von Entfaltungsperspektiven bereitstellt, auf den sich das Individuum selbst dann noch, ja gerade dann in seinem Verhalten einstellen muss, wenn es von diesen präferierten Möglichkeiten abweichen will.

3. *Verantwortlichkeit:* Selbstverantwortlichkeit ist schon unter Punkt 1 b) thematisiert worden. In einem nicht primär auf das eigene Leben bezogenen, sondern relationalen Sinn umfasst Verantwortlichkeit aber drei weitere Elemente:

a. *Gegenseitigkeit:* Wer immer sich auf Rechte und Freiheiten beruft, muss anderen Personen, die in der gleichen Situation stehen, die gleichen Rechte und Freiheiten zugestehen. Dies mag man als logische Konsequenz der Berufung auf allgemeine Rechte bzw. Menschenrechte ansehen; auf jeden Fall gründet die moralische Dignität von Berufungen auf Menschenrechte in der Akzeptanz gegenseitiger Berechtigung und Verpflichtung. Keiner steht als Mensch a priori über oder unter dem anderen, alle haben grundsätzlich gleichen Anspruch auf Achtung in ihren Lebensplänen.
b. Verantwortlichkeit meint aber auch das *Einstehenmüssen für Rechtsverstöße.* Eine Gesellschaft, die sich rechtlich verfasst, muss darauf achten, dass Rechte nicht nur postuliert, sondern auch geachtet und im Verletzungsfalle wiederhergestellt oder, wo das nicht möglich ist, etwa finanziell ausgeglichen werden.[16] Diesem Ziel dienen in modernen Rechtsordnungen zum Beispiel das Deliktsrecht, das unerlaubte Rechtsverletzungen mit Schadensersatzpflichten koppelt, und das Kondiktionenrecht, das rechtsgrundlose Vermögensverschiebungen mit Herausgabepflichten verbindet; hierher gehört natürlich auch das gesamte Strafrecht. Ganz überschlägig formuliert könnte man sagen, dass hier die Sicherung von äußerem und innerem Frieden und die Ausschaltung bzw. Verfolgung von rechtswidrigem Handeln angesiedelt ist.
c. Verantwortlichkeit umfasst schließlich *soziale Verantwortlichkeiten* für die Fälle, in denen es den Mitgliedern einer Rechtsgemeinschaft zugemutet werden kann, das Risiko des Scheiterns von Lebensplänen einzelner In-

16 Im Hintergrund steht die Integrität der jeweiligen Rechtsgüter. Dazu Brugger (2005: Kap. XX 3).

dividuen nicht diesen selbst, sondern der gesamten Gemeinschaft aufzubürden. Hierher gehören auch Vorkehrungen, den »Wert der Freiheit« für Individuen nicht zu weit auseinander fallen zu lassen (siehe Rawls 1979: Nr. 32, 232f.). Mittel sind vor allem die Verschaffung von Besitz und Bildung, noch allgemeiner formuliert, die Bereitstellung sozialstaatlicher Leistungen mit dem Ziel, Armen und Schwachen und sonstigen Personen, die sich im gesellschaftlichen Behauptungskampf nicht durchsetzen können, reale Chancengleichheit einzuräumen. Auch innerhalb des Staatsverbandes gibt es vielerlei Gemeinschaften, die sich um Wohl und Wehe ihrer Mitglieder kümmern, angefangen von der Familie über die Religionsgemeinschaft bis zum Berufsverband. Und jenseits des Staatsverbandes gibt es die Völker- oder Weltgemeinschaft, deren arme und schwache Mitglieder ebenfalls um Hilfe und Unterstützung nachsuchen.

4. *Leben:* Lebensführung setzt zunächst den Schutz des Lebens voraus. Überleben ist zweifellos ein vitales Interesse eines jeden Menschen, das nur in Ausnahmesituationen wie etwa einer Selbstverbrennung als Akt politischen Widerstandes geopfert wird. In der politischen Philosophie gibt es Theorien, die das Überlebensinteresse als alles übertrumpfendes Ziel staatlicher Legitimität postulieren.[17] Aber auch ohne einen solchen Dominanzanspruch ist festzuhalten, dass der Schutz der körperlichen Unversehrtheit zu den unbestreitbaren Grundvoraussetzungen friedlichen Zusammenlebens gehört. Herbert Hart spricht insoweit vom naturrechtlichen Minimalgehalt, wobei »Natur« hier die Leib- und Körpernatur des Menschen ist. Diese erstreckt sich nicht über das gesamte Menschsein, setzt aber Bedingungen für die Ausschöpfung von weitergehenden menschlichen Lebensplänen. Wer um seine körperliche Unversehrtheit bangen muss, wird kein Zutrauen zu seinen sonstigen Plänen und Aktivitäten entwickeln, wird sozusagen tendenziell auf die Not des Überlebens zurückgeworfen. Um dem entgegenzuwirken, enthalten Grundrechts- und Menschenrechtskataloge entsprechende Rechte auf Unversehrtheit in Leib und Leben sowie auf Freiheit generell. In deren Umkreis gehören auch klassische *Habeas-Corpus-Rechte* und justizstaatliche Rechte, die bei staatlichen Eingriffen in diese Rechte zur Mäßigung und

17 Prominentestes Beispiel ist Hobbes (1651, Teil I, Kap. 13, 96): Unterwerfung unter die Staatsgewalt zur Vermeidung dessen, »was das Schlimmste von allem ist, beständige Furcht und Gefahr eines gewaltsamen Todes [...].«

Kontrolle führen sollen. Hier kommt also der formelle Rechtsstaat nach deutscher Sicht, die *rule of law* in amerikanischer Terminologie ins Spiel.

In der neueren Diskussion zur Legitimierung von Staatlichkeit wird oft auch der weitere Lebensraum des Menschen als schutzbedürftig ausgewiesen; diesem ökologischen Anliegen kann man dadurch Rechnung tragen, dass man unter »Leben« auch die natürlichen Grundlagen der Mitwelt und Umwelt fasst.[18]

5. Lebensführung: Lebensführung stellt das abschließende und zusammenfassende Element des menschenrechtlichen Lebensbildes dar. Sie impliziert über die bloße Möglichkeit des Überlebens und den Schutz des Lebens hinaus zumindest ein Mindestmaß an Freiheit für einen individuellen Lebensstil.[19] Diese Entscheidungen werden immer durch die jeweilige Kultur informiert und oft an ihr orientiert sein; in einigen Fällen wird das Individuum auch von traditionellen Vorgaben abweichen. Das lässt sich nie ausschließen, schließlich ist der Mensch sowohl Geschöpf als auch Schöpfer der Kultur (vgl. Tenbruck 1990: 16). Auf jeden Fall schält sich in diesem gegenseitigen Verweisungsverhältnis das heraus, was Persönlichkeit oder authentische Selbstverwirklichung genannt werden sollte (vgl. Pinkard 1987: Kap. 1, insbes. 12, 27). Weiterhin ist zu berücksichtigen, dass die jeweilige Kultur auch die Maßstäbe gegenseitigen Gebens und Nehmens und individueller Zurechenbarkeit enthält, also die vier Dimensionen der Verantwortlichkeit. Jemand, der sich diesen Kriterien stellt und seine Lebensführung an ihnen ausrichtet, legitimiert damit auch seine Handlungen. In dieser verantwortlichen Selbstbestimmung kommt die Würde des Menschen zum Ausdruck.

IV. Körperliche Unversehrtheit und andere Grund- und Menschenrechte

Die bisherige Darstellung konzentrierte sich auf einige historische, juristische und philosophische Argumente zur Wichtigkeit des Schutzes von körperlicher Unversehrtheit und wies im letzten Abschnitt darauf hin, dass Leib und Leben nicht die einzigen wichtigen Schutzgüter von Grundrechts- und

18 Siehe z. B. Steinberg (1998) und Sommermann (1997; 182ff., 247ff).

19 Das meint das Bundesverfassungsgericht, wenn es oben Fn. 13 vom Schutz des »Eigenwerts« der Person spricht.

Menschenrechtskatalogen sind. Es folgen einige Bemerkungen über Leistung und Grenze dieser Erläuterungen.

1. Man kann die Bedeutung des Schutzes von Leib und Leben im staatlichen Verband und im gesellschaftlichen Zusammenleben auf zwei Kernpunkte konzentrieren: Biologisch ist der Schutz von Überleben die Voraussetzung für alle anderen »menschlichen« Aktivitäten. Psychologisch ist die Freiheit von Furcht um Leib und Leben in den meisten Fällen ebenfalls Voraussetzung für eine volle Entfaltung menschlicher Interessen. Diese, wenn man so will, funktionellen Imperative gelten jedoch im Prinzip für alle Lebewesen, auch Tiere, wenngleich deren psychologische Angstdimension nicht so weit ausgebaut ist wie beim Menschen mit seiner weiterreichenden Zeit- und Prognosereflexion (hierzu näher Brugger 2005: Kap. IV). Man hat, anders gesagt, auf dieser Ebene eine »auch« menschliche, aber nicht »spezifisch« menschliche Dimension im Blick. Letztere rückt erst dann ins Zentrum von Schutzwürdigkeit generell und von Grund- und Menschenrechtsschutz speziell, wenn es um Interessen jenseits des Überlebens geht. Sich frei in Gesellschaft und Staat einzubringen, über Meinungsfreiheit und Religionsfreiheit, über Solidarität und den Aufbau einer sächlichen Dimension von Freiheit in Eigentum, sind Aktivitäten, die Tiere nicht betreiben, nur Menschen. Nur diese haben, wenn man so will, Geistnatur oder Kulturnatur im Sinne des gegenseitigen Aufbaus von Bedeutung und Sinn, des Schaffens von gemeinsamen symbolischen Welten, in denen es zum Beispiel um normative Gleichheit oder Anerkennung geht.

Die »Wichtigkeit« einzelner Grundrechte lässt sich also von unterschiedlichen Gesichtspunkten aus erschließen, zum Beispiel eher von biologisch-funktionalen Gesichtspunkten her, die wir mit allen Lebewesen teilen, oder von eher kulturell-geistigen aus, in denen wir uns von sonstigen Lebewesen unterscheiden.[20] Beide Gesichtspunkte sind einleuchtend und legitim, sie können aber durchaus zu unterschiedlichen Gewichtungen führen. So sind zum Beispiel die Grund- und Menschenrechte auf Schutz von Leib und Le-

20 Ein Beispiel für eine vorrangig »geistig-kulturelle« Menschenbild- und Menschenrechtsbestimmung ist Präsident Franklin Delano Roosevelts Ansprache vom 6. Januar 1941 vor dem amerikanischen Kongress. Dort plädierte er für vier Freiheiten, von denen erst die vierte die Sicherheit in Leib und Leben betrifft: »The first is freedom of speech and expression – everywhere in the world. The second is freedom of every person to worship God in his own way – everywhere in the world. The third is freedom from want, which … means economic understandings which will secure to every nation a healthy peacetime life for its inhabitants – everywhere in the world. The fourth is freedom from fear […] [from] physical aggression […]«.

ben in der Regel mit einem Schrankenvorbehalt zugunsten kollidierender Rechte anderer Personen oder zugunsten von kollektiven Gütern versehen, die Menschenwürdegarantien aber nicht.[21] Letztere, so kann man abgekürzt sagen, repräsentieren vor allem die Freiheits-, Kultur- und Geistverfassung des Menschen in ihren Basiselementen. Wenn die Menschenwürde nicht gegen andere Interessen abgewogen werden kann, Normen zugunsten von Leib und Leben aber schon, sind letztere, trotz ihrer evidenten Bedeutung, im Zweifel nachrangig zur Personalitätsverfassung des Menschen.

2. Man kann freilich den Schutz von Leib und Leben und die Menschenwürde trotz des Vorrangs der letzteren verbinden, indem man eben zwar Menschenwürde »absolut« oder »unbedingt« als Wert, Leistung, Entwurfsvermögen oder Personcharakter bestimmt[22], dann aber auf empirische Voraussetzungen der Entfaltung von Menschenwürde hinweist. Diese empirischen Voraussetzungen fallen dann zwar nicht (oder nur partiell[23]) unter »Menschenwürde«, fördern sie aber und gehören so zur Legitimationsbasis eines politischen Gemeinwesens. In diesem Sinne versteht Adalbert Podlech im Alternativkommentar zum Grundgesetz die Menschenwürde. Podlech schildert die gängigen Konzeptionen von Menschenwürde in Rechtsprechung und Rechtswissenschaft und formuliert so genannte »Komponenten der Würde«: »Unter den politischen und technischen Bedingungen durchindustrialisierter Gesellschaften setzt die Akzeptabilität einer staatlichen Ordnung für die Bürger mindestens fünferlei voraus.« (Podlech 2001: Rn. 17)[24] Die erste Bedingung der Wahrung von Menschenwürde ist für Podlech die »Sicherheit individuellen und sozialen Lebens« für Freiheitsentfaltung, die zweite Bedingung ist die »rechtliche Gleichheit der Menschen«, die dritte

21 Siehe etwa den Unterschied zwischen Art. 2 II GG und Art. 1 I GG sowie generell zu den Einschränkungsvorbehalten bei Leib und Leben Schulze-Fielitz (2004: Rn. 6): Die Rechte auf Leib und Leben »erlauben regelmäßig eine Relativierung durch entgegenstehende Rechtsgüter (z. B. zur Verteidigung eines Menschen gegen Gewaltanwendung, Verhinderung der Flucht von ordnungsgemäß festgehaltenen Personen, Unterdrückung von Aufruhr), wenn solches unbedingt erforderlich ist [...]«.

22 Zu den hier einschlägigen Menschenwürdetheorien siehe Brugger (2007).

23 Hier kommt es im deutschen Verfassungsrecht vielfach zu ambivalenten Begriffsbestimmungen, denn dieses sieht in den meisten Grundrechten, auch denen, die »funktionell« Menschenwürde fördern sollen, von ihr also i.S.d. oben Gesagten abgegrenzt werden können, gleichzeitig einen Menschenrechtskern. Das widerspricht sich eigentlich.

24 Das Folgende in den weiteren Randnoten mit vielen Detailerläuterungen. Siehe auch Lorenz (2001: Rn. 3ff.) zum Menschen als Körper-Geist-Seele-Wesen und zur Achtung der biologischen Voraussetzungen des Lebens für den Würdeschutz; ähnlich Schulze-Fielitz (2004: Rn. 20).

besteht in »Wahrung menschlicher Identität und Integrität«, die vierte bezieht sich auf die »Begrenzung staatlicher Gewaltanwendung« und die fünfte ist die »Achtung der körperlichen Kontingenz des Menschen«. Der Schutz von Leib und Leben ist bei den Bedingungen 1, 3 und 5 integriert, also evident wichtig. Aber Rechts- und soziale Chancengleichheit sowie identitätsbezogene (geistige, kulturelle, biographische) Entfaltungsweisen sind ebenso genannt. Die Liste zeigt deutliche Überschneidungen zu den eingangs skizzierten klassischen Staatsaufgabenlehren sowie zu der hier vorgestellten Menschenbildformel auf. Darin kann man eine argumentative Stärkung der genannten Rechte und Schutzgüter sehen.

3. Die »Wichtigkeit« eines Schutzgutes führt freilich juristisch nicht automatisch zum absoluten Schutz. Ich habe schon darauf hingewiesen, dass Grundrechte auf Leben und körperliche Unversehrtheit üblicherweise mit einem Schrankenvorbehalt versehen sind, anders als die Menschenwürde, der diese Grundrechte »dienen«, für die sie Voraussetzung sind. Das liegt daran, dass manche Eingriffe denkbar sind, die angesichts von Kollisionen von mehreren Grundrechtsträgern oder gewichtigen Gemeinwohlzielen jedenfalls verhältnismäßige Eingriffe von im Regelfall nicht allzu großer Intensität als gerechtfertigt erscheinen lassen. So ist unter Privaten die Notwehr oder Nothilfe zulässig zur Abwehr von rechtswidrigen Angriffen; diese kann bis zur Tötung des Angreifers führen. Das gilt auch beim »finalen Rettungsschuss« der Polizei, die etwa einen Entführer nur dadurch unschädlich machen und das Opfer retten kann, dass sie diesem das Leben nimmt. Strafprozessual sind manche Maßnahmen wie etwa Blutentnahmen oder Liquorentnahmen zulässig.[25] Der deutsche Gesetzgeber dachte, dass bei der Kaperung eines Flugzeugs durch Terroristen, die das Flugzeug als Waffe zur Vernichtung vieler Leben einsetzen wollen, dieses Flugzeug, samt den vielen unschuldigen Passagieren, abgeschossen werden darf.[26] In Deutschland und Europa ausgeschlossen, aber in den USA in vielen Gliedstaaten akzeptiert ist die Todesstrafe als staatliche Sanktion bei schlimmsten Verbrechen.[27] Es ist hier nicht der Ort, auf die Kollisionslagen in Verfassungsrecht, Strafrecht

25 Siehe Kunig (2001: Art. 2 Rn. 72, 85); Schulze-Fielitz (2004: Rn. 47).

26 Dies sah das neue Luftsicherheitsgesetz vom 18. Juni 2004 vor, das inzwischen vom Bundesverfassungsgericht für nichtig erklärt worden ist, weil im Recht nicht Leben gegen Leben abgewogen werden dürfe. Siehe aus der umfangreichen Literatur etwa Klein (2005) und die Entscheidung des BVerfG (2006: 751ff).

27 Siehe Art. 102 GG und das 6. Protokoll zur EMRK vom 28. April 1983 mit einer Ausnahme für Kriegszeiten. Für die USA siehe zuletzt die Entscheidung des Supreme Court in Roper v. Simmons (543 U.S. 551 (2005)).

und Sicherheitsrecht näher einzugehen; dort sind schwierige Abwägungsfragen zu treffen, die man nicht ohne eine nähere Befassung mit dem Normmaterial und dem Kontext der Fälle entscheiden kann (hierzu ausführlich Dreier 2006). Wichtig war hier, dass über große Perioden der Rechtsgeschichte die Bedeutung des Schutzes von Leib und Leben – neben anderen Schutzgütern – akzeptiert war und immer noch ist. Ferner sollte der systematische Ort der Garantien für Leib und Leben im Gesamtbild einer Verfassung und deren Grund- und Menschenrechten analysiert werden. Dafür bietet das Menschenbild der Menschenrechte einen erhellenden Untersuchungsrahmen.

Literatur

Bielefeldt, Heiner (1990), *Neuzeitliches Freiheitsrecht und politische Gerechtigkeit. Perspektiven der Gesellschaftsvertragstheorien*, Würzburg.

Bodin, Jean (1576), *Sechs Bücher über den Staat,* Buch 1 bis 3, eingeleitet und hg. von Peter Cornelius Mayer-Tasch, München 1981.

Brugger, Winfried (1987a), *Grundrechte und Verfassungsgerichtsbarkeit in den Vereinigten Staaten von Amerika*, Tübingen.

Brugger, Winfried (1987b) »Elemente verfassungsliberaler Grundrechtstheorie«, *Juristenzeitung*, S. 633–640.

Brugger, Winfried (1989a), »Menschenrechte im modernen Staat«, *Archiv des öffentlichen Rechts*, Jg. 114, S. 537–588.

Brugger, Winfried (1989b), »Staatszwecke im Verfassungsstaat«, *Neue Juristische Wochenschrift*, S. 2425–2434.

Brugger, Winfried (1992), »Stufen der Begründung von Menschenrechten«, *Der Staat*, Jg. 31, S. 19–38.

Brugger, Winfried (1995), »Das Menschenbild der Menschenrechte«, in: *Jahrbuch für Recht und Ethik*, Jg. 3, S. 121–134.

Brugger, Winfried (1999), *Liberalismus, Pluralismus, Kommunitarismus. Studien zur Legitimation des Grundgesetzes*, Baden-Baden.

Brugger, Winfried (2004), *Freiheit und Sicherheit*, Baden-Baden.

Brugger, Winfried (2005), *Das anthropologische Kreuz der Entscheidung in Politik und Recht*, Baden-Baden.

Brugger, Winfried (2007), »Menschenwürde im anthropologischen Kreuz der Entscheidung«, Vortragsmanuskript.

BVerfGE: Amtliche Entscheidungssammlung des Bundesverfassungsgerichts, zitiert nach Band- und Seitenzahl.

BVerfG (2006) vom 15. Februar 2006, *Neue Juristische Wochenschrift*, S. 751–761.

Dreier, Horst (2006), »Grenzen des Tötungsverbots«, in: Hans Joas (Hg.), *Die Zehn Gebote. Ein widersprüchliches Erbe?*, S. 65–106.

Häberle, Peter (2005), *Das Menschenbild im Verfassungsstaat*, 3. Aufl., Berlin.

Hart, Herbert L. A. (1973), *Der Begriff des Rechts*, Frankfurt am Main.

Hobbes, Thomas (1651), *Leviathan*, hg. von Iring Fetscher, Frankfurt am Main 1966.

Klein, Eckart (2005), »Die vorsätzliche Tötung unbeteiligter Personen durch den Staat«, in: *Recht, Kultur, Finanzen. Festschrift für Reinhard Mußgnug*, hg. von Klaus Grupp/Ulrich Hufeld, Heidelberg, S. 71–83.

Kunig, Philip (2001), *Grundgesetz*, hg. von Ingo von Münch/Philip Kunig, GG, 5. Aufl., München.

Lampe, Ernst-Joachim (1988), *Grenzen des Rechtspositivismus. Eine anthropologische Untersuchung*, Berlin.

Lateinische Rechtsregeln und Rechtssprichwörter (1991), zusammengestellt von Detlef Liebs, 5. Aufl., München.

Lorenz, Dieter (2001), »Recht auf Leben und körperliche Unversehrtheit«, in: Josef Isensee/Paul Kirchhof, *Handbuch des Staatsrechts VI*, 2. Aufl., Heidelberg.

Pinkard, Terry (1987), *Democratic Liberalism and Social Union*, Philadelphia.

Podlech, Adalbert (2001), *AK-GG, Art. 1 Abs. 1*, 3. Aufl., Neuwied/Darmstadt.

Rawls, John (1979), *Eine Theorie der Gerechtigkeit*, deutsche Taschenbuchausgabe, Frankfurt am Main.

Schulze-Fielitz, Helmuth (2004), Art. 2 II Rn. 1 ff., in: Horst Dreier (Hg.), *Kommentar zum Grundgesetz*, 2. Aufl., Tübingen.

Selznick, Philip (1992), *The Moral Commonwealth*, Berkeley.

Sommermann, Karl-Peter (1997), *Staatsziele und Staatszielbestimmungen*, Tübingen.

Steinberg, Rudolf (1998), *Der ökologische Verfassungsstaat*, Frankfurt am Main.

Tenbruck, Friedrich H. (1990), *Die kulturellen Grundlagen der Gesellschaft*, 2. Aufl., Opladen.

Anhang

Das Menschenbild der Menschenrechte

1. Eigenständige	*2. sinnhafte*	*3. verantwortliche*	*4. Lebens-*	*5. Führung*
umfasst a) Wahlfreiheit	umfasst Kultur und Tradition, die Wahlfreiheiten a) ermöglichen und	a) umfasst 1 b	a) umfasst Lebensschutz	umfasst a) 1 bis 4 analytisch
b) Selbstverantwortlichkeit	b) beschränken	b) Gegenseitigkeit von Rechten und Pflichten	b) im weiteren Sinne Ökologie	b) Achtung von 1 bis 4 präskriptiv trotz
		c) Haftung für Rechtsverletzungen		c) unterschiedlicher Gewichtung in den Kulturen
		d) soziale Verantwortlichkeit		

Körper intersubjektiver Freiheit: Fundamentale Menschenrechtsverletzungen als Problem der Demokratie[1]

Hauke Brunkhorst

Zwei Weltkriege sind im Namen der Demokratie ausgefochten und gewonnen worden, aber erst der zweite war wirklich ein globaler Krieg. Er war auf der einen Seite das größte Menschheitsverbrechen der neueren Geschichte, auf der andern Seite jedoch hat er das Verlangen nach Menschenrechten und Demokratie globalisiert. In seinem schrecklichen Ende lag auch, wie Hannah Arendt im letzten Satz ihrer Totalitarismusstudie schreibt, das »Versprechen« »eines neuen Anfangs«, das sie selbst auf den Begriff eines »Rechts auf Rechte« gebracht und der »Geburt eines jeden Menschen« zugeschrieben hat (1991: 462,730). Dieser neue Anfang bestand 1945 in einer revolutionären Umgründung und Neubegründung der gesamten Völkerrechtsordnung, die – vorübergehend still gestellt durch den Kalten Krieg – bis heute andauert.

Zwei der politisch wichtigsten Gründungsdokumente der neuen Weltordnung waren – neben den nicht minder bedeutsamen ökonomischen Institutionen der Weltbank, des Weltwährungsfonds, des Bretton Woods und des GATT Abkommens – die *UN-Charta* vom 6. September 1945 und die *Allgemeine Erklärung der Menschenrechte* vom 10. Dezember 1948. Letztere war zwar nur eine unverbindliche Deklaration guten Willens ohne zwingende rechtliche Konsequenzen, aber der Kernbereich der inter- und übernationalen Menschenrechte wurde inzwischen durch die globalen Menschenrechtspakte der sechziger Jahre, die *Wiener Schlussakte* zum Recht der Verträge und das immer dichter werdende Netz regionaler Menschenrechtspakte, nicht zu vergessen ihre immer umfangreichere Internalisierung in immer mehr Staatsverfassungen und Landesgesetzen, positivrechtlich umgesetzt.

Durch die globale Rechtsrevolution wurden nicht nur die Staaten (Art. 2 UN-Charta) erstmals *unter* die Herrschaft des internationalen Rechts gestellt, sondern auch die einzelnen menschlichen Individuen zu (partiellen) Subjekten des jetzt überstaatlich gültigen und in die Staaten hinein wirken-

1 Für wichtige Hinweise, Diskussionen und Hilfen danke ich Thore Prien.

den Weltrechts. Die Weltbürgerschaft jedes einzelnen Menschen, die 1794, als Kants Schrift über den *Ewigen Frieden* erschien, noch eine Utopie war, ist heute juristische Realität, und das heißt: zwingend geltendes Recht. Das Recht auf Rechte, das Arendt noch naturrechtlich postuliert hatte, war Ende der vierziger Jahre bereits im Prozess seiner *Positivierung* und – man denke nur an die Nürnberger Prozesse – *Legalisierung*.[2] Jede und jeder, Staatsbürger *und* Staatsfremde, Angehörige *und* Nicht-Angehörige, alle ansässigen oder auch nur durchreisenden *Bewohner* einer territorial begrenzten politischen Gemeinschaft (Staat, Bund oder Regionalorganisation) haben (im menschenrechtlichen Kernbereich) wechselseitig *gleiche Rechte* und das Recht auf *Gleichbehandlung* durch das Gesetz. Zwar bleiben die Rechte des *Aktivvolks*, zu denen auch typische *Indiginatsrechte* wie die Personenfreizügigkeit und Inländergleichbehandlung der EU gehören, den jeweils Angehörigen des politischen Verbandes vorbehalten (Schönberger 2005: 60ff.).[3] Sie sind für die aktive Verbands- oder Unionsbürgerschaft gerade in Abgrenzung zu Nichtangehörigen konstitutiv. Sie konstituieren eine *bestimmte* Bürgerschaft überhaupt erst als politisches Aktivvolk. Aber das *Adressatenvolk* ist in einer Welt offener Staaten bereits ein *kosmopolitisches Volk*, das ein *Weltbürgerrecht* auf *gleiche Adressatenrechte* hat.[4] Dadurch wird es von Fall zu Fall sogar ein Volk »globaler Zurechnung« (Müller 2003). Stellungnahmen und Entscheidungen der Vollversammlung und des Sicherheitsrats der Vereinten Nationen sind (wie immer hegemonial verzerrte) Mehrheitsbeschlüsse, die sich nicht nur *intergouvermental* auf Staatenverträge zurückführen, sondern auch dem »We« der »people of the United Nations« (Präambel UN) legitimatorisch zurechnen. Wo das Adressatenvolk schließlich selbst seine Rechte ernst nimmt, wird es im Medium der Weltöffentlichkeit (*global civil society*) sogar zu einem »partizipierenden (Welt-)Volk« »im Werden« (Müller 2003: 118). Von einer Konstitutionalisierung der internationalen Gemeinschaft kann also nicht mehr nur in einem organisationsrechtlichen, sondern muss auch in einem bürgerschaftsrechtlichen Sinn gesprochen werden.

2 Zur Unterscheidung von *Positivierung* als Verabschiedung von Normtexten (Verfassungen und einfaches Recht) durch Legislativgewalten und *Legalisierung* als Umsetzung dieser Normtexte in gerichtlich erzeugte, konkrete Rechtsnormen: Müller (1986: 47ff., 88ff.); Müller/Christensen (2003: 170, 185); zur Gewaltenteilung als Teilung der Gewalt der Rechtstexte: (ebd.: 198f., 363f.); zur Bindung *durch* vs. *an* das Gesetz: (ebd.: 437f).

3 Zur Unterscheidung Aktiv- vs. Adressatenvolk: Müller (1997).

4 Zum »offenen Staat«: Wahl (2003); Di Fabio (1998).

Was sind Menschenrechte und welche Art von Gewalt regeln, erlauben und verbieten sie? Wie hängen Menschenrechte mit Demokratie zusammen? Ich beginne mit einer Vorüberlegung zum Status menschenrechtswidriger Gewalt (1), wende mich dann dem Fall staatlich ausgeübter Folter zu, um zu zeigen, dass die Folter nicht nur elementare Menschenrechte verletzt, sondern darüber hinaus die Bedingung der Möglichkeit demokratischer Selbstbestimmung vernichtet (2). Im letzten Abschnitt diskutiere ich die Frage von Schuld, Strafe und demokratischer Inklusion im Falle von Staatsverbrechen, die von totalitären oder terroristischen Staaten bzw. dem Personal ihrer Regierungen verübt werden (3).

(1) Menschenrechte sind heute auf allen Ebenen der politischen Organisation der Weltgesellschaft institutionalisiert. Sie sind (a) wesentlicher Bestandteil fast aller *Staatsverfassungen*. Auch wenn diese Verfassungen in vielen Ländern nicht viel mehr Wert sind als das Papier, auf dem sie stehen, sind sie doch fast überall zumindest nominell geltendes Recht.[5] Die Menschenrechte haben darüber hinaus (b) fast überall auf der Welt *regionale Gültigkeit*, werden von regionalen amerikanischen, europäischen, afrikanischen, asiatischen und auch arabischen Menschenrechtsregimen und regionalen Organisationen wie der EU ausdrücklich anerkannt und – mit sehr unterschiedlicher Wirkung – auch umgesetzt. Schließlich sind sie in ihrem Kernbereich *ius cogens*, d. h zwingendes Recht (c) der *internationalen Gemeinschaft* und ihrer globalen Organisationen, und sie gelten *erga omnes*, so dass alle Rechtssubjekte von vornherein unter dieses Recht fallen, egal ob sie je irgend einen Vertrag unterzeichnet oder vereinbart haben oder nicht. *Ius cogens* bricht auch entgegenstehendes Völkergewohnheitsrecht.

Die *fundamental rights* gelten also für alle öffentlichen Organisationen und politischen Gewalten, seien es Staaten, inter-, trans- oder supranationale Organisationen. Strittig ist nur, welche Klassen von Rechten dazugehören. Ganz unstrittig sind nur die subjektiven Freiheitsrechte als *Abwehrrechte* gegen Übergriffe der Staats- und – aber auch das ist schon strittig – anderer öffentlicher (z. B. supranationaler) Gewalten. Dazu gehören Menschenwürde, Gleichheit, Leben, Freiheit und das Verbot der Folter (Art. 1, 3, 5 der Allgemeinen Erklärung der Menschenrechte). Bei den *Teilhabe-* und den *kollektiven* Rechten (von nationaler Selbstbestimmung bis Umweltschutz) wird ihre bindende Wirkung noch infrage gestellt, und das in jüngster Zeit

5 Zur Unterscheidung nomineller (und symbolischer/instrumenteller) von normativen bzw. normativ wirksamen Verfassungen: Löwenstein (1997, 148ff.); Neves (1992; 1997).

immer häufiger postulierte individuelle *Recht auf Demokratie* ist zumindest in seiner Rangstufe noch ganz ungeklärt.[6]

Menschenrechte regeln *primär* die Beziehungen zwischen den einzelnen Bürgern einer politischen Gemeinschaft. Sie koordinieren gleiche Freiheitssphären (Kant 1982).[7] Sie hängen unmittelbar und untrennbar mit der Demokratie zusammen. *Erstens* ermöglichen sie als symmetrische Bürgerrechte überhaupt erst die Ausübung der verfassungsgebenden Gewalt des Volkes und damit die demokratische Erzeugung und Legitimation rechtlich verfasster Staatsgewalt (Habermas 1992; Maus 1992). *Zweitens* bedürfen Grund- und Menschenrechte der permanenten *Ausgestaltung* durch *demokratische Rechtsetzung* auf allen Ebenen legislativer, exekutiver und judikativer Rechtserzeugung. In diese Rechte darf *drittens*, auch das bindet sie an die Demokratie, nur »auf Grund eines Gesetzes eingegriffen werden.« (Art. 2 Abs. 2 Satz 2). Die demokratische Gesetzgebung und ihre Konkretisierung durch die hierzu befugten Organgewalten, in denen das »Volk« seine »Staatsgewalt« »ausübt« (Art. 20 Abs. 2) haben also nicht nur beschränkenden, sondern vor allem auch regelnden, interpretierenden, ändernden und umsetzenden Charakter. Sie verschaffen den Rechten überhaupt erst positive Gültigkeit und Legalität. Ohne dies sind sie (fast) leere Bedeutungshülsen und (nahezu) ohne rechtliche Wirkung.

Sekundär ergeben sich daraus dann zwingende Imperative der selbstorganisierten Bürgerschaft an die Ausübung der Staatsgewalt oder der öffentlichen Gewalt inter-, trans- oder übernationaler Organisationen, besonders das abwehrrechtliche Verbot außergesetzlicher Einschränkungen der Freiheitsrechte. Dem Staat gegenüber verwandeln sich die symmetrischen Menschenrechte in asymmetrische Abwehrrechte der Rechtsgenossen gegen die außergesetzliche und verfassungswidrige Ausübung der von ihnen selbst auf den Plan gerufenen Gewalten.

Aber selbst absolut formulierte Rechte, in die auch durch ein Gesetz nicht einschränkend eingegriffen werden darf, wie der berühmte erste Zusatzartikel zur US-amerikanischen Verfassung: »Congress shall make or law respecting an establishment of religion, or prohibiting free exercise thereof; or abridging the freedom of speech, or of the press, or the right of the people peaceably to assemble, and to petition the Government for a redress of grie-

6 Zur Klassifizierung: Müller (2003: 52f.); Recht auf Demokratie: Franck (1992); Marks (2000).

7 Vgl. darin: Rechtslehre I. Teil, Einleitung § B (337) in Verb. mit Einteilung der Rechtslehre B. (345).

vances« – bedürfen, um überhaupt als gleiches Freiheitsrecht wirksam werden zu können, eines dichten Netzes zwangsbewehrter Normen, also der gesetzlichen und konkretisierenden Ausgestaltung, Interpretation und fortwährenden Änderung (Sunstein 1993). An der »wilden gesetzlosen Freiheit« (Kant 1982: 434) der globalisierten Märkte oder auch der globalisierten Religion kann man mittlerweile täglich beobachten, wie die neu gewonnene grenzenlose Freiheit in dem Maße freiheitsgefährdende Wirkungen hat, wie es ihr an demokratisch legitimierter, gesetzlicher Regulierung und Ermöglichung mangelt (Brunkhorst 2007a).

Da die Menschenrechte als positives Recht jederzeit änderbares Recht sind und nur durch Änderung wirksam werden, kommt alles darauf an, *wer* sie mit welcher *Kompetenz* ändern darf. Auch darüber gibt es in der heutigen Weltgesellschaft eigentlich keinen Streit mehr. Das Demokratieprinzip ist auf allen drei Ebenen ihrer politischen Organisation, in Staaten, Regionalorganisationen und Weltorganisationen weitgehend akzeptiert, und es wird seit einigen Jahren sogar, wie wir gesehen haben, als individuelles Menschenrecht diskutiert. Es besagt, dass diejenigen, die Normen und Gesetzen unterworfen sind, auch effektiv und in egalitären und freiheitssichernden Verfahren an ihrer öffentlichen Diskussion und Erzeugung beteiligt sein müssen. Demokratie heißt, dass die Rechtsunterworfenen Legitimationssubjekt sind und diese Subjektivität auch tatsächlich »ausüben« (Art. 20 Abs. 2 Satz 2 GG). Nur das Volk der jeweiligen Normadressaten ist befugt, alle gesetzlichen Normen und folglich auch die Grund- und Menschenrechte jederzeit zu konkretisieren und zu ändern, und Ausnahmen von diesem Prinzip der Selbstgesetzgebung sind in demokratischen Regimes zumindest begründungsbedürftig und dürfen nicht die Form von Privilegien oder des rechtlichen Ausschlusses bestimmter Gruppen oder Einzelpersonen annehmen. Auch der für den Geltungsvorrang von *Demokratie* und *Menschenrechten* (z. B. vor staatlichen Selbsterhaltung der Bundesrepublik) zentrale Ewigkeitsklausel des Art. 79 Abs. 3 GG schützt nur den Wortlaut und die Wortlautgrenze als Grenze der Ausgestaltung der Art. 1 und 20 GG. Sie bedürfen aber ebenso wie jede andere Verfassungsnorm der permanenten Änderung – also der immer wieder anderen, umsetzenden und konkretisierenden Interpretation – durch die Recht setzenden Organgewalten oder das »abstimmende« (Art. 20 Abs. 2 Satz 2) Volk, und die Wortlautgrenze des Verfassungstextes kann, ohne deshalb schon beliebig und willkürlich zu werden, einander widersprechende Konkretisierungen und damit einander widersprechende Vollzugsnormen selbstverständlich nicht ausschließen (Müller/Christensen 2003).

Da nur ein solches Verfahren legitimierende Kraft hat, das keinen Rechtsadressaten ausschließt und keine Stimme, die sich gegen das Verfahren erheben und im Verfahren artikulieren könnte, unterdrückt, muss das Menschenrecht der gleichen Freiheit eines und einer jeden Rechtsgenossin im Vollzug seiner gesetzlichen Ratifizierung, Änderung und Ausgestaltung bereits als positiv gültiges Recht vorausgesetzt und durch die Verfahren der Verfassungsgebung legalisiert werden. Die gleiche Freiheit aller Rechtsgenossen, für Kant das einzige Menschenrecht, darf im Prozess seiner positiven Setzung, Änderung und Ausgestaltung nicht vernichtet werden. Denn sonst würde die Demokratie als Legitimationsverfahren und das Volk als Legitimationssubjekt sich selbst aufheben (Maus 1992). Durch die Vernichtung des elementaren Menschenrechts egalitärer Freiheitsausübung würde der revisionsoffene Zirkel demokratischer Legitimation diktatorisch geschlossen, und der rechtswidrige Ausschluss unterdrückter und zum Schweigen gebrachter Stimmen, der jede faktische Konkretisierung des allgemeinen Rechts wie ein Schatten begleitet, wäre nicht mehr korrigierbar und würde sich zu immer neuen Herrschafts-, Hegemonial und Exklusionsverhältnissen verstetigen.[8] Demokratie bedeutet deshalb nicht nur funktional, sondern auch normativ: *Exklusion von Ungleicheit* (Stichweh 2000: 52; Brunkhorst 2007a; Brunkhorst 2007b).

Nun ist aber gerade die demokratische Legitimation im Internationalen Recht notorisch schwach. Wenn der demokratische Gesetzgeber überhaupt noch irgendeinen spürbaren Einfluss hat, agiert er fern der Quellen, denen das internationale Recht entspringt. So greifen inter- und supranationale Gerichte neben den eigenen Statuten und der eigenen Rechtsprechung oft direkt auf die allgemeinen Regeln des Völkerrechts und die internationalen Menschenrechtspakte, die zum Völkerverfassungsrecht gehören und denen eine Ausgestaltung durch den demokratischen oder die demokratischen Gesetzgeber weitergehend fehlt, zurück. Da kein Gesetzgeber da ist, der regelmäßig die ärgsten Lücken schließt und die Gerichte an Gesetze bindet, die das Menschenrecht engmaschig konkretisieren, juristisch handhabbar machen und dadurch erst eine einigermaßen willkürfreie Jurisdiktion ermöglichen, entscheiden die inter- und supranationalen Gerichte von Fall zu Fall. Expertokratisch erzeugtes Fallrecht tritt an die verwaiste Stelle des egalitär legitimierten Legeferierens (Maus 1992). Das erhöht die Gefahr heterogener und widersprüchlicher Entscheidungen, die sich statt am Gesetz an der stärkeren Partei orientieren.

8 Hierzu und zum vorhergehenden: Brunkhorst (2002).

In manchen spektakulären Fällen von Menschenrechtsverletzungen – wie dem der Verschwundenen in Argentinien und des hartnäckigen Protests der Madres auf der Plaza Major von Buenos Aires – bildet dann zwar die schwache Weltöffentlichkeit ein gewisses Substitut demokratischer Entscheidungen. Aber das *law making in the streets*, das sich, wie Fischer-Lescano (2005) gezeigt hat, am argentinischen Fall exemplarisch rekonstruieren lässt, kann die staatsorganisationsrechtliche Ausgestaltung der Gesetzgebung, ohne die es keine hinlänglich egalitäre, demokratische Legitimation gibt, nicht überflüssig machen.

Schlimmer noch steht es im Fall des übermächtigen, demokratisch und gerichtlich nahezu unkontrollierten Exekutivorgans der Vereinten Nationen, des Sicherheitsrats. Gerade weil es keinen wohlgeordneten Weltstaat gibt (und wohl auch keinen geben wird), verwandelt sich der Sicherheitsrat mitunter in einen Hobbesschen Leviathan, der alle drei Gewalten in sich vereinigt (Koskenniemi 2001). Schon zwei Jahre vor dem 11. September ließ er Listen von Terrorverdächtigen erstellen, die sich wie eine ironische Vervollständigung der partiellen Völkerrechtssubjektivität der menschlichen Individuen, die diese durch die internationalen Menschenrechtsregime bereits erlangt hatten, lesen. Durch einen einzigen Rechtsakt hat er damit erstens die Verdächtigen, und damit potentiell jeden Weltbürger, *legislativ* in praktisch rechtlose Völkerrechtssubjekte verwandelt, zweitens die konkret Verdächtigen *judikativ* abgeurteilt und sie *exekutiv* der globalen Strafverfolgung ausgesetzt und gleich ihre Konten sperren lassen. Der Sicherheitsrat, der sich mittlerweile alle Kompetenzen zur humanitären Intervention und zur Abwehr des internationalen Terrorismus – durch Ausweitung und Uminterpretation des ursprünglich auf staatliche Angriffskriege strikt beschränkten Interventionsrechts des Kapitels VII der UN-Charta – angeeignet hat, wird damit selbst zur Gefahr für die Menschenrechte.

Aber gegen den demokratisch kaum noch legitimierten, globalen Leviathan gibt es keine positiven Abwehrrechte, auch wenn jetzt zum ersten Mal ein Gericht, der EuGH erster Instanz (so wie einst der *US Supreme Court* im Fall Malberry v. Madison), damit begonnen hat, eigenmächtig solche Rechte, die im System der internationalen Menschenrechte bislang fehlten, zu kreieren (EuGH Rs T-306/01; Fischer-Lescano/Teubner 2006: 104f.; Krisch 2006: 267f.; Möllers 2006: 39). Im Verhältnis des EuGH zum Sicherheitsrat (SC) fällt sofort eine Differenz demokratischer Legitimation ins Auge. Während diese dem Sicherheitsrat nicht nur weitgehend fehlt (Vetorecht der Starken, schwache oder fehlende demokratische Legitimation seiner Mitglieder), sondern schon durch die Alleinstellung des supranationalen Exekutivorgans, dessen Entscheidungen bis zu EuGH Rs T-306/01 niemand rechtlich widersprechen konnte und der nach wie vor unabhängig von allen andern nationalen und transnationalen Organgewalten und Völkern – mit Ausnahme des US-Kongresses – agieren kann, hat der EuGH so wie alle europäischen Institutionen zwar erhebliche Legitimationsschwächen, ist aber im Vergleich mit dem SC eine wahre Oase der Demokratie in der Wüste des internationalen Rechts.

Im Folgenden werde ich am Beispiel eines viel diskutierten Falls von Folter in Ausübung der Amtsgewalt versuchen, den negativen Zusammenhang von Menschenrechtsverletzungen und demokratischer und individueller Selbstbestimmung weiter aufzuklären. Die von politischen, juristischen oder polizeilichen Organgewalten veranlasste Folter, so meine These, verletzt oder vernichtet als systematischer Staatsterror nicht nur die Menschenrechte einzelner Individuen, sondern mit ihnen die Bedingungen der Möglichkeit demokratischer Selbstbestimmung.

(2) Die Debatte um die Wiedereinführung der Folter, die in Amerika bereits die Gerichte beschäftigt, hat nun auch Europa und Deutschland erreicht (zur Debatte: Beestermöller/Brunkhorst 2006). Die Folter soll im demokratischen Rechtsstaat als der letzte Ausweg, das Leben unschuldiger Verbrechensopfer zu retten, erlaubt sein (»Rettungsfolter«). In der wiederholten Forderung nach Einführung einer rechtsstaatlich normalisierten und gesetzlich normierten Folter laufen zwei, teils panische Reaktionen auf spektakuläre Verbrechen, teils neokonservativ motivierte Zeittendenzen zusammen. Ich meine 1. die Perspektivenumkehr vom inhaltlich scharf eingegrenzten Täterstrafrecht zum *talk-show*-verstärkten und inhaltlich entgrenzten Opferschutz, vom System gleicher Freiheitsrechte zu einem vorgeblichen Grundrecht auf Sicherheit, und 2. den Wandel vom Norm- zum Maßnahmestaat im Zuge der Abwehr globaler Terrornetzwerke und transnational organisierter Kriminalität.[9] Letzteren hat jüngst der liberale Soziologe und Jungadlige Sir Tony Giddens im englischen Oberhaus nachdrücklich eingefordert – übrigens unter dem vehementen Protest einer als Menschenrechtsaktivistin bekannten, altadligen Herzogin. Beide Trends, Opferschutz gegen individuelle und Maßnahmerecht gegen kollektiv organisierte Kriminalität, bewirken einen dramatisch beschleunigten Umschlag des demokratischen Straf- und

9 Zum »Grundrecht auf Sicherheit« affirmativ: Isensee (1983); zum Maßnahmestaat: Fraenkel (1999); kritisch zur neuen Sicherheitsarchitektur: Lepsius (2004); zum weltgesellschaftlichen Kontext: Düx (2003).

Strafverfahrensrechts der siebziger und achtziger Jahre des 20. in das immer deutlicher exekutiv bestimmte und global vernetzte Hochsicherheits- und Feindbekämpfungsrecht des frühen 21. Jahrhunderts.

Ausgelöst wurde die Folterdebatte in Amerika durch einen Fall organisierter (11. September), in Deutschland durch einen Fall individueller Kriminalität. Nachdem der Frankfurter Polizeivizepräsident Wolfgang Daschner im Entführungsfall Jakob Metzler, um das Kind zu retten, die Folter eines tatverdächtigen und später geständigen Mörders angedroht hatte, gab es eine erregte Diskussion. Warum nicht foltern, wenn nur so das Leben vieler Menschen und ihrer Angehörigen gerettet werden kann? Als Daschner dann vor Gericht stand und der Tag der Urteilsverkündung näher rückte, schlug der liberale Herausgeber der *Zeit*, Michael Naumann, dem Bundespräsidenten vor, den Angeklagten im Falle einer Verurteilung gleich wieder zu begnadigen (Naumann 2004). Zwei Drittel der deutschen Bevölkerung hielten die Tat für gerechtfertigt.

Dieselbe Bevölkerung, auch der liberale Michael Naumann, hat sich über die US-amerikanischen Folterer von Abu Ghraib, Guantánamo Bay oder in den Bergen Afghanistans heftig empört, und Naumann hat sich wieder empört über Meldungen von CIA-Flügen, die Folteropfer mit Zwischenstopp in Deutschland in osteuropäische EU-Staaten oder Drittweltdiktaturen transportiert haben sollen, um sie dort mit modernisierten Inquisitionsmethoden zu verhören (Naumann 2005). Es gibt gute Gründe für eine so unterschiedliche, ja widersprüchliche Reaktion in Fällen, die zwar sehr verschieden im Ausmaß der Tat sind, beide jedoch einen Bruch des grundrechtlich tief verankerten Folterverbots darstellen. Die amerikanische Regierung und ihr Präsident, die das Foltern in Afghanistan, im Irak, in Guantánamo Bay und auf dem Territorium verbündeter Militärdiktaturen erlaubt, unterstützt, angeordnet und den Chef der Folterknechte nach der letzten Wahl sogar zum Innenminister gemacht haben, verdient moralische Entrüstung. Für Daschner hingegen kann man mit guten Gründen moralisches Verständnis zeigen. Zwar haben die Vereinigten Staaten die Folter genauso wie der Frankfurter Polizeivizepräsident durch den guten Zweck gerechtfertigt, aber Daschner hatte, anders als die Amerikaner im Irak, ein – nicht durch einen Rechtsbruch von vornherein diskreditiertes – unmittelbares Ziel vor Augen, in letzter Sekunde das Leben des Kindes zu retten.

Mehr aber nicht. Denn Daschners Tat stellt nicht nur eine gewöhnliche Rechtsverletzung, sondern einen fundamentalen Bruch der Verfassung, eine elementare Menschenrechtsverletzung dar. Ein Bundespräsident, der Naumanns Argument gefolgt und Daschner, da er einem unlösbaren »Widerspruch unvereinbarer Rechtsnormen«, »dem staatlichen Foltertabu und dem Leben des Kindes« ausgesetzt gewesen sei, begnadigt hätte (Naumann 2004), hätte die Verfassung nicht nur falsch verstanden, sondern bereits aufgegeben.

Nur falsche Sentimentalität kann den Blick für die Einheit in der Differenz der Fälle Daschner und Abu Ghraib vernebeln. Das Argument des Lebensschutzes sticht nicht. Die demokratische Verfassung schreibt die Relativierung der Sicherheit an der Freiheit vor, und sie verbietet umgekehrt die Relativierung der Freiheit an der Sicherheit. Sicherheit ist fundamental für die Ausübung der Freiheitsrechte, aber sie findet ihre Grenze an dem zu schützenden Grundrecht.

Anders als in der Lehre von Thomas Hobbes ist der primäre Zweck demokratischen Rechts nämlich nicht *Frieden* durch Freiheitseinschränkung, sondern *Freiheitsverwirklichung*. Im demokratischen Verfassungsstaat ist das Recht nicht repressiv, sondern – so zumindest schreibt es die Verfassung vor – emanzipatorisch. In der egalitär organisierten Gesetzgebung ist es Ausdruck demokratischer Selbstbestimmung. Im Recht, Gerichte zu nötigen, sich mit meinem Fall zu befassen, spiegelt es die individuelle Selbstbestimmung (Möllers 2005). Beides hängt eng zusammen, denn die individuelle Selbstbestimmung einer und eines jeden ist gleichzeitig die unverzichtbare Bedingung demokratischer Selbstbestimmung, so wie umgekehrt das einzelne Individuum sein eigenes Recht nur finden kann in der Partizipation an einem öffentlichen Gerichtsverfahren, das dann den Prozess der demokratischen Erzeugung und Legitimation der eigentlichen Rechtsnorm am je einzelnen Fall konkretisierend fortsetzt und vollendet. Auch noch im Gerichtsverfahren, in dem die konkret vollzogene Rechtsnorm auf der Grundlage der Normtexte erzeugt wird, und in dem es um den je einzelnen Fall und die Möglichkeit jedes beliebigen Einzelnen, seinen idiosynkratischen Fall, wann immer es ihm/ihr beliebt, vor die Schranken des Gerichts zu stellen, geht, bleibt das fundamentale Recht zur individuellen Klage mit demokratischer Legitimation unauflöslich verschränkt, und das sogar in letzter Instanz, denn am Ende muss eine Vollzugsnorm stehen, die als begründete (und weiterhin öffentlich und gerichtlich bestreitbare) Konkretisierung des demokratisch legitimierten Normtextes gelten soll: »Im Namen des Volkes [...].«

Weil sie mit dem demokratischen Rechtsbegriff unvereinbar ist, liegt die Möglichkeit der Folter außerhalb des transzendentalen Rahmens, der durch alle westlichen Verfassungen normiert wird. Eine demokratische Rechtsordnung, die auch der moralisch noch so gut motivierten (nicht: begründeten) Rettungsfolter kein rechtliches Schlupfloch lässt, »verschläft nicht die Möglichkeit eines Ausnahmezustands, sie weigert sich nur, für diesen Fall die Aufhebung ihrer selbst anzubieten.«[10] Das ist der entscheidende Punkt.

Die alle Ebenen des rechtlichen Stufenbaus – vom Parlamentsgesetz bis zum Befehl des Vollzugsbeamten – bestimmende Idee demokratischer und individueller Selbstbestimmung unterscheidet den Verfassungsstaat vom Hobbesschen Leviathan, der alles Recht dem primären Staatstelos der Friedenssicherung unterordnet und deshalb auch die Folter unter bestimmten Umständen erlauben kann; nicht mehr, um Geständnisse zu erzwingen oder die Seele vom Teufel zu befreien, wohl aber zu Zwecken polizeilicher Ermittlung oder sogar, wie es heute in den USA tatsächlich diskutiert wird, zum Zweck der Strafe. Wie bei Hobbes wäre in letzter Instanz alles erlaubt, was der Friedenssicherung und der staatlichen Selbsterhaltung dient.[11]

In der Stunde der Not, so der Bonner Strafrechtler Günther Jakobs, müsse der Normstaat im Umgang mit den erklärten Feinden seiner Rechtsordnung zum Maßnahmestaat werden (Jakobs 2004: 89). Das »justizförmige« müsse sich zu diesem Zweck in ein »kriegsförmiges Strafverfahrensrecht« verwandeln (ebd.: 93). Jakobs geht davon aus, dass sich – in Verfassungsregimen wie dem deutschen oder dem US-amerikanischen – der instrumentelle Sinn des Rechts, Erwartungen zu stabilisieren und den Frieden effektiv zu sichern, vom Freiheitssinn des Rechts, durch den natürliche Populationen in selbstbestimmte Personen verwandelt werden, einfach abkoppeln ließe – und das nicht nur (wie bei Ronald Dworkin) in der Straßenverkehrsordnung, sondern auch im Strafrecht. Nur wer »die kognitive Mindestgarantie [...] für die Behandlung als Person« erfülle, dürfe im bürgerschaftlichen Innenverhältnis in den Genuss der Freiheitsrechte kommen und habe deshalb Anspruch, auch noch als Straftäter wie eine Person mit gleichen Rechten behandelt zu werden (ebd.: 92). Nicht erfüllt werde diese »kognitive Mindestgarantie« hingegen von Hangtätern, Berufsverbrechern und Terroristen.

Im Außenverhältnis gegen prinzipielle Feinde der Rechtsordnung verbiete sich deshalb die Anwendung des »Bürgerstrafrechts« (ebd.: 89ff., 93). Der Terrorist habe seinen Anspruch, als Person behandelt zu werden, verwirkt und existiere nur noch jenseits des positiven Bürgerrechts als bloßes

10 So die Verfassungsrichterin Gertrud Lübbe-Wolff, zit. n. Prantl (2004).

11 Darüber kommt auch der hoch reflektierte und sprachanalytisch geschulte Regelutilitarismus nicht hinaus, siehe nur in der leider kaum geführten Debatte um das Luftsicherungsgesetz: Merkel (2004).

Individuum im Naturzustand (ebd.).[12] Deshalb »*darf*« der Staat »ihn auch nicht mehr als Person behandeln« (ebd.: 93). Geboten sei vielmehr die Reduktion des Rechts auf eine instrumentelle Maßnahme, um den »Feind« zu »bekriegen« und zu besiegen: »Wer den Krieg gewinnt, bestimmt, was die Norm ist« (ebd.: 95).[13] Die Entscheidungen des Sicherheitsrats zum Terrorismus sind der exemplarische Fall eines solchen Feindstrafrechts.

Jakobs Argument ist freilich mit der vergleichbaren Verfassung eines demokratischen Rechtsstaats unvereinbar. Einen Staat *vor* der Verfassung, der seine Bürger auch dann noch auf dessen Selbsterhaltung verpflichten könnte, wenn die Verfassungsordnung nicht mehr existiert, kennt das Grundgesetz nicht. Der demokratische Verfassungsstaat lässt nicht mehr an staatlicher Selbstbehauptung zu, »als seine Verfassung zum Entstehen bringt.« (Arndt 1963: 24f.). Jakobs Argument ist nur dann plausibel, wenn man diese Prämisse fallen lässt und – wie der deutsche Staatswillenspositivismus von Paul Laband bis Carl Schmitt (vgl. Brunkhorst 2003) – auf einen »rechtsfreien Staat« (Möllers 2000: 165)[14] hinter dem Recht zurückgreift, der im Zweifelsfall als »argumentative Notstandsreserve« bereitsteht (ebd.: 261), um »von ihm gewährte Rechtspositionen wieder zurückzurufen« (ebd.: 165).

Die Trennung von Person und Individuum ist mit der demokratischen Verfassung unvereinbar. Weder Art. 1, der die Würde des Menschen für (durch die Staatsgewalt) unantastbar erklärt, noch Art. 20 GG, der das (die Staatsgewalt erzeugende und bestimmende) Demokratieprinzip vorschreibt, binden den Status der Rechtsperson an irgendwelche kognitiven Voraussetzungen. Sie gelten, weil sie auch für die inneren und äußeren Feinde der Rechts- und Verfassungsordnung verpflichtend sind. Art. 1 und die nachfolgenden Grundrechte legen die Menschenrechte auf die schlichte Tatsache des nackten Menschseins fest und verpflichten weder zur Achtung von Staatlichkeit, Recht und Demokratie noch zu Charakterfestigkeit, westlicher Zivilisation oder anderen substanziellen Werten. Man hat – qua positivrechtlicher Zuschreibung – grundlegende Rechte, auch wenn man es nicht weiß, auch wenn man sie nicht haben will, auch wenn man bereit ist, sie mit allen

12 Zur polemischen Abgrenzung personaler Bürgerschaft von individuellem Menschsein grundsätzlich: Jakobs (1999: 5, 43f, 56ff, 109ff.).

13 Jakobs (2004: 95). Das ist eine für das positive Völkerrecht spätestens seit 1648 ziemlich gewagte These.

14 Paul Laband definiert den exekutiven Innenraum des Staates, in dem der Staat nicht in rechtlich normierbare Verhältnisse zu Bürgern oder andern Staaten tritt, sondern mit sich und seinen Beamten, Bediensteten, Bugets und Kolonien allein ist, deshalb ausdrücklich als Sphäre des »Nicht-Rechts«, dazu: Jesch (1961: 90).

Mitteln zu bekämpfen. Sie werden jedem Menschen aufgrund seiner Geburt und nicht aufgrund irgendwelcher Leistungen juristisch zugeschrieben, und sie sind unveräußerlich.

Auch in der amerikanischen Verfassung ist der kognitiv und ethisch neutrale Status der Rechtsperson klar und unmissverständlich. Während es in der Unabhängigkeitserklärung von 1776 die »*good People of these Colonies*« sind (und das sind in der Tat nur die prinzipiell tugendhaften und gemeinschaftstauglichen »Personen« des Jakobsschen »Bürgerstrafrechts«), die im revolutionären Zustand dem englischen König den Krieg erklären, sind es in der Verfassung von 1791 – ohne jede kognitive oder ethische Qualifikation – »*the People of the United States*« (also die bloßen, natürlichen »Individuen« des Jakobsschen »Feindstrafrechts«), die ihrer Staatsgewalt eine Verfassung geben und sich Rechte wechselseitig zuschreiben.[15] Bei der Gründung eines republikanischen Gemeinwesens darf es nicht darauf ankommen, ob seine Gründer »unerwünschtes Gesindel« oder wohl bescholtene Bürger, ob sie Staatsfeinde oder Staatsfreunde sind (Arendt 1974: 216f.).

Die Menschenrechte schützen als positives Recht die individuelle und ermöglichen die demokratische Selbstbestimmung eines jeden rechtsunterworfenen Individuums. Als positives *Recht* müssen sie von der *Moral* unterschieden werden. Sie haben zwar, das zu bestreiten wäre völlig kontraintuitiv, einen moralischen Gehalt, *wirken* aber nicht wie motivbildende moralische Normen, sondern wie positivrechtliche Gesetze und Verordnungen, die bestimmte äußere Handlungen erlauben oder verbieten. Damit dienen sie der Individualisierung der Moral.

Die Rechtsgenossen werden von der öffentlichen Pflicht, die Totalität ihrer Lebensführung der politischen Gemeinschaft zu integrieren, entlastet. Rechte erzeugen nur sekundär Pflichten und auch das pflichtvergessene Individuum verliert sie nicht. Gleichzeitig aber bürdet die Trennung von Moral und Recht dem Einzelnen die volle Verantwortung für seine Gewissensentscheidung auf. Eine öffentliche Entlastung des individuellen Gewissens gibt es jetzt nicht mehr. Wer aus moralischen Gründen glaubt, foltern und als Hoheitsträger die Verfassung brechen zu müssen, um Tausenden oder auch nur einem entführten Kind das Leben zu retten, muss das mit seinem

15 Diese feine, aber grundlegende Differenz zwischen einem revolutionären Volk, das sich für gut erklärt und die Bösen ausschließt und dem pouvoir constituant, der alle Rechtsgenossen, egal ob gut oder böse, einschließt, hat Derrida in seiner berühmten Dekonstruktion des Repräsentationsbegriffs der Unabhängigkeitserklärung leider vernachlässigt. Derrida (2000: 12ff.).

Gewissen bzw. dem moralischen Diskurs allein abmachen. Das genau dieser Freiheit verpflichtete Recht kann und darf ihn oder sie von der moralischen Entscheidung nicht entlasten und damit die Zerstörung der Möglichkeit individueller Selbstbestimmung zur Abwägung freigeben. Denn wer am Terroristen diese Möglichkeit zerstört, muss wissen, dass er am Folteropfer auch die eigene Selbstbestimmung vernichtet. Auch hier gilt mit Rosa Luxemburg, dass meine Freiheit die der anderen ist.[16]

Es mag Fälle geben, in denen es moralisch geboten scheint, die Verfassung zu brechen. Die Moral kennt – anders als das Recht – keine Grenzen und lässt keine Dogmatik zu. Schon deshalb kann es keine vollständige Deckung moralischer und juristischer Diskurse geben. Widersprüche zwischen Moral und Recht lassen sich, anders als Kant geglaubt hat, nicht ausschließen. Deshalb gilt, dass es – auch wenn das positive Recht im Ganzen moralisch akzeptabel bleiben muss – in jedem einzelnen Fall eine im Recht nicht mehr heilbare Kollision zwischen Moral und Recht geben kann. Das ist der Preis des Differenzierungsgewinns. Das Recht wäre – mit Kants in diesem Fall richtigem Rigorismus – am Bundeskanzler oder der Kanzlerin, die foltern ließen, um Berlin vor der Bombe zu retten, zu vollstrecken. Kant hätte sie wegen Hochverrats hinrichten lassen. In der Erinnerung des Volkes aber würde ihr Andenken womöglich umso mehr im Glanze supererogatorisch moralischen Heldentums erstrahlen – auch wenn bei weniger strahlendem Licht der nicht nur rechtliche, sondern auch moralische Preis für solche Rettung (wie in der klassischen Tragödie) erkennbar bliebe. Die parteiische Geschichte kann, wie so oft, die blutige Tragödie zum platten Helden- und Gaunerstück mit glücklichem Ausgang verklären. Die Weste der Folterknechte und ihrer Auftraggeber aber bliebe trotzdem nicht rein, weil die berechtigte Rettung mit der unberechtigten Folter erkauft wurde.[17]

Im Übrigen kann das Parlament, das als demokratisches Legitimationsorgan nicht, wie das Gericht, »ans Gesetz gebunden« (Art. 20 Abs. 3 GG) ist, in bestimmten Fällen »Rechtsbrüche« von Hoheitsträgern in Notsituationen »ex post heilen [...]. Finden sich dafür keine Mehrheiten, so waren die Maßnahmen rechtswidrig mit entsprechenden Haftungskonsequenzen für die handelnden Hoheitsträger« (Möllers 2001: 267).[18] Aber das gilt nicht mehr

16 Ähnlich auch (gegen Brugger und Höffe): Saliger (2004: 47).

17 Zur (über die positivrechtliche hinaus) rechtsethisch-deontologischen Begründung des absoluten Folterverbots: Hong (2006).

18 Findet sich eine Mehrheit, dann ist die Maßnahme nachträglich zur gesetzlich vorgesehenen Ausnahme generalisiert geworden, aber keineswegs ist hier die Grenze des Normstaats verlassen und das Recht – wie bei Jakobs – in Maßnahmerecht zurückverwandelt worden.

für die verfassungsrechtlich verbotene Folter. An die Verfassung ist auch das Parlament gebunden, und das hat einen guten Grund. Ist nämlich – wie im Fall der Folter – »die rechtliche Heilung verfassungsrechtlich ausgeschlossen, so war der Verstoß zur Rettung der Ordnung so eklatant, dass eine Ordnung, die solche Handlungen zuließe, nicht mehr als solche des Grundgesetzes bezeichnet werden könnte: Art. 79 Abs. 3 GG. Ein Verstoß gegen verfassungsrechtliche Grundprinzipien ›zur Rettung des Staats‹ hat diesen Staat (nämlich den des Grundgesetzes) seinerseits beschädigt« (ebd.: 267). Genau das war auch das Argument der oben zitierten Verfassungsrichterin Lübbe-Wolf.

Eine rechtliche Aufhebung des strikten Folterverbots, die Amtsträger von der individuellen Verantwortung entlastet, vernichtet nämlich nicht nur die individuelle Selbstbestimmung des Folteropfers, sondern verletzt auch die Bedingungen der Möglichkeit demokratischer Selbstbestimmung. Der Entführer beraubt sein Opfer der Möglichkeit individueller Selbstbestimmung, wenn er es foltert, ebenso wie der Polizist, der den Entführer foltert. Der Unterschied zwischen öffentlicher und privater Folter zeigt sich jedoch daran, dass nur die öffentliche und nicht schon die private Folter die Ermöglichungsbedingungen nicht nur der individuellen, sondern auch der demokratischen Selbstbestimmung vernichtet. Denn nur die öffentliche Folter zerstört im Vollzug des Gesetzes an einem seiner Adressaten zugleich die Möglichkeit des Opfers, sich selbst noch als Autor des Gesetzes verstehen zu können, und beide, der öffentliche Folterknecht und der rechtmäßig Gefolterte, können in der Gesetzgebung nicht mehr übereinstimmen, also *keinen gemeinsamen Willen mehr erzeugen*. Sie machen sich im Foltern *beiderseits zu Knechten*, weil zwischen Folterknecht und Folteropfer die Möglichkeit intersubjektiver Übereinstimmung im *selbst* gegebenen Gesetz vernichtet wird. Während der einsichtige Straftäter, zumindest wenn er Hegels metaphysisches Verständnis (s. u.) der Strafe teilt, die Strafe noch als Vollzug seines eigenen, gesetzgebenden Willens, jedenfalls als etwas, womit er seinem eigenen gesetzgebenden Willen widerspricht, verstehen kann, *kann* der Gefolterte, dessen Fähigkeit, überhaupt etwas zu wollen, durch die gesetzlich erlaubte Folter in Mitleidenschaft gezogen wird, sich – was immer er sagt – nicht mehr als Autor des Gesetzes, das ihn schuldig spricht, verstehen. Es tritt ihm »als ein Fremdes« (Hegel) entgegen.

(3) Damit komme ich zur Frage der demokratischen Inklusion von Opfern und Tätern im Fall massiver Menschenrechtsverletzungen. Auch hier kann es für die Täter unter Bedingungen des demokratischen Rechtsstaats

kein Feindstrafrecht geben, das nicht dessen Bedingungen zerstören würde. Hätten die Alliierten die Jacobssche Unterscheidung von Feind- und Bürgerstrafrecht zur Grundlage der Nürnberger Prozesse gemacht, dann wären diese Prozesse ohne jede legitimierende, ohne verallgemeinerungsfähige Wirkung geblieben und hätten niemals ein neues internationales Strafrecht begründen können.

Im Bürgerstrafrecht, das den Nürnberger Prozessen gerade im Unterschied zur Maßnahmegerichtsbarkeit der Nazis zugrunde lag, geht es immer *auch* um die Inklusion der Täter oder, in Hegels Terminologie, um die »Versöhnung« der durch die Tat verletzten Allgemeinheit bzw. des zerrissenen sittlichen Gemeinwesens mit sich und seinen Angehörigen, zu denen Täter- und Opfergruppen gleichermaßen gehören. Die Menschenrechte betonen diesen Zusammenhang, weil sie, anders als im Jakobsschen Feindstrafrecht, Opfer und Täter *gleich* behandeln, sind doch »alle Menschen [...] vor dem Gesetz gleich« (Art. 3 Abs. 1 GG). Der rechtstaatliche Sinn des Gerichtsverfahrens, das auch bei erwiesener Schuld an Verfahrensfehlern scheitern kann, ist es, die Grundrechte der Angeklagten zu schützen, was immer sie auch verbrochen haben. Es geht auch bei noch so massiven Menschenrechtsverletzungen nicht unvermittelt um *Gerechtigkeit*, die hätte man an Göring, Milosevic oder Saddam Hussein auch ohne Prozess vollziehen können, sondern um *Recht* und *Gesetz*, und das unterliegt technischen Verfahrensnormen und Regeln demokratischer Bestimmtheit.

Begeht wie im Fall Daschner ein einzelner Amtsträger oder eine singuläre Gruppe von Amtsträgern Menschenrechtsverletzungen, entsteht für die davon betroffene Rechts- und Verfassungsordnung kein existenzielles Problem. Sie kann den Fall mit den verfügbaren Mitteln ihres Straf- und Zivilrechts bearbeiten und auf diesem alltäglichen Weg die Verletzung der Rechtsordnung im Ganzen heilen. Wie aber steht es im Fall von massenhaften Staatsverbrechen oder bei Massenverbrechen staatsähnlicher Bürgerkriegsparteien, die im heutigen internationalen Recht unter den Tatbestand der massiven Menschenrechtsverletzung fallen? Wie lassen sich – wenn überhaupt – Menschenrechtsverletzungen eines Ausmaßes ahnden, rechtlich heilen oder gar versöhnen, durch die der Staat oder die politische Organisation des Gemeinwesens im Ganzen einen verbrecherischen Charakter annimmt? Der exemplarische Fall ist der des Nürnberger Gerichts, das nach dem Zweiten Weltkrieg deutsche Kriegsverbrecher individuell, aber als Amtsträger eines im Ganzen verbrecherischen Staatsapparats abgeurteilt hat. Gibt es zu öffentlichen Gerichtsverfahren wie den Nürnberger Prozessen eine Alternative?

Sind Runde Tische, wie in Osteuropa nach dem Fall der Mauer, oder Wahrheitskommissionen, wie in Südafrika nach der Apartheid, eine Alternative? Ich glaube nicht.

Wahrheitskommissionen, die der unverfälschten Aufdeckung der Staatsverbrechen nach Abschaffung einer terroristischen Militärdiktatur oder eines Apartheidregimes dienen, sind als Teil der öffentlichen »Aufarbeitung der Vergangenheit« – wie man das in der Bundesrepublik nach dem Zweiten Weltkrieg genannt hat – sicher ein nützliches Instrument. Nichtöffentliche Treffen und quasi therapeutische Sitzungen von Opfer- und Tätergruppen können aber in keinem Fall die freie öffentliche Diskussion substituieren, der das ganze Spektrum an Kritik, Skandalisierung und Polemik zur Verfügung stehen muss, das eine demokratische Meinungs- zur Willensbildung auszeichnet. Wahrheitskommissionen können ein wichtiger Bestandteil umfassender öffentlicher Aufklärung, Kritik und Willensbildung sein, aber heilen oder gar versöhnen können sie die in der Diktatur mit sich zerfallene Sittlichkeit einer politischen Gemeinschaft, die als Demokratie neu anfängt, nicht. Eine authentische »Aufarbeitung der Vergangenheit« kann es ohne öffentliche Straf- und Zivilprozesse nicht geben. Um die Diktatur in eine Demokratie zu verwandeln, sind öffentliche Gerichtsverfahren der einzige gangbare Weg.

Nicht nur die Opfer, auch die Täter haben ein Recht auf den Prozess und ein Recht auf öffentliche Schuldfeststellung. Vielleicht können Gerichte nicht mehr, wie noch Hegel glaubte, im intersubjektiven Verein mit dem geständigen Täter die Versöhnung der Gesellschaft, der Opfer und sogar des Täters mit sich und den Konsequenzen seiner Tat herstellen und dann als Einheit von Prozess und Strafe darstellen. Vielleicht gibt es im nachmetaphysischen Diskurs und in der nachmetaphysischen Praxis keine Versöhnung, aber ohne Prozesse wäre jeder Versöhnungsversuch, wäre jede Versöhnungsgeste »falsche Versöhnung« (Adorno).

»Die Verletzung«, schreibt Hegel in den *Grundlinien der Philosophie des Rechts*, »die dem Verbrecher widerfährt, ist nicht nur an sich gerecht, – als gerecht ist sie zugleich sein *an sich* seiender Wille, ein Dasein seiner Freiheit, sein Recht; sondern sie ist auch ein *Recht an den Verbrecher* selbst, d. i. in seinem *daseienden* Willen, in seiner Handlung *gesetzt*. Denn in seiner als eines *Vernünftigen* Handlung liegt, dass durch sie ein Gesetz aufgestellt ist, das er in ihr für sich anerkannt hat, unter welches er also, als unter sein Recht subsumiert werden darf.« (Hegel 1971: § 100)

Durch die Strafe anerkennt der Staat, dass der Täter eine freie und für seine Tat selbst verantwortliche Person, dass er ein vernünftig Handelnder ist. In seiner Tat ist »die Strafe als *sein* eigenes Recht enthaltend angesehen«. Deshalb wird durch das Schwert des Henkers oder die Mauern des Gefängnisses, so Hegel, »der Verbrecher als Vernünftiges *geehrt*«.[19] Für Hegel ist die Strafe die Versöhnung, in der das verletzte Allgemeine (und nicht die verletzte singuläre Partei oder Person) die widerstreitende Besonderheit des Verbrechens und des Verbrechers aufhebt.

Da das Verbrechen »in *einem* Mitgliede der Gesellschaft die anderen alle verletzt« (ebd.), tritt im Gericht das dergestalt »verletzte *Allgemeine*« an die Stelle der »verletzten Partei«, um das geschehene Verbrechen »in die wahrhafte Versöhnung des Rechts mit sich selbst, in *Strafe*« zu verwandeln: »In objektiver Rücksicht, als Versöhnung des durch Aufhebung des Verbrechens sich selbst wiederherstellenden und damit als *gültig verwirklichenden Gesetzes*«; und in subjektiver Rücksicht des Verbrechers, »als *seines von ihm gewussten* und für ihn und zu *seinem Schutze gültigen Gesetzes*, in dessen Vollstreckung an ihm er somit selbst die Befriedigung der Gerechtigkeit, nur die Tat des Seinigen, findet« (ebd.). Die Identifikation der Strafe und des Fallbeils mit der vernünftigen Freiheit auch noch des verbrecherischen Subjekts, das mit dem staatsgewaltigen Hieb, der den Kopf vom Rumpf trennt, seine besondere Freiheit und mit ihr die allgemeine Vernunft verwirklicht, ist uns – zumindest in Europa – suspekt geworden.

Ein Idealismus, dem zufolge noch der Unfreie, weil das Gericht ihn als Straftäter anerkannt hat, spätestens im Augenblick seiner Enthauptung ins Dasein seiner Freiheit tritt, erscheint uns zynisch. Das hat zwei Gründe. Zunächst ist eine Versöhnung, die über das kommunikative Einverständnis der zerstrittenen Akteure hinausgeht und auch den Zwang, der den andern tötet oder ihn der Freiheit beraubt, dem Begriff der Versöhnung einverleibt, nur unter starken metaphysischen Voraussetzungen denkbar.

Die Vernunft, mit der wir leben müssen und auf die wir uns wechselseitig berufen können, reicht nicht über das kommunikative Handeln gleicher und freier Personen hinaus. Im Namen der nachmetaphysischen Vernunft lässt sich weder die Todesstrafe noch die Freiheitsstrafe (s. u.) als Ehrung des Verbrechers als eines vernünftigen Wesens rechtfertigen. Darüber hinaus spricht auch empirisch viel dafür, dass die humanistische, die marxistische,

19 Für den alten Hegel ist die Strafe die Versöhnung des verletzten Allgemeinen (und nicht der möglicherweise oder wahrscheinlich unversöhnbar verletzten, individuellen Person) mit der Besonderheit des Verbrechens.

die posthumanistische und postmarxistische Kritik an den archaischen Martern ebenso wie die an den modernen Einschließungs- und Überwachungsapparaten, dass die Kritik an Folter, Züchtigung, Hinrichtung und Gefängnis gerechtfertigt ist. Wir wissen heute einfach zu viel über die gesellschaftliche Entstehung und Erzeugung, über Produktion und Reproduktion von Kriminalität, über die latente Funktion von Justiz- und Kontrollsystemen, um uns länger naiv verhalten zu können.

Trotzdem können wir, wie Charles Taylor einmal geschrieben hat, »unmöglich die Behauptung akzeptieren, dass wir« – wenn wir von »Freiheit« »Gerechtigkeit«, oder »Schuld« reden – »uns immer irren, dass ein Begriff dieser Art überhaupt nicht anwendbar sei« (Taylor 1975: 127). Das hieße, tief im gesellschaftlichen Lebenszusammenhang, in der menschlichen Sprache verankerte Begriffe für unsinnig und damit unsere Sprache in wesentlichen Zügen für falsch und unbrauchbar zu erklären. Aber genau diese Annahme, »dass wir seit Jahrtausenden nichts als Unsinn redeten«, ist zu absurd, um sie überhaupt sinnvoll diskutieren zu können (ebd.: 127). Begriffe wie »Schuld« oder »Vergeltung« sind also trotz der Einsicht in die immer nur begrenzte Schuldfähigkeit des Einzelnen, unverzichtbar.

Wir würden ihn, den Täter, in seinen Menschenrechten verletzen und ihn so instrumentell behandeln, wie er seine Opfer behandelt hat, denn wir würden ihn als Träger solcher Rechte vernichten, wenn wir ihm nicht seine Taten verantwortlich zurechnen und ihn dafür zur Rechenschaft ziehen würden. Genau das wäre Maßnahme- oder Feindstrafrecht: Die Reduktion von Schuld und Vergeltung auf einen utilitaristischen Resozialisierungskalkül, die Reduktion des verletzten sittlichen Allgemeinen auf gestörte Funktions- und partikulare Interessenzusammenhänge, die Reduktion des Täters auf ein außengesteuertes Antriebsbündel, die Umfunktionierung des Strafrechts in ein sozialpolitisches Steuerungsinstrument. Sie korrespondiert der grob positivistischen Vision einer Welt »jenseits von Freiheit und Würde« (B. Frederic Skinner).

Wollen wir diese Konsequenz vermeiden, so können wir vielleicht die archaischen Strafrituale, die Mechanik totaler Ausgrenzung, vielleicht eines Tages das Gefängnis in einer düsteren unaufgeklärten Vergangenheit hinter uns lassen. Wir werden aber kaum umhin können, unser gesellschaftliches Handeln und unser soziales Zusammenleben auch unter Begriffen der Freiheit darzustellen, es in *terms* individueller Verantwortlichkeit und Zurechnungsfähigkeit, mithin unter Gesichtspunkten von Schuld, Vergeltung und Versöhnung zu analysieren.

Wahrheitskommissionen mögen dem Interesse an allgemeiner Aufklärung der vielen vertuschten und verschwiegenen Verbrechen dienen, sie können aber das berechtigte Verlangen der Opfer nach Recht und Gerechtigkeit nicht stillen – sowenig wie das Wissen darum, dass die Täter oft kaum eine wirkliche Alternative hatten:

»Daß noch Hitler und seine Monstren nach aller psychologischen Einsicht, Sklaven ihrer frühen Kindheit, Produkte von Verstümmelung sind und daß gleichwohl die wenigen, derer man habhaft wurde, nicht freigesprochen werden dürfen, wenn nicht die Untat ins Unabsehbare sich wiederholen soll, die im unbewußten der Massen damit sich rechtfertigt, daß kein Strahl vom Himmel niederfuhr – das ist nicht durch Hilfskonstruktionen wie der einer der Vernunft widerstreitenden utilitären Notwendigkeit zu glätten« (Adorno 1966: 261f.).

Nicht die anonyme Gesellschaft, die sie zu dem gemacht hat, was sie sind, ist schuld, sondern immer nur der Einzelne, der sich durch seine Tat erst zu dem macht, der er ist (Sartre), und dessen individuelle Schuld in einer demokratischen Rechtsgenossenschaft nur durch Gerichtsverfahren festgestellt werden kann. Die Todes- und Freiheitsstrafe mag verzichtbar sein – und sogar in schreiendem Widerspruch zur Verfassung eines freiheitlichen, demokratischen Gemeinwesens stehen –, die gerichtliche Feststellung individueller Verantwortlichkeit und Schuld ist es ebenso wenig wie die öffentliche Verurteilung der Tat. Das hat eine wichtige Konsequenz für die Frage der Amnestie. Im Strafrecht unterscheidet man üblicherweise die Normverletzung von der Schuldfeststellung und der Verhängung einer Strafe. Eine Amnestie, die auch den Opfern zumutbar ist, wäre eine Strafamnestie, keine Schuldamnestie (Günther 1997).

Eine solche Trennung von *Schuld* und *Strafe* ist der Strafprozessordnung längst geläufig. Das Strafverfahren ist dreistufig. Auf der ersten Stufe geht es um die *Tatbestandsfeststellung*, und wenn die Tat gegen eine Norm verstößt, *kann* es, aber es *muss* nicht zur zweiten Stufe, der *Schuldfeststellung* kommen (und es kommt auch in vielen Fällen nicht dazu). Von der Schuldfeststellung führt wiederum kein gerader Weg zur *Festsetzung des Strafmaßes*. Es *kann*, aber es *muss* nicht zur Verhängung einer Strafe kommen (und es kommt auch in vielen Fällen nicht dazu).

Das normativ wichtigste am Strafprozess sind nicht das Gefängnis oder der Henker, die erst am Ende der dritten Stufe erscheinen, sondern es sind die *Wahrheitsfindung* und primär der *Schuldspruch*. Sie stehen im Zentrum des öffentlichen Verfahrens, während sich der *Vollzug von Strafen* in der modernen Gesellschaft ins Dunkel einer Welt zurückgezogen hat, die zwar öffentlich institutionalisiert und bis ins Detail öffentlich normiert ist, aber das Licht der Öffentlichkeit scheut. Hier ist der Staat zwar nicht mehr, wie im Staatswillenspositivismus des 19. Jahrhunderts als übermächtiges *Staatssubjekt* mit sich allein, in einer Sphäre des »Nicht-Rechts« (Paul Laband), wohl aber immer noch in einer Sphäre, die dem öffentlichen Lebensvollzug im Wortsinn unzugänglich, ihm verschlossen ist. Er ist keine unmittelbar öffentliche Angelegenheit mehr. Und darauf kommt es hier an: *Wahrheitsfindung* und *Schuldspruch* sind für den Strafprozess als *öffentliche Angelegenheit* von höchster demokratischer Bedeutung, und deshalb sind sie völlig unverzichtbar, nicht aber die davon auch institutionell getrennte Festlegung des Strafmaßes und der anschließende Strafvollzug.

Das hängt mit einem prinzipiellen Argument zusammen. Es lässt sich nämlich gut begründen, dass die Rechtsgenossenschaft und dass insbesondere die Opfer (und Täter) ein elementares Menschenrecht auf die gerichtliche Tatbestandsfeststellung und den richterlichen Schuldspruch haben. Daraus folgt aber, dass die Rechtsgenossenschaft weder eine Pflicht noch das Recht zur Verhängung von Freiheits- und Lebensstrafen hätte. Das zeigen schon unsere Verfassungstexte. So verbietet beispielsweise die US-amerikanische Verfassung in ihrem siebenten Zusatzartikel »grausame [...] Strafen«, und über die Grausamkeit der Todesstrafe wird derzeit (und schon seit langem) auch in den Vereinigten Staaten heftig gestritten. Es ist aber schwer einzusehen, warum das Gefängnis weniger grausam sein soll als die Todesstrafe. Letztlich ist mehr noch als die Todesstrafe die Freiheitsstrafe (wie schon Hegel gesehen hat) mit dem egalitären und universellen Recht auf Selbstbestimmung unverträglich. Erstere widerstreitet dem Recht auf Leben, letztere dem Recht auf Freiheit, und dieses genießt in demokratischen Verfassungen, wie wir gesehen haben, den Vorrang.[20]

Der einzige Grund, warum man derzeit noch staatsterroristische und politische Untaten bestrafen sollte, ist der *Gleichheitsgesichtspunkt*. Solange noch ein Dosenpfandbetrüger oder ein Ladendieb in der Bundesrepublik mit der Keule des Strafrechts bedroht wird, wäre es ungerecht und mit dem positiv geltenden Völker- und Verfassungsrecht nur schwer vereinbar, Paramilitärs, die in den Armenquartieren von Bogota Kinder und Jugendliche für ihre Raub- und Mordzüge zwangsweise rekrutieren, nach dem Schuldspruch laufen zu lassen. Es gilt hier dasselbe Argument, mit dem schon der englische Ankläger im Nürnberger Prozess, der ein erklärter Gegner der Todesstrafe war, die Todesstrafe im Falle der nationalsozialistischen Kriegs- und

20 So auch John Rawls (1971: 274ff., 336f., 587ff.).

Menschheitsverbrechen gerechtfertigt hat: Solange noch ein einfacher Mörder in England hingerichtet würde, könne man diese Monster nicht am Leben lassen. Aber das ändert nichts daran, dass die Rechtsgenossenschaft und die Opfer ein *elementares Recht auf Tatbestandsfeststellung und Schuldspruch, aber keines auf Leibes- oder Freiheitsstrafen* haben. In einer freien Gesellschaft bleibt das Gefängnis ein Menetekel barbarischer Unfreiheit, Dialektik der Aufklärung, aber kein notwendiges Schicksal, sondern veränderbare Geschichte, und in diesem Fall überdies positives, also änderbares Recht.

Literatur

Adorno, Theodor W. (1966), *Negative Dialektik*, Frankfurt am Main.

Arendt, Hannah (1974), *Über die Revolution*, München.

Arendt, Hannah (1991), *Elemente und Ursprünge totaler Herrschaft*, München.

Arndt, Adolf (1963), »Umwelt und Recht«, *Neue Juristische Wochenschrift*, 1/2, S. 24–26.

Beestermöller, Gerhard/Brunkhorst, Hauke (Hg.) (2006), *Rückkehr der Folter*, München.

Brunkhorst, Hauke (2002), *Solidarität. Von der Bürgerfreundschaft zur globalen Rechtsgenossenschaft*, Frankfurt am Main.

Brunkhorst, Hauke (2003), »Der lange Schatten des Staatswillenspositivismus«, *Leviathan*, 3/2003, S. 362–381.

Brunkhorst, Hauke (2007a), »Globalizing Solidarity. The Destiny of Democratic Solidarity in the Times of Global Capitalism, Global Religion and Global Public«, erscheint in: *Journal of Social Philosophy*, 2007.

Brunkhorst, Hauke (2007b), »Die Legitimationskrise der Weltgesellschaft. Global Rule of Law, Global Constitutionalism und Weltstaatlichkeit«, in: Matthias Albert/Rudolf Stichweh (Hg.), *Weltstaat und Weltstaatlichkeit*, Wiesbaden, erscheint 2007.

Derrida, Jacques (2000), »OTOBIOGRAPHIEN – Die Lehre Nietzsches und die Politik des Eigennamens«, in: Jacques Derrida/Friedrich Kittler, *Nietzsche – Politik des Eigennamens*, Berlin, S. 7–63.

Di Fabio, Udo (1998), *Das Recht offener Staaten*, Tübingen.

Düx, Heinz (2003), »Globale Sicherheitsgesetze und weltweite Erosion von Grundrechten«, *Zeitschrift für Rechtspolitik*, 6/2003, S. 189–195.

Fischer-Lescano, Andreas (2005), *Globalverfassung. Die Geltungsbegründung der Menschenrechte*, Weilerswist.

Fischer-Lescano, Andreas/Teubner, Gunther (2006), *Regime-Kollisionen*, Frankfurt am Main.

Fraenkel, Ernst (1999), *Der Doppelstaat,* Gesammelte Schriften Bd. 2, Baden-Baden.

Franck, Thomas (1992), »The Emerging Right to Democratic Governance«, *American Journal of International Law*, 86, S. 46–91.

Günther, Klaus (1997), »Der strafrechtliche Schuldbegriff als Gegenstand einer Politik der Erinnerung in der Demokratie«, in: Gary Smith/Avishai Margalit, *Amnestie*, Frankfurt am Main, S. 48–89.

Habermas, Jürgen (1992), *Faktizität und Geltung*, Frankfurt am Main.

Hegel, Georg Wilhelm Friedrich (1971), *Grundlinien der Philosophie des Rechts* (1821), Werke 7, Frankfurt am Main.

Hong, Matthias (2006), »Das grundgesetzliche Folterverbot und die Abwägung im Verfassungsrecht – eine verfassungsjuristische Betrachtung«, in: Beestermöller/Brunkhorst, S. 24–35.

Isensee, Josef (1983), *Das Grundrecht auf Sicherheit: Zu den Schutzpflichten des freiheitlichen Verfassungsstaat*, Berlin.

Jakobs, Günther (1999), *Norm, Person, Gesellschaft. Vorüberlegungen zu einer Rechtsphilosophie*, 2. Aufl., Berlin.

Jakobs, Günther (2004), »Bürgerstrafrecht und Feindstrafrecht«, *HRRS* 3/2004, S. 88–95.

Jesch, Dietrich (1961), *Gesetz und Verwaltung*, Tübingen.

Kant, Immanuel (1982), *Metaphysik der Sitten (1797)*, Werke 8, Frankfurt am Main.

Koskenniemi, Martti (2001), *The Gentle Civilizer of Nations. The Rise and Fall of International Law 1870–1960*, Cambridge.

Krisch, Nico (2006), »The Pluralism of Global Administrative Law«, *European Journal of International Law*, vol. 17, 1, S. 247–278.

Lepsius, Oliver (2004), »Freiheit, Sicherheit und Terror: Die Rechtslage in Deutschland«, *Leviathan* 2, S. 64–88.

Löwenstein, Karl (1997), *Verfassungslehre*, Tübingen.

Marks, Susan (2000), *The Riddle of all Constitutions*, Oxford.

Maus, Ingeborg (1992), *Zur Aufklärung der Demokratietheorie*, Frankfurt am Main.

Merkel, Reinhard (2004), »Wenn der Staat Unschuldige opfert«, *Die Zeit*, 8. Juli 2004, S. 33–34.

Möllers, Christoph (2000), »Skizzen zur Aktualität Georg Jellineks«, in: Stanley L. Paulsen/Schulte, Martin (Hg.), *Georg Jellinek – Beiträge zu Leben und Werk*, Tübingen, S. 155–171.

Möllers, Christoph (2001), *Staat als Argument*, München.

Möllers, Christoph (2005), *Gewaltengliederung*, Tübingen.

Möllers, Christoph (2006), »Bezwingendes Recht«, *Frankfurter Allgemeine Zeitung*, 39, 15. Februar 2006.

Müller, Friedrich (1986), *Richterrecht*, Berlin.

Müller, Friedrich (1997), *Wer ist das Volk? Eine Grundfrage der Demokratie*, Berlin.

Müller, Friedrich (2003), *Demokratie zwischen Staatsrecht und Weltrecht*, Berlin.

Müller, Friedrich/Christensen, Ralph (2003), *Juristische Methodik II: Europarecht*, Berlin.

Naumann, Michael (2004), »Gnade vor Recht«, *Die Zeit*, 25. November 2004, S. 1.
Naumann, Michael (2005), »Folterstaat«, *Die Zeit*, 1. Dezember 2005, S. 2.
Neves, Marcelo (1992), *Verfassung und positives Recht in der peripheren Moderne*, Berlin.
Neves, Marcelo (1997), *Symbolische Konstitutionalisierung*, Berlin.
Prantl, Heribert (2004), »Rettungsfoltern«, *Süddeutsche Zeitung*, 19. November 2004, S. 13.
Rawls, John (1971), *Eine Theorie der Gerechtigkeit*, Frankfurt am Main.
Saliger, Frank (2004), »Über das Folterverbot, seine Verletzung und die Folgen seiner Verletzung«, in: *Zeitschrift für die gesamte Strafrechtswissenschaft*, 116, 1, S. 35–65.
Schönberger, Christoph (2005), *Föderale Angehörigkeit*, Habil.: Freiburg.
Stichweh, Rudolf (2000), *Die Weltgesellschaft*, Frankfurt am Main.
Sunstein, Cass R. (1993), *Democracy and the Problem of Free Speech*, New York.
Taylor, Charles (1975), *Erklärung und Interpretation in den Wissenschaften vom Menschen*, Frankfurt am Main.
Wahl, Rainer (2003), *Verfassungsstaat, Europäisierung, Internationalisierung*, Frankfurt am Main.

Autorinnen und Autoren

Abdullahi Ahmed An-Na'im (1946) ist Professor der Rechtswissenschaften an der Emory University in Atlanta. Arbeitsschwerpunkte: Islamisches Recht, Menschenrechte, Interkulturalität der Menschenrechte. Ausgewählte Veröffentlichungen: *African Constitutionalism and the Contingent Role of Islam* (2006); *Toward an Islamic Reformation: Civil liberties, human rights and international law* (1990); *Human Rights under African Constitutions* (2003); *Islamic Family Law in a Changing World: A Global Resource Book* (2002); *Cultural Transformation and Human Rights in Africa* (2002); *The Cultural Dimensions of Human Rights in the Arab World* (in arabischer Sprache, 1994); *Human Rights in Cross-Cultural Perspectives: Quest for consensus* (1992).

Winfried Brugger (1950) ist Professor für Öffentliches Recht, Rechtsphilosophie und Allgemeine Staatslehre an der Universität Heidelberg und Fellow am Max-Weber-Kolleg der Universität Erfurt. Arbeitsschwerpunkte: Verhältnis von Menschenwürde, Menschenrechten und Menschenbildern; Liberalismus und Kommunitarismus; Verfassungsvergleichung. Ausgewählte Veröffentlichungen: *Liberalismus, Pluralismus, Kommunitarismus* (1999); *Demokratie, Freiheit, Gleichheit* (2002); *Freiheit und Sicherheit* (2004); *Das anthropologische Kreuz der Entscheidung in Politik und Recht* (2005).

Hauke Brunkhorst (1945) ist Professor für Soziologie und Leiter des Studiengangs Europäische Studien an der Universität Flensburg. Arbeitsschwerpunkte: Demokratietheorie, Rechtssoziologie, Globalisierung. Ausgewählte Veröffentlichungen: *Solidarity. From Civic Friendship to a Global Legal Community* (2005); *Jürgen Habermas* (2006); *»Der 18. Brumaire des Louis Bonaparte« von Karl Marx: Ein interpretativer Kommentar* (2007); zusammen mit Rüdiger Voigt (Hg.), *Verrechtlichung der Souveränität. Hans Kelsens Rechts- und Staatsverständnis* (2007).

Elizabeth B. Clark († 1997) war Assistenzprofessorin an der University of Pennsylvania und an der Boston University Law School. Arbeitsschwerpunkte: Rechtsgeschichte, Menschenrechte und Gender Studies. Ausgewählte Veröffentlichungen: »Matrimonial Bonds: Slavery and Divorce in Nineteenth-Century America«, *Law and History Review* , 8/1(1990); »›The Sacred Rights of the Weak‹: Pain, Sympathy, and the Culture of Individual Rights in Antebellum America«, *The Journal of American History*, 82/2 (1995). Ihr geplantes Buch mit dem Arbeitstitel »Women, Church and State: Religion and the Culture of Individual Rights in Nineteenth-Century America« ist nicht mehr erschienen.

Thomas L. Haskell (1939) ist Professor für Geschichte an der Rice University. Arbeitsschwerpunkte: Geschichtstheorie, Geschichte der Ethik, Methodik historischer Interpretation. Ausgewählte Veröffentlichungen: *The Emergence of Professional Social Science: The American Social Science Association and the Nineteenth Century Crisis of Authority* (1977 u. 2000); mit David Brion Davis und John Ashworth (hg. von Thomas Bender), *The Antislavery Debate* (1992); mit Richard Teichgraeber, *The Culture of the Market: Historical Essays* (1993).

Birgit Krawietz (1962) ist Privatdozentin für Islamwissenschaft an der Universität Tübingen und arbeitet am Zentrum Moderner Orient in Berlin. Arbeitsschwerpunkte: Kulturen moderner islamisch geprägter Gesellschaften, islamisches Recht und traditionelle religiöse Gelehrsamkeit, Gender Studies. Ausgewählte Veröffentlichungen: *Die Hurma: Schariatrechtlicher Schutz vor Eingriffen in die körperliche Unversehrtheit nach arabischen Fatwas des 20. Jahrhunderts* (1991); *Hierarchie der Rechtsquellen im tradierten sunnitischen Islam* (2002); zusammen mit Edward Badeen: »Eheschließung mit Dschinnen nach Badr al-Din al-Sibli«, in: *Wiener Zeitschrift für die Kunde des Morgenlandes,* 92 (2002); »Khaled Abou El Fadl: Mit der Scharia gegen den Puritanismus«, in: *Der Islam am Wendepunkt: Liberale und konservative Reformer einer Weltreligion*, hrsg. von Katajun Amirpur und Ludwig Amman (2006).

Bernd Ladwig (1966) ist Juniorprofessor für Moderne Politische Theorie am Otto-Suhr-Institut der Freien Universität Berlin. Arbeitsschwerpunkte: Politische Philosophie, Gesellschaftstheorie, Moralphilosophie und angewandte Ethik. Ausgewählte Veröffentlichungen: *Gerechtigkeit und Verantwortung: Liberale Gleichheit für autonome Personen* (2000), »Das Recht auf Leben –

nicht nur für Personen«, in: *Deutsche Zeitschrift für Philosophie*, Heft 1 (2007); »Menschenrechte und menschliche Natur. Bausteine zu einer kritischen Theorie der Menschenrechte«, in: *Leviathan*, Heft 1 (2007).

Arnd Pollmann (1970) ist Assistent am Institut für Philosophie der Universität Magdeburg und an der dortigen »Arbeitsstelle Menschenrechte«. Arbeitsschwerpunkte: Ethik, Politische Philosophie, Sozialpsychologie. Ausgewählte Veröffentlichungen: *Integrität: Aufnahme einer sozialphilosophischen Personalie* (2005); mit Johann S. Ach (Hg.): *no body is perfect – Baumaßnahmen am menschlichen Körper* (2006); mit Christoph Menke: *Philosophie der Menschenrechte zur Einführung* (2007) (im Erscheinen).

Sabine Sielke (1959) ist Professorin für Literatur- und Kulturwissenschaft Nordamerikas und Leiterin des Nordamerikastudienprogramms, des German-Canadian Centre und des Forum für Frauen- und Geschlechterforschung an der Universität Bonn. Arbeitsschwerpunkte: Literatur und Kultur der Moderne, Literatur- und Kulturtheorie, Schnittstellen von Kultur- und Naturwissenschaften. Ausgewählte Veröffentlichungen: *Theory in Practice* (1994); *Fashioning the Female Subject* (1997); *Gender Matters* (1997); *Engendering Manhood* (1998); *Making America* (2001); *Der 11. September 2001* (2002); *Reading Rape* (2002); mit Matthias Brettschneider (Hg.): *18 x 15 Amerikanische Postmoderne* (2003); die Reihe *Transcription*; die (Ko-)Editionen *Gender Talks* (2006).

Wolfgang Vögele (1962) ist Privatdozent für systematische Theologie an der Theologischen Fakultät der Humboldt-Universität Berlin und Pfarrer an der Christuskirche Karlsruhe. Arbeitsgebiete: Religionssoziologie, Kirchentheorie, Rechtsethik. Ausgewählte Veröffentlichungen: *Zivilreligion in der Bundesrepublik Deutschland* (1994); *Menschenwürde zwischen Recht und Theologie* (2001); mit Michael Vester und Helmut Bremer (Hg.), *Soziale Milieus und Kirche* (2002); *Weltgestaltung und Gewißheit* (2006); *Kirche, Katastrophen und Zivilreligion* (2007).

Sibylle van der Walt (1970) ist Senior Research Fellow an der Adam Smith Research Foundation der Universität Glasgow, zuvor Juniorprofessorin für Historische Soziologie der Menschenrechte am Max-Weber-Kolleg der Universität Erfurt. Arbeitsschwerpunkte: Soziologische Theorie, Kultursoziologie, Menschenrechte. Ausgewählte Veröffentlichungen: Kalupner, Sibylle,

»Vom Schutz der Ehre zum Schutz körperlicher Unversehrtheit: Die Entdeckung des Körpers im modernen Strafrecht«, *Paragrana: Internationale Zeitschrift Historische Anthropologie* (2004); »Die Last der Vergangenheit und die kulturrelativistische Kritik an den Menschenrechten. Zu den Hintergründen westlicher Alteritätsfixierung«, *Saeculum. Jahrbuch für Universalgeschichte*, 2 (2006).

Gesa Ziemer (1968) ist Dozentin für Ästhetik und stellvertretende Leiterin des Instituts für Theorie an der Hochschule für Gestaltung und Kunst Zürich. Arbeitsgebiete: Ästhetische Theorie, Bild- und Alltagstheorie. Ausgewählte Veröffentlichungen: »Komplizenschaft. Eine Taktik und Ästhetik der Kritik?«, in: Huber, Jörg u.a. (Hg.): *Ästhetik der Kritik. Oder: Verdeckte Ermittlung* (2007); zusammen mit Florian Malzacher: »Das Lachen der anderen. Doing Theory«, in: *Herbst. Theorie zur Praxis* 1 (2006); mit Gitta Gsell: *Augen blickeN* (Filmpublikation) (2005).